Claude-Henri Watelet

Ästhetisches Wörterbuch über die bildenden Künste nach Watelet und Levesque

Claude-Henri Watelet

Ästhetisches Wörterbuch über die bildenden Künste nach Watelet und Levesque

ISBN/EAN: 9783743639966

Hergestellt in Europa, USA, Kanada, Australien, Japan

Cover: Foto ©Thomas Meinert / pixelio.de

Weitere Bücher finden Sie auf **www.hansebooks.com**

Aesthetisches Wörterbuch

über

die bildenden Künste,

nach Watelet und Levesque.

Mit nöthigen Abkürzungen und Zusätzen fehlender Artikel kritisch bearbeitet

von

K. H. Heydenreich,

öffentlichem Professor der Philosophie zu Leipzig.

Vierter und letzter Band.

Leipzig,

in der Weygandschen Buchhandlung.

1795.

Inhalt.

T.

Inhalt.

Q

Quälen.

Tormenter.

Ein Modell quälen, heißt ihm eine Stellung, eine Lage geben, in welche sich die Struktur und die Ressorts des menschlichen Körpers schwer fügen, in welcher derselbe gezwungen ist.

Eine Figur quälen, heißt, ihr eine unnatürliche Stellung oder Bewegung geben. Die Farbe quälen, heißt: sie mit Ungewißheit anwenden, die Tinten brouilliren, anstatt sie zu verschmelzen, Farben auf einander tragen, die sich gegenseitig, durch ihre Mischung schaden, sie durch ungeschickt wiederholte Bewegungen des Pinsels fatigiren, kurz alles, was einem leichten, fertigen und schönen Pinsel entgegengesetzt ist. Eine gequälte Komposition ist eine solche, der man mehr Bewegung zu geben affektirte, als das Sujet fordert, und zuläßt. Man quält endlich auch die Contours, wann man sie überspannte und unnatürliche Linien beschreiben läßt.

R.

Ragoutant.

Ragoutant.

Dieses Wort betrifft allezeit die Ausführung, und drückt ein Talent der Hand aus: ein ragoutanter Pinsel, eine ragoutante Nadel. Man kann auch mit Ragout modeliren, das Ragout ist eine Art von Scherz; es zeigt die Leichtigkeit eines Artisten an, nach welcher er fähig ist, mit seinem Werkzeuge zu spielen, mit den größten Schwierigkeiten des Metier zu scherzen. Es führt immer eine gewisse Weichheit (mollesse) mit sich, die in gewissen Gattungen glücklich seyn kann, aber in jenen, welche Größe und Festigkeit fordern, übel angebracht wäre. Was in der Natur den Schein der Weichheit darbietet, kann mit Ragout behandelt werden.

Reflex.

Reflet.

Das Licht, welches auf einen Körper fällt, prallt zurück auf den benachbarten, der an sich von Licht entblößt ist, und leiht ihm eine Helle, welche matter ist, als die welche er durch unmittelbares Licht bekommen würde. Dieß zurückgeworfene Licht nennt man Reflex. Das Licht prallt nicht eher von einem Körper ab, als es die Farbe dieses Körpers angenommen hat, und trägt die Farbe desselben auf den benachbarten Körper über. Es entsteht dann auf diesem Körper eine Farbe, welche gemischt ist aus seiner eigenthümlichen Farbe, und der Farbe jenes, von welchen das Licht zurückgeworfen wird. So theilt eine gelbe oder rothe Draperie einige Töne ihrer Farbe dem Fleische mit, welches in ihrer Nähe ist. Die Frauen verkennen, auch ohne die Theorie der Reflexe zu wissen, die Vortheile nicht, die sie davon ziehen können, sie wählen für ihren Anzug Farben, welche sich mit ihren Teint am besten vergesellschaften können. Der Maler muß sich eine gleiche Sorgfalt zum Gesetz machen.

Man kann auch die Reflexe in Beziehung auf das Helldunkel betrachten. Vermittelst ihrer sind die beschatteten Theile nicht ganz dunkel. Man kann sehr leicht auf einer Kugel oder Säule, das Licht, die Halbtinte, den Schatten und den Reflex beobachten, d. h. den Theil der Kugel oder Säule, welcher, an sich beschattet, ein Licht bekommt, welches von den benachbarten Gegenständen abspringt, ein Licht, welches jederzeit schwächer ist, als die stärkste Halbtinte, welches aber doch zuweilen glänzend genug erscheint, wenn man es mit dem

am

am stärksten beschatteten Theile vergleicht. Mit Recht sagt Herr Dandre Bardon, „man könne ohne Reflexe keinen „Gegenstand runden, und durch ihre Dazwischenkunft bekom„me er vollkommene Erhobenheit, und eben so gewiß tragen „sie zur Leichtigkeit, Vaghesse und Harmonie des Ganzen, zur „Wirkung und Auszeichnung aller Details bey."

Rein, Reinheit.

Pur, Pureté.

Die Reinheit bezieht sich auf die Zeichnung, und ist eine Eigenschaft, die noch über die Korrektheit geht, letztere erfordert nur Abwesenheit von Fehlern; **Reinheit**, auch Eleganz und Schönheit.

Retuschieren.

Retoucher.

Deutet die Sorgfalt an, welche ein Maler in der Wiederbearbeitung seines Werkes anwendet; eine Sorgfalt, welche nie sichtbar werden darf. — **Retusche** und **Retuschiren** drücken auch den Fleiß aus, mit welchem ein Meister die Werke oder Studien seiner Zöglinge corrigirt. — **Retuschiren** sagt man auch von der Ausbesserung beschädigter Gemälde.

Romanesk, Romantisch.

Romanesque, romantique.

Romanesk ist, was zu einem Roman gehört, aus einem Roman entlehnt ist; **romantisch** ist, was in einem Roman Platz finden kann, das Ansehn hat, als ob es in einen gehörte. Angenehme Bisarrerien in den Kleidungen, fantastischer Putz, mit Geist erfundene Seltsamkeiten in der Lage und Disposition der Scene, haben etwas Romantisches. Der Betrachter fühlt, daß diese Phantasieen, weder zur Geschichte, noch zum täglichen Leben gehören, und eignet sie dem Roman zu.

zu. Benedetto, Santerre, Grimoux, und besonders Watteau sind in ihren Gemälden romantisch. Mehrere Maler, als Rembrandt, Salvator Rosa, Feti u. a. haben den romantischen Styl in die Gattung der Geschichte übergetragen. L.

Ruhestellen.

Repos.

Nennt man in der Malerei gewisse Theile in der Komposition eines Gemäldes, welche dem Gesichtssinn Ruhe zu gewähren scheinen.

Vorzüglich in Gemälden, in welchen Bewegung und rauschende Handlung ist, muß der Maler Ruhestellen anordnen, d. h. Theile, bei welchen die Blicke und die Aufmerksamkeit sich weniger beschäftigt finden. Man nennt dieß: Ruhestellen aussparen, menager des repos. Die Ruhestellen entstehen durch die Massen, und durch die Gründe. Unter Massen verstehe ich vorzüglich die des Helldunkel, d. h. ausgebreitete harmonische Lichter, oder verbreitete Schatten. Unter Gründen verstehe ich, eine Vereinigung angenehmer, lustiger, wohl verbundener und wohl verschmolzener Farben, bei denen der Blick gern verweilt, sich niederläßt, und durch welche die Gegenstände, welche ihnen zum Gegensatze dienen sollen, glänzender werden. Watelet.

S.

Schatten.

Ombre.

Der Schatten ist ganz etwas anders als die Dunkelheit der Finsterniß. Diese ist schwarz, und läßt nichts unterscheiden, nichts wieder erkennen; sie findet also unter den Gegenständen einer Kunst, die für den Gesichtssinn arbeitet, keinen

keinen Platz. Bedarf diese zuweilen der absoluten Finsterniß, ist es gewiß nur zur Darstellung grundloser Tiefen, in welche das Licht nicht dringt. Der Schatten ist nur die Beraubung des unmittelbaren Lichtes, und die beschatteten Theile sind noch durch das in der Luft verstreute Licht erhellet.

Beobachte man einen Gegenstand im unmittelbaren Sonnenlichte; die schattigen Theile desselben werden sehr markirt seyn. Allein wie sehr auch diese Theile gegen die beleuchteten abstechen, so sind sie doch so wenig gänzlich dunkel, daß sie vielmehr genau den Grad von Licht haben werden, welchen die beleuchteten Theile einer Landschaft haben, welche vor der Sonne gesichert ist. Will man diese beschatteten Theile bestimmt sehen, und ihre Details eben so gut unterscheiden, als ob sie beleuchtet wären, so darf man sich nur so stellen, daß man sie allein betrachten kann. Geht ihr im Sonnenscheine im Felde, so scheinen euch die beschatteten Theile finster, geht ihr im Schatten; so verlieren dieselben Theile in euren Augen die Dunkelheit. Wendet ihr dann den Rücken gegen den von der Sonne erleuchteten Theil, so sehet ihr in dem beschatteten Theile, in welchem ihr euch befindet, Lichter, Schatten und Reflexe. Man muß also mit Felibien behaupten, daß der Schatten nur eine leichte Wolke ist, welche die Körper bedeckt, und sie nur des glänzendesten Lichtes beraubt, ohne zu verhindern, daß man nicht durch Hülfe eines andern weniger starken Lichtes, die Formen und die Farben anerkenne. So sieht man in den Gemälden von Titian, daß das Licht sanft und breit über den beleuchteten Theilen ruht, und die beschatteten Theile nur durch eine feine Wolke unterbrochen scheinen, welche sie bedeckt, ohne sie zu verbergen.

Die besten Belehrungen über den Schatten finden sich in Dandré Bardons mehrmals angeführten Werke. Siehe auch den Artikel Täuschung.

Schlacht.

Bataille.

Ehe wir die Ausführung dieses Artikels beginnen, müssen wir erst auf den Artikel Gattung verweisen, zu welchem dieser eine Abtheilung ist, und welcher also vor diesem wiederholend nachgelesen werden sollte.

Die Schlachtenmalerei betrachtet man in der Kunst, von der hier die Rede ist, als eine besondere Gattung derselben. Vielleicht ist es schwer hinreichende und vollgültige Ursachen dieser Abtheilung anzugeben.

Was stellt denn ein Gemälde, das man eine Schlacht nennt, wirklich dar? Menschen in Bewegung, Handlungen, Leidenschaften, mit Charakter. Das sind gerade dieselben Gegenstände, mit der sich der Historienmaler beschäftigt. Stärke, Geschicklichkeit, Tapferkeit, Unerschrockenheit, Verachtung des Todes, Verachtung des Schmerzes, die noch schwerer ist; Edelmuth der verzeiht, Resignation, die sich selbst aufopfert, muthige Gedult, die da leidet ohne zu klagen; und zuletzt eine unendliche Menge von Bewegungen, die den Menschen über sich selbst hinaus heben, das sind die Dinge, die sich in den verschiedenen durch Treffen veranlaßten Vorfällen, vorfinden. Und diese Bewegungen, diese Ausdrücke, diese Handlungen gehören eigentlich und allein dem Maler der Begebenheiten, dem Maler der Geschichte. Die Schlachten Alexanders und Konstantins bieten berühmten Historienmalern solchen Reichthum dar, daß er ihrer Kunst außerordentlich vortheilhaft ward.

Man wird wohl gern glauben, daß die Ruhmsucht kriegerischer Fürsten diese Klasse oder Gattung von Malerei eigentlich veranlaßte, indem sie den Künstlern auflegte sich mit Nichts Anderm, als mit der Malerei von Treffen und Siegen, den ausschließlichen Gegenständen ihrer Neigung, nur einzig und allein zu beschäftigen.

Wenn sich, zum Unglück für die Menschheit, alle Fürsten dieser mörderischen Wuth überließen, so hat es ganz den Anschein,

Anschein, daß die Bataillenmaler die ersten Maler jedes Hofes seyn würden, daß sie die bestbelohntesten unter allen Künstlern wären, so wie die Schmeichler die Begünstigsten unter den Höflingen sind.

Indessen wollen wir doch sehen, ob diese Gattung der Malerei, die sich mit Darstellung von Schlachten beschäftigt, verdient sich ausschlieslich alle Arbeit eines Künstlers zuzueignen. Diese gänzliche Weihung könnte für erlaubt und geltbar angenommen werden, wenn die Künstler, die diese Gattung erwählen, sich zugleich weiheten, ihre nöthigen Studien nach der Natur zu machen. Aber man kann leicht denken, daß diese gefährliche Bedingung die Schlachtenmaler auf eine eben so kleine Zahl zurückbringen würde, als die der erobernden und kriegerischen Könige seyn möchte, wenn sie verbunden wären sich selbst, und persönlich mit einander herumzuschlagen.

Blos durch Hülfe der Einbildungskraft, die freilich viel leichter und weniger gefährlich ist, bilden sich beinah' alle Schlachtenmaler; und eben dadurch machen sie uns fast glauben, daß sie Maler aus Nachahmung wären. Unterdessen ist diese Behauptung nicht exklusiv. Es gab Maler dieser Gattung, und giebt ihrer noch, die wirklich ihre Studien nach der Natur machten, die dergleichen blutige Szenen, in denen sie selbst werkthätige Aktörs mit waren, niederzeichneten *).

Man kann im Allgemeinen bemerken, daß die Darstellung von dergleichen Szenen nur durch den Abscheu und das Grausen das sie erregen, zu gefallen scheinen: weil die Menschen ein Vergnügen darin finden, sich von außerordentlichen Gegenständen, und von gefährlichen Zufällen und Lagen erschüttern zu lassen, besonders wenn sie ihnen nicht ausgesetzt sind. Uebrigens wollen denn auch die Beschauer solcher pittoresken Szenen, die eben so wenig unterrichtet sind, als die Künstler, die sie malten, hauptsächlich nur Blut in Strömen vergossen — um mich eines Dichterausdrucks zu bedienen,

*) z. B. der Herr Paon

bedienen — sehen; sie wollen nur Bewegungen von der äussersten Anstrengung, scheusliche Verwundungen, zuckungsvolle Ausdrücke, blutige Grausamkeit, Barbarei, Schreck, unglaubliche Unerschrockenheit, wie sie in den Erzählungen der Dichter und in den Ritterromanen beschrieben sind. Die Süchtlinge dieser Art Werke werden Helden ohne Mühe, und finden nicht einmal irgendwo die Gefahren, die man ihnen groß genug malt; und von ihrer Seite erheben und vergrößern die Maler, die nicht einmal ein Scharmützel sahen, die Thaten, Bewegungen, Ausdrücke so übergewöhnlich, daß sie die Gelenke aus den Pfannen reißen, daß sie ihre Kämpfer schon verstauchen ehe sie noch geschlagen worden sind, ehe sie noch den kleinsten Sturz erfuhren, blos um der Gierde ihrer Kunstliebhaber werther und kostbarer zu werden.

In einer großen Anzahl Schlachtgemälde sind die Gäule nicht besser behandelt als ihre Reiter; die Sieger haben beinahe nicht mehr Vortheil als die Besiegten, und der größte Theil könnte ausgemustert werden, oder verdiente unter die Invaliden zu kommen, noch ehe das Treffen begonnen hat.

Farbe und Haltung sind eben so wenig vor dem Chimärischen das gewöhnlich genug in dieser Gattung herrscht, geschützt.

Die Schlachtgemälde Raphaels, Julius Romanus, und Lebrüns, sind den großen Prinzipien der Kunst, von denen man sich in keiner Gattung, und unter keinem Vorwande entfernen darf, mehr gemäß. Man bemerkt in diesen großen Zusammenstellungen, so wie in den Triumphen, die sie gemalt haben, weise Dispositionen obgleich auch die Details voll Feuer sind; Bewegungen, wahr und wahrscheinlich, obgleich auch heftig und muthvoll; ein Kolorit, das von Staub und Rauch wohl Veränderungen annehmen kann, und auch muß; das aber die Wahrheit der Lokalfarben demohngeachtet aufbehält und zurückruft.

Indem wir diesen schönen Kompositionen Gerechtigkeit widerfahren lassen, müssen wir doch bekennen, daß das wilde Feuer eines Artisten zuweilen einem Beschauer, der nicht tiefe

Kennt-

Kenntniß hat, der sich überdieß den angenommenen Darstellungsarten gern hingiebt, und der seinen Gefühlen schon zuvorläuft, wenn er ein Schlachtengemälde erblickt, wohlgefallen kann. So ein Gemälde weckt, ob es gleich der genauen Wahrheit wenig gemäß ist, Ideen der Tapferkeit, der Stärke, des Schmerzes, und der Unerschrockenheit.

Wenn man aber den Vortheil einer der schönsten Künste, welche die Menschen erfanden, wahrnehmen will, so muß man sagen, daß diese großen Szenen, diese großen Leidenschaften zu ihrer Darstellung die größten Talente, und weitest verbreiteten Kunstkenntnisse erfordern; und daß überhaupt einige Details, einige unglückliche Vorfälle dieser blutigen Trauerspiele zu wenig interessant sind, weil sie nur eine kleine Zahl von Schönheiten oder Vollkommenheiten, welche man mit Recht von der Malerei fordern kann, darbieten.

Man sieht auch, daß Schilderungen, wo einige Husaren beschäftigt sind, sich zu massakriren, Werke wo immer größtentheils eins das andre nachzuahmen scheint, nur in geringer Zahl in Sammlungen aufgenommen werden; und was ihren kleinen Werth noch mehr, noch genauer bestimmt, ist, daß herzlich Wenig daran ist, was zu wirklich nützlichen Studien für junge Künstler dienen könnte.

Ihr Künstler und Liebhaber, die das Feuer, das ihr in den von Bourgnignon gemalten Scharmützeln findet, in Enthusiasmus versezt, bemerkt doch zum wenigsten, nach diesem ersten gerechten Tribute, daß dieser geschickte Künstler, und besonders seine Nachahmer, diese pittoreske Wildheit (fougue) nicht immer zeigen konnte als auf Kosten der Formen, der Züge, und der Wahrheit.

Welche Gegenstände ihr auch darstellt, diese Wahrheit der Formen und des Kolorits, muß alle Male euer unnachläßlicher Grundsaz seyn. Roth und Gelb in Klumpen, und wie von ungefähr hingeworfen, gleichen weder dem Feuer aus dem groben Geschütz, noch aus dem kleinem Gewehr, noch sonst irgend einem Elemente. Rosse, die gar nicht so existiren können, wie sie der Maler geschaffen hat, die sich mit den

Gliedern, die er ihnen gab, nicht zu bewegen vermöchten, das sind keine Rosse, das sind chimärische Thiere.

Und endlich ist auch Anzeigen nicht Darstellen; denn auf diesem Wege würde die Malerei nach und nach eine Kunst durch Zeichen abzubilden, wie es die Hieroglyphen waren.

Wenn ihr denn nun aber unwiderstehlich hingezogen werdet Schlachten zu malen, so geht auf die Schlachtfelder und bemerkt da mit kaltem Blute Ausdrücke und Vorfälle; und wenn euch diese Art zu studieren, zu gewagt scheint, studirt wenigstens die Zergliederungskunde des Menschen und der Thiere, und verliert im Feuer der Ausführung, die Grundsätze der Zeichnung und der wahren Harmonie nicht aus dem Gesichte.

Schön.

Beau.

Es ist ohne Zweifel ein edles Streben, sich zu Gedanken, die man übermenschliche nennen könnte, aufzuschwingen; aber je tiefer, je erhabner die Gegenstände der Betrachtung sind, um so mehr hüllen sie sich in Schleier, die sie verdunkeln und unsren Blicken entziehen.

Aus dieser Ursache ist es schwer, die Schriftsteller, die sich bemüheten, ein wesentliches absolutes außer uns befindliches Schöne zu entdecken, deutlich zu verstehen. Die Natur des Menschen ist im Allgemeinen so beschaffen, daß die Bemühungen diese sublime Abstraktion zu verfolgen, durch welche er sich sich selbst zu entziehen sucht, ihn nicht leicht weiter bringen können, als dahin, daß er Empfindungen und Gefühle, die ihm individuell eigen sind, mit den Ideen, die in seiner Gegend und in seinem Zeitalter gangbar und verbreitet gefunden werden, verbindet. Wenn ich auch meinerseits den Versuch mache, einige allgemeine Begriffe, nicht über das Schöne, was ich nicht erreichen, nicht begreifen kann, sondern über das, was man schön nennt, welche ganz in endlicher Beziehung auf die Kunst gedacht worden sind, vorzutragen, so glaub' ich dem Zwecke, auf den ich lossteuere, mich um so mehr genähert zu haben, je einfacher,

einfacher; je verständlicher man sie findet, jemehr sie in ihrer Auflösung, positiv genung scheinen, um von den Künstlern als wahr und brauchbar angenommen zu werden. Denn die Gedanken der Maler und Bildner, so geistig man sie auch verlangen mag, haben doch noch nicht das Verdienst und die Existenz, welche ihnen angemessen und zuträglich ist, so lange sie sich nicht sichtbar und betastbar zeigen.

Um auf das, was den Namen Schön verdient, zu kommen, scheint Plato *) Alles das, was diesen Namen nicht verdient, erst die Musterung paßiren lassen zu wollen. Dieses Mittel, dessen er sich bedient, den Rhetor Hippias lächerlich zu machen, würde dem größten Theile unserer Leser ganz zuverlässig gleich martervoll seyn, und den Künstlern würde es noch viel weniger behagen. Aber eben dieser Weise führt anderswo in seinen erhabnen Werken, wo er weniger darauf ausgeht das Wesen des Schönen zu finden, eine gewisse Neigung an, die uns das Schöne zu suchen treibt; und hier wird der Philosoph wieder Mensch. Er nennt diese Neigung Liebe.

Dieses Wort, womit er die Neigung zum Schönen bezeichnet, das ihm mehr entfallen als von ihm bezweckt zu seyn scheint, kann uns schon auf eine Spur leiten, auf der sich einige sichere und brauchbare Begriffe des menschlichen Schönen treffen lassen werden. Denn eine Liebe, die, wie Plato versichert, das Schöne immer und überall sucht, muß wenn sie es gefunden hat nothwendig auf Vergnügen stoßen; und dieses Vergnügen, das gewöhnlicher Weise nicht im Menschen vorhanden seyn kann ohne sich durch Ausdruck der Gesichtszüge, der Blicke und der ganzen Gesichtsgestaltung (physionomie) merkbar und sichtbar zu machen, muß doch, wenn man genau darauf achtet, genüglich positive Anzeigen des Schönen, von dem es Wirkung ist, geben:

Liebe,

*) In seinem Gespräche, betitelt: der ältere Hippias.

Liebe, Schönheit, Vergnügen *), sind denn die Elemente die ich zur Basis jener Begriffe nehmen werde; Elemente, von denen man leicht schliessen kann, daß ich meinen Weg nicht durch peinliche und nur zu oft unvollständige Definitionen zu machen willens bin, sondern daß ich vorschreiten werde ohne große Anstrengung, und so wie die Natur Pfad und Aussicht zeigt.

Wir wollen nun, auf Veranlassung des Wortes, womit wir uns beschäftigen, setzen, wir wären ein beobachtender Maler. Wenn wir die Züge und Blicke eines Menschen, der durch ein wahres und eingehauchtes Gefühl bestimmt wird irgend einem Gegenstande das Beiwort schön beizulegen, untersuchen und ausdeuten, so werden wir bemerken, daß Vergnügen in seiner ganzen Physiognomie sich abmalt, daß aber auch dieses Vergnügen nach Masgabe der Beschaffenheit des Gegenstandes verschiedene Abänderungen (nuances) annimmt, die im Ausdruck genung von einander differiren, um die einen insonderheit auf die Sinne, die andern aufs Herz und noch andere auf den Verstand beziehen und hindeuten zu können; und man ist daher hinlänglich berechtigt anzugeben, nicht allein daß Arten des Schönen vorhanden sind, die durch diese verschiedenen Genußvermögen verlangt und erkannt werden, sondern daß auch ohne Zweifel das Schöne, welches durch Vereinigung dieser drei Vermögen als solches gesucht und erkannt wird, das allerwesentlichste Schöne für den Menschen sei. Man wird auch aus diesen Begriffen folgern können, daß diese Art des Schönen die ursprüngliche Quelle einer Benennung sey, die uns so werth werden wird, daß wir, durch eine Art Bedürfniß, uns ihrer zu bedienen, ohne Unterlaß Anwendungen von ihr machen, indem wir sie bald partiell, bald figürlich, bald in Ausdehnungen, bald borgweise, bald anstatt vieler anderer Wörter, die unsere Ideen vielleicht genauer ausdrückten, brauchen.

Um

---

*) Vergnügen ist hier gleichbedeutend mit Gnügung (satisfaction), so wie Liebe eine thätige und allgemeine Neigung anzeigt.

Um diese ersten Begriffe zu enthüllen, wollen wir vorher einige Beobachtung über diejenigen Erkennungsfähigkeiten, von denen hier die Rede ist, in Beziehung auf das Schöne anstellen.

Eine der interessantesten in Rücksicht der Sinne ist die, daß unter fünf Sinnen, mit denen wir begabt sind, nur allein zwei, nämlich das Gesicht, und das Gehör, das Recht, die Gegenstände, die ihnen ein besonderes Vergnügen gewähren, uns durch das Wort Schön bezeichnen zu lassen, haben und ausüben. Der Geschmack, der Geruch, das Gefühl heischen diese Benennung auch bei ihren lebhaftesten Eindrücken nicht. Der Geruch der Rose erhält nie den Titel schön; keine Wohlgeschmacke sind noch je mit dem Namen Schön, beehrt worden, indeß ihn Farben, Formen und Töne rechtlich besitzen.

Die Elemente, die ich schon aufgestellt habe, bieten eine ganz natürliche Ursache dieses Unterschiedes dar, wenn das Schöne wirklich eine Mischung der Vergnügung verschiedener Vermögen supponirt, so wird man zugeben müssen, daß Geschmack und Geruch weit entfernt sind, eine so nahe, so interessante Verwandtschaft mit dem Verstande und dem Herzen zu haben, als das Gehör und das Gesicht.

Aber das Gefühl? — Ich bekenne in dieser Rücksicht daß der Bewegungsgrund zur Ausschließung desselben mir nicht so haltbar zu seyn scheint; denn wenn wir uns auch nur mit geringer Aufmerksamkeit beobachten, unterscheiden wir schon zwei Arten von Funktionen in diesem Sinne, deren eine ich das gemeine Gefühl nenne, das gewöhnlich maschinenmäßig, instinktmäßig und passiv ist, und das also vom Verstande und vom Herzen mit Rechte nicht gewürdigt wird; die andere aber zum Unterschiede von jenem das erhöhete Gefühl, den Takt, welcher so hellsehend, so prompt, so empfindlich, so verstandesvoll ist, daß sich oft Verstand und Herz so zu sagen, mit ihm identifiziren, um zu empfinden und zu begreifen.

Um

Um uns nicht beim Detail aufzuhalten, welches, ob gleich unserm Gegenstande nicht fremd, doch unsern Gang verzögern würde, schreiten wir zur Untersuchung über, ob Farben, Formen und Töne ohne Dazukunft der andern Genußvermögen den Namen Schön, von den privilegirten Sinnen bekommen können.

Der sinnreiche Kastel, fand sich sehr versucht dieß zu glauben, allein das Farbenklavier, das er erfand, bewieß wider seinen Urheber, daß keine Farbe, abgesondert und an und für sich als schön erkannt werde, wenn sie sich nicht mit irgend einer Idee, oder irgend einem Sentiment verbunden darstellete. Wenn es uns denn widerfährt, daß wir einer abgesonderten Form, einer isolirten Farbe, selbst einem einfachen Tone den Namen Schön geben, so geschieht das, daß wir, ohne uns Rechenschaft davon zu geben, ohne uns dessen bewußt zu seyn, den Verbindungen und Verwandschaften der Ideen folgen, welche nie unterlassen, ihre Wirksamkeit, wenn sie nöthig ist, zu äußern, wie gewisse Zusammensetzungen in der Chemie sich, so zu sagen ganz allein, und von selbst machen.

Aber wo können sich diese Verbindungen, diese Bezeichnungen bilden, wenn es nicht in der Herrschaft, in der Region des Geistes und des Herzens ist? das heißt: wodurch anders als durch einige Operationen, deren die Organe allein nicht fähig sind, welche aber auch Herz und Verstand ohne sie nicht machen könnten?

Unsere Sinne also mit ihren Eindrücken, unser Verstand mit seinen Perzeptionen, unser Herz mit seinen Empfindungen formiren eine Gemeinheit der Güter — wenn man so sprechen darf — die sich wohl abändern aber nie ganz aufheben kann, welche Versuche auch die Verbundenen jeder von seiner Seite zuweilen machen möchten, um sich ihr zu entziehen. Es ist wahr, daß sie sich von Zeit zu Zeit mehr oder weniger ausschließliche Theile des gemeinsamen Gutes zueignen, aber verpflichtet sich ihrer Bestimmung gewohnheitsmässig zu unterwerfen, kehren sie bald zurück, um wechselsweis Herrscher und Beherrschte, Ursache und Wirkung zu seyn.

Wenn

Wenn nun, nach diesen verschiedenen Wechseln diese Gesellschaft gehörig und wohl eingerichtet ist, dann ist es auch nothwendig, daß die Gegenstände, die den Namen Schön tragen, gewisse Beschaffenheiten haben, die ganz geeignet sind, Mischungen des sinnlichen, des intellektuellen und des moralischen Vergnügens hervorzubringen, und daß der beobachtende Maler bei Gelegenheit ihrer Einwirkung auf sein Modell die Ausdrücke bemerke, die diese glücklich gemischten Genügungen in der Physiognomie desselben hervorbringen.

Wir nehmen also an, daß der Verstand des Menschen den wir beobachten, sich bestimmt, an einem reinintellektuellen Schönen mit Ausschließung des Herzens und der Sinne zu hängen, und fragen denn unsern Artisten, was er auf der Physiognomie desselben wahrnimmt. Er wird uns die Verwirrung zu erkennen geben, in die ihn eine Physiognomie versezt die auf einmal vag, zerstreut und immer um so bedeutungsloser wird, jemehr sich der Verstand vom Herzen und den Sinnen seinen natürlichen Bundesgenossen trennt. Er wird bekennen, daß er in den Zügen derselben Nichts als einen gewissen Charakter der Verwunderung entdeckt, der ihm aber ganz und gar nicht den Ausdruck anbietet, den er sucht, nämlich den, der die Idee des Schönen hervorbringen könnte. Uebrigens werden wir mit ihm denken, daß der Betrachter, dessen Verstand ein abstraktes Schöne bewundert, dem Worte Schön vielmehr die Worte Wunderbar, Erhaben oder irgend andere die seinen Gedanken entsprechen, unterlegen sollte; und daß diese Austauschung der Worte, die er sich erlaubt, beinahe von derselben Art sey, wie diejenige in weniger erhabener Betrachtung ist, wenn ein Liebhaber den Gegenstand, den er schön findet, wundervoll, erhaben, himmlisch nennt.

Unser Maler, der aus dem Gesicht eines Menschen, der das geistige Schöne betrachtet, Nichts machen kann, mag diesen verlassen, und nun ein Modell beobachten, das vom Schönen fürs Gefühl angezogen und vergnügt wird.

Ha! wir fürchten, daß auch dieses neue Modell, das die Aufsuchung des Schönen nur seinem Herzen anvertraut, unserm sern Maler ebenfalls nicht Gnüge leisten werde. Das ganz sentimentale Schöne, das erhabne, das himmlische Schöne einiger unserer Romane, und unserer so delikaten Konversationen, dieses ekstatische Schöne, das von jeher der Gegenstand religiöser Verirrungen und Schwärmereien war, und ohne Zweifel noch lange seyn wird, dieses Schöne, worüber das Modell in Entzückung geräth, was wird es dem beobachtenden Artisten Anderes gewähren, als den nämlichen Wirwarr, worein ihn die Betrachtungen des reinphilosophisch Schönen bei seinem ersten Modell versetzten?

Wenn es denn philosophisch wahr ist, daß das Herz, ungeachtet seiner Anfoderungen an die Sinne, und der Herabwürdigung derselben, sich doch viel schwerer von ihnen losmachen kann, als der Verstand, so finden wir uns veranlaßt, zu muthmaßen, daß das Schöne diesen Namen viel eher und richtiger verdiene, wenn es eine Mischung organischer und sentimentaler Genügungen ist, als da wo der Verstand das Herz von der Theilnahme zu sehr ausschließen will. Diese Muthmassung aber leitet dahin, die Elemente mehr zu unterstützen, aus welchen resultirte, daß das wirksamste und das absoluteste Schöne für uns dasjenige sey, welches die vollkommensten und harmonischsten Mischungen der sinnlichen, der moralischen, und der geistigen Vergnügungen hervorbringt, daß die Wirkung dieses Schönen am allgemeinsten empfunden werde, daß der Ausdruck desselben auch am meisten gleichförmig und am leichtesten bedeutsam sey, und daß es endlich ganz allein und eigentlich verdiene, vom Künstler aufgefaßt zu werden.

Wo entdecken wir nun, nach diesen aus der Natur abgezogenen, und durch die Kunst unterstützten Elementen, das ursprüngliche und für den Menschen allgemeine Schöne besser, als an der menschlichen Gattung, die ihrer Bestimmung nach von der Natur in zwei Geschlechter abgetheilt ist, die sich hinlänglich gleich, und dann auch genung von einander verschieden sind, um nicht allein und ganz eigentlich, mehr als irgend ein anderer Gegenstand die Vergnügungen, deren die Natur unsere

Genuß-

Genußvermögen fähig und bedürftig gemacht hat, hervorbringen zu können; sondern auch um diesen Hang, dieses Verlangen nach dem Schönen, das man zu allen Zeiten Liebe nannte, und welches wahrscheinlich dem Plato bei seinen philosophischen Betrachtungen über den Gegenstand, mit dem wir uns jezt beschäftigen, vorschwebte, zu erwecken, und zu erhalten?

Von seiner eigenen Gattung also, und Geschlecht von Geschlecht, scheint der Mensch die ursprüngliche Idee des Schönen vorzüglich und vor jedem andern Gegenstande, aufgeschöpft zu haben. Hier ist es, wo er am vorzüglichsten aufgereizt wird es zu suchen, wo er es trift, wo er es am gerechtesten lobpreißt. Und nur nach den Ideen, die er hier von dem Schönen borgt, wendet er das Wort Schön auf eine unendliche Menge Verschiedenheiten seiner Genügungen an.

Würde wohl ein Mensch, der von seiner ersten Kindheit an auf einer ganz unbewohnten Insel lebte, eine wahre und vollständige Idee vom Schönen haben können? Würde er wohl das Wort Schön erfinden und anzuwenden wissen? Mag sich wohl auf seinem Gesichte je der Ausdruck des Vergnügens, das von der Wahrnehmung, von der Betrachtung, vom Genusse des Schönen entsteht, gemalt haben oder je malen? Wird selbst das Verlangen nach dem Schönen, das er nie sahe, nie empfand, bei ihm aufkeimen? Und hätt' er auch einige Empfindung, irgend einen Begriff vom Schönen, wird dieser deutlich, vollständig, universell seyn? Wir fragen auf der andern Seite: mag sich eine richtige Idee des Schönen bei einem Taubgebohrnen, bei einem Blindgebohrnen antreffen lassen?

Diese Arten von Fragen, das weiß ich sehr wohl, beruhen auf Voraussetzungen, und können die entstehenden Zweifel nicht aufheben, weil sie nicht Beobachtung zulassen. Aber wir wollen den Menschen so betrachten, wie er sich tagtäglich unsern Augen darstellt, und von seinem ersten Alter anfangen, denn das ist der einzige Quell, den uns der gesellschaftliche Stand übrig läßt um einige primitive Ideen zu schöpfen.

Das Kind braucht anfänglich das Wort Schön ohne Etwas dabei zu denken, blos als ein kindisch hingesprochenes

Wort, das es bei den Gelegenheiten, bei welcher es es hörte, wieder nachsagt. Durch diese Gelegenheiten belehrt und gewöhnt, legt es denn bald den Namen Schön den Dingen bei, die ihm am mehresten Vergnügen machen, oder solchen, die seinem Gaumen durch Wohlgeschmack besonders schmeicheln. Sein Spielzeug, seine Kameraden, Alles wodurch es Freude genießt, nennt es schön, obgleich die Formen derselben vielleicht Nichts weniger als schön sind. Wenn endlich aber bei seinem Heranwachsen Geist und Herz mit einander in freundschaftliche Verbindung treten und nun die Vergnügungen kennen lernen, zu deren Genüssen sie bestimmt sind, wenn sie sich wechselseitig aufklären und belehren, dann braucht es das Wort Schön mit Verstand, mit Ueberdachtheit. Dann nennt es nicht die alte Amme, oder die bunte Puppe mehr schön, dann ist es das blühende gefällige Mädchen, oder der schlanke sanfte Jüngling, bei deren Anblick ein süßes Wohlgefallen sich durch sein ganzes Wesen verbreitet, von denen es fühlt daß sie schön sind. Dann spricht es das Wort Schön mit Empfindung, und mit dem Ausdruck aus, der dieser Beschaffenheitsbezeichnung zukommt. Nun ist der Zeitpunkt, wo sich ihm diese Menge von Anwendungen dieses Wortes, eigentliche sowohl als figürliche, darbieten, wo es nun genöthigt wäre, diesen Bezeichnungslaut selbst zu erfinden, wenn es ihn nicht schon im Gebrauche träfe. Nun ist der junge Mensch verschwenderisch in der Anwendung desselben, und das um so mehr, je empfindsamer ihn die Natur schuf. Nun bieten sich ihm eine Menge Mischungen der Vergnügungen aus den Wahrnehmungen des Schönen dar; sein Begriff wird erweitert, wird umfassender, sein Sinn empfänglicher, durstiger. Die süßeste, die vollkommenste Befriedigung aller Erwartungen findet er bei Dem, was ihm gleich genug ist um es wie sich selbst lieben zu können, ungleich genug um jedem Verlangen Genüge zu thun. Hier findet er Schönes für den Sinn, für das Herz, für den Geist, in Vereinigung, in stetem lebenden Wechsel, mit dem regen Bestreben schön für ihn seyn zu wollen. Dann nennt er den

verei-

vereinigten Genuß alles dieses Schönen Liebe, und ruft voll Entzückung aus:

O Liebe du bist göttlich schön!

Aber laßt uns nun auch, im Verfolg der Betrachtung des Karakters jedes Alters, den bemerken, wo der Geist sich oft den gänzlichen Ausschluß des Herzens anmaßt. Was sehen wir da? Die Physiognomie des Menschen ist ernster, ist zurückhaltender bei der Nennung des Schönen. Sie ist in dieser Rücksicht weniger ausdrucksvoll, zuweilen sogar so zweifelhaft, daß sie oft nur Gefälligkeit, nur Höflichkeit in ihre Züge zu verweben scheint. Kommt nun vollends der Mensch zu der traurigen Epoche seines Lebens, wo die drei Vermögen ihre Verbindung aufgeben, dann spricht er das Wort Schön nicht mehr mit Wärme, mit Aufwallung, dann ist es ihm nur eine kalte Rückerinnerung, dann braucht er es nur noch aus Gewohnheit, aus Uebereinkunft. Dann ist die Liebe für ihn nicht mehr in der Natur, dann sind die süßen Genüsse dahin, die sie seinem jugendlichen Verlangen bot und gebar.

Die verschiedenen Alter des Menschen also, und wenn wir recht genau seyn wollen, die verschiedenen Zeiten jedes seiner Jahre selbst verändern in ihm die Eindrücke des Schönen, so wie beinahe alle seine andern Ideen. Doch nicht allein die Jugend, nicht allein der Frühling des Lebens ist es allein, was Einfluß auf die Abänderungen (modifications) deren die Empfindung des Schönen fähig ist, hat; auch Gesundheit, Krankheit, Glück, Unglück, Muße und Beschäftigung theilen diese Einwirkung. Also ist das Schöne, wird man sagen, eine schlechterdings relative Idee, und jeder einzelne Mensch hat das Recht sie für personell und willkürlich zu halten. Diese Induktion ist natürlich, und diese Meinung vom Schönen herrscht auch bei dem größten Theile der Menschen ganz besonders; aber das Recht, das Jeder so zu entscheiden zu haben glaubt, ist unglücklicherweise so unsicher, daß es die Menschen sogleich nicht mehr anerkennen, so bald man sie mit einander fragt oder so bald sie öffentlich über diese Materie reden oder schreiben. Das kommt daher, weil unter Menschen, die in

Vereinigung leben, sich bald, und vorzüglich alsdann wenn die Gesellschaft belehrter und aufgeklärter zu werden beginnt, ein Gerichtshof bildet, dem sich das Recht der Meinung, das sich ein jeder insbesondere zueignet, in der letzten Instanz unterwirft; und so wie ein jedes Glied einer Gesellschaft einen Theile seines sonst von Natur freien Willens aufopfert, um die übrigen Theile, die der Aufbewahrung viel würdiger sind, zu erhalten; eben so unterwirft es sich diejenige Meinung öffentlich als übelgegründet anzuerkennen, die es nicht vor dem öffentlichen Meinungstribunal zu vertheidigen wagt. Und durch dieses Tribunal erhält das Schöne eine allgemeine Existenz, die hernach die Grundlage aller freien Künste wird.

Der Geist der Gesellschaften, oder noch allgemeiner der kultivirte menschliche Geist, ist das Resultat der Empfindungen, Empfindnisse und Wahrnehmungen einer großen Anzahl Menschen; und diese Art von besondern Wesen, von dem man sagen kann daß es kollektivisch abgezogen sei, das sich vermöge einer Gleichheit der Naturgesetze ähnlichen Fortschritten wie denen der Alter und Lebensjahrszeiten, unterworfen zeigt, läßt uns denken daß es ebenfalls seine Kindheit, seine Jugend, sein reifes und sein Greisenalter haben müsse. In der Epoche, wo es von der Jugend zur Männlichkeit übergeht, ist es, wo es Gesetze über eine Unendlichkeit von Gegenständen, und unter andern auch über das Schöne giebt, denen sich Unwissenheit, persönliche Herrschsucht, die Verirrungen der Kaprize, und die physischen und moralischen Verschiedenheiten, die den Menschen beherrschen, sämmtlich unterwerfen müssen, weil Beobachtung, Erfahrung, tiefe Kenntnisse, und endlich genaue Wissenschaften diese Gesetze unerschütterlich unterstützen. Die Redaktörs dieser Gesetze sind die Menschen von Genie, die, freilich in kleiner Anzahl, dieselben in ihren unsterblichen Schriften aufbewahren; und indem sie auf diese Art promulgirt sind, gehen sie von Generation zu Generation, von Gesellschaft zu Gesellschaft.

Werfen wir noch einen letzten Blick auf diese Entwickelungen um sie durch Beobachtung zu unterstützen.

Die Völkerschaften, die wir Wilde nennen, die ersten Anfänger der civilisirtesten Gesellschaften, sind im Ganzen genommen in Betracht des Schönen, eben das was das Kind in seinem erstem Alter ist. Die Vermögen der Einzelnen, woraus sie zusammengesetzt sind, sind noch zu wenig in der Vergleichung der Gegenstände, in den Entsprechungen der Formen, der Bewegungen, den Verhältnissen jedes Objekts zu seiner Bestimmung erfahren, haben noch weiter keinen Gesellschaftsbund geformt, als blos, um sozusagen, einige Begegnungsbekanntschaft. Auch sind einige partiale und isolirte Genügungen ihnen hinreichend. Ihre Sinnen sind nur auf das Nothwendigste geheftet, ihr Geist schränkt sich blos auf das Unnachläßlichste ein, bei ihrem schlafenden Gefühle, das nur bei einigen vorübergehenden Gelegenheiten erwacht, sind sie noch viel zu weit von dem andern Extrem entfernt, wo sie zu thätig sind, und sich in Abstraktionen verirren. Es existiren wohl einige Vorzüge, allein sie werden blos durch eine Art von Instinkt entschieden; und alle Genügungen scheinen gleichfalls nur instinktmäßig zu seyn. Sie sind einer solchen engen Verbindung noch gar nicht fähig, sind noch nicht genug mit einander verschmolzen, um der Liebe, die durchs Schöne enthüllt wird, Raum zu geben, um lebhaft und mit Glück zu seiner Aufsuchung aufzureizen; und nicht allein der Begriff desselben kann als in der That noch nicht existirend angenommen werden, sondern auch das Wort selbst, das ihn bezeichnet, muß natürlicherweise in dem größten Theile der Idiomen dieser entstehenden Gesellschaften fehlen.

Aber es kommt einmal eine Zeit, wo sich die Liebe und der Begriff des Schönen entwickeln. Das Wort, das zu ihrer Bezeichnung dienen soll, kommt endlich in den Wortvorrath, der in jeder Sprache, und bei jeder Nation, das authentische Archiv ihrer Geistesfortschritte ist. Und, wie ich schon gesagt habe, im Zeitraume der vollkommensten Entwickelungen (développemens) geschieht es daß das Schöne proklamirt wird, nicht durch Individuen, sondern durch die Stimme der Nationen und der Völker, daß es seine Ansprüche auf Auf-

klärung

klärung gründet, das heißt, auf vergleichende Beobachtungen, auf Erkenntniß der vollkommensten Uebereinstimmung zwischen den Gegenständen, seien sie welche sie wollen, und ihren Bestimmungen, und endlich auf die Vervollständigung unserer Genügungen, wovon die Existenz und die Ausdehnung unserer Vermögen hernach das Verlangen und die Liebe in uns festsetze.

Es begründet sich also, besonders in Beziehung auf unsere Künste, ein Schönes, welches von der Partikularmeinung vergebens bestritten werden würde, weil die Kunst, wenn auch die Meinung sich aller ihrer Quellen zum Angriff bedienen sollte, ihr die von den positivesten Wissenschaften geliehenen Demonstrationen, oder die evidentesten Kenntnisse entgegensetzen. Dergleichen sind nun die anatomischen Verhältnisse und ihre bestimmten Beziehungen auf den Gebrauch derselben, die unabänderlichen Gesetze der Bewegung und der Schwere, welche die Ideen des Schönen, das sich auf die Sinne bezieht, bestätigen und berichtigen, so wie die unabänderlichen auf die Natur des Menschen und der Dinge gegründeten Uebereinkünfte das sentimentalische und moralische Schöne etabliren, und so wie das Räsonnement das geistige Schöne bis zur Ueberzeugung hinaufhebe.

Das Schöne im Allgemeinen, um das Gesagte noch einmal zu übersehen, ist also für jedes Individuum relativ, obgleich immer auf die Mischung der Vergnügungen der Sinne, des Herzens und des Verstandes gegründet. Das Schöne in der Abstraktion, welches aber doch weniger willkührlich und mehr positiv ist, ist relativisch zu den Entwickelungen*) der Empfindungsvermögen, und der Aufklärung vereinigter Menschen. Es wird der Gegenstand einer Empfindung, (sentiment) die alle besondere Meinungen beherrsche; es schmeichelt überdies den

Sinnen,

*) Herr Vankuk, Herausgeber des neuen Wörterbuchs über die Malerei, hat eine kleine Dissertation über das Schöne im Verhältniß zu der Aufklärung die unter civilisirten Menschen verbreitet wird, an's Licht treten lassen. Dieses Prinzip ist so wahr als philosophisch.

Sinnen, rührt das Herz, reizt den Verstand der Menschen, die im Fortgange der aufgeklärten Jahrhunderte Theil daran nehmen. Dieses Schöne, das endlich so weit gebracht wird, daß es nicht allein gesehen und empfunden, sondern auch demonstrirt werden kann, ist das Ziel, nach dem die Liebe, von der Plato spricht, wenn sie nun fesselfrei ist, hinstrebt, das von der Liebe, der Trösterin der Menschheit, der Quelle ihrer reellesten Genüsse gesucht, gefodert wird, und das endlich auch Ziel und Stütze unserer freien Künste ist, und allein seyn kann.

Ich muß mich auf den Vortrag dieser Elementarbegriffe beschränken. Die genaue detaillirte Ausführung würde ein ganzes Werk erfodern, wovon zum wenigsten dieser Artikel den Plan und die Behandlung anzeigen kann.

Im Artikel Schönheit werd' ich mich mehr, als hier geschehen, den Künsten, die dieses Wörterbuch zum Gegenstande hat, nähern; indem ich aber fortfahre, die Ideen des Schönen und der Schönheit der Kunst aufzustellen, werd' ich vorher mit den Zöglingen über das Schöne sprechen, das man das idealische nennt, das aber in der Malerei und Bildnerei nicht idealisch bleibt, sondern die sinnlich merkbare Vervollkommung der Schönheit wird.

Idealischschön.

Das Wort Idealisch hat in der allgemeinen Sprache einen vielfachen Sinn. Unter einem idealischen Projekte versteht man ein Projekt, das beinahe schimärisch ist. Dieser Mensch, sagt man zuweilen, ist sehr idealisch, um anzuzeigen, daß er eine grosse Zahl ausserordentlicher Entwürfe brütet und hegt. In dieser Bedeutung ist der Sinn dieses Wortes eben kein Lob.

Ein idealisches Hinderniß, ist ein Hinderniß das keine Wesentlichkeit hat, oder wenig Wahrscheinlichkeit zeigt.

Idealische Tugenden und Vollkommenheiten sind endlich in einem andern Sinne, Attribute und Eigenschaften von solcher Erhabenheit, daß man glauben möchte, es gebe kein Modell dazu in der Wirklichkeit.

Dieser

Dieser letztere Sinn ist der, der sich dem, was man in der Sprache der Malerei mit den Worten idealischschön, idealische Schönheit ausdrücken und bezeichnen wollte, am meisten nähert.

Und auch diese Bedeutung ist es endlich, welche einige berühmte Artisten, und eher so einige Autoren, die über die Künste schrieben, zu entwickeln suchten.

Sie dachten sich, mehr oder minder hell eine idealische Vollkommenheit. Voll von ihren Ideen suchten sie sie auch auf die überzutragen, die nicht in den Geheimnissen der Kunst eingeweihet sind; aber der grössete Theil ihrer Erläuterungen ermangelt der gehörigen Deutlichkeit, die freilich wirklich schwer zu erhalten ist, wenn von abstrakter Vollkommenheit gehandelt wird, kann nur von wenigen Artisten verstanden werden, und wird von denen, die die Kunst nicht treiben, gar nicht gefaßt.

Unterdessen hat es sich doch oft getroffen, daß die Reize einer belebten und verführerischen Beredsamkeit, und die mittheilsame Wärme des Enthusiasmus, zuweilen glauben machten, man habe Alles deutlich genug eingesehen, was man doch kaum flüchtig erblickte; und daß man das sehr wohl verstanden und gefaßt habe, wovon man doch nicht im Stande war andern einen erträglichen Begriff beizubringen. Es herrschen also noch viele Dunkelheiten in dem, was man allgemein unter dem Idealischschönen verstehen soll, und ich werde mich daher bemühen, mich über diesen Gegenstand auf solch' eine Art auszudrücken, daß mich die Künstler und Nichtkünstler gleich gut fassen und begreifen können.

Das idealische Schöne ist heut zu Tage, in unserer Rücksicht, die Vereinigung der größten Vollkommenheiten, die an einzelnen ausgewählten Individuen gefunden werden können.

Will man sich das idealische Schöne auf eine Art denken, die den Ideen, welche die griechischen Künstler gegen die Zeiten des Perikles davon hatten, näher kommt, so muß man sich das Schöne vorstellen wie es seyn würde wenn die Natur alle ihre Erzeugnisse, und besonders den Menschen, mit der gesuchtesten

sten und überdachtesten Wahl, und mit allen allgemeinen und besondern Vollkommenheiten, deren die vorgeschriebenen Gestalten und Bewegungen nur fähig sind, geformt, und mit dieser Formung die sichtbaren Beziehungen, welche jene Gestalten und Bewegungen zu den innern geistigsten, erhabensten und vollkommensten Neigungen haben können, verknüpft hätte.

Ich will diese Erklärung durch Entwickelung verständlicher machen.

Man unterscheidet dreierlei Arten der Nachahmung in den zeichnenden und bildenden Künsten; eine knechtische Nachahmung der Gegenstände, so wie sie sich dem Nachahmer darstellen; eine Nachahmung der Gegenstände, welche der Nachahmer auswählt und andern vorziehet; und endlich eine Nachahmung, welche die vollkommensten Theile einer grossen Anzahl ausgewählter Gegenstände in ein Ganzes vereinigt.

Mit der ersteren dieser Nachahmungen — die gewißlich die am wenigsten idealische von allen ist — fängt die Kunst allemal ihre Versuche an.

Die zweite gehört zum Fortschritte der Kunst.

Die dritte ist ein sehr erhabner Grad, zu welchem die Kunst nicht erhoben, auf welchem sie nicht gehalten werden kann, als durch eine Zusammenwirkung vieler thätigen und mächtigen Ursachen, von denen ich schon im vorläufigen Discours im Artikel Kunst gehandelt habe, die ich hier aber doch auch höchstnöthigerweise mit wenigen Worten wieder anführen muß.

Diese wirksamen Veranlassungen sind: eine den physischen und moralischen Fähigkeitsentwickelungen günstige Temperatur; die Kunst vermittelst der Sprachschrift Ideen und Belehrungen auf Andere überzutragen; und dann der Vortheil grosser Institute, (institutions) ein Vortheil, der fast wunderthätig ist, weil er den Menschen über sich selbst hinaushebt, das heißt, über seine Persönlichkeit; weil er mit Hülfe des Enthusiasmus und der Liebe zum Ruhme die Kräfte und Tugenden sowohl wie die Künste zu sublimen, und in einiger Art übernatürlichen Vollkommenheiten erhöht.

Diese

Diese Empfindungen zeigten sich unter den Griechen bei Gelegenheit der Vaterlandsliebe und des Heldengeistes. Eine den Künsten günstige Mythologie, eigentlich gemacht, sich aufs genaueste an die Institute, die ich nur erwähnt habe, anzuschliessen, näherte die Helden den Göttern, und ließ selbst die Sterblichen durch ein imaginäres Verhängniß zu dieser Natur, die so weit über ihnen erhaben ist, übergehen.

Die Künste, mit diesen Ideen genährt, die Künstler, unablässig mit der Darstellung von Göttern und Helden beschäftigt, fanden sich veranlaßt, unter den vollkommensten Gestaltungen, die die menschlichen, und so zu sagen vergöttlichten menschlichen Formen nur haben konnten, jene erhabne Vollkommenheit, die wir das Idealischschöne nennen, auszudrücken.

Diese Gattung des Schönen, das bei uns nicht mehr dieselbe Veranlassungsursache hat, kann nicht, wie man siehet, uns im Allgemeinen dieselben Ideen einhauchen; und hieraus entspringt die Schwierigkeit, zu eben der Vollkommenheit, wie die Alten, zu gelangen, und sich auf so eine Art über diesen Gegenstand ausdrücken zu können, daß man von Jedermann verstanden wird.

Ich muß mich, dem Umfange dieses Werkes gemäß, auf summarische Erläuterungen des idealischen Schönen einschränken. Die Eindrücke, die es hervorbringt, beredtsam zu beschreiben, ist unnütz für aufgeklärte und unterrichtete Menschen. Sie dürfen nur einen einzigen dieser Eindrücke erfahren haben, und sie kennen die andern alle. Denn, ein einziges Empfinden unterrichtet mehr als alle Ausrufungen, Beschreibungen und Lobsprüche; und diejenigen, die nicht den Keim der Ideen, die ich vortrage, in ihrer Seele haben, werden durch Eloquenz des Vortrags nicht besser in ihr Gewebe hineingezogen als Blinde, die man laufen macht, die aber sogleich wieder still stehen, wenn man sie nicht mehr zu gehen zwingt.

Ich werde, meiner Gewohnheit nach, mit einigen überdachten, an Künstler und Zöglinge der Kunst addressirten Bemerkungen, die ihnen sehr nützlich seyn können, endigen.

Ueberlaßt Euch, bei euren ersten Studien nicht den zu abstrakten Ideen über die Vollkommenheit; sie würden den wahren und soliden Fortschritten in der Kunst schaden, weil in der Jugend die Einbildungskraft noch nicht im Stande ist, vollkommen organisirte Früchte hervorzubringen. Ein frühzeitiger übermäßiger Ueberfluß kann das werdende Genie erschöpfen, so wie der frühe Misbrauch unserer Kräfte unsere körperliche Verfassung ändert und schwächt.

Ihr würdet, wenn ihr Schönheiten, die zu schwer zu fassen sind, verfolgen wolltet, die kostbare Zeit für die methodischen Studien, die Euch so unnachläßlich sind, verlieren. Diese müssen vorangehen; sonst lauft ihr Gefahr, wenn ihr das Idealische vor dem Positiven sucht, auf einen Abweg zu gerathen, wo ihr immer in der Verirrung herumwandern müsset.

Wenn ihr denn, in eurem ersten Durste nach Fortgange, die Meisterstücke der Alten betrachtet, und daran die idealische Schönheit halb und halb erblicket, so legt euren Zeichenstift bei Seite, und bewundert mit religiöser Hochachtung, wie ihr die Erhabenheit der heiligen Texte erheischt. Fürchtet besonders, fürchtet die, die kommentiren und paraphrasiren.

Wenn ihr, indem ihr den antiken Apoll betrachtet und zeichnet, von Bewunderung hingerissen seid, wenn eure Seele von dem himmlischen Ausdrucke, der sich in ihm mit jeder Schönheit der Formen verbindet, ergriffen ist: was würde euch dann das wohl dienen, was einer der berühmtesten Enthusiasten für das Idealischschöne euch sagte: „Die Idee der Schönheit gleicht einer Substanz, die von der Materie durch die Wirkung des Feuers abgezogen ward; sie ist wie ein Geist, der sich ein Wesen nach dem Ebenbilde der ersten vernünftigen Kreatur, die durch die Intelligenz der Gottheit geformt ward, zu schaffen sucht."

Verstündet ihr da wohl diese Sprache eines Mannes *), der übrigens seiner Kenntnisse, seiner Gelehrsamkeit und seiner Begier-

---

*) Winkelmann.

Begierde wegen, Andern das was er bei Betrachtung der Meisterstücke des Alterthums empfand, einzuhauchen, die größte Hochachtung verdient? Ohne Zweifel, nein. Hütet euch dann, die Zeit, die ihr zum Empfinden und zum Ueben anwenden sollt, mit der Bemühung sie zu verstehen, zu verderben; aber hütet euch auch mit gleicher Sorgfältigkeit, in ein anderes zu sehr entgegengesetztes Aeußerste zu verfallen, hütet euch das zu verlachen, was mit der idealischen Schönheit in Gemeinschaft steht und auf sie Bezug hat. Ihr würdet euch so schnell zur Nachahmung der gemeinen Natur, die viel leichter aufzufassen ist, hingerissen sehen, daß Ihr zuletzt wohl gar keine Auswahl mehr für nöthig hieltet. Ihr würdet von einer Vollkommenheit, die zu hoch für Euch war, herabsinken zu einem Verdienst, das zu tief unter Euren Kräften liegt; und dies wäre eine viel tadelnswürdigere Verirrung als die, die Ihr vermeiden wolltet.

Durch Vergleichen und Auswählen kann man eine mittelmäßige Vollkommenheit, die unglücklicherweise nach unsern neuern Kunstideen hinlänglich ist, erreichen; aber durch delikate Auswahl, durch die vollkommenste Auswahl würdet Ihr Euch zum wenigsten dem Erhabenen nähern. Unterdrückt also das Streben nach Erhebung nicht, das euer Talent, der Höhe eurer Seele gemäß, unterstützen wird; und durch Eifer im Fortschritt, durch Studium der Schönheiten, welche die berühmtesten Künstler erreichten, und zuletzt durch eine geheime Inspiration werdet Ihr empfinden, daß das Erhabene, ob man es gleich idealisch nennt, doch nicht schimärisch ist.

Nachdem Ihr Euch glücklich und lang in der Nachahmung der Modelle, welche Euch eure Meister vorstellten, aus keiner andern Absicht als um genau nachzuahmen, geübt habt, dann übt Euch auch durch oftmalige und wohlüberlegte Vergleichungen zu würdigen und zu wählen. Wagt nach der Wahrnehmung dessen, was in euren Modellen mehr oder minder schön ist, die Stellen, die eurer erhabensten Idee, die ihr von der Natur abzoget, nicht genügen, mit andern zu vertauschen, die Euch euer Gefühl, das sich auf unveränderliche Prinzipien stützet, als die vollkommensten anerkennen läßt.

laßt dann endlich, wenn ihr einige Funken von der Fakkel, die den Homer und den Phidias erhitzte, empfangen habt, eurer Einbildungskraft freien Lauf, und schwingt Euch hinauf zu den höhern Regionen des Erhabenen.

Das Genie allein muß diesen Flug lenken. Die Weisungen, die man Euch in diesem Augenblicke geben wollte, würden denen gleichen, die Apoll seinem Sohne gab. „Lenke, — sagte er — „deinen Wagen auf so klügliche Art, daß du alle „die Gefahren vermeidest, die dir aufstoßen; mäßige zuweilen „deine Rosse, treib sie wieder an, wo es nöthig ist; hüte dich „vor Verirrung in dem ungeheuern Raume, den du durchlau„fen willst."

Ein Gott unterrichtete so einen jungen Helden; und dieser junge Held verlohr sich doch.

Um noch denen, die sich berechtigt glauben, den Stift und Meißel der Künstler nach Gefallen lenken zu können, wenn sie, weil sie den Vortheil sie zu dingen hatten, dem Talent und selbst dem Genie, Geldwürdigungen vorschreiben, einige Nachrichten, und selbst einigen guten Rath zu geben, erkühn' ich mich ihnen zu sagen:

Wie ist es Euch bei euren Beschäftigungen, Zerstreuungen und Unthätigkeiten doch möglich, genug liberale Ideen zu erlangen, um in den Künsten, und ich könnte sagen, in den Empfindungen selbst die Schönheiten, die Vollkommenheiten, die wir idealische oder sublime nennen, erreichen zu können? Das was Ihr könnt, und was man von Euch verlangen darf, ist, den Künstlern zum wenigsten freien und hinlänglichen Spielraum zu lassen, und sie nicht Wählungen zu unterwerfen, deren Vorzüge keinen andern Grund haben als eure persönlichen Neigungen. Wahrheit, deren Erkenntniß Euch noch sehr nutzbar wäre, und die man Euch nicht genug wiederholen kann, ist es: daß die Vergnügungen, die Ihr bei den Künsten sucht, um Vieles größer und dauerhafter seyn würden, wenn sie weniger von euren Entscheidungen und von eurem Eigensinne (caprice) abhingen.

Hört doch die Künstler! Ihr wollt sie hören: ja aber Ihr nehmt ihnen oft das Vermögen, den Muth, Euch aufzuklären und zu belehren, denn unglücklicherweise bedürfen sie derer, die sie beschäftigen, und unterstützen viel unnachläßlicher, als diese geschickte und erleuchtete Künstler wirklich nöthig haben.

Schönheit.

Beauté.

Der Artikel Schön ging diesem vor, weil er das Recht dazu von der alphabetischen Folge hat. Ich denke selbst, und ich hab' es bemerken lassen, daß, in Beziehung auf die Künste, von denen in diesem Wörterbuche insbesondere gehandelt wird, das Schöne einen allgemeinern Sinn darbietet, da das Wort Schönheit hingegen eine mehr positive Idee bezeichnet. Unterdessen ist es nothwendig, in der Art, wie man das letztere anwenden will, noch zwei Bedeutungen, die hauptsächlich verschieden sind, abzusondern.

Manchmal ist der Sinn des Wortes Schönheit in der Kunstsprache beinah' einerlei mit dem Sinne des Wortes Vollkommenheit. Man will dann sagen, daß der Maler die Idee, die man von der Vollkommenheit der Kunst hat, entweder erreichte, oder ihr doch sehr nahe kam, und man hat dann entweder erworbene Kenntnisse, oder persönliche Empfindungen zum Grunde dieses Urtheils. Aber wenn man das Wort Schönheit in der Bewunderung der gemalten Figur einer Schilderei ausspricht, dann versteht man mehr der Gewohnheit gemäß die vollkommenste, oder die schicklichste, oder die angenehmste gefälligste Darstellung eines Mannes, oder eines Frauenzimmers; und die Unterschiede in der Idee, die man sich dann denkt, zeigen, daß diese Idee zuweilen ganz besonders auf den Sinn, zuweilen auf den Verstand, und zuweilen auf das Gefühl bezogen wird. Dies paßt sich sehr gut zu den Begriffen, die ich im Artikel Schön aufgestellt habe.

Wenn

Wenn man denn über die Schönheit einer von einem geschickten Künstler gemalten Frau entzückungsvoll ausruft, so bezieht sich dieser Ausruf im Allgemeinsten entweder — um eine poetische Sprache zu führen — auf die himmlische Venus, das Sinnbild des moralischen und geistigen Vergnügens, oder auf die irdische Venus, das Sinnbild der verschiedenen sinnlichen Lustgenüsse.

Betrift dieser Ausruf über Schönheit die Figur eines Mannes, so hat sie zum Gegenstande die Vollkommenheit, deren der Mann nach Maaßgabe seiner Natur, des Alters, der Umstände, oder, um allgemeiner zu reden, der Konvenienzen, der angenommenen Uebereinkünfte, und der Wohlanständigkeiten, fähig und empfänglich ist. Aber das Wort Schönheit drückt nicht die ganze Fülle der Idee, deren sie empfänglich ist, aus, als nur dann, wenn von der ganzen Figur eines Kunstwerkes, sie sei nun nackt, oder kunstmäßig so bedeckt, daß man über das Ganze sowohl, als über die Details der Theile, woraus sie besteht, urtheilen kann, vorzüglich die Rede ist. Denn außer dieser Anwendung, ist das Wort Schönheit, bezogen, wie es oft bei uns geschieht, aufs Gesicht, oder aufs Brustbild allein, von sehr eingeschränkter Bedeutung, und die Idee, die durch diesen Gebrauch entspringt und sich mit ihm verknüpft, ist noch sehr weit von der Vollständigkeit entfernt.

Auch ist noch nothwendig, daß die Figur, der man das Wort Schönheit beilegt, unabhängig von dem, was gesagt worden ist, eine Handlung oder ein Gefühl oder auch wohl eine geistige Idee, welche die physische Vollkommenheit beseelt, ausdrücke. Und weil die Schönheit, wie ich schon bildlich gesagt habe, aus Ideen der Liebesgöttin entsteht, so ist es die Liebe, welche von Natur das allgemeinste Recht hat, die Figur zu beseelen, und ihren Formen, und den Theilen, woraus sie bestehen, mehr Reiz und Interesse zu geben. Und diese Liebe kann, so wie ihre Mutter, geistig, empfindsam oder sinnlich seyn. Also sind es in den Werken, welche die Malerei hervorbringt, solche Süjets und Figuren, welche am allgemeinmeinsten den Namen eingeben, von dem in diesem Artikel gehandelt wird.

Dergleichen Süjets und Figuren, die ich jetzt angeführt habe, sind in großer Anzahl vorhanden, sind unendlicher Abänderungen und Verschießungen fähig in den Handlungen, in den Thaten und Begebenheiten; nach den heiligen Geschichten, und besonders nach denen, die man aus der Mythologie nimmt, weil die griechischen Fabelgeschichten in den Thaten und Begebenheiten, woraus sie bestehen, in den Allegorieen, die ihnen eigen sind, und in denen, die man von ihnen abgezogen hat, die glücklichsten Verhältnisse (relations) der Empfindungen, der Gefühle und der geistigen Ideen mit der Natur und Kunst aufstellen und darbieten.

Man muß noch bemerken, daß, weil die gemalten Gegenstände durch die Organe eines sehr feinen und sehr thätigen Sinnes, wie das Gesicht ist, geben und wahrgenommen werden, die ersten Eigenschaften, die zusammen wirken, um das Wort Schönheit anzuwenden, solche Eigenschaften seyn müssen, die ganz eigentlich dazu gemacht sind dem Sinne zu schmeicheln. Der Blick will vergnügt seyn, und das Gesicht fängt allemal damit an, eine Art Urtheil über das, was besonders in sein Gebiet gehört, zu fällen.

Der Wahrheit nach, glauben alle Menschen, die mit einem sehr schnellen und sehr geübtem Geiste oder Gefühle begabt sind, daß diese intellektuellen Vermögen ihre Urtheile ganz unabhängig von jedem andern entscheiden. Die Gewandheit und Schnelligkeit des Geistes und des Herzens lassen auch oft in der That den ersten Eindruck des physischen Sinnes für Nichts gelten; aber Menschen, die überdenken, theilen auch jedem ihrer Vermögen das zu, was ihm gehört; und wenn sie sich des Wortes Schönheit bedienen, verhehlen sie sich nicht, daß es vorzüglich zufolge des Vergnügens geschieht, welches der Sinn des Gesichts dem Herzen und dem Verstande mittheilt, zu welchem dann diese freilich ihre Sentiments, und ihre Ideen, deren Eigenthum ihnen nicht streitig gemacht werden kann, hinzufügen.

Nach-

Nachdem wir die Schönheit als den Gegenstand einer ganz eigenen Impression betrachtet haben, so wollen wir sie denn auch einigen elementarischen Reflexionen unterwerfen.

Das was den Sinn des Gesichts am meisten vergnügt, sind die Proportionen.

Die Proportionen sind im gemeinsten Sinne, in Rücksicht der Malerei die Verhältnisse der Theile eines jeglichen Objekts zu einander.

Das Vergnügen, welches uns die Richtigkeit dieser Proportionen gewährt, ist mit unserer Natur, unserm Instinkte, und unserm Nachdenken verbunden. Wir sind nothwendigen Proportionen unterworfen, die freilich bei jeder Einzelnheit mehr oder minder genau sind, die aber doch nicht so sehr abweichen, daß sie der Gewohnheitskenntniß, die wir von diesen Proportionen haben, schaden sollten, und dieß um so mehr, da sie Grundlagen unserer Existenz sind. Noch tragen sie auch zu unserm Vergnügen bei, und formen die Art Gleichheit, die unter uns Statt finden kann.

Die Theile unsers Körpers sind zu dem Ganzen proportionirt, sie sind es auch zu dem Gebrauche derselben, der uns eigen ist. Wir erfahren mit jedem Augenblicke, ohne daß wir uns Rechenschaft davon geben, die Vortheile derselben; und nur wenn unsere Einbildungskraft emporflattert, können wir es uns erlauben sie anders geformt zu verlangen, um Schwärmereien und Wünsche, die oft sehr unvernünftig sind, begünstigen zu können, deren Erfüllung aber gerade der Art Glückseligkeit, die für uns bestimmt ist, sehr schädlich seyn würde.

Die Gegenstände außer uns haben auch wieder ihre Proportionen. Diese Proportionen, verglichen mit den unsrigen, stellen sich oft unsern Wünschen entgegen, oder setzen uns gar Gefahren aus. Allein die Proportionen der Gegenstände, deren wir uns am öftersten bedienen, und zu bedienen haben, sind uns gemeiniglich günstig und vortheilhaft, und erwecken je länger je mehr das Vergnügen, das die Wahrnehmung der Verhältnißschicklichkeit uns gewährt.

Nach den Bedürfnissen sieht man, wenn man zu den Künsten geht, die die nothwendige Folge derselben sind, die Proportionen sich auf allen Seiten zu unserm Nutzen, und zu unserm Vergnügen vermehren. Denn in den mechanischen Künsten sind die Proportionen der Grund aller Erfindungen. Sie erzeugen den Kalkul, stellen Prinzipe auf; und je vollkommener man sie macht, destomehr thut uns diese Vollkommenheit in dem Nutzen, den man von ihr zieht, Genüge, destomehr erweckt sie unsere Bewunderung über die Schauspiele, die sie uns giebt, destomehr vergnügt sie uns in den Betrachtungen, zu welchen sie uns einladet.

Gehen wir zu den angenehmen Künsten, wie sie mehr oder weniger zur Nachahmung gehören, so stellen sich auch die Proportionen in ihren Werken wieder dar. Und wie Auswahl und Vollkommenheit das Nothwendigste in der Nachahmung zu seyn scheinen, um uns anzuziehen und uns zu gefallen, wie in der Wirklichkeit selbst, so wurden die Künste natürlicherweise dahin geleitet, die Proportionen aufzusuchen und zu studiren, Rechnungen, Regeln und Methoden zu etabliren.

Die Details von allem Dem, was ich jetzt hier flüchtig vorgetragen habe, würden zwar leicht auszuführen seyn; allein sie nähmen mir hier zu viel Platz weg, und zerrissen das Gewebe der elementarischen Ideen, deren Ausstellung gegenwärtig mein Zweck ist. Ich wende mich nun zu Dem, was in dieser Rücksicht die Malerkunst betrift.

Die Malerei in ihrem unvollkommensten Zustande hat die Verbindlichkeit, sich den Proportionen zu unterwerfen. Es ist wahr, daß sie sich da begnügt, sie nur anzuzeigen, weil sie Nichts als eine Art von Instinkt, eine vage Sensation der bemerkbarsten Dimensionen befolgt. Doch die gröbste Nachahmung kann sich, um das nachgeahmte Objekt kenntlich zu machen, nicht nachlassen, die Theile eines Ganzen, die in der Natur größer und stärker als die andern sind, auch größer, länger und stärker darzustellen. Nach und nach ahmt man denn diese Verhältnisse genauer und richtiger nach.

Endlich führt das Nachdenken dahin, einige Fundamentalpunkte in den Verhältnissen und Proportionen festzustellen; und da die Kunst überdachter und gründlicher wird, fühlt man die Nothwendigkeit, solche Punkte durch verglichene Beobachtungen genau festzustellen, und man gelangt dazu durch die sichere Hülfe einiger genauen Wissenschaften.

Auf diese Art dringen sich die Ideen der Proportionen dem Menschen, der selbst eine Zusammensetzung von Theilen ist, die unumgänglich proportionirt seyn müssen, auf. Durch diese Beweggründe gefallen ihm die Proportionen; auf diese Art bemerkt er sie nach und nach, imitirt er sie, entdeckt er die Regeln, welchen die Natur sie unterwarf.

Aber diese Proportionen sind gewisser Bestimmtheiten, gewisser Feinheiten fähig, die, nachdem sich der Blick, das Gefühl und der Verstand vervollkommt, auch vollkommner und empfindbarer werden müssen.

Gewisse Umstände konkurriren zu diesen Vervollkommungen; und es war Folge ihrer Wirksamkeit, verbunden mit alle Dem, was ich flüchtig habe bemerken lassen, daß die Griechen in der glänzendsten Epoche ihrer Existenz in Bezug auf die Kunst, die Feinheit überdachter Proportionen in den Werken der Malerei und der Skulptur, und besonders in der Nachahmung der erhabnen Schönheit der menschlichen Gestalt, zu dem letzten Grade erhoben, und selbst in einiger Art über diesen letzten Grad noch hinaushoben.

Ich werde Das, was in dieser vorläufigen Abhandlung, und in vielen andern meiner Artikel auf diesen Gegenstand Bezug hat, nicht wiederholen; aber ich muß wünschen, daß der Leser sich es wieder zurückrufe. Ich fahre fort in diesen Bemerkungen, und bemerke ferner, daß die Verhältnisse des menschlichen Körpers bei den Griechen eine weise und tiefe Grundlage der Schönheit ward. Wie aber ihre Vermögen, geübt und gestimmt, sich mehr auszubreiten, sich zu erheben durch große und mächtige Motive, zu einer außerordentlichen Vollkommenheit gekommen waren, dann ergab sich, daß die Schönheit, die nun viel merkbarer in die sinnliche, moralische und geistige

Schönheit eingetheilt ward, in den Nachahmungen der Kunst, die Proportionen von feinster Beziehung auf Sinn, Gefühl und Verstand, erfoderte. In den Unterscheidungen, die ich in dieser Rücksicht machen werde, trag' ich meine Meinung nicht anders als Muthmaßung vor, die ich aber für wahrscheinlich halte.

Es scheint mir, daß die Griechen, um zu dem Grade der Vollkommenheit, den sie erreichten, zu kommen, einen Unterschied unter den Dimensionen der soliden innern Theile des Knochengebäudes, und unter den Dimensionen der äußern, weichen und sichtbaren Theile machen mußten.

Die Dimensionen der festesten Theile wie die Knochen und einige Knorpel sind, etabliren hauptsächlich die relativen, proportionirten und bestimmten Längen. Diese Dimensionen stellen mit Hülfe der Anatomie beinah ganz feste Resultate dar, auf welche man sich stützen kann.

Die Dimensionen der weniger soliden Substanzen bestehen in verschiedenen Größen der sichtbaren Theile des Körpers, in unmerklichen Verkleinerungen, in stufenweisen Anschwellungen dieser Theile, Modifikationen, deren die Muskeln, das Fett und die Haut sich empfänglich finden, die ihrer Natur nach veränderlich Dimensionen annehmen, die vom Temperament, vom Alter und von den Umständen abhängig sind. Diese Dimensionen, und die Formen, die von ihnen entstehen, fallen in's Auge, sind beweglich, und tragen mit den Proportionen der innern und soliden Theile der Zimmerung zu den Eindrücken bei, die der Körper auf unsere Vermögen macht.

Unter diesen Eindrücken können diejenigen, die besonders sinnlich sind, durch Kombination der Dimensionen und Formen sehr vergnügend seyn, da sie doch den geistigen und moralischen Ausdrücken weniger günstig wären.

Eine Frau, begabt mit einer Fleischigkeit, die die Proportionen nicht veränderte, würde dem Sinne des Gesichtes und den sinnlichen Eindrücken die davon entstehen könnten, Züge darstellen, die man mit dem Namen der Schönheit beehren würde. Die Festigkeit, die Ründe, der Glanz der Haut, ihre

leich-

leicht kolorirten Abstufungen, die Sanftheit des Gewebes, des Oberhäutchens (épiderme) gehören zu den Dimensionen und Formen, von denen ich gesprochen habe, und diese Modificationen, angeknüpft an die Genauigkeit der Proportionen, müssen ihr den Namen der Schönheit auf die gerechteste Art von den Sinnen zuertheilen.

Aber das Gefühl, dessen Genügung wesentlicher in gewissen feinen Ausdrücken der Züge, der Gesten, der Haltung, des Blicks besteht, könnte finden, daß den Reizen, von denen ich gesprochen habe, noch Etwas mangelt, das den Eindrücken, welche es verlangt, günstig wäre. Diese Reize können der Biegsamkeit der Züge schaden, so wie den nüanzirten Eindrücken, die die Wirksamkeiten (opérations) des Geistes anzeigen, und die den Empfindungen des Herzens so wohlbehäglich sind.

Es giebt also in den äußern Formen und in den beugbaren Theilen Dimensionen, die den verschiedenen Gattungen der Schönheit mehr oder weniger günstig seyn werden, und diese Dimensionen werden viel schwerer zu bestimmen seyn als die Proportionen der festen Theile des Knochengebäudes des menschlichen Körpers.

Die Griechen mußten, wie ich schon gesagt habe, zu diesen Bemerkungen, durch die Vereinigung der menschlichen und heroischen, und der göttlichen Vollkommenheiten, welche sie erlaubten, geleitet werden. Und so erstiegen sie die höheren Grade der Schönheit, man mag sie nun in Beziehung auf die Sinne, oder in Beziehung auf die edelsten und erhabensten Gesinnungen, und endlich in Beziehung auf die Mischung dessen, was die verschiedenen Vermögen als das Vollkommenste verlangen können, betrachten. Daher die idealische Schönheit die ihre Meisterstücke unterscheidet, und die wir noch in denen, die uns übrig sind, bewundern.

Man wird also aus allen diesen Begriffen schließen, daß die vollkommenste Schönheit, so wie das vollkommenste Schöne in Bezug auf die Kunst in den Dimensionen bestehen, die am empfänglichsten und fähigsten sind, die Wünsche des Sinnes

nes, des Gesichts, des Herzens und des Verstandes zu befriedigen.

Man bemerkt, daß die Nüanzen dieser verschiedenen zusammengesetzten Vollkommenheiten nach den Elementen, die ich aufgestellt habe, eben so unzählbar sind, als die Umstände, unter welchen man Namen der Schönheit auf menschliche Figuren anwenden kann. Dieser Ausdruck, so wie der Ausdruck Schön, leiht also einer Unendlichkeit von Modifikationen allgemeine, nationale, umstandsmäßige und persönliche Anwendungen.

Aus dieser Ursache geschieht es selten, daß eine grosse Zahl Würdiger der Schönheit einig wären, weil es unmöglich ist, daß Alle die Gegenstände mit denselben Stimmungen, (disposition) denselben Absichten, (intentions) oder aus denselben Gesichtspunkten betrachteten. Man sieht, daß die Schönheit, die in einem Lande allgemein dafür ausgerufen und anerkannt wird, nicht diejenige ist, die man in einem andern vorzieht; daß die Schönheit, die ein Individuum als solche charakterisirt, nicht deswegen auch die Eigenschaften hat, daß sie ein Anderer dafür anerkennen muß. Doch haben indessen zweierlei Umstände das Recht, die Menschen einander zu nähern, indem sie ihnen Meinungen eingeben, die sich nicht geradezu widersprechen, und die selbst dahin streben, in einigen Rücksichten einmüthig zu werden. Der erste Umstand ist das Urtheil des Gesichts, das, als das sinnliche Organ betrachtet, in allen Menschen geschmeichelt zu werden verlangt, welches nicht ohne Genauigkeit in den Proportionen geschehen kann. Der zweite, sind die menschlichen Kenntnisse, die in ihrer Verbreitung Prinzipe und Meinungen, über die man allgemein genug übereinkommt, etabliren und festsetzen.

Die Entwickelung und die Gemeinschaft der Kenntnisse, durch welche diejenigen Nationen, bei welchen sie wirksam sind, den Namen der aufgeklärten erhalten, sind ein Gegenstand, den ich schon im Artikel Schön aufgestellt habe. Aber ich denke nicht in die Details eingegangen zu seyn, die nicht beobachtet werden

werden können, als wenn erst die sinnlichen Wahrnehmungen, das Gefühl, und die Ideen sich durch Hülfe dieser Kenntnisse bis auf einen gewissen Punkt vervollkommt haben.

Nicht allein die Haltung, der Gang, Handlung und Grazie erhalten unter aufgeklärten Nationen das Recht, Theil an der Idee der Schönheit zu haben; sondern auch das, was man am eigentlichsten die Physiognomie nennt, der Charakter der Züge, die Gesten, die Bewegungen gehen in die Idee, von der ich spreche, über; und manchmal verband man noch damit einen gewissen Reiz, der sich wohl empfinden läßt, der aber so schwer zu erklären ist, daß man sich zu seiner Bezeichnung den Ausdruck: „Ich weiß nicht was, (Je ne sais quoi) „erlauben mußte."

Unter aufgeklärten Staatsgesellschaften existirt noch eine Art Schönheit, die von den Umständen der Thaten, des Alters, des Standes und des Ranges abhängen. Man könnte diese Art Schönheit die Schönheit der Konvenienz (de convenance) nennen.

Endlich muß ich auch noch eine Art Schönheit, die es durch vorübergehende Meinungen, durch Vorurtheile und durch das ist, was man Mode nennt, erwähnen, die man die Schönheit der Uebereinkunft, (convention) nennen könnte, und die alle Male voraussezt, daß die Uebereinkunft allgemein und einstimmig sey.

Sprechen wir nun noch ein Wort über jede dieser Distinktionen, die ich vorgetragen habe, in der beständigen Voraussetzung, daß ich es für vortheilhafter halte, in diesem Werke nur gedrängte elementarische Bemerkungen darzulegen, als in alle die Details, die sie erforderten, einzugehen, weil Elemente leichter in der Seele hängen bleiben, und weil übrigens auch Leser, die zum Nachdenken und zum Beobachten aufgelegt sind, die Details und Zwischenideen, über die ich mir hinwegzugehen erlaubte, schon selbst ausfüllen und einflechten können.

Die Schönheit, die aus der Haltung, aus der Ruhe, aus der Handlung, aus dem Gange, aus der Bewegung und aus den Gesten entspringt, hat ganz richtig die Proportionen der soliden Theile der innern Zimmerung zur Grundlage, und selbst auch die Dimensionen der weniger soliden Theile, welche die erstern bedecken. Aber man muß auch noch Richtigkeit der Gegenwägung (ponderation) und des symmetrischen Gleichgewichts in der Vertheilung der Schwere der Theile, und schnelle, sanfte und genaue Biegsamkeit der Hebel in den sukzessiven Balanzierungen, welche die Verschiebung der Theile in der Bewegung und selbst in der Ruhe und im Schlafe verursacht, hinzufügen.

Und hier nimmt natürlicher Weise ein Theil der Idee der Grazie Platz, denn da sie von der augenblicklichen Zusammenstimmung der Bewegungen des Körpers und des Ausdrucks der Gesichtszüge, mit den Sensationen, Gefühlen und den geistigen Ideen abhängig ist, so ist es unumgänglich nothwendig, daß alle die Prinzipe, die ich schon bezeichnet habe, zu dieser Zusammenstimmung mitwirken, um sie so augenblicklich als möglich zu machen. Man findet diese Elemente im Artikel Grazie, weiter ausgeführt.

Die Schönheit der Konvenienz, (beauté de convenance) hängt, wie ich schon gesagt habe, von Thaten oder Handlungen, ihren Umständen, und von den Umständen des Alters, des Vermögens, des Ranges und der Wohlanständigkeit ab; oder vielmehr die Wohlanständigkeiten haben hier ihre Rechte.

Die Schönheit im Bezug auf Thaten, Handlungen und ihre Umstände, besteht in der Auswahl, welche die Natur zuweilen zu machen scheint, wenn sie sinnliche, empfindsame und geistige Schönheit einer Figur mit einer Handlung oder wohl auch mit einem Umstande zusammen paart.

Für eine Szene des sinnlichen Liebesgenusses z. B. wäre eine Schönheit hinreichend, die, weniger gestimmt für die feinsten und zartesten Eindrücke und Ausdrücke des Gefühls und der Gedanken, es mehr für die Eindrücke der Sinnlichkeit wäre. Der Künstler würde die Schönheit der Konvenienz getroffen

troffen haben, weil er nach dieser Relation die schicklichsten Formen ausgewählt hätte.

Die Schönheit, die vom Alter entspringt, hat noch einige ganz besondere Elemente, unabhängig von dem Allen, was ihr in den vorhergehenden Elementen gemein ist.

Die Schönheit der Kindheit hat zur Grundlage die Proportionen der mehr oder weniger soliden Theile, und der Dimensionen der Form. Aber die Theile, die bestimmt sind einst fest zu werden, sind es noch nicht in diesem Alter; und diese Theile verändern sich fast von Augenblick zu Augenblick, bis sie endlich zu ihrer vollkommenen Entwickelung gelangt sind. Einige derselben bleiben sehr lang knorpelich, und sie halten, um so zu sagen, das Mittel zwischen den festen und weichen Theilen.

Diese leztern nehmen in ihrem ersten Wachsthum äussere Dimensionen an, die unendlich mehr betrachtungswürdig scheinen als es die Proportionen zu erfodern scheinen. Die Aufgeschwelltheiten, und die Anschwellungen der weichen Theile, die uns an Kindern gefallen. verändern ihre Dimensionen, und selbst ihre Stellen von der ersten Kindheit an bis zur Jugendschaft oder bis zum Zeitpunkte der Männlichkeit und der Mannbarkeit. So ist der Kopf, der im ausgewachsenen ausgeformten Menschen den siebenten Theil der ganzen Länge der Figur beträgt, in einigen Zeiten der Kindheit nur der fünfte der ganzen Körperlänge; und in den ersten Zeitpunkten der Kindheit, hat er so gar eine Proportion, die noch weiter von der, die er einst haben und behalten soll, entfernt ist.

Die Schönheit der Kindheit besteht also nicht genau in den Proportionen, weil diese noch nicht bestimmt sind, wie in ausgebildeten Männern und Frauen; aber wohl besteht sie, vorausgesezt daß nicht merkbare Ungestaltheiten vorhanden sind, in dem Anscheine der Gesundheit, und in der Unbefangenheit, es sey nun daß man dieses Wort auf die Sittlichkeit beziehe, oder daß man figürlich eine gewisse weiche und natürliche Nachlässigkeit und Leichtigkeit der Bewegungen damit bezeichne. Endlich besteht sie noch in der Frische, der Weisse und den kolorirten Abstufungen der Haut, und in der Grazie, die, wie ich gesagt habe, weniger in vollkommenen Proportionen als in der schnellen und richtigen Harmonie der einfachen und innern Rührungen mit den äußern Ausdrücken und Bewegungen liegt. Etwas was vorzüglich in der Kindheit und in der ersten Jugend Statt hat.

Die besondere Schönheit der Jugend und der Jünglingschaft, hat zur Grundlage die Proportionen der soliden Theile, die nun fester werden; doch läßt sie einige Mangelhaftigkeit der Entwickelungen in den weniger soliden Theilen zu, welche durch Gesundheit, Leben, wachsende Kraft, Gewandheit im Handeln, im Bewegen und im Ausdruck, und endlich durch eine gewisse Blüthe des Genusses, wenn man sich so ausdrücken darf, und der Genußvermögen, welche dem Auge schmeichelt, indem sie im Verstande oder im Herzen, lebhafte und wohlgefällige Impressionen erweckt, ersezt und ergänzt werden.

Die Schönheit des männlichen Alters erfodert die Anzeigungen der Stärke und der Vollkommenheit des Wachsthumes. Die Sinne, das Herz, der Geist, werden vergnügt, wenn sie eine vollkommene Vorstellung dieses Alters, sehen ob sie gleich hier die Thätigkeit nicht finden, die das vorhergehende Alter charakterisirt.

Die Mäßigung der Bewegungen im männlichen Alter erweckt die Idee des Vertrauens zu den wesentlichen und gänzlich erworbenen Eigenschaften. Die nun mehr charakterisirten Muskeln verkündigen Stärke: aber das, was noch von den Charakteren der Jugendlichkeit zurück ist, mildert diese Stärke, damit sie nicht zu sehr imponirt. Die Kraft trägt zur Schönheit bei, weil sie natürliche Wirkung der vollkommenen Entwickelung ist, die den Zweck der Natur erfüllt.

Wenn sich einige Ideen der Schönheit noch bis zum Alter, hinüber ziehen, so sind sie nicht mehr auf dieselbe Grundlage

lage gegründet. Was man mit diesem Namen bezeichnet, wenn man von einer alten Person spricht, beziehet sich auf einige Konvenienzen, auf einige besondere Wohlanständigkeiten, und oft selbst auf Uebereinkünfte.

Ein Greis, dessen Haltung mehr unterstüzt ist, als es der Lebensherbst gewöhnlich mit sich bringt, vergnügt den Blick, der es bemerkt, das Gefühl, das sich damit beschäftiget, und den Verstand, der es beobachtet; aber wir laufen nicht, um mich so auszudrücken, nach dieser Vergnügung, wir begnügen uns nur, sie mitzunehmen. Wenn der Kopf eines Greises einen edlen Charakter trägt; wenn seine Physiognomie Güte und Weisheit anzeigt; wenn seine Runzeln sich ohne Gewalt, und blos allein durch die natürliche Wirkung einiger unvermeidlichen Verschrumpfungen geformt zu haben scheinen; wenn sie nicht Furchen darstellen, die durch Gewohnheit tadelhafter Leidenschaften eingedrückt wurden, oder Spuren gewaltsamer und angestrengter Ausdrücke, die den Lastern und Unordentlichkeiten des Körpers und des Geistes zugehören; wenn das entschmückte (degarnie) Gesicht, das weiße Haar und der weiße Bart, nicht die Idee einer frühzeitigen Herabwürdigung, einer frühzeitigen Verschlimmerung entstehen lassen; wenn hingegen diese Zeiten der Gewißheit die Idee einer Erfahrung, die man nur im Laufe einer langen Reihe Jahre erlangen kann, erwecken; wenn die noch geistvollen Augen eine Stärke der Seele anzeigen, welche noch immer dem Gesezze der Zeit widersteht, und welche sich durch Klugheit und Mäßigung erhielt; wenn der Mund, die Lippen, das Lächeln, keinen Ausdruck, der dem Ausdrucke der vollkommenen Ruhe einer Seele, die frei von Furcht und Gewissensbissen ist, ungünstig wäre, entgegenstellen: dann hat das Alter, dann hat die Greisheit noch das Recht, auf den Titel Schönheit, anzusprechen. Aber man sieht wohl, daß diese Schönheit sich nicht mehr auf die ersten Grundlagen gründet, und daß sie aus der Zahl der Schönheiten ist, die ich die Schönheiten der Konvenienz, der Wohlanständigkeit, und beinahe der Uebereinkunft genannt habe.

Aber

Aber man erwarte nicht daß diese Ausdehnung bis zur Hinfälligkeit gehen könne. Die lezten zu weit verlängerten Augenblicke der menschlichen Existenz, und eben so die allerersten, sind nicht einmal der Schönheit der Uebereinkunft mehr empfänglich. Die Ideen einer zu großen Schwäche, oder einer zu großen Verderbniß; die Beraubtheit der Proportionen, die in einer unförmlichen Masse nicht mehr vorhanden sind, die in einer beinahe zerstörten Machine nicht mehr seyn können, erwecken und geben Nichts Anderes ein, als eine Art Mitleid, ein trauriges Bedauern, das mit der ganzen Idee der Schönheit ganz unverträglich ist. Doch das verhindert nicht, daß nicht durch besondere Ausnahmen, von einer Seite, diese kaum noch beseelte Masse, von der andern dieser beinahe zerstörte Körper, nicht das Recht haben sollten, bei Wesen, denen sie das moralische Gefühl theuer machen muß, so vergnügende Empfindungen zu erregen, daß sie nicht mit denen, die die Schönheit verursacht, verwechselt werden könnten. Durch Wirksamkeit dieser achtungswürdigen Täuschung hat die Hinfälligkeit eines Vaters, eines Freundes, eines berühmten erleuchteten und tugendhaften Mannes für einen Sohn, für einen Freund, für einen Mann, der Seines gleichen liebt, eine Schönheit, die nur kalten, empfindungslosen Seelen, die wenig dazu gemacht sind, über Natur und Kunst zu urtheilen, fremd seyn kann.

Ich setze unter die Zahl der Konvenienzen, Stand und Rang.

Es würde leicht, aber nur wenig nutzbar seyn, sich über diesen Gegenstand auszubreiten. Ich beschränke mich zu sagen, daß wenn man gewissen Vermögensumständen, gewissen Würden, gewissen Ehrenstufen, eine Art Schönheit zuertheilt, daß diese Schönheit oft Nichts als eine Schönheit der Uebereinkunft ist.

Man sagt manches Mal, zum Beispiel, wenn man von gewissen Charaktern der Köpfe und der Physiognomien spricht, daß der Mann, dem sie die Natur schenkte, einen schönen Bürgermeister, einen schönen Prälaten machen würde. Man sagt:

diese

diese Frau habe die Schönheit einer Königin, die edle Schönheit einer Frau von Stande rc. Alle diese Arten zu sprechen, haben Bezug auf Uebereinkünfte, und vorzüglich auf die Uebereinkunfte der Malerei; denn wir haben einer Kunst, die wir selbst schufen, Gesetze auferlegt, welche die Natur, deren Werk wir sind, nicht achtet und anerkennt.

Wir fodern in der Malerei und auf dem Theater, daß ein König, ein Held, ein Richter, nicht allein in seinen Proportionen, in seinen Zügen, in seinen Bewegungen, in seinen Ausdrücken, eine allgemeine Schönheit habe, sondern wir verlangen auch noch eine besondere Schönheit, die wir als dem Stande und dem Range zukömmlich betrachten; und wir sehen mit einigem Bedauern, daß sich die Natur in dieser Rücksicht so selten nach unsern Ideen fügt. Wenn der Fürst gut, der Held wohlwollend, der Richter gerecht ist, dann spielen uns ihre Tugenden die Täuschung, daß sie ihre Ungestaltheiten verschönern; doch in den Werken der Kunst ist es nicht also, und man hat da gerechte Ursachen mehr zu verlangen. Das Gemälde ist stumm, seine Figuren sind unbeweglich, die Personagen müssen also durch äußern Anschein das ankündigen, was sie andern nicht zu entdecken vermögen. Ueberdieß hat auch die Schönheit, die eine physische Vollkommenheit ist, zu aller Zeit in unserer Idee eine natürliche Beziehung auf moralische Vollkommenheit gehabt, so wie körperliche Ungestaltheit auf Verkehrtheit der Seele. Stände es bei uns, wir würden, ohne eben die Bewegursachen der Natur, die uns unbekannt sind, tadeln zu wollen, die Wesen, die bestimmt wären, den Menschen moralische Vollkommenheiten mit dem möglichsten Vortheil zu zeigen, um ihnen zum Muster und Beispiel zu dienen, auch alle Male mit den vollendetesten äußern Vollkommenheiten begaben.

Es giebt noch andere Schönheiten der Konvenienz, die noch an den Ideen der Pantomime und des Theaters, und an den Ideen der Malerei haftet. Man trifft oft Männer und Weiber, deren Ganzes, deren physiognomischer Charakter, Etwas

was ausgezeichnetes hat, das auffällt, und nach denen auf Theater oder die Malereisich beziehenden Ideen, wovon man eine vage Erinnerung aufbewahrt, betrachtet man die Männer und Weiber von denen ich spreche, als wären sie mit gewissen Schönheiten begabt, deren Konvenienz zu gewissen Umständen in den Lebensszenen gehöre. Diese Frau, sagt man, würde eine schöne Iphigenia, eine schöne Kleopatra seyn, diese, sagt man weiter, hat die Schönheit einer Magdalena, diese, einer Bachantinn, diese Schönheit wäre geschaffen für die Wollust; diese fürs Schmachten, jene für die Raserei der Leidenschaften. Diejenigen, denen sich diese nüanzirten Ideen der Schönheit darstellen, setzen die Männer oder Frauen, die sie veranlaßten, in die Situationen, die auf den besondern Charakter, der ihnen auffiel, Bezug haben, sie denken sie sich, daß sie die Rollen der Personagen, von denen ich gesprochen habe, die man oft auf dem Theater und in den Werkstätten behandelt, spielen; und vorzüglich sind es die Werke der Dichter und der Künstler, welche diese zufälligen Ideen erwecken und unterhalten.

Unterdessen können sie auch ganz unmittelbar dem Sentiment angehören; und die Empfindungen des Herzens bringen Schönheiten hervor, lassen Schönheiten bemerken, die, ob sie gleich nur augenblicklich sind, doch den Namen Schönheit mit dem gerechtesten Anspruche verdienen, als daß wir sie mit Stillschweigen vorbeigehen sollten. Eine schnelle Rührung der Empfindlichkeit, so wie der größte Theil der Rührungen der Menschlichkeit, die zu einer großen Höhe gebracht wurden, beinahe alle edle und schätzenswürdigen Affektionen, und alle wohlwollenden Tugenden, gebären Schönheiten, die ihnen eigen sind, besonders wenn sie ganz rein und ohne untergemischten Eigennutz, der sie herabwürdigt, waren. Sie verschönern die Häßlichkeit, und machen die Ungestaltheiten verschwinden, oder wenigstens auf einige Augenblicke vergessen. Aber diese Schönheiten, sind, wie ich eben gesagt habe, nur vorübergehend. Sie gleichen dem Sonnenlichte, das auf einen Augenblick

Blick die Schatten zerstreut, oder das mit einem flüchtigen Strale einen bewölkten Himmel verschönt.

Nun ist noch übrig, von den besondern Schönheiten jedes Theiles des menschlichen Körpers zu sprechen.

Diese Schönheiten gehören heutiges Tages größtentheils nur der Dichtkunst und der Einbildungskraft, und oft auch den Launen, (caprices) und selbst der Mode zu, und sie bieten unter uns wenig fixirte und beständige Regeln dar. Nichts destoweniger werd' ich in dieser Rücksicht einige Bemerkungen vortragen, und sie so bestimmt, und so deutlich als nur möglich seyn wird, zu machen suchen.

Die Schönheit gründet sich, wie ich im Anfange dieses Artikels gesagt habe, vornehmlich auf die Proportionen, eben so wie auf die Dimensionen; und diese Proportionen und Dimensionen stehen im Verhältniß mit unsern Bedürfniß. Diese Elemente, die den Hauptgliedern anpassen, können auch noch allgemeiner auf die andern verschiedenen Theile des menschlichen Körpers, die mehr oder minder der Vollkommenheit fähig sind, ausgedehnt werden.

Die Sorge für unsere Erhaltung und deren Bedürfniß sind der wesentlichste Zweck und Gegenstand unserer Bewegungen; und dadurch findet sich, daß ein Verhältniß unserer Bildung mit einem großen Theile unserer Handlungen etablirt ist.

Die wesentlichsten und gewöhnlichsten Bewegungen eines Menschen, sind die, mit deren Hülfe er sich nach allen Seiten wendet und dreht, um das zu entdecken, was er wünscht, oder was er fürchtet; er sich emporhebt, um einen erhabenen Gegenstand zu ergreifen; er sich zusammenlegt, um sich dem zu nähern, was unter ihm liegt; er sich im Gleichgewichte hält, um seine Kräfte wieder zu sammeln, und sich in Positur zu stellen, wo er es nöthig findet; durch deren Vermittelung endlich er Gebrauch von seinem Vermögen anzugreifen und sich zu vertheidigen macht; er sich von einem Orte zum andern begiebt, es sey nun mit Langsamkeit, wenn er ruhig ist, oder mit Eilfertigkeit, wenn er verlangt, oder sich fürchtet. Alle diese Bewegungen sind dem Menschen um so leichter auszuüben, je mehr sie ihm nothwendig sind, je besser seine allgemeine und besondere Bildung, das heißt: die Proportionen und Dimensionen, allen diesen Verrichtungen, diesen Handlungen, allen den Bewegungen, welche sie mit sich bringen, angepaßt ist, und je entwickelter und vollkommener diese Konformation seyn wird.

Das Wort Schönheit hat also nie einen frappantern Ausdruck, als wenn es auf die Jugend angewandt wird, weil dieses das Alter ist, in welchem der Mensch zur vollkommenen Entwickelung der Proportionen und des Ganzen gelangt, die ihm am geschicktesten, so viel es ihm nur immer möglich ist, zu allen den ihm eigenen Handlungen macht.

Man bemerke die Jugend in dem Zeitpunkte, wo sie im Begriff ist den lezten Grad der Entwickelungen, der Proportionen und des Ganzen zu erreichen: bei dieser Jugend, die ganz ebenmäßig und zweckmäßig gebildet ist, deren leichte Bewegungen folglich auch angenehm und gefällig sind, deren schnelle und geschickte Bewegungen ihr daher auch allenthalben vortheilhaft sind und zu statten kommen: hier sieht man das, was die wahren Ideen der Schönheit in sich befaßt.

Aber es trift auch, daß die natürlichen Handlungen und Bewegungen, die ich hier im Einzelnen dargelegt habe, unter zivilisirten und in Gesellschaft lebenden Menschen weniger gebräuchlich werden, als sie es natürlich seyn sollten; und dann ist die Idee, die sie von der Schönheit haben, nicht mehr so genau an das Verhältniß der Proportionen der Glieder zu ihrer ursprünglichen Nutzung gebunden. Oder jemehr sich ein Volk der Weichlichkeit nähert, destomehr verringert sich die Beziehung der Proportionen des Körpers auf die einfachen Bewegungen; weil der vervollkommete Kunstfleiß an die Stelle einer unendlichen Menge Bewegungen tritt, und verursacht, daß diese Bewegungen weniger nothwendig sind, und weniger wiederholt werden.

Bei so einer Nation, wie ich sie voraussetze, wird sich, wie ich glaube, unter den Bewohnern der Hauptstadt, und unter den Bewohnern des Landes, besonders des von der Hauptstadt entfernten ein Unterschied vorfinden, der bemerkungswürdig genug ist. Gewisse Fehler der zwecklichen Bildung (conformation) werden bei den Städtern weniger bemerkbar seyn als bei den Landleuten, weil bei den ersten die Kunst diese Fehler zu verbergen eingeführt ist, und weil der Kunstfleiß da wirksam ist, um sie zu verhüllen und wegzulügen.

Die Bewegungen der Landleute werden öfter bezieblich auf ihre Bildung seyn, die daher auch einige Modifikationen erfahren wird.

Die Bewohner des Landes bedienen sich im Allgemeinen des Wortes Schönheit nur selten; aber sie unterscheiden, sie loben, sie schätzen sie. Die Stärke, die Biegsamkeit, die Gewandheit, und folglich auch die Art Idee, die sie von der Schönheit und von der Vollkommenheit haben, zielen bei ihnen auf die Zweckmäßigkeit der Bildung zu den Handlungen die dem Menschen eigen sind.

Endlich wenn man in der Hauptstadt eines zivilisirten Volkes Kleidungen trägt, die weder die Proportionen noch die Fügungen der Glieder sehen lassen; wenn die Trachten der Frauenzimmer Nichts weiter als den Kopf, einen kleinen Theil des Busens, der Arme und der Extremitäten der Füße offenbar lassen, dann kann das Wort Schönheit wohl nicht viel mehr als die beste Bildung des Kopfes, des Busens, des Armes und des Fußes bedeuten.

Uebungen, und Vergnügungen wie die Jagd, der Tanz, die Spiele der Gewandheit unterhalten, das ist wahr, die Ideen der Vollkommenheit. Die Schauspiele würden vielleicht auch mit helfen sie aufzubewahren, wenn dabey die Natur nicht zu oft durch Ziereteien, und zuweilen durch die tollisten Uebereinkünfte, verändert und verunstaltet würde.

Also wird sich die ursprüngliche Idee der Schönheit bei zivilisirten Nationen verlieren? Mit Nichten. Die Künste erhalten sie.

Die Skulptur und Malerei erweckten die Griechen, die Schönheit des Körpers zu studiren, zu erkennen und festzusetzen *). Sie hatten diese Ideen entwickelter, gefühlter, und folglich auch evidenter, als wir sie haben, weil sie Spiele, Fechtereien und Uebungen (exercice) hatten, die ihren Augen den Bezug der Proportionen der Theile auf den Gebrauch derselben sehr oft vor Augen stelleten.

Die Griechen, geschaffen, die Künste zu genießen und zu beurtheilen, waren unterwiesen zu empfinden und zu richten, da es zu eben der Zeit ihre Künstler im Wählen und Nachahmen waren.

Ihre Bildsäulen wurden Regeln. Man hat sie kopirt, man hat sie vervielfältigt. Metalle und Marmore haben sie uns aufbehalten. Die Malerei hat sich nach diesen Modellen gerichtet. Unsere Künstler vergleichen sie noch alle Tage in ihren Werkstätten mit der enthülleten Natur; und es geschieht auf diese Art, daß durch den Dienst der Künste Betrachtung und überlegtes Studium den Menschen das Bild der Schönheit wiedergeben. Luxus und Verderbniß der Sitten nimmt ihnen in gewissen Maaße die Wirklichkeit hinweg.

Um wieder auf unsere Bahn zu kommen werde ich bemerken, daß die Details der Theile, keine wohlgegründete Schönheit haben können, als in so fern ihre Proportionen und ihre Dimensionen sich auf ihren Gebrauch beziehen; und von dieser Ursache kommt es, daß mehrere Theile des menschlichen Körpers keine festbestimmten Schönheiten haben, oder daß sie keine andern als willkührliche zu haben scheinen.

Bei den Nationen, wo das Klima, Sittlichkeit und Gewohnheit den Individuen erlaubt, sich weniger verhüllt zu tragen als wir, müssen alle Theile eine allgemein zugestandene Schönheit haben. Wann aber diese Nationen nicht aufgeklärt sind, dann existiren die allgemeinen Begriffe, überdachte Kennt-

*) Die wahrhafte Dichtkunst, die Dichtkunst, welche der Natur konform ist, die die Bewunderung verschiedener Jahrhunderte vereinigt, trägt eben so wie die Bildnerei und Malerei dazu bei, die einfachen und primitiven Ideen zu erhalten. (Note des Verfassers.)

Kenntnisse, Bemerkungen, endlich die Künste, und eine unendliche Menge zufälliger Ideen, welche sich von ihnen herleiten, gar nicht, oder sie sind sehr unvollkommen. Griechenland, auf das man immer zurückgeführt wird, wenn man von Künsten spricht, bot, wie ich schon gesagt habe, die Naktheit des Körpers dar, wenn auch nicht im gewöhnlichen Brauche, doch zum wenigsten in den Uebungen, in den Spielen und Schauspielen, die sich unaufhörlich erneuerten.

Die Uebungen und die Spiele zeigten alle Theile in Handlung, und ließen die Proportionen und Dimensionen dieser Theile, mit ihren Bestimmungen aufs Beste vergleichen.

So etablirten die Griechen nicht allein die allgemeine Schönheit des menschlichen Körpers, sondern auch die besondere Schönheit der größten Anzahl der Theile des Körpers.

Noch ist übrig nach diesen Bemerkungen die Theile, die zur Bewegung des ganzen Körpers mitwirken, und die, die keinen Theil daran haben, oder denen nur besondere Bewegungen überlassen sind, zu unterscheiden. Von der leztern Art ist zum Beispiel der Kopf und besonders alle die Theile, aus welchen er besteht.

Man kann keinesweges die Schönheit der Nase, der Augenbraunen, der Haare, und nicht einmal ganz die Schönheit der Augen, der Lippen und des Mundes auf die Bewegung beziehen. Aber jeder dieser Theile hat indessen einige eigene Bewegungen für den besondern Gebrauch, die mehr oder weniger durch die Proportionen und die Dimensionen, welche das Ungefähr oder der Zufall verschiedener Art ihnen gab, begünstigt oder nicht begünstigt sind.

Wir fangen bei der Form des Kopfes an, weil ich von diesem zuerst gesprochen habe.

Die Form des Kopfes kann rund oder wohl der Länge nach oval seyn, oder auch ausgedehnt in der Breite.

Ist er rund, so haben die Theile, die man daran bemerkt, und die der Entwickelung beraubt sind, die ihnen eine längere Dimension verleihen würde, weniger Leichtigkeit und Geschicklichkeit, ihre Funktionen zu erfüllen. Von einer andern Seite betrachtet, sind die Theile in dieser Formung zu sehr aneinander gedrängt; geben auch denen, die auf das Ganze achten, nicht die Befriedigung der Vollkommenheit und das Vergnügen der Annehmlichkeit.

Findet sich der Kopf von einer Form, die in die Breite ausgedehnt ist, so ist diese Proportion der allgemeinen Form des Körpers, die sich von Theil zu Theil erhebt, ganz ungünstig, ganz widersprechend. Der lezte dieser Theile muß also wohl mehr länglich als breit seyn.

Ein zu großer Kopf läßt auch ein zu großes Gewicht fühlen, das dem Halse und den Schultern beschwerlich seyn muß, und welches also die Empfindung der Leichtigkeit und Abgemessenheit stört.

Ist endlich der Kopf oval der Länge nach, und so proportionirt, daß seine Dimensionen ein angenehmes Verhältniß darstellen, so hat er die Schönheit, die ihm zukommt, die für ihn paßt. Diese ovale Form erwartet man über die ganze Oberfläche des Kopfes. Wo sie vorhanden ist, haben alle Theile eine schickliche Stellung, springen gehörig über einander hervor, und schaden sich nicht in dem wechselseitigen Verhältniß. Wir empfinden ein angenehmes Vergnügen wenn wir ein nach einer schönen ovalen Rundung gewölbtes Gesicht bemerken, und wir sind den Augenblick veranlaßt durch diese kühne, sprechende wogende Form, das Gesicht, an welchem sie sich befindet, schön zu nennen. Platte Gesichter mißfallen. Sie sind, wie man sich mit einer der Architektur abgeborgten Redensart ohne Bewegung ausdrückt. Man sehe den Kopf von vorn, man seh' ihn von der Seite, immer hat er einerlei Umriß. Auch haben dann die Theile des Gesichts zu wenig Hervorsprung, zu wenig bemerkbare Dimension.

Noch muß ich einiges von der Form der Köpfe, wo das Gesicht statt der oval erhabenen Fläche eine ungleiche oder gar einge-

eingedrückte hat, erwähnen. Alle Theile des Gesichts sind durch diese fehlerhafte Form von der gewöhnlichen Bildung abgeändert, schaden sich wechselseitig, und bringen eine ganz widersinnig gestaltete Physiognomie hervor, die, weit entfernt sich den Namen der Schönheit zu erwerben, vielmehr oft ein Lächeln erweckt, das aufs Ridikül hindeutet.

Die Physiognomien, die man komische zu nennen pflegt, haben gewöhnlich mehr oder weniger von der zu erhabnen oder zu eingedrückten Form. Die Theatermasken, die Lachen erregen sollen, borgen von ihnen ihre verschiedenen Charaktere. Sie verbinden hiermit noch die Unregelmäßigkeiten anderer bis zum Uebermaaß ungestalteter Theile. So hat die Larve des Harlekins an einem runden Kopfe eine platte Nase, einen zurückgezogenen breiten Mund, kleine Augen ꝛc. Es würde sehr leicht seyn, nach diesen Elementen Beobachtungen so wohl in der Gesellschaft als auf dem Theater anzustellen; ich überlasse das aber den Beobachter und Artisten.

Ich gehe nun zu den Theilen des Kopfes.

Die Nase kann, um nur ihre allgemeinsten Abformungen zu betrachten, kurz oder lang, breit oder schmal, in der Mitte oder am Ende erhaben seyn.

Kurz, ist sie unproportionirt gegen die andern Theile, sie entdeckt dieselben dem Auge zu sehr, und nimmt den Platz, der ihr bestimmt ist, nicht gehörig ein. Das ist aber noch nicht Alles. Sie hat Unbequemlichkeiten für den Ton der Stimme, und für das Athemholen, woraus noch andere Inkonveniemzen entspringen. Es ist daher natürlich, daß diese Form der Schönheit dieses Gesichtstheiles ganz widrig zu seyn scheint, besonders unter Menschen, die beobachten, und bei welchen die Künste kultivirt werden.

Wenn die Nase zu lang ist, so walten andere, den nur genannten entgegengesetzte Unbequemlichkeiten ob, die sich ebenfalls mit dem Namen Schönheit nicht vertragen. Eine übermäßige Länge verdeckt verschiedene Theile des Kopfs in mehreren Ansichten, und steht mit denen, die selbst gut proportionirt sind, in dem übelsten Mißverhältniß.

Die Dicke hat ihre eigenen besondern Unschicklichkeiten, und eben so

Die Plattheit, Flachheit oder Niedergedrücktheit.

Die Adlernase oder Habichtsnase ist, wenn sie zu sehr ausgebogen ist, widrig und häßlich.

Ist die Nase im Gegentheil eingebogen oder hohl, so hat sie auch noch einige der erwähnten Unschicklichkeiten, und sie erweckt die Idee eines gewissen läppischen kindischen mit Voreiligkeit gepaarten Benehmens, das man im gemeinen Leben Naseweisheit zu nennen pflegt.

Aber hat endlich die Nase eine Dimension, einen Umriß von der Form, wie wir sie an den antiken Statuen des Apolls und des Antinous finden, dann erkennen ihr wir gern nach den beigebrachten Erkenntnissen, den Namen der Schönheit zu, der ihr gehört.

Die Haare sind dem Menschen nothwendig, oder sie schienen es ohne Zweifel der Natur zu seyn, die ihn formte. Ihre Farbe steht in mehr oder weniger günstigem Verhältniß mit der Farbe der Haut. Die Verhältnisse, die dem Auge am mehresten schmeicheln, erhalten den Namen der Schönheit. Man muß bemerken, daß, wie diese Verhältnisse keine so absolute Idee der Nutzbarkeit und der Nothwendigkeit einschliessen, wie die meisten andern, die Urtheile über diesen Gegenstand auch am willkührlichsten sind. Bei den Alten wurde das goldfarbige Haar, als das schönste von den Dichtern proklamirt. Diese Farbe ist auch im Farbensystem der Malerkunst die wohlpassendste; denn Braun und Schwarz bilden manchmal zu starke Kontraste, und diese Farben, die der Veränderung in Gemälden so unterworfen sind, verderben oft die Uebereinstimmung. Die Goldfarbe hingegen vereinigt sich gut durch die Abstufungen die ihr eigen sind, mit den frischen, weissen und belebten Tinten der Haut. Und daher ziehen sie auch noch unsere Künstler den andern Haarfarben vor; aber wir erlauben ihr nicht so viel Vorzug in der Natur, vielleicht weil sie Unbequemlichkeiten mit sich führt, welche durch zufällige Nebenideen der Idee der Schönheit entgegen wirken.

Die

Die Biegsamkeit und die Länge der Haare tragen auch zu ihrer Schönheit bei, weil diese Eigenschaften zur Bewegung beytragen; vorausgesezt daß man ihnen die Freiheit ließ, zu der sie die Natur bestimmte. Wenn man sie, die ihrer ursprünglichen Absicht nach fliegen sollen, in keine andern Bausche zwingt, sie nur so wenig als möglich an ihren äussersten Enden von selbst Locken bilden läßt, dann müssen sie nothwendiger Weise auch ihren Theil an der Schönheit haben. Sie behalten diesen Theil auch noch so lang, als die Haarkräuslerkunst sich nicht zu weit von der Absicht der Natur entfernt: und weder die Dichter noch die Romanschreiber haben sie je ihrer Rechte beraubt.

Die Vertheilung der Haare an den Rändern der Stirn und der Schläfe mußte die Augen derer, die, empfindlich für jede Art der Schönheit, sie in allen ihren Abstufungen und Modifikationen verfolgen wollten, auf sich ziehen. Die Regelmäßigkeit geht unter die Elemente dieser Art Schönheit über. Die Meisterstücke der Alten zeigen nur selten diese symmetrischen, mehr oder weniger vorgerückten, Dispositionen, welche einige Theile der Haare, die man bei uns wohlgepflanzte nennt, und die man unter die Zahl der Annehmlichkeiten rechnet, darbieten.

Die Schönheit der Stirn könnte sehr arbiträr scheinen; allein die Ideen der Schicklichkeit, die vom Geschlecht, vom Alter und vom Stande abhängen, haben Grundsätze aufgestellt, von denen man Rechenschaft geben kann.

Eine offene Stirn erweckt allgewöhnlich die Idee der Freimüthigkeit, zuweilen auch so gar die Idee der Kühnheit. Uebrigens aber kann man auch diesem Gesichtstheile zu viel Fläche geben und dadurch den andern abhängigen Proportionen schaden. Eine große Stirn misfällt nicht an einem Kriegsmanne, weil Muth und Kühnheit diesem Stande anpassen. Auch mißfällt sie nicht an einem Greise, wo die Zeichen und der Charakter des Alters zwar die Ideen der Kühnheit und Verwegenheit nicht zulassen, wohl aber die Ideen der Wirkungen der Zeit erwecken, an welche sich dann ein sanfter Ernst, die Frucht der Ruhe und der Vernunft freundschaftlich anknüpft.

Eine kleine und zu enge Stirn hat den Fehler der Unproportionirlichkeit, und erweckt die Idee des Fehlers der Entwickelung der Theile.

Die Dimensionen der Augenbraunen könnten auch noch ganz gleichgültig scheinen; aber die Augenbraunen haben ihren sehr nutzbaren Gebrauch. Sie geben dem Auge gegen mehrere schädliche Zufälle Schutz, die ihnen gewöhnlich immer drohen. Hernach hat sie die Natur mit Bewegung begabt, die gar viel beiträgt, Empfindungen, Affekte und Ideen auszudrücken.

Die Farbe der Augenbraunen hat einen sichtlichen Zusammenhang mit der Farbe des Haares und der Haut.

Wenn die Augenbraunen zu klein sind, so erfüllen sie ihre natürliche Bestimmung nicht genung. Sie umzirkeln das Auge nicht, dienen auch nicht zum Ausdruck, sondern sie schwächen, sie entnerven vielmehr, um so zu sagen, seine Sprache.

Die Augen, die zu sehr wichtigen, thätigen und angenehmen Funktionen bestimmt sind, haben, wie mich dünkt, sehr wohl erlangte Rechte auf die Schönheit, besonders wenn sie groß, geistvoll, feurig und durch ihre Beweglichkeit fähig sind den Charakter der Gegenstände, die sich in ihnen abbilden, anzukündigen, oder die Seelenstimmungen bei Wahrnehmung eines jeden Gegenstandes auszudrücken, wodurch sie selbst einen mit jener Stimmung zusammenhangenden bedeutsamen Ausdruck annehmen.

Der Mund, wenn er zu groß ist, hat physische Unbequemlichkeiten und Unschicklichkeiten, die ihm den Anspruch auf Schönheit versagen.

Ist er zu klein, dann schadet seine Enge der Sprache, auch hat er noch andere Mangelhaftigkeiten, die den Nebenideen der Schönheit widrig sind. Ueberdieß verderbt auch das Uebermaaß seiner Großheit oder Kleinheit allemal den Zusammenhang

hang der Proportionen der übrigen Theile, welches um so auffallender ist als das Gesicht der vorzügliche Augenpunkt des Beobachters und überhaupt jedes Anschauers ist.

*) (Die Wangen müssen sanft gerundet seyn, um die so wohlgefällige Idee der Vollendung und des körperlichen Wohlstandes zu erwecken.

Eingefallene Wangen mißfallen, weil sie unförmliche Vertiefungen darstellen und die traurigen Ideen der Kränklichkeit oder des Mangelleidens aufregen. Doch können sie relativ den Namen der Schönheit verdienen, wenn sie die Wirkung eines gerechten interessanten Grames sind, der durch sie nur um so eindringender zu einem theilnehmenden Herzen spricht.

Pausebacken sind der Ausdruck einer wohlgenährten Kindheit, und folglich wirken sie nur auf Sinn und Herz, aber nicht auf den Verstand. Bei erwachsenen Personen zeigen sie Schlemmerei an, und sind also mißfällig. Ueberhaupt ziehen sie die Ideen des Windes und des Blasens herbei, die durch das Nichtsolide, was sie bei sich führen, dem Gegenstande, der mit ihnen begabt ist, eben so nachtheilig wird, als die Idee des Zusoliden, welche Unthätigkeit, Indolenz und Geistesträgheit involvirt.

Das Kinn erhält endlich auch aus denselben Ursachen unter Menschen und Künstlern, die die Modifikationen der Schönheit bis in ihre Detailes beobachten und studiren, verschiedene mehr oder minder vortheilhafte Qualifikationen.

Ein zu langes Kinn verliert die gefällige Harmonie mit der Länge der Nase und der Stirn. Ein zu kurzes hat dasselbe widerliche Schicksal, und giebt zugleich dem Munde nicht die gehörige Unterlage, wodurch das Gesicht eine ekelhafte thierische Bildung erhält. Ein breites Kinn schließt das Oval des Gesichts nicht harmonisch genug; ein schmales spitziges,

 verderbt

*) Folgende Bemerkungen verdankt der Herausgeber der Liberalität eines denkenden Freundes.

verderbt die Schönheit der Eiform ganz und gar, und erweckt noch zufälliger oder vielleicht auch mehr als zufälliger Weise die Idee eines schadenfrohen Charakters.

Ein Kinn ohne Einschnitt ermangelt der Schönheit der Mannigfaltigkeit der Form, und zeigt Plumpheit im Gefühl wie in den Ideen an.

Das Ohr ist durch die unter uns gebräuchlichen Kopfbekleidungsarten, noch mehr aber durch das absichtliche Ueberbinden und Niederpressen derselben von den Hebammen und Müttern seiner natürlichen Form entwöhnt. Allein die abstehende vorwärtsgebeugte Gestaltung derselben, die man als die zweckmäßigste und also auch ursprüngliche angiebt, weil sie den Schall, der dem Gesicht entgegen kommt, besser auffängt, hat Nichts weniger als Schönheit, welche die Natur doch nirgends nebst der Absicht der Zwecklichkeit aus der Acht ließ, an sich. Ja das Ohr ist nicht blos zum Hören, von vornen bestimmt, sondern es soll den Schall von allen Seiten auffassen, um das Auge, das nur einen Theil des Raums, in dem es sich befindet, übersieht, dahin zu lenken.

Zu große Ohren nennt man nicht mit Unrecht Eselsohren. Sie verunzieren den Kopf, an dem sie angebracht sind, eben so sehr als sie eine ungünstige Idee von dem Verstande, der ihn bewohnt, darbieten. Die gefälligste Form des Ohres ist muschelartig mit einer sanften Einbiegung gegen das Läppchen zu, welches nie so groß seyn darf, daß man es einen Lappen nennen könnte.

Der Hals verlangt eine sehr bestimmte Proportion um weder zu stark zu seyn, und den Ideen der Unbequemlichkeit und Halsstarrigkeit Raum zu geben; noch zu dünn, wo der Kopf zu schwach unterstüzt scheinen würde. Ein sehr langer Hals trägt den Kopf wie auf einer Stange und scheint ihn dem Schwanken auszusetzen; ein zu kurzer legt den Kopf zu tief auf die Schultern und beraubt den Totalumriß des Körpers der Schönheit der Geschlankheit und der gehörigen Ausstreckung.

Noch

Noch verlangt man vom Halse, daß er fein gegen die Schultern auslaufe, sich sanft mit dem Busen vereinige, und frei von den Fehlern so mancher Hälse, der Schiefheit und Kröpfigkeit nämlich sey.

Ein zu gerade aufgerichteter Hals ist widernatürlich und verräth entweder Steifheit der Wirbelbeine oder unglückliche Ziererei. Im ganz natürlichen Zustande ist der Hals Etwas vorwärts geneigt; aber er muß es nicht zu sehr, nicht zu schiebend seyn, wie man das oft in guten Zeichnungen und selbst an antiken Figuren trifft, sonst stößt er gar unsanft gegen die Empfindlichkeit des Schönheitsgefühls.

Die Hand hat ihre eigene und zwar sehr delikate Schönheit. Man findet viel eher ein schönes Gesicht als eine wirklich schöne Hand, sey es nun daß die Natur sie wirklich seltner bildet, oder daß der häufige oft angestrengte und beschwerliche Gebrauch derselben die schön angelegten umstaltet und verderbt.

Ist die Hand zu groß, so wird sie allemal mißfallen und wären auch ihre einzelnen Theile auf's Schönste proportionirt. Wenn man sie auch nicht geradezu Tatze nennen will, so wird sich doch die schönheitswidrige Idee der Tatze nicht auf die Seite schieben lassen. Körperliche Stärke erweckt Achtung; Uebermaß derselben Furcht mit Geringschätzung.

Eine kleine Hand hat die Schönheiten der Nieblichkeit, der Leichtigkeit und der Gewandheit, und sie ist uns daher um so wohlgefälliger.

Eine zu kleine Hand hat den Fehler der Schwäche, der Unzulänglichkeit und der Winzigkeit, sie mißfällt also, weil sie ihrem Zwecke nicht entspricht.

Zur gerechten und angenehmen Größe der Hand muß noch eine gute Proportion und Dimension der Finger und eine feine, ebene und gerundete Fleischigkeit kommen, wenn wir sie ganz schön nennen sollen.

Lange Finger erwecken die Idee der Gebrechlichkeit und der Greifsucht; kurze erfüllen ihre Absicht nicht, und scheinen zu stumpfig als daß sie gefallen könnten.

Der

Der Finger darf nicht spitzig seyn wie ein Bohr, aber auch nicht stumpf. Er soll sich sanft verjüngen und mit einer feinen Rundung schließen.

In der Lage und Haltung der Hand liegt viel Ausdruck, der zugleich so mannigfaltig als der Spielraum der Hand groß ist. Der Maler muß die Bedeutsamkeit der verschiedenen Lagen und Haltungen fleißig beobachten und studiren. Er wird hier Ausdrücke finden, die er in keiner andern Wendung des Körpers, in keinem Zuge des Gesichts so deutlich, so bestimmt sprechend aufstellen kann. Das Zeigen, das Bitten, das Verlangen, das Abstoßen, das Bedecken, das Schirmen, das Locken, das Strafen, das Schmeicheln, das Liebkosen, das Festhalten, wo sind sie merkbarer als in den verschiedenen Richtungen der Hand? und wodurch offenbaren sich die ihnen entsprechenden Gefühle und Seelenstimmungen im wortlosen Gemälde besser als in ihrem Gestenspiele? Die Hand ist das thätigste und wirksamste Werkzeug des Wollens und Nichtwollens, und am meisten fähig, sehr vielfache Handlungen darzustellen.

In der Lage der Finger gegen einander findet sich ebenfalls eine große Mannigfaltigkeit von Schönheit. Eine geschlossene Hand ist an und für sich nicht schön, eben so wenig die, welche die Finger aneinander drängt; und noch weniger die, welche sie aussperrt.

Die Finger wollen in der Malerei, wenn sie nicht in Arbeit sind, gruppirt seyn, sie müssen Verschiedenheit in ihrer Lage haben, die man auch dann noch verlangt und gern sieht, wenn sie beschäftigt, ohne übermäßige Kraftanstrengung beschäftigt sind.

Da wir unsere Füße nicht blos tragen, so kommt die wahre Schönheit des Unterfußes nur selten in Betracht. Den Modeideen nach, ist ein kleiner spitziger Fuß schön, ob er gleich dem Entzwecke, zu dem ihn die Natur bestimmte, in dieser winzigen Form nur schlecht entspricht. Die Schönheiten der Zehen und der Ferse, so wie des Anlaufs gegen das Schienbein gehen unserm Auge unter der zwängenden Bedeckung des

Schuhes verloren. Durch den Gebrauch des heutigen Schuhes weicht unser Fus von dem Fuße der Griechen, und dem Fuße des Kindes der Natur gar merklich ab. Die Zehen sind aneinandergedrängt, über einander geschoben, haben ihre Beweglichkeit größten Theils entweder nicht erlangt, oder wieder verloren, und vermögen also nicht die Dienste zu leisten, die sie eigentlich leisten sollen. Der Oberfuß ist niedergedrückt, und überhaupt der ganze Fuß mehr lang und mehr schmal als die gute Form erlaubt, weil er sich leichter schmal pressen, als an der nun nöthigen Ausdehnung in die Länge verhindern läßt.

In der Form und Dimension der Füße und Schenkel zeigt sich eine Schönheitsempfänglichkeit, über die nur die geübtesten Schönheitskenner zu richten vermögen. Wenn das Bein die zum Körper passende Länge und Streckung hat, dann erfodern noch die Lagen seiner Muskeln und ihre Stärke ein sehr bestimmtes Verhältniß, um in den Umrissen schöne Wellenlinien zu bilden und zugleich die Idee hinlänglicher Kraft damit zu verbinden. Der vatikanische Apoll hat schöne Schenkel, aber vielleicht sind sie doch — das Verhältniß der Schlankheit nicht aus den Augen verloren — ein wenig zu eingedrückt.

Die Form der Hinterbacken, hat besonders Beziehung auf das Geschlecht. Sie sind beim Weibe allemal voller und fleischhaltiger als beim Manne; doch so viel eigenen Reiz sie auch dem andern Geschlechte durch ihre Völle ertheilen, so leicht können sie der Harmonie des Ganzen durch ihre Uebergroßheit, die sie zu lastbaren Fleischklumpen macht, schaden.

Noch Vieles könnt' ich über die Formen und Dimensionen des Bauches, der Hüften und der Seiten, und des Rükkens, und der Geschlechtsglieder anführen; ich enthalte mich aber der weitern Detaillirung und sage nur noch Einiges über Brust und Busen.

Die Schönheit der Brust besteht beim Manne in der Breite, Geräumigkeit und der dadurch bezeichneten Stärke desselben. Beim Maler beschränkt sie sich auf Schmalheit, Wölbung und Fleischigkeit.

Der

Der Busen des Mädchens, — welcher empfindsame Artist, welcher Schönheitskenner weiß nicht welcher Vollkommenheit, welcher reizvollen Schönheit er fähig ist. Er ist das sprechendste Zeichen der ehrwürdigen Bestimmung des Mädchens, und zugleich das einladendeste, sie dieser Bestimmung durch zärtliche Liebe zu nähern. Diese vollen Halbkugeln, aufgepflanzt auf einer erhabenen Wölbung der Brust, schwesterlich ruhend neben einander, sich haltend durch ihre eigene inwohnende ungeschwächte Kraft: wie schön, wie herrlich schön sind sie. Schöner ist die Rose wenn sie die Knospe durchbricht; die aufgeblühte ist ohne diese Kraft und erinnert ans Verblühen.

Das gewaltsame Heraufschnüren des Busens aus Eitelkeit, nimmt ihm seine schöne Form mit der er nur in der Freiheit prangt, und raubt ihm die edle Elastizität, die ihm Leben und Vermögen giebt, seine ursprüngliche Form immer zu erhalten. Ein solcher gequälter Busen, wie häßlich ist er in seiner herabhängenden Schlaffheit; wie ekelhaft wenn er in den Jahren der Blüte schon an Entblätterung der saftberaubten zerdrückten Rose erinnert!

Ein sehr großer Busen kann seine Schönheit hinter der halbverbergenden Hülle haben; aber er ist Fehler in Betracht der ganzen Form, zu der er mißstimmt.)

Anhang zu Schönheit.

Schön

Der Artikel: Schön ist einer der unfruchtbarsten in diesem ganzen Werke, und wenn ich gestehn muß, daß ich den Sinn mehrerer Stellen darin nicht fasse, so liegt die Ursache davon gewiß nicht sowohl in dem Grade von Aufmerksamkeit und Anstrengung, womit ich sie gelesen, als vielmehr in der Verwirrtheit und dem Schwankenden der Ideen des Verfassers. Kaum daß man aus der ganzen von ihm zusammengeworfenen Masse von Bemerkungen den interessanten Hauptgedanken

danken herauswindet: daß Sinn, Geist und Herz zugleich befriedigt werden müssen, wenn der Genuß des Schönen erfolgen soll, daß dieser Genuß nur aus den harmonisch vereinigten Gnügungen der Sinnen, des Geistes und des Herzens resultiren kann.

Die folgende Entwickelung der wichtigern Theorieen über das Schöne, steht mit dem Artikel des französischen Verfassers in gar keinem Zusammenhange.

Vor Erscheinung der Kantischen Kritik der ästhetischen Urtheilskraft waren die herrschendesten Methoden über das Schöne zu philosophiren: 1) die skeptische, 2) die empirische, 3) die rationale;

1) der Skeptiker in Sachen des Geschmacks leugnet die Möglichkeit allgemeingeltender Gründe, das Schöne anzuerkennen, und zu beurtheilen. Er verneint, daß sich die objektiven Merkmale des Schönen angeben lassen, zugleich aber auch, daß sich für diejenigen subjektiven Vermögen des Menschen Prinzipien auffinden lassen, welche beim Auffassen, Beurtheilen und Genusse des Schönen thätig sind. Er nimmt die Gründe für seine Behauptung her: a) von der Verschiedenheit der Merkmale der sogenannten schönen Gegenstände; b) von der geglaubten Unmöglichkeit, bestimmte, und allgemeingeltende Gesetze derjenigen Vermögen zu entdecken, durch welche wir der ästhetischen Urtheile fähig sind; c) von der Verschiedenheit der geistigen und körperlichen Anlagen der Menschen, bei welcher ihm Uebereinstimmung in Sachen des Geschmacks gar nicht möglich scheint; d) von den zahllosen Abweichungen der Menschen in ihren Urtheilen über Schönheit. Das Räsonnement des Skeptikers geht in das Resultat über: es lasse sich über Geschmackssachen gar nicht streiten, weil, wo alle Prinzipien fehlen, ein vernünftiger Streit gar nicht möglich ist.

2) Die empirische Methode, entscheidet, ohne sich auf höchste Prinzipien und überhaupt Vernunftbegriffe zu stützen, über die Natur des Geschmacks und der ästheti-

schen

schen Empfindungen, aus Erfahrung, Beispielen und Geschichte. Und, obwohl die Ausüber dieser Methode von allgemeinen Grundsätzen zur Bestimmung der Urtheile nichts wissen wollen, so schmeicheln sie sich dennoch, allgemeingültige Regeln für das Schöne der Natur und Kunst aufstellen zu können, indem sie auf eine gewisse Einhelligkeit unter den Gefühlkräften der verschiedenen Menschen rechnen, welche sie dennoch nicht genauer zu bestimmen und zu erklären pflegen.

Einer der scharfsinnigsten Empiriker ist unstreitig der berühmte Burke, Verfasser des philosophical Enquiry into the Origin of our Ideas of the sublime and the beautiful. Lond. 1757. 8. (deutsch übers. von Herrn Garve, Riga, 1773) **Burke** deutet in der Einleitung seines Werkes sehr treffend, auf Gründe der Geschmacksurtheile hin, welche ursprünglich in allen Menschen liegen „Wahrscheinlicherweise, sagt er: ist der Maasstab der Vernunft und des Geschmacks für alle menschliche Wesen derselbe. Denn gäbe es nicht solche, allen Menschen gemeinschaftliche, Grundsätze der Urtheile und der Empfindungen; so gäbe es keinen so beständigen regelmäßigen Einfluß, weder auf ihre Vernunft, noch auf ihre Leidenschaften, als zur Errichtung und Aufrechthaltung der gesellschaftlichen Verbindungen im menschlichen Leben nothwendig ist. Gewisse Maximen der gesunden Vernunft scheinen sogar auch bei den ungelehrtesten stillschweigend angenommen zu seyn, und, wenn der Geschmack nicht mit eben so gutem Erfolg angebaut worden ist, so liegt die Schuld nicht an der Unfruchtbarkeit der Materie, sondern an dem Mangel, der oder Nachlässigkeit der Arbeiter. Die Bewegungsgründe sind in dem einen Falle nicht so dringend, wie in dem andern; wenn die Menschen in ihren Meynungen über Sachen des Geschmacks von einander abgehen, so sind die Folgen davon nicht so wichtig. Außerdem würde die Logik des

Geschmacks zu einer eben so vollkommnen Richtigkeit gebracht worden seyn, als die Logik der Vernunft.

Der Geschmack ist nach Burke kein eigenthümliches Vermögen, er ist Resultat von der Zusammenwirkung der Sinne, der Einbildungs- und der Urtheilskraft; wiefern die Grundlage derselben in allen menschlichen Geistern einerlei ist, so ist es auch die Anlage des Geschmacks in allen, und die Gemeinschaftlichkeit derselben wird mit gutem Grunde bei aller Philosophie über das Schöne vorausgesetzt.

Schönheit ist ihm diejenige Beschaffenheit, oder Beschaffenheiten eines Körpers, durch welche er Liebe, oder eine dieser ähnliche Leidenschaft erregt. Er unterscheidet das Vergnügen an der Vorstellung des Schönen von der Begierde nach einem Gegenstande, dem heftigen Bestreben, einen Gegenstand zu besitzen, der ihr in ganz andern Hinsichten gefällt, leugnet aber nicht, daß sich nicht zuweilen diese Begierde mit jener Liebe zum Schönen vermischen könne. Nicht Proportion, nicht Nützlichkeit, nicht Vollkommenheit sind nach ihm Quellen der Schönheit; Schönheit ist vielmehr eine besondre Eigenschaft der Körper, die auf eine mechanische Art auf die Seele wirkt.

Burkes Beobachtungen über die Eigenthümlichkeiten schöner Gegenstände sind bei aller ihrer Feinheit unzureichend. Er führt in Beziehung auf sichtbare Gegenstände Kleinheit, Glätte, stetige Abwechselung in den Linien mit sanften Uebergängen, Anschein von Zartheit und angenehmer Schwächlichkeit, Reinheit, Helle, gemäßigte Stärke, Mannigfaltigkeit der Farben an. Den subjektiven Zustand desjenigen, der die Schönheit empfindet schildert Burke blos in physischer Hinsicht: die Schönheit wirkt nach ihm durch eine Nachlassung aller festen Theile unsers körperlichen Baues.

Nach Burke hat vorzüglich Alison in s. Essays on the nature and principles of taste. Edinb. and. London 1790. gr. 4. (deutsche Uebers. Leipzig 1792. 8. mit einigen Zusätzen von mir) eine Sammlung lehrreicher Beobachtungen über das Schöne geliefert; denn blos darauf schränkt sich das Verdienstliche seines Werkes ein. Der Charakter des Schönen kommt nach diesem Weltweisen darauf hinaus, daß schöne Gegenstände, so wie erhabene der Einbildungskraft eine Menge verwandter Ideen zuführen, welche, einem Prinzip der Einheit zufolge, rührend sind, und er glaubt daher, um das Wesen des Schönen und Erhabenen zu bestimmen, nichts weiter thun zu dürfen, als daß er über unsre Ideenverbindungen bei schönen Gegenständen der Natur und Kunst Beobachtungen sammle *).

3) Unter der dogmatischen Methode verstehe ich jeden Versuch die Empfindungen des Schönen aus unveränderlichen, nothwendig wirkenden Gründen zu erklären, bevor man die Urtheile über Schönheit nach ihrem gemeinschaftlichen Inhalte und Form analysirt, und über die subjektiven Bedingungen ihrer Möglichkeit Nachforschung angestellt hat. Dieß geschieht: 1) durch Behauptung eines ursprünglichen eigenen Sinnes für das Schöne in der menschlichen Natur; 2) durch Annahme eines Vermögens der Vernunft, die Vollkommenheit in den sinnlichen Gegenständen anzuerkennen

1) Unter den Neuern Weltweisen haben Hutcheson, u. a. einen ursprünglichen eigenen Sinn für das Schöne angenommen **).

Was schön sei, muß man nach Hutcheson eben so wenig fragen, als was sichtbar sei, und alles Schöne

*) Ich habe Alisons Methode über das Schöne zu philosophiren in einem der Uebersetzung seines Werkes angehängten Aufsatze geprüft. S. auch die Rec. der Allgem. Litter. Zeit. 1791. St. 119.

**) *Hutcheson* Enquiry in to the original of our Ideas of beauty and virtue, London 1726. 8. 1753. 8. — deutsch, Frankf. u. Leipz. 1762.

Schöne läßt sich nur dadurch bezeichnen, daß es ein Gegenstand der Erkenntniß für den innern Sinn ist. Dieser Sinn aber ist weder Sinnlichkeit, noch Verstand, noch Vernunft, noch alles zugleich, sondern ein eingepflanzter Sinn, vermittelst dessen wir die schönen Gegenstände unterscheiden, so wie der Sinn des Gesichts ein Vermögen ist, wodurch wir Begriffe von Farben und Figuren erlangen.

2) Schön ist, nach Wolf, was uns durch seine wahre oder scheinbare Vollkommenheit gefällt, und mehrere seiner scharfsinnigen Nachfolger, als Baumgarten, Meyer, Sulzer u. a. haben seiner Erklärung mehrere Bestimmtheit zu geben versucht.

4) Wenn man außer diesen Methoden noch eine besondre auszeichnen könnte, so wäre es vielleicht die Methode der ästhetischen Schwärmer, welche in dem menschlichen Geiste ursprünglich eingepflanzte Urbilder des Schönen zu finden glauben. Urbilder für menschliche Empfindsamkeit und Geschmack, an sich aber nur Nachbilder des höchsten Schönen, welches allein in Gott ist. Dieser Methode sind mehrere unter mannigfaltigen Einkleidungen gefolgt. „Da die Vollkommenheit, sagt Mengs: mit der Menschlichkeit nicht übereinstimmen kann, und allein bei Gott ist, von dem Menschen aber nichts wirklich begriffen wird, als was unter die Sinne fällt: so hat ihm der Allweise einen sichtlichen Begriff der Vollkommenheit eingeprägt, und dieser ist, was wir Schönheit nennen."

Wenn ich die Versuche der philosophirenden Vernunft, den allgemeinen nothwendigen Zusammenhang im Reiche der Natur nach seinen letzten Gründen zu erforschen mit den Versuchen ebenderselben, das Wesen des Schönen zu ergründen, zusammenhalte, so finde ich zwischen der Richtung, welche sie in dem einen und dem andern Falle genommen, eine merkwürdige Gleichheit. Um die Prinzipien der unveränderlichen Ordnung der Natur und Erfahrung in ihrem Gebiethe zu entdecken,

cken, glaubte sie in die Natur der Dinge an sich eindringen zu müssen, und jenachdem sie für die Unmöglichkeit oder Möglichkeit davon entschied, waren ihre Resultate sceptisch, oder dogmatisch; um das Wesen des Schönen zu ergründen, glaubte sie, sich zuvörderst an die Gegenstände selbst richten zu müssen, als welchen die Eigenschaften anhiengen, wegen deren man ihnen das Prädikat des Schönen ertheilte, und ihre Resultate waren abweichend, jenachdem sie durch die Erkenntniß der Dinge selbst sich befriedigt oder nicht befriedigt glaubte.

Wenige schlugen den richtigern Weg ein, den Gemüthszustand desjenigen zu beobachten, der die Schönheit eines Gegenstandes beurtheilt, und die subjektiven Bedingungen aufzugreifen, unter welchen der menschliche Geist bei Rührungen einer gewissen Art den Gegenständen, die sie verursachen, Schönheit zueignet. Allein ihre Beobachtung gieng immer mehr auf Nebenumstände, denn auf die Hauptsache; statt mit Bestimmtheit diejenigen Eigenthümlichkeiten aufzufassen, die sich in allen Geschmacksurtheilen finden, haschte man mit Einseitigkeit nur nach jenen, die unter besondern Bedingungen bei gewissen Arten derselben eintreten.

Es war dem Urheber der kritischen Philosophie aufbehalten, zuerst diejenige Richtung zu treffen, in welcher allein die philosophierende Vernunft in Hinsicht des Schönen zu befriedigenden Resultaten führen kann, und seine in der That ganz neue Methode zieht unser Zutrauen um so sicherer an sich, da er durch seine frühere Schrift: Beobachtungen über das Schöne und Erhabene, längst gezeigt hatte, daß er, wenn es auf Reichthum und Feinheit der Beobachtung ankommt, keinem der empirischen Geschmacksphilosophen etwas nachgebe *).

Man

*) Man lese, um sich von der Wahrheit dieses Urtheils zu überzeugen, die feinen Bemerkungen über die Verschiedenheit zwischen dem Schönen und Erhabenen am Menschen überhaupt, und im Gegenverhältnisse beider Geschlechter. Einen Auszug liefert Herr Dreves in seinem lehrreichen Buche: Resultate der philosophierenden Vernunft über die Natur des Vergnügens, der Schönheit, und des

Man kann es als das Charakteristische der Methode zu philosophiren dieses Weltweisen ansehen, daß er, von welcher Seite er immer den geistigen Menschen betrachtet, in der dunklen und verworrenen Menge zufälliger, unsteter und wechselnder Erscheinungen Licht zu gewinnen, und aus dem bunten Gemisch derselben in bestimmten reinen Ideen die allgemeine unveränderliche Form zu ziehen weiß, an welche die Wirksamkeit jedes geistigen Vermögens ursprünglich gebunden ist. Dieß zeichnet seine Methode aus, in der Theorie des Erkenntnißvermögens sowohl, als in der des vernünftigen Willens, und eben dieß macht das Eigenthümliche seiner Philosophie über das Schöne.

Während alle Kritiker des Schönen sich in der Mannigfaltigkeit und Abweichung verlieren, welche unter den Geschmacksurtheilen der Menschen herrscht, während die Einen bei dem von ihnen vorgeschlagenen Wege mit gutem Grund verzweifeln, in dem Gewirr individueller Gefühle und Urtheile über das Schöne Einheit zu treffen, die Andern eine solche auf gut sophistische Weise zu erkünsteln suchen, entdeckt sein eindringender Blick bei der gar nicht zu berechnenden Verschiedenheit der Stoffe und Gegenstände Einheit der allgemeinen Form der Geschmacksurtheile, findet die Geister der Menschen auch da übereinstimmend, wo alle Denker vor ihm vergebens bemüht gewesen, wahrhafte Harmonie zu entdecken.

Wenn unsre Urtheilskraft einem Gegenstande das Prädikat des Schönen beilegt, so enthält das Urtheil, mit welchem es geschieht, folgende Bestimmungen, deren keine bei einem vollständigen und präcisen Geschmacksurtheile fehlen kann:

1) die Vorstellung des Gegenstandes verursacht Vergnügen, ohne alles Interesse für das Daseyn und den Besitz des Gegenstandes. Bei dem Angenehmen ist jederzeit eine durch den Eindruck erregte Begier nach dem Gegen-

---

des Erhabenen Leipzig 1793. Ueberhaupt findet man hier gleichsam den Kern der vorzüglichsten Geschmackstheorieen, auch im Besondern für bildende Kunst.

genstande Bedingung des damit verknüpften Vergnügens, so wie alles Wohlgefallen am Guten Interesse für die Wirklichkeit des Objekts der Moralität voraussetzt. Das Vergnügen am Schönen entspringt durch die blosse Auffassung der Form;

2) das Schöne erregt Wohlgefallen, welches der Empfindende als ein solches ansieht, welches auch bei jedem Andern mit der Auffassung der Form eintreten muß, ohne daß es irgend durch den Begriff des Gegenstandes erzeugt werde, welcher in der wohlgefälligen Form erscheint.

Jedes andre Wohlgefallen kann nur in sofern für allgemein nothwendiges Gefühl gehalten werden, als es angesehen wird, als entspringend durch den allgemein und nothwendig interessirenden Begriff eines Gegenstandes. Das Vergnügen am Schönen sinnt der Empfindende Jedem Andern als gemeinschaftliches Gefühl an, unabhängig vom Begriffe des Gegenstandes, bestimmt durch die blosse Form desselben.

3) Das Schöne erregt Wohlgefallen, indem man sich bei Auffassung desselben der Zweckmäßigkeit der Form zur Hervorbringung eines harmonischen Zusammenspiels des Verstandes und der Einbildungskraft ohne alle Absicht und Vorstellung eines objektiven Zweckes bewußt wird. Schönheit ist subjektive Zweckmäßigkeit eines Objekts, Angemessenheit seiner Form zur unmittelbaren Bewirkung von Uebereinstimmung des Verstandes und der Einbildungskraft.

4) Das Schöne erregt Wohlgefallen, welches der Empfindende für nothwendig erklärt, ohne diese Nothwendigkeit aus einem Begriffe zu folgern *).

Wenn

*) Lehrreiche Erläuterungen der Kantischen Analysis des Schönen enthält die in der Bibliothek der schönen Wissenschaften 43. B. 1. St. und die in der Allgem. Litter. Zeit. befindliche Recension der Kritik der Urtheilskraft. Letztere, eine Arbeit des Herrn Reinhold, ist auch dem 2ten Bande seiner Beiträge einverleibt.

Wenn diese Momente bei jedem Geschmacksurtheile wesentlich sind, so müssen sie von jedem gedacht werden, der von einem Gegenstande aussagt: er sei schön, allein es ist nicht nothwendig, daß sie deutlich gedacht werden, sie können es blos klar, oder wohl gar dunkel, eben so wenig, daß sie rein und unvermischt mit fremdartigen Merkmalen vorgestellt werden, welches aller Erfahrung zu Folge vielleicht nie der Fall ist, eben so wenig endlich, daß sich nicht in der Seele jedes Menschen gewisse an bestimmten schön genannten Gegenständen getroffene Eigenthümlichkeiten an sie anschließen sollten, welche dann durch ein sehr natürliches Misverständnis fälschlich für wesentliche Merkmale des Schönen angegeben werden.

Jedes Urtheil über einen schönen Gegenstand drückt, seinem wesentlichen Inhalte nach, die Reflexion der Urtheilskraft über ein durch eine angeschaute Form entstandenes Vergnügen aus, also keine am Gegenstande befindliche Merkmale, sondern nur die Eigenthümlichkeiten des Gemüthszustandes, den die Auffassung der Form hervorbringt, bezogen auf die Idee eines allgemeingültigen Grundes der Möglichkeit und Wirklichkeit desselben. Das Subjekt aller reinen Geschmacksurtheile ist: ein Angeschautes, von diesem wird prädicirt, es errege durch seine bloße Form Vergnügen, dieß Vergnügen entspringe lediglich aus der von unsrer Willkühr, unsern Zwecken und Vorstellungen ganz unabhängigen Fähigkeit des anschaulichen Mannigfaltigen, ein Zusammenwirken von Verstand und Einbildungskraft zu bewirken, so harmonisch, als ob wir es planmäßig für unsere Lust gebildet hätten, dieß Vergnügen müsse als gemeinschaftlich für alle mit gleichem Erkenntnisvermögen begabte Wesen, und für nothwendig angesehen werden, unerachtet der Grund desselben nicht in Begriffen von der Natur des Gegenstandes liegt.

Das Schönheitsgefühl erscheint, nach diesen wesentlichen Momenten jedes Geschmacksurtheils, in seiner ganzen Würde. Derjenige, welcher einer Form Schönheit beilegt, fühlt sich ganz uneigennützig gerührt, Liebe und Dank durchdringen ihn, indem er sich, ohne sein Zuthun und Mitwirken,

wirken, dieses Vergnügen von einer unbekannten wohlthätigen Macht entgegengeführt findet, er verliert sich in feierlichen Ahndungen seines Verhältnisses zu dem schöpferischen Wesen, welches jene Lust bereitete, und, indem er dieselbe als allgemein und nothwendig betrachtet, fühlt er mit einer sanften Begeisterung die sympathetischen Bande, welche alle Individuen der Menschheit verknüpfen.

Diese edeln Züge des Schönheitsgefühls sind auch keinesweges den philosophischen Beobachtern desselben entgangen. Vorzüglich haben Mehrere derselben den Charakter der Uneigennützigkeit, und Fähigkeit, die Gefühle einer edeln Geselligkeit zu befördern, in ihren Schilderungen des Schönen ausgezeichnet. Auch die erhabene Verwandschaft des Genusses des Schönen mit der Religion ist von mehrern, obwohl größtentheils auf eine schwärmerische Weise angedeutet worden.

Schon durch die bloße Zergliederung eines Geschmacksurtheils leuchtet die Möglichkeit desselben ein, d. h. man darf nur den wesentlichen Inhalt eines solchen bestimmt fassen, um ohne Schwierigkeit den Grund des Anspruchs zu finden, welchen es auf Nothwendigkeit und Allgemeinheit macht. Derjenige, welcher etwas als schön beurtheilt, sieht sein Vergnügen nicht als einen Zustand an, der aus seiner Individualität blos für ihn folge, vielmehr erklärt er, ohne sich auf Erfahrung oder auf Begriffe des Gegenstandes zu stützen, dieses Vergnügen für allgemeingültig, für ein Gefühl, welches sich jedes andern Menschen in demselben Falle auch bemächtigen müßte. Der Verfasser des vortreflichen erläuternden Auszugs der Kritik der ästhetischen Urtheilskraft in der Bibliothek der schönen Wissenschaften, stellt die Kantische Deduktion der Geschmacksurtheile folgendermaaßen dar: „Wenn eingeräumt wird, daß „in einem reinen Geschmacksurtheile das Wohlgefallen an dem „Gegenstande mit der bloßen Beurtheilung der Form desselben „(nicht mit der Beurtheilung seiner Materie, wozu ein Begriff „von dem Gegenstande erfordert wird, der nicht Wohlgefallen, „sondern Erkenntnis giebt) verbunden sei; so ist das, was „wir mit der Vorstellung des Gegenstandes im Gemüthe ver-

„burden empfinden (oder das an der Vorstellung der Form „des Gegenstandes haftende Wohlgefallen) nichts anders als „die subjektive Zweckmäßigkeit dieser Form für die Urtheils„kraft (d. i. in der Vorstellung der Form des Gegenstandes „empfinden wir zugleich die Zusammenstimmung der der Ur„theilskraft als subjektive Bedingungen zum Grunde liegenden „Erkenntniskräfte, der Einbildungskraft und des Verstandes.) „Da nun die Urtheilskraft in Ansehung der formalen Regeln „der Beurtheilung, ohne alle Materie (ohne Sinnenempfin„dung und Begriff) nur auf die subjektiven Bedingungen ihres „Gebrauchs überhaupt gerichtet seyn kann, folglich auf das„jenige subjektive, welches man in allen Menschen (als zum „möglichen Erkenntnisse überhaupt erforderlich) voraussetzen „kann: (oder, da die Urtheilskraft alle Regeln, nach welchen „sie urtheilt, nicht von den Gegenständen, oder sonst woher „außer sich, sondern blos aus ihrer eigenen Natur selbst, d. i. „aus den subjektiven Bedingungen ihres Gebrauchs, nämlich „der Einbildungskraft in ihrer freien Wirksamkeit und dem „Verstande in seiner Gesetzmäßigkeit, und dem Einverständnisse „beider mit einander, hernehmen kann, welche Natur der Ur„theilskraft in allen Menschen dieselbe ist) so muß die Ueberein„stimmung einer Vorstellung mit diesen Bedingungen der Ur„theilskraft (Einbildungskraft und Verstand) als für jeder„mann gültig a priori angenommen werden können, d. i. die „Lust oder subjektive Zweckmäßigkeit der Vorstellung für das „Verhältnis der Erkenntnisvermögen in der Beurtheilung ei„nes sinnlichen Gegenstandes überhaupt wird jedermann mit „Recht angesonnen werden können.

„Die Lust am Schönen ist allgemein mittheilbar; „denn sie muß nothwendig in allen Menschen auf denselben „Bedingungen beruhen, weil sie subjektive Bedingungen der „Möglichkeit einer Erkenntnis überhaupt sind, und die Pro„portion dieser Erkenntnisvermögen, die zum Geschmack erfor„dert wird, auch zum gemeinen und gesunden Verstande er„forderlich ist, den man bei jedermann voraussetzen darf. Eben „darum darf auch der mit Geschmack urtheilende (wenn er nur

„in

„in diesem Bewußtseyn nicht irrt, und die Materie für die „Form, den Reiz für die Schönheit nimmt) die subjektive „Zweckmäßigkeit, d. i. sein Wohlgefallen am Objekte, jedem „andern ansinnen, und sein Gefühl als allgemein mittheilbar, „und zwar ohne Vermittelung der Begriffe annehmen.“

Aus allem bisher Gesagten ergeben sich mehrere interessante Folgerungen.

1) Jeder Mensch besitzt ein allgemeines Ideal schöner Form a priori. Dieses ist aber kein Bild eines bestimmten Gegenstandes, sondern blos die Idee von Form überhaupt, welche unmittelbar Lust bewirkt, durch die Stimmung, in welche bei Auffassung derselben die dabei geschäftigen Vermögen versetzt werden. Von diesem allgemeinen Ideale sind zu unterscheiden, die Ideale für bestimmte Gattungen von Gegenständen, welche erworben und zu denen die Züge aus der Erfahrung geschöpft werden. Diese Ideale setzen jenes allgemeine Ideal voraus, und sind entweder Ideale in Beziehung auf Wesen der Natur, oder in Beziehung auf Werke der Kunst.

Für eine Klasse von Thieren kann es kein Ideal geben, außer etwa, wenn die Form derselben Charakter ausdrückt; es kann kein Ideal einer Taube oder Elster geben, aber wohl eines Rosses, eines Löwen u. a. *).

Ein bestimmtes Ideal giebt es indessen nur für die Gestalt des Menschen; wiefern Sittlichkeit das Summum seiner Bestimmung ist, und diese sich in den Zügen seiner Form ausdrücken kann, und ausdrücken soll. Es ist uns unmöglich, uns bei der Gestalt des Menschen an bloßer unmittelbarer Wohlgefälligkeit zu begnügen, wir fordern, daß sie dasjenige auf das angenehmste ankündige, was allein den wahren Werth des Menschen ausmacht. Wir sind also bei einiger Entwickelung unsers moralischen Gefühls keines reinen Geschmacksurtheils

*) Vielleicht könnte man auch in demselben Falle für gewisse leblose Wesen Ideale für möglich halten, z. B. für Blumen, wenn sie Ausdruck haben, wie die Rose. Ein geistreicher Maler von Blumenstücken, arbeitet unstreitig immer nach solchen Idealen.

theils über Gestalt des Menschen fähig; wir sind gezwungen sie auf das Ideal zu beziehen, und unserer Beurtheilung sittliche Begriffe zum Grunde zu legen.

Die moralische Bestimmung des Menschen innerhalb der Grenzen dieser Welt, modificirt sich nach dem Unterschiede der Geschlechter. Ein andres Ideal haben wir vom schönen Manne, ein andres vom schönen Weibe. Man könnte noch bemerken, daß unsre Einbildungskraft auch in Beziehung auf die Lebensalter Ideale bilde, z. B. eines schönen Kindes, eines schönen Knaben, Jünglings, Mannes, und daß sie hierbei ebenfalls den sittlichen Ausdruck als das höchste ansehe.

2) Diejenigen Weltweisen, welche dem Menschen einen eigenthümlichen Sinn für das Schöne zuschrieben, haben damit die Wirkungsart des Geschmackes richtiger angedeutet, als Jene, welche es durch Begriffe der Vernunft erklären wollten.

3) Der Geschmack läßt sich als ein Gemeinsinn ansehen, und als das Vermögen erklären, die Mittheilung der Gefühle, welche mit gegebener Vorstellung (ohne Vermittelung eines Begrifs) verbunden sind, a priori zu beurtheilen.

4) Daß eine Form Gefühl der Schönheit erregen müsse, läßt sich in keinem Falle durch Begriffe erweisen. Wenn man in Hinsicht gewisser Formen Einhelligkeit der meisten gebildeten Menschen in ihren Geschmacksurtheilen darthut, so geschieht dieß nur durch eine unvollständige und immer unsichre Induktion. Für die Theorie der schönen Kunst ist indessen diese Induktion unentbehrlich. Der Werth der Antike z. B. hängt zum Theil von ihr allein ab.

5) Prüft man die vorzüglichsten Theorieen über das Schöne nach denen bisher aufgestellten Grundsätzen, so ergiebt sich das Wahre und Falsche derselben ohne Schwierigkeiten: a) dem Skeptiker muß zugegeben werden daß Einhelligkeit der Menschen in ihren einzelnen Geschmacksurtheilen über bestimmte Gegenstände weder wirklich noch überhaupt möglich ist, daß es keine objektiven Gründe der Entscheidung über die Schönheit irgend eines Gegenstandes geben

kann;

kann; allein unfehlbar muß der Skeptiker anerkennen, daß es im Menschen einen ursprünglichen Geschmack giebt, daß seine Handlungsweise ihre unveränderliche allgemein geltende Form hat, daß in dieser alle Geschmacksurtheile der Menschen übereinstimmen, und nur der Subsumtion der Formen nach von einander abweichen. b) Dem Empiriker muß zugestanden werden, daß sich Nothwendigkeit des Vergnügens durch eine Form in keinem Falle beweisen lasse, daß man blos über die mehrere oder wenigere Einhelligkeit der Menschen in Hinsicht ihrer bestimmten Geschmacksurtheile Beobachtungen anstellen könne.

Allein gerechter Tadel trift ihn, weil er, ohne von einer gründlichen Erforschung des ursprünglichen Geschmacksvermögens selbst auszugehen, das Spiel dieses Vermögens in seiner Anwendung zweckmäßig zu beobachten, und reine Resultate darüber zu gewinnen wähnt, weil er das Geschmackvermögen wohl gar dadurch zu ergründen denkt, daß er die Eigenschaften gewisser Klassen von Gegenständen, für deren Schönheit eine ziemlich einhellige Menge von Stimmen entscheidet, durch Beobachtung auffaßt, und Bemerkungen über den empirischen Zustand des Menschen bei der Operation der Anwendung des Geschmacksprinzipes auf bestimmte Gegenstände, sammelt, weil er endlich eine Einhelligkeit der Menschen in den Arten dieser Anwendung für möglich hält, da sie doch, der Natur der Sache zu Folge nicht Statt finden kann. 3) Dogmatische Geschmacksphilosophen, welche einen besondern ursprünglichen Sinn für das Schöne annehmen, drücken damit zum Theil sehr richtig aus, was der Geschmack nicht seyn könne, und machen in sofern auf das Verdienst einer partiellen negativen Wahrheit Anspruch. Sie verneinen, daß der Geschmack ein Vermögen sei, durch bestimmte Begriffe zu urtheilen, daß Vernunfteinsicht an seinen Entscheidungen Theil habe, daß er den Antrieben selbstischer Neigungen untergeordnet sei. Zugleich deuten sie an, daß ein eigenthümlicher Grund der Geschmacksurtheile ursprünglich im Menschen liege, daß dieser bei allen Menschen als derselbe vorauszusetzen sei. Sie verdienen nur insofern

Tadel,

Tadel, als sie eine Operation, welche von der Urtheilskraft in einer gewissen Richtung ihres Vermögens herrührt, einem Sinne zueignen, dessen Funktion es doch gar nicht seyn kann, zu urtheilen. Am wenigsten Wahrheit enthält der Dogmatism jener Geschmacksphilosophen, welche die Natur des Schönen durch Begriffe der Vernunft erklären wollen, und es entscheidet sich, nach allem bisher Gesagten von selbst, wiefern etwa das Prinzip der sinnlich erkannten Vollkommenheit sich, seiner theilweisen Wahrheit nach rechtfertigen lasse.

Sollen Werke der Kunst Anspruch auf das Prädikat der Schönheit machen können, so muß sich die Form der Geschmacksurtheile auf sie wenigstens in Hinsicht der Hauptstimmung anwenden lassen, die sie erregen, wenn sie auch von gewissen Seiten nach andern Gesetzen beurtheilt werden müssen. Inwiefern dieß wirklich geschieht, eignen wir ihnen Schönheit zu, und sprechen von schöner Kunst. Kunst ist also dann schöne Kunst, wenn wir die durch Auffassung ihrer Wirkungen ins Bewußtseyn veranlaßte Stimmung nur nach dem Prinzip der schönen Natur beurtheilen können. Dieß Prinzip aber liegt, wie aus dem Vorigen erhellt, lediglich in uns selbst.

Wir können kein Werk schöner Kunst betrachten, ohne Begriffe zum Grunde zu legen, daraus folgt aber nicht, daß wir unfähig seyn sollten, über die durch seine Form in uns verursachte Stimmung nach den bloßen Momenten des Geschmacks zu urtheilen. Wenn ich einen Kupferstich vor mich nehme, in welchem in äußerst verkleinerten Formen eine Landschaft schön dargestellt ist, so kann ich freilich den Kupferstich als das, was er ist, ohne Begriffe nicht anerkennen, allein ich entferne diese Begriffe ganz, sobald ich über die Stimmung meiner Erkenntnißkräfte urtheile, worein mich der Anblick desselben versetzt, ja, man kann sagen, jene Begriffe verschwinden dann von sich selbst bis auf den Grad, daß ich gar nicht mehr daran denke, daß es ein Kupferstich ist. So mit einem schönen Gedichte, und Tonstücke,

Wiefern der Hervorbringer schöner Kunst für unsern Geschmack Werke bildet, die wir auf gleiche Weise beurtheilen müssen, wie die Werke der schönen Natur, wiefern er uns durch seine Produktionen ein gleiches Vergnügen bereitet, wie diese; können wir ihn als Nachahmer der schönen Natur ansehen, oder vielmehr als ein Wesen, welches in der freien Entwickelung seines schöpferischen, und formenden Vermögens mit der schönen Natur wetteifert. In diesem Sinne genommen, dürfte man nicht mit Unrecht Nachahmung der schönen Natur, oder richtiger: Gleichheit mit der schönen Natur als allgemeines Prinzip für alle schöne Kunst aufstellen, so wie es auch Kant wirklich gethan hat.

Die bildende Kunst hat die Formen des sichtbaren Mannigfaltigen zum Gegenstande, ihr Wesen, als schöner Kunst, besteht im Allgemeinen darin, daß sie selbst Verbindungen von Formen bildet, welche unmittelbar Vergnügen bewirken, wie die schönen Formen von Naturgegenständen. Die schöne bildende Kunst wetteifert also mit der sichtbaren schönen Natur. Alles was der Darstellung durch schöne Formen fähig ist, gehört in das Gebieth der bildenden Kunst. Dieser Darstellung sind Dinge fähig, die die schöne Natur außer uns nicht darstellt, und nicht darstellen kann, Ideen, die nur der Mensch dem Menschen durch das Medium einer schönen Bezeichnung zu übergeben fähig ist. Der Umfang der schönen bildenden Kunst ist in dieser Hinsicht größer, als der der schönen Natur.

Der Mensch ist es, der durch schöne bildende Kunst mit der schönen sichtbaren Natur wetteifert, und er stellt dar, nicht für sein Individuum sondern für die gesammte Menschheit. Im ganzen Gebiethe der Kunst also werden ihn keine Darstellungen mehr interessiren, als Darstellungen von Ideen, wichtig für die ganze Menschheit, in schöner Form. Die Klasse solcher Werke nimmt auch unstreitig vor allen übrigen den obersten Platz ein.

Wenn man die Gegenstände der schönen bildenden Kunst nach ihrem Range stellen und einander unterordnen will, so darf man, eben weil von Kunst die Rede ist, nicht denenjenigen den obersten Platz anweisen, deren Form blos unmittelbar Vergnügen erregt; in diesem Falle würde die Blumenmalerei das Höchste der bildenden Kunst seyn; vielmehr haben auf Erhebung über die andern nur diejenigen Anspruch, in welchen die Kunst durch die Mittel der Schönheit leistet, was die Natur nicht leisten kann, also die Natur übertrift. Die allegorische Kunst steht aus diesem Grunde ganz oben an, und der Einwurf, daß ihre Darstellungen nie von augenblicklicher entschiedener Evidenz seyn können, macht ihren Anspruch auf die erste Stelle nicht im mindesten zweideutig. Der Allegorist kann bewundernswürdig, und sein Werk vollkommen schön seyn, wenn er auch gleich dem Betrachter seine Idee vorher bestimmt mittheilen muß, damit er fähig sei, die Reize des Werkes zu genießen. Seine Hauptwirkung, die er vom Anschauen seiner Formen erwartet, soll auch nicht die Idee selbst, sondern eine gewisse ästhetische Erkenntnisart derselben seyn.

Mit diesem Artikel steht im Zusammenhange der Artikel: **Urtheilskraft** vom Herausgeber.

Schraffiren

Hacher

nennen die Zeichner und Kupferstecher: mit der Feder, dem Stifte, dem Grabstichel, oder der Nadel, dichte parallel mit einander laufende Striche oder Linien ziehn, um dadurch die Schatten der Gegenstände, welche sie vorstellen, anzuzeigen. Diese Striche und Linien selbst nennt man **Schraffirung**, hachure.

Gegen-Schraffirung.

Contre-Taille.

Gegen-Schraffirung ist ein Kunstwort des Kupferstechers und bedeutet die zwote Schraffirung, die man über die erstere bringt. Will man Gestein nachahmen, so läßt man die zwote Schraffirung mit der erstern so kreuzen, daß Vierecke gebildet werden: hat man aber Fleisch oder Draperie darzustellen, so sucht man mehr Rhomiben als Vierecke zu bilden. Der Rhombe wird übrigens wenn er zu enge und kernhaft ist, unangenehm, indem er dann mit der ersten Schraffirung ein Schwarz bildet, das mit dem Tone des Ganzen nicht harmonirt. Die Kupferstecher nennen eine solche Arbeit fleckig. Am schönsten wird sich die Arbeit ausnehmen, wenn die beiden Schraffirungen das Mittel zwischen Viereck und Rhomben halten. Würde man es wagen, den engen und kleinen Rhomben bei Arbeiten anzuwenden, welche geäzt werden müßten, so würde das Scheidewasser die Platte da weit mehr angreifen, wo sich die Rhomben befinden, und man würde sich vielleicht in die unangenehme Nothwendigkeit versetzt sehen, wegen der übrigen Stellen mehreremale zu äzen.

Artikel des Herrn Levesque.

Kreuz-Schraffirungen.

Hachures croisées.

Abraham Bosse unterscheidet in seiner Kunst zu radiren und zu stechen zwo Arten der Schraffirungen: die einfachen, welche nichts anders sind als die geraden oder krummen Züge der Nadel oder des Grabstichels, und die Kreuzschraffirungen, wenn diese Züge sich durchschneiden, und durch ihre Durchschnitte Vierecke oder Rautenvierungen machen, bei diesen letztern springt der Firnis im Beizen leicht ab; allein man kann diesen Mangel mit dem Grabstichel ersetzen. Die Schraffirungen ins Gevierte sind nur zur Vorstellung des Steins oder des Holzes gut.

Schreckliche Umrisse.

Contours terribles.

So nennt man die von einer ungeheuren Größe, welche man zu den riesenförmigen und kolossalischen Figuren, und zu denjenigen Werken braucht, die hoch über dem Gesichte zu stehen kommen.

Schule.

Ecole.

Unter dem Worte, Schule, begreift man in den schönen Künsten eine gewisse Klasse von Artisten, welche ihre Kunst von einem und demselben Meister gelernt, und entweder von ihm wirklich Unterricht erhalten, oder seine Werke nur für sich studiret, und so mehr oder weniger seine Manier angenommen haben, es mag nun übrigens dieses mit der wirklichen Absicht, ihn nachzuahmen, oder es mag einer gewissen Gewohnheit zu Folge geschehen seyn, die sie nach und nach und unvermerkt seine Grundsätze annehmen ließ. Eine solche Gewohnheit, von der wir übrigens immer Beispiele sehen, hat ohnstreitig ihr Vortheilhaftes, aber sie hat auch, und vielleicht ist dieses noch weit mehr der Fall, ihr Nachtheiliges. Dieses Letztere wird, um nur die Malerei anzuführen, in demjenigen Theile dieser Kunst besonders sichtbar, der die Farbe betrifft, wenn ich nämlich hier geschickten und aufgeklärten Kennern Glauben beimesse. Nach ihnen bringt eine solche Art von stillschweigender Uebereinkunft, die sich in einer Schule gebildet hat, und vermöge derer nun in ihr die Wirkungen des Lichtes durch diese oder jene Mittel dargestellt werden, nichts als ein Heer knechtischer Nachahmer hervor, welche immer mehr und mehr ausarten; und dieses würde man sich auch in der That sehr leicht durch Beispiele, wenn man wollte, bestättigen können.

Eine andere nicht weniger wichtige Bemerkung, die ich jenen Kunstkennern verdanke, ist, daß es etwas sehr Gefährliches sey, von den Werken einer Schule im Allgemeinen, ein Urtheil zu fällen. Sehr oft reicht ein solches Urtheil nicht einmal hin, um den, der es fället, zu befriedigen, geschweige denn andern Gnüge zu leisten. Die Werke der Malerei ändern sich von Zeit zu Zeit, und sie verlieren jenes schöne Zusammenstimmende, das ihnen der Pinsel ihrer Schöpfer gegeben hat; sie haben, wie alles, was existirt, eine Art Leben, dessen Dauer beschränkt ist, und in dem man einen Zustand der Kindheit, einen Zustand der Vollkommenheit, in so fern sie nämlich diese haben können, und endlich auch einen Zustand des Unterganges unterscheiden muß: man kann daher den wahren Werth eines Gemäldes, eigentlich nur bestimmen, wenn sich dasselbe in der blühenden Periode seiner Existenz, wenn es sich in dem Zustande der ihm möglichen Vollkommenheit befindet.

Gemeiniglich sagt man, daß die römische Schule sich besonders durch die Zeichnung, die venetianische hingegen durch das Colorit ausgezeichnet habe, u. s. w. Dieses darf man keinesweges so verstehen, als hätten die Künstler dieser beiden Schulen wirklich den Plan gehabt, die Zeichnung der Farbe oder die Farbe der Zeichnung vorzuziehen: denn so würde man ihnen etwas zuschreiben, was ihnen sicher nie in den Sinn gekommen ist. Es ist wahr, man findet in den Werken der einen Schule, bald diesen bald jenen Theil der Malerei fleißiger und schöner, als in den Werken der übrigen Schulen behandelt; aber sehr schwer möchten die eigentlichen, die wahren Ursachen dieser Verschiedenheit zu enthüllen und anzugeben seyn: sie können in dem Moralischen liegen, und eben so räthselhaft bleiben.

Hat man diesen physischen oder moralischen Ursachen, oder auch der Vereinigung beider den Zustand der Ruhe zuzuschreiben, in welchem sich itzt in Italien die Malerei und die Bildnerkunst befindet? Größer und wichtiger, als jede andere Schule ist itzt, wenigstens der allgemeinen Behauptung nach, die französische. Mangeln Belohnungen oder Gelegenheiten, mangelt Aufmunterung oder Eifer dem italiänischen Artisten, den wir itzt so wenig als großes Muster bewundern können? Oder ist hier das Sinken der Kunst nicht vielleicht mehr in dem Eigensinne der Natur zu suchen, die nur bisweilen große Genien unter einem Volke hervorruft, und sich in Ansehung des Talentes in gewissen Perioden so freigebig zeigt, um dann wiederum mehrere Jahrhunderte hindurch, karg zu seyn? Sehr viele große italiänische und flanderische Maler haben in Dürftigkeit gelebt, und sind in der größten Armuth gestorben: einige von ihnen mußten sogar Verfolgungen erdulden anstatt

Aufmun-

Aufmunterung zu erhalten. Aber die Natur spottet der Launen des Glückes und der Ungerechtigkeiten der Menschen. Mitten unter einem ungebildeten Volke giebt sie grossen und seltenen Genien das Daseyn, so wie sie oft die herrlichsten und wohlthätigsten Pflanzen unter den Wilden hervorbringt, die die Kräfte und den Werth dieser nicht kennen.

Man klagt, daß die Schule der französischen Maler itzt zu sinken anfange, wenn auch nicht gerade in Ansehung der Verdienste ihrer guten Künstler, doch zum wenigsten in Rücksicht der Menge derselben; die Schule der französischen Bildner erhält sich im Gegentheil, und vielleicht möchte itzt diese so wohl wegen der Anzahl, als auch wegen der Talente ihrer Artisten glänzender als jemals seyn. Die Maler, um sich zu entschuldigen, schützen vor, daß ihre Kunst mit grösseren Schwierigkeiten als die des Bildners verbunden sey, eine Behauptung, der die Letzteren, wie man leicht denken kann, nicht beipflichten; ich für meinen Theil wage es nicht, hier zu entscheiden, sondern frage nur, ob die Malerei darum wohl weniger Schwierigkeiten haben würde, wenn ihre Künstler den Bildnern gleich kämen, oder diese selbst überträfen? Aber ich sehe in der Ungleichheit dieser beiden Schulen einen doppelten Grund: der erstere besteht in dem lächerlichen und barbarischen Geschmacke, den die französische Nation in Ansehung jener missgestalteten Figuren zeigt, die die Chineser aus ihren Porcellan zu formen pflegen. Denn wie ist es wohl bei einem solchen Geschmacke möglich, große und schön behandelte Sujets zu lieben? Hierzu kommt noch, daß die höheren Gattungen der Malerei sich in unsere Tempel geflüchtet haben, und daß daher der Künstler nur sehr wenig Gelegenheit findet, in diesen Gattungen zu arbeiten. Ein zweiter Grund, der eben so wahr als jener ist, und der nicht nur in Ansehung der Künste sondern auch in Rücksicht der Wissenschaften, unsere Aufmerksamkeit verdient, liegt in der verschiedenen Lebensart, die der Maler und die der Bildner führt. Die Werke des Letztern, verlangen mehr Zeit, mehr Sorgfalt, mehr Fleiß, und dieser ist daher gezwungen, weniger gesellig zu seyn; aber dabei läuft er nun auch weniger Gefahr, durch Umgang, durch Unterhaltung, durch die ihm von vermeinten, eben so unwissenden als eingebildeten Kennern ertheilten Vorschläge, seinen Geschmack zu verderben. Es verdiente in der That von einer wissenschaftlichen Akademie zur Untersuchung aufgegeben zu werden, ob den Lieblingen der Weisheit, ob den Künstlern der Umgang mit Weltleuten nützlicher oder nachtheiliger gewesen sey. Einer der größten französischen Bildner pflegte nie die Schaubühne zu besuchen, wenn auf derselben große und ernsthafte Stücke gegeben wurden, weil er fürchtete, daß das Fremde und Seltsame, das da zuweilen Helden und Götter in ihren Bekleidungen zeigen, den wahren, majestätischen und natürlichen Ideen nachtheilig seyn möchte, die er sich über jene Gegenstände gebildet hatte. Weniger fürchtete er von den komischen Theaterstücken, weil hier das Groteske in den Bekleidungen weiter keinen nachtheiligen Eindruck in seiner Seele zurückließ. Ohne Zweifel war es eine ähnliche Ursache, die den Pater Malebranche bestimmte, seinen tiefdenkenden Geist nur durch Kinderspiele zu entspannen. Aber ich behaupte, daß dem Künstler der öftere Umgang mit kenntnißlosen Richtern eben so nachtheilig, eben so schädlich sey, als vielleicht jenem großen izt von mir erwähnten Bildner die Vorstellungen grosser theatralischen Stücke gewesen wären. Die Schule der französischen Maler wird ganz herabsinken, wenn die Liebhaber, die nur Liebhaber sind, (und wie wenige unter ihnen möchten wohl etwas mehr seyn?) wenn die Liebhaber, sage ich, durch ihre Mittheilungen, durch ihre Schriften ihr den Ton angeben zu müssen, glauben. Alle ihre Abhandlungen werden nur dazu dienen, die Artisten mit leichten und oberflächlichen Kenntnissen zu bereichern, und sie zu schlechten Malern zu bilden. Der unsterbliche Raphael hat wenig Werke und noch weit weniger Abhandlungen über seine Kunst gelesen; aber dafür studirte er die Natur und die Antike. Julius der zweite und Leo der zehnte, ließen diesen großen Künstler ruhig arbeiten, und ohne ihn zu hofmeistern, oder ihm in

Ansehung seiner Kunst Vorschläge zu thun, belohnten sie ihn, wie es ihrer würdig war. Die Franzosen haben vielleicht weit mehr und weit besser über die Malerei geschrieben, als die Italiäner, und dennoch sind hier die letztern die Lehrer der erstern. Man kann bei dieser Gelegenheit an jene Baumeister denken, welche sich den Atheniensern vorstellten, um ein großes Werk der Baukunst auszuführen, das die Republik errichten lassen wollte. Der eine von ihnen sprach lang und mit vieler Beredsamkeit über seine Kunst, der andere hingegen begnügte sich bloß damit, daß er sein langes Stillschweigen durch die wenigen Worte unterbrach: was dieser gesagt hat, werde ich thun.

Man würde irren, wenn man aus dem, was ich itzt erinnert habe, folgern wollte, daß die Maler, daß überhaupt die Künstler nie über ihre Kunst schreiben dürften; ich bin im Gegentheil vollkommen überzeugt, daß sie hierzu ganz vorzüglich und vor allen andern geschickt sind: aber so wie es eine Periode des Hervorbringens des Schaffens der Werke des Genies giebt, so giebt es auch eine Periode sich über das Geschaffene mitzutheilen und über dasselbe zu schreiben: und diese Periode ist gekommen, wenn das Feuer der Einbildungskraft zu verlöschen anhebt; da ist es auch, wo die durch ein langes Arbeiten gemachten Erfahrungen den reichhaltigsten Stoff, zu Bemerkungen darbieten, und wo oft nichts mehr zu thun übrig ist, als nur diese zu ordnen. Aber der Maler, den ich in der Blüte seiner Jahre und bei einer noch lebhaften Einbildungskraft die Palette und den Pinsel mit der Feder vertauschen sähe, würde mir wie ein Dichter vorkommen, der sich auf die Erlernung der morgenländischen Sprachen legte; bei dem Einen und dem Andern würde dieses ein redender Beweis des Mangels oder der Mittelmäßigkeit des Talentes seyn. Nicht leicht wird man auf die Abfassung einer Poetik denken, wenn man noch Schöpferkraft für eine Ilias besitzt.

Die fast allgemein angenommene Behauptung, daß die alte italiänische Schule, was die Malerei anlangt, über die ältere und neuere französische erhaben sey, veranlaßt mich zu einigen andern Bemerkungen, die ich meinen Lesern hier mittheilen zu müssen glaube. Wollte uns einer überreden, daß die französischen Maler die italiänischen überträfen, so könnte er sich ohngefähr so ausdrücken: Raphael, und mit ihm noch sehr viele andere italiänische Zeichner haben sich in Ansehung des Colorits mangelhaft gezeigt; der größeste Theil der italiänischen Coloristen ist wiederum der Zeichnung unkundig gewesen; endlich haben selbst die berühmtesten italiänischen Meister, wie ein Michael Angelo, ein Paul Veronese, sich der größten Absurditäten in ihren Werken schuldig gemacht. Aber betrachten wir die Compositionen der französischen Maler, so sehen wir Schöpfungen weiserer und aufgeklärterer Künstler. Nie entdecken wir in den Gemälden des le Sueur, des Poussin, und des le Brun etwas, was mit der Vernunft stritte, nie finden wir in ihnen unser Auge, durch lächerliche Anachronismen beleidigt, nie sehen wir in ihnen das Vernünftige und Durchdachte die Schönheit mindern, die diese großen Artisten in sie gelegt haben: und die französische Schule ist daher über die der Italiäner erhaben. Hier hören wir ein in der That sehr falsches Urtheil, ein Urtheil, an dem übrigens, wenn wir die Schlußfolge ausnehmen, alles wahr ist. Denn die Werke des Genies muß man nicht nach den Fehlern, die sie haben, sondern nach den Schönheiten, die sie besitzen, beurtheilen. Das Gemälde der Familie des Darius ist das Meisterstück des le Brun; es verdient in Ansehung der Composition, der Anordnung, ja selbst des Ausdruckes bewundert zu werden: und dennoch ist es, nach der Meinung der Kenner, unter dem Gemälde des Paul Veronese, das die Wanderer nach Emahus vorstellt, und das weit höhere Schönheiten besitzt, Schönheiten, die alle die großen Fehler seiner Composition vergessen lassen. Die Pucelle ist nach dem Urtheile aller, die Geduld gehabt haben, sie ganz zu lesen, weit besser ausgeführt, als die Aeneide, was in der That sich auch sehr leicht glauben läßt; aber zwanzig schöne Verse des Virgil wiegen jene Anordnung der Pucelle auf. Die Theaterstücke des Schakespeare

peare enthalten sehr viel Plumpes und Unnatürliches; aber mitten in diesen für den Dichter ungünstigen Dunkelheiten sieht man die unnachahmlichen Züge seines großen Genies schimmern, und nach diesen Zügen muß man diesen unsterblichen Meister beurtheilen, so wie man einen Corneille nach einem Cinna und Poliectes, aber nicht nach einem Titus und nach einer Berenice zu beurtheilen hat. Die italiänische Schule ist, ohngeächtet aller ihrer Mängel, größer als die französische, denn die Anzahl ihrer großen Künstler ist erstlich weit beträchtlicher, und zweitens enthalten auch die Werke ihrer Meister, Schönheiten, welche die französischen Artisten nicht erreicht haben. Man beschuldige mich nicht, als würdigte ich die französische Nation herab; Niemand kann inniger als ich die herrlichen Producte des Genies, deren Schöpfer sie geworden ist, bewundern; aber ich glaube, daß es eben so lächerlich wäre, ihr in allen Gattungen der Künste die Oberherrschaft zuzugestehen, als es auf der andern Seite ungerecht seyn würde, ihr in Rücksicht mehrerer derselben, die großen Verdienste absprechen zu wollen, die sie um dieselben wirklich hat.

Wir können, ohne uns von unserer Materie zu entfernen, (denn wir sprechen hier von den Schulen der schönen Künste im Allgemeinen), wir können auch einiges von dem, was wir izt gesagt haben, auf die Musik anwenden. Diejenigen französischen Schriftsteller, welche neuerlich gegen die italiänische Musik geschrieben, und zwar, ohngeachtet der Unbekanntschaft, in der sie größten Theils mit der Tonkunst selbst zu stehen schienen, sehr beleidigend geschrieben haben, diese haben hier ein Urtheil gefällt, das in der That dem izt von uns widerlegten sehr ähnlich ist. Hätte man dieses Urtheil über Werke der Tonkunst auf Werke der Malerei angewandt, so würde dieses, wie mich dünkt, die beste Antwort gewesen seyn, die man diesen Gegnern der italiänischen Musik hätte entgegensetzen können. Es kommt nicht darauf an, daß man untersuche, ob die Italiäner viel schlechte Tonstücke haben, denn diese giebt es ohne Zweifel eben so, wie es schlechte italiänische Gemälde giebt: ob sie ferner oft in den Fehler des Widersinnigen verfallen sind, denn auch dieses kann seyn; ob sie ihre Orgelpunkte falsch oder richtig angebracht haben; ob sie in Rücksicht der Schönheiten zur Unzeit verschwenderisch gewesen sind, oder nicht; nein, hier kommt es blos darauf an, daß man untersuche, ob in Hinsicht des Ausdruckes, des Gefühls und der Leidenschaften, ob in Ansehung des Schilderns und Malens der Gegenstände aller Art italiänische Musik über die französische erhaben sey, es sey nun übrigens durch Anzahl oder durch Beschaffenheit der Tonstücke, oder auch durch beides zugleich. Und dieses ist, wenn ich so reden darf, dieses ist das eigentliche Problem, das man auflösen muß, wenn man in Rücksicht desjenigen, worauf es hier ankommt, mit einiger Richtigkeit soll entscheiden können.

Ganz Europa scheint, was die Tonkunst anlangt, sich für die Italiäner erklärt zu haben, und dieses verdient von den Franzosen um so viel mehr beherziget zu werden, da ganz Europa ihre Sprache und ihre Theaterstücke angenommen hat, aber ihre Musik gänzlich verwirft. Ob es sich hierinne irre oder nicht, wird die Nachwelt entscheiden. Mir scheint es zum wenigsten ganz unstatthaft und nichtig zu seyn, wenn man, wie izt allgemein geschiehet eine französische und eine italiänische Musik unterscheidet. Es giebt im Grunde nur eine Gattung von Musik, und diese ist die gute. Hat man wohl jemals von einer besondern französischen und einer besondern italiänischen Malerei geredet? Die Natur ist allenthalben dieselbe, und die Künste, die sie nachahmen, müssen daher auch allenthalben in derselben Gestalt erscheinen.

So wie wir in Ansehung der Malerei mehrere Schulen kennen, so kennen wir auch deren mehrere in Rücksicht der Bildnerkunst, der Architectur, der Musik, und der schönen Künste überhaupt. Diejenigen, welche zum Beispiel in der Musik sich nach dem Style eines grossen Meisters gebildet haben, (denn die Musik, hat wie die redenden Künste ihren Styl) diese sind und können als Glieder der Schule jenes Meisters betrachtet werden. Der unsterbliche Pergolese, ist der Raphael

der

der italiänischen Musik; sein Styl verdient vorzüglich nachgeahmt zu werden, und er ist auch in der That von den meisten Tonkünstlern dieser Nation nachgeahmt worden: nur izt fängt man vielleicht in Italien an, sich ein wenig von dem wahren, edlen und natürlichen Tone zu entfernen, den dieser große Mann gegeben hat. Kunst und Geist zeigt sich izt in der italiänischen Musik zuweilen ein wenig zu sehr, ob man sonst gleich in ihr immer noch sehr viele wahre und große Schönheiten findet.

Die Franzosen haben in der Musik bis izt nur zwo Schulen gehabt, weil bis izt unter ihnen in Ansehung dieser Kunst nur zwei verschiedene Styls existirt haben, nämlich der des Lulli, und der des berühmten Rameau. Man kennt die Revolution, die die Musik des Letztern in Frankreich veranlaßt hat, eine Revolution, die vielleicht wieder nur die Vorbereitung zu einer neuen gewesen ist; denn die Wirkungen können nicht geläugnet werden, die die italiänische Musik auf die Franzosen zu haben anfängt. Lulli gab zu seiner Zeit auch zu einer Revolution Gelegenheit, er paßte der französischen Sprache die Musik an, welche bis izt nur Italien gehabt hatte; man stritt gegen ihn, aber man endigte damit, daß man Vergnügen an seinen Arbeiten fand, und daß man schwieg. Dieser große Mann war übrigens zu aufgeklärt, als daß er nicht hätte fühlen sollen, daß zu seiner Zeit die Tonkunst sich noch in ihrer Kindheit befand: sterbend legte er das Bekenntniß ab, daß er noch weit über das, was er erreicht habe, hinaussehe: sicher eine große Lehre für seine übertriebenen und enthusiastischen Bewunderer.

Artikel des Herrn Dalembert aus der alten Encyclopädie.

Schule. In der Sprache des gemeinen Lebens bezeichnet diese Benennung einen Ort, wo man über Etwas Unterricht ertheilt; so sagt man eine Leseschule, eine Schreibeschule, eine Fechtschule, eine Reitschule, auch ein Kind in die Schule schicken.

In der Sprache der Kunst hingegen hat dieses Wort etwas Emphatisches, das mit der Vorstellung von Celebrität verknüpft ist. Wenn daher ein mittelmäßiger oder auch ein sehr geschickter aber doch weniger bekannter Maler auch mehreren angehenden Künstlern Unterricht ertheilt, so wird man sich doch des Wortes, Schule, nicht bedienen, weder um seine Lehrlinge collective zu bezeichnen, noch auch um die Werkstätte anzudeuten, in der er ihnen Unterricht giebt.

Aber auch das Talent und die Celebrität eines Meisters ist nicht hinreichend, um der Folge seiner Lehrlinge auf immer den Namen, Schule, zu geben; es müssen auch, wenn dieses wirklich geschehen soll, mehrere seiner Zöglinge selbst große Meister werden, und das, was man Celebrität nennt, erlangen. Wenn man daher auch bei den Lebzeiten eines großen und berühmten Artisten das Wort, Schule in Ansehung seiner Zöglinge anwendet, so wird doch, ohne jene Bedingung, die Nachwelt diesem Meister und der Folge seiner Lehrlinge dieses in der Sprache der Kunst so viel sagende Wort nicht erhalten. Man sagt die Schule des Raphael, und man sagt dieses, weil Julius Romano, weil Polydorus de Caravaggio und andere mehr, welche seine Schüler gewesen sind, sich selbst einen großen Namen verschafft haben. Man sagt die Schule der Caracci's, aus welcher ein Domeniquino, ein Guido, ein Alban kam. Man sagt die Schule des Vouet, in der wir einen le Sueur, einen le Brun glänzen sehen, und es ist sehr wahrscheinlich, daß aus einem gleichen Grunde die Nachwelt auch eine Schule des Vien kennen werde.

Bedient man sich aber des Wortes, Schule, um collective diejenigen Artisten anzudeuten, welche von einem und demselben Meister Unterricht erhalten, und die Regeln und Grundsätze dieses angenommen haben; so bedient man sich desselben auch, um alle diejenigen Künstler zu bezeichnen, welche in einer und derselben Gegend, in einem und demselben Lande gelebt haben. Und so sehen wir alle Maler Europens durch die Benennungen florentinische Schule, römische Schule, venetianische Schule, lombardische Schule, französische Schule, deutsche Schule, flandrische Schule, holländische oder niederländische Schule, klassificirt.

Wir wollen das Charakteristische, durch das sich eine jede dieser verschiedenen Schulen auszeichnet, angeben, und unserm Leser zwar nicht alle berühmte Künstler, welche sich in diesen Schulen bildeten, sondern hauptsächlich nur diejenigen Meister kennen lernen, die ihnen jenes Charakteristische gaben, und die wir also als die Begründer derselben betrachten müssen. Uebrigens ist ihm auch schon eine sehr beträchtliche Anzahl von Artisten in den Artikeln Gravörs, Maler und Bildner namhaft gemacht worden.

Florentinische Schule. Diese Schule zeichnet sich hauptsächlich durch etwas Stolzes, durch etwas Gedrehetes nicht selten Unnatürliches in den Bewegungen der Figuren, durch eine gewisse finstere Strenge, durch einen vielleicht alles Graziöse ausschließenden Ausdruck der Kraft, und durch eine große in gewisser Rücksicht fast gigantische Zeichnung aus. Dieser Zeichnung kann man nicht ohne Grund eine gewisse Uebertreibung vorwerfen; aber man kann auch im Gegentheil nicht läugnen, daß eben dieses Uebertriebene in uns die Idee von einem gewissen majestätischen Ideal erzeuge, das uns über die schwächliche und hinfällige Menschennatur erhebt. Die florentinischen Artisten scheinen nie die Absicht gehabt zu haben, zu gefallen und auf den Gesichtssinn angenehm zu wirken, wohl aber eine hohe Bewunderung zu erregen.

Bei den Liebhabern der schönen Künste steht diese Schule, weil sie gleichsam die Mutter aller übrigen Schulen Italiens ist, in sehr großem Ansehen.

Die Künste, die seit der Regierung des Nero immer mehr und mehr ausgeartet waren, sanken endlich mit dem Koloß des römischen Staats, und gingen durch die barbarischen Völker, die diesen zerrütteten, ganz unter. Wenn hier Griechenland noch ein trauriges Asyl für sie blieb, so hatten sie es mehr dem Mitleid, als dem Geschmacke der Beherrscher und der Bewohner des abendländischen Reichs zu verdanken; man ließ sie hier zwar in keiner gänzlichen Unthätigkeit, aber man nahm sich ihrer doch auf keine würdige Art an; sie verschafften

ten denen, die es nicht für unwürdig hielten, sich mit ihnen zu beschäftigen, weder einen nothdürftigen Unterhalt noch auch einen gewissen Beifall, und alles, was man von ihnen erwartete, und was auch wirklich nur einzig und allein ihr Vorwurf zu seyn schien, war, Gegenstände der religiösen Verehrung, ohne alle Schönheit, ohne alle Kunst, ohne alles Studium, ohne alle Kenntniß der Natur darzustellen. Diese Gemälde, oder wie man sich damals noch auszudrücken pflegte, diese Bilder, in denen die Farben sehr dick und grob aufgetragen, man kann sagen aufgeschmiert waren, erhielten blos nur noch durch das Gold und die Edelsteine einigen Werth, die sie schmückten oder vielmehr bedeckten.

Italien, das auf seine Artisten dereinst stolz zu werden bestimmt war, fand sich izt genöthiget, aus diesen Gegenden, wo die Künste sich so unvollkommen zeigten, und wo sie so wenig geschätzt wurden, Künstler kommen zu lassen. Seit dem Jahre 1240 hatte der Rath in Florenz angefangen von Griechenland dergleichen Handwerksleute in der Malerei nach Florenz zu berufen, deren ganze Geschicklichkeit darin bestand, daß sie grobe und plumpe Umrisse machten, und das Gezeichnete, wie wir schon bemerkt haben, mehr mit Farben beschmierten, als malten. Eben so unvollkommen waren auch ihre mosaischen Arbeiten, indessen fanden sie in Italien Bewunderer, die noch weit unwissender als sie selbst waren.

In diesem Zustande der Kindheit oder des gänzlichen Sinkens befand sich die Malerei, als im Jahr 1240 zu Florenz ein Cimabue geboren wurde. Schon in der ersten Periode seines Lebens gab er Proben eines lebhaften Geistes, und seine Eltern, welche von Stande waren, bestimmten ihn daher für die Wissenschaften, die sich in einem eben so traurigen Zustande wie die Künste befanden. Aber Cimabue füllte alle seine Hefte mit Entwürfen an, und entzog sich oft seinen wissenschaftlichen Beschäftigungen, um einige jener griechischen Werkleute arbeiten zu sehen, welche damals an einer Capelle der neuen heiligen Maria malten.

Endlich wurde Cimabue wirklich ein Schüler dieser ungebildeten Meister. allein bald übertraf er sie, und bald begann durch ihn in Florenz die Morgenröthe der wiederauflebenden Künste zu schimmern. Dieser Schimmer war freilich nur noch sehr schwach, aber er war für diese Zeiten, wo alles noch in die Nacht einer tiefen Unwissenheit gehüllt war, eine sehr bedeutende Erscheinung. Sicher würde bei uns jeder mittelmäßige Künstler erröthen, wenn er Werke lieferte, wie ein Cimabue für sein Zeitalter hervorrief: aber vier Jahrhunderte haben die Nachfolger dieses Artisten aufgeklärt, der ohne Zweifel sehr viel Genie besaß, weil er einer neuen Schöpfung fähig war. Wenn er sich daher auch nur durch unvollkommene Werke Ruhm erwarb, so verdiente er diesen dennoch vollkommen, und seine Gemälde mußten, ohngeachtet ihrer Mängel, dennoch wahre Wunder seyn. Da er eine Mutter Gottes für die neue heilige Maria beendigt hatte, zog das Volk in die Werkstätte des Artisten, nahm mit der größten Achtung das Gemälde in Empfang und trug es unter Trompetenschall nach der Kirche, wo es aufgestellt werden sollte. Dieses ist der ehrende Beifall, durch den man die werdenden Künste zu ehren suchen muß, der Beifall, der ihres zarten Keimes wohlthätig pflegt, der ihre fernere Bildung begünstigt, und sie endlich ihrer Reife wirklich näher bringt. Gleichgültigkeit erstickt und tödtet das Talent in seinem Keime, und wenn Cimabue keine Bewunderer gefunden hätte, so würde Florenz vielleicht nie einen Michael Angelo gehabt haben.

Cimabue starb im ersten Jahre des vierzehnten Jahrhunderts: er trieb die Fresko- und Wassermalerei. Taffi, sein Zeitgenosse, nicht aber Nebenbuhler seines Ruhms, beschäftigte sich hauptsächlich mit der Mosaik, die er von einigen Griechen, welche in Venedig arbeiteten, gelernt hatte. Giotto, ein junger Landmann, den Cimabue bei den Schafen, welche er hütete, einen Stein bezeichnen sahe, wurde der Schüler dieses bewunderten Artisten; durch ihn machte die Kunst größere Fortschritte. Er wurde von dem Pabst Bonifacius dem achten nach Rom berufen, wo er die Mosaik, die sich an dem Portal der Peterskirche sich befindet, verfertigte: sie stellet Christum auf dem Meere wandeln vor, und ist unter dem Namen, la nave del Giotto bekannt. Die Zahl der Maler wurde nun in kurzer Zeit zu Florenz so beträchtlich, daß sie um das Jahr 1350 eine Brüderschaft unter dem Schutze des heiligen Lukas errichteten.

Um diese Zeit stand Paul Uccello auf, der zuerst die Perspective mit Genauigkeit beobachtete. Gegen den Anfang des funfzehnten Jahrhunderts lebte Massolino, der den Figuren schon mehr Größe, den Bekleidungen mehr Schönheit und den Gesichtern schon eine Art von Leben und von Ausdruck gab. Ihn übertraf sein Schüler Massaccio, der in seinen Werken zuerst das Kraftvolle, Bewegliche und Hervorragende sehr gut darstellte, in den Stellungen schon eine gewisse Lichtigkeit und Anmuth zeigte, und die Verkürzungen besser, als seine Vorgänger ausdrückte. Denn immer ließen die Maler ihre Figuren noch auf den Zehen ruhen, weil sie noch nicht einen Fuß verkürzt zu zeichnen verstanden.

Bis izt trieben die florentinischen Maler nur die Mosaik, die Fresko- und Wassermalerei. Die Werke der beiden ersten Gattungen konnten nur da, wo sie gearbeitet waren, einen Beweis von der Geschicklichkeit ihrer Schöpfer abgeben; die Werke der letztern ermangelten wiederum jenes Lächelnden und Glänzenden, jenes Frischen und Lebhaften, waren bei feuchter Witterung der Verderbniß ausgesetzt, und konnten, wenn sie verdorben waren, nicht wieder hergestellt werden. Aber nun fieng ein Florentiner an, auch in Oel zu malen, und dieser war Andreas Castagna. Wir werden, wenn wir von der flandrischen Schule sprechen werden, sehen, daß diese Art Malerei gegen das Ende des funfzehenten Jahrhundertes von einem gewissen Johann von Eyk, der unter dem Namen Johann von Brügge mehr bekannt ist, erfunden wurde. Ein sicilianischer Maler, Antonius oder Antonello von Messina, hatte zu Neapel ein Gemälde von diesem van Eyk gesehen, reißte nach Flandern, bewarb sich um die Freundschaft dieses

Künstlers und erhielt dessen Gunst wirklich in einem so hohen Grade, daß ihm dieser sein Geheimniß mittheilte. Dieser Antonello eröfnete es seinem Schüler Dominiko wieder, der, um sich zu bilden, aber leider zu seinem Unglücke nach Florenz kam. Andreas Castagna erhielt durch Gefälligkeiten und Liebkosungen das Zutrauen des Dominiko, er theilte seine Wohnung mit ihm, und brachte es endlich dahin, daß Dominiko ihn die Kunst in Oel zu malen lehrte. Sobald Castagna das Geheimniß wußte, sobald fing er auch an, seinen Freund als einen gefährlichen Nebenbuhler zu betrachten, den er zu entfernen hätte, wenn er anders die Werke, die er gern allein zu arbeiten wünschte, sich auch wirklich allein wollte übertragen sehen. Er lauerte ihm daher einstmals in einer entlegenen Straße auf, und bohrte ihn nieder. Der unglückliche Dominiko, der ohngeachtet seiner tödtlichen Wunden noch sprechen konnte, ließ sich in die Wohnung seines Mörders, den er nicht erkannt hatte, bringen, wo er in den Armen dieses Ungeheuers, das er noch für seinen Freund hielt, den Geist aufgab. Diese verruchte That bekannte noch Castagna, da er sich auf dem Sterbebette befand.

Pisanello, ein Schüler des verabscheuungswürdigen Castagna, war Maler, Bildner und Steinschneider, und zeichnete sich in einer jeden dieser drei Gattungen der zeichnenden Künste aus. Endlich erschien Ghirlandaio, der anfänglich ein Goldarbeiter gewesen war, nachher aber Maler und Lehrer des großen Michael Angelo wurde, und Andreas Verocchio, der die Malerei und in der Folge die Bildnerkunst trieb, und den Leonhard da Vinci zum Schüler hatte. Ghirlandaio zeigte in seinen Compositionen eine Einsicht, welche bis itzt ganz fremd gewesen war: Verocchio malte hart, aber er verrieth Kenntniß in seiner Zeichnung und wußte seinen weiblichen Köpfen Anmuth zu geben. Er erfand die Kunst, die Gesichter verstorbener oder lebender Personen in Gyps abzuformen, um den Portraits, die von diesen gemacht werden sollten, mehr Aehnlichkeit verschaffen zu können.

Leonhard da Vinci wurde mit den größten Gaben der Natur im Jahre 1445 gebohren. Sein Gesicht und seine ganze Körperform war schön, und glänzend waren die Talente seines Geistes. In ihm vereinigte sich die größte Behendigkeit der Glieder mit einem hohen Grade von körperlicher Kraft. Alle diese Gaben, alle diese Talente, mit welchen ihn die Natur so reichlich ausgestattet hatte, wurden nun von ihm noch weit mehr erhöht und veredelt. Ihr Universelles brachte in ihm eine gewisse Unruhe zuwege, die ihn verhinderte, sich nur allein auf einige Gegenstände zu fixiren, und ein gewisses inneres Gefühl schien ihm gleichsam anzukündigen, daß er fähig sei alles zu umfassen. Er tanzte mit Anmuth, saß sehr schön zu Pferde, zeichnete sich in den Fechtübungen aus, spielte sehr gut mehrere musikalische Instrumente und besaß für die damalige Zeit ziemlich ausgebreitete Kenntnisse in der Naturgeschichte, einer Wissenschaft, die so wie alle andere noch in ihrem ersten Entstehen war. Hätte er sich nur mit den Wissenschaften beschäftiget, so würde er durch seine Talente und durch seine Gelehrsamkeit geglänzt haben. Crescembeni nimmt keinen Anstand ihn mit zu denjenigen zu rechnen, die man als die Wiederhersteller der italiänischen Dichtkunst betrachtet.

Da Vinci vernachläßigte keine einzige jener Künste, welche mit der Zeichnung in Verbindung stehen. Er studierte die Baukunst, trieb die Sculptur, und machte endlich aus der Malerei seine Hauptbeschäftigung. Seine Fortschritte in dieser Kunst waren so schnell, daß Verrochio sein Lehrer, da er sich hier von seinem Schüler übertroffen sahe, den Pinsel mit dem Meißel vertauschte, und Bildner wurde. Dem Studium der Zeichnungskunst ließ der junge da Vinci das Studium der mathematischen Wissenschaften, des Perspectives, der Optik vorausgehen. Ueberdieses unterrichtete er sich aber auch noch besonders in der Anatomie und der Mechanik.

Er erhielt von dem Herzog Ludwig Sforza, genannt der Schwarze, einen Beruf nach Mailand, wo ihm die Aufsicht über eine Akademie der Malerei und Baukunst, welche dieser Fürst errichtet hatte, übertragen wurde. Hier war es, wo er

sich

sich als großer Ingenieur zeigte, indem er durch einen Canal das Wasser des Addaflusses in die Stadt leitete, ein Unternehmen, dessen Ausführung allen Sachkundigen ohnmöglich geschienen hatte.

Mit Geist und Gefühl suchte da Vinci die Leidenschaften der Seele in seinen Gemälden auszudrücken; und wenn er in der Folge in diesem wichtigen Theile der Kunst von einem Raphael übertroffen wurde, so hatte er zum wenigsten die Ehre, hierin seine Vorgänger zu übertreffen, oder vielmehr den Künstlern einen Pfad zu zeigen, der ihnen bis itzt noch unbekannt gewesen war. Für sein Zeitalter war er ein sehr guter Colorist, und man kann ihn in Rücksicht der Farbengebung als den Ersten unter den alten florentinischen Malern betrachten, ob sonst gleich seine Fleischhaltung im Allgemeinen minder schön, und die Haupttinte seiner Gemälde vielenfarbig ist. Uebrigens hat kein Maler vor ihm den Figuren so viel Anmuth gegeben, als er.

Seine Zeichnung war rein, precis und nicht ohne Größe. Er erhob sich nicht über die Natur, aber er ahmte sie nicht ohne Wahl nach. War er nicht ganz frei von jenem weniger Natürlichen und Steifen, das bis itzt gleichsam noch einen charakteristischen Zug der Kunst ausmachte, so kam es daher, daß man noch nicht jene Wellenlinie kannte, die bald gerade, bald zirkelförmig zu werden scheint, und doch weder eine gerade Linie noch auch eine Zirkellinie wird.

Mit dem größten Fleiße suchte da Vinci seine Werke zu beendigen; aber nie konnte er ihnen jenes Trockene und Frostige benehmen, das bei ihm besonders dadurch noch auffallender wurde, daß er immer diejenigen Contours, die dem Auge gewissermaßen hätten verschwinden sollen, zu stark angab. Indessen kann man ihm dieses Frostige und Trockene eigentlich nur dann vorwerfen, wenn man ihn mit den guten Malern vergleicht, welche auf ihn gefolgt sind: denn wirklich hat sein Pinsel gegen den der übrigen Artisten seiner Zeit sehr viel Weiches und Sanftes. Seine Gemälde haben übrigens noch eine sehr schätzbare Eigenschaft, eine Eigenschaft, die nicht selten in guten Stücken vermißt wird, und diese ist, daß sich in ihnen die Figuren sehr rein zeigen, wenn man sie aus der Ferne betrachtet.

Man erzählt, daß er auf einer Reise von Florenz nach Rom, wohin er den Herzog Julius von Medices begleitete, um seinen Reisegefährten zu belustigen, kleine Figuren verfertiget habe, welche sich in die Luft erhoben hätten und dann wieder auf die Erde zurückgekommen wären. Sollte dieses Spiel des da Vinci nicht vielleicht Aehnlichkeit mit der Erfindung der aerostatischen Maschinen haben?

Da Vinci hatte übrigens zu viele Verdienste und war zu groß, als daß er nicht auch ein Gegenstand der Mißgunst und des Neides hätte werden sollen. Sein Aufenthalt zu Florenz und Rom wurde ihm durch die Verfolgungen des Michael Angelo sehr verbittert, der sich die Miene, als verachte er ihn, zu geben suchte, und ihn den beleidigenden Scherzen seiner Schüler aussetzte. Michael Angelo war ohne Zweifel in Hinsicht seiner großen und kühnen Gedanken und seiner tiefen Kenntnisse in der Zeichnung weit über da Vinci erhaben; aber er mußte dagegen wieder diesem in den gefälligen Theilen der Kunst weichen.

Um diesen Unannehmlichkeiten, die er in seinem Vaterlande erdulden mußte, zu entgehen, folgte er fast als ein siebenzigjähriger Greis dem Rufe Franz des Ersten, und gieng nach Frankreich, wo er nicht lange mehr lebte. Er starb 1520 in seinem fünf und siebenzigsten Lebensjahre in den Armen seines wohlthätigen Monarchen.

Wir wollen itzt das Urtheil, das Rubens über Leonhard da Vinci gefällt hat, mittheilen; denn die Urtheile großer Artisten sind in der That als heilsame und weise Lehren zu betrachten, weil das, was von ihnen gebilligt wird, sich immer sehr belohnend zu zeigen pflegt, wenn man es befolgt. Wir sprechen übrigens hier nach dem Des-Piles, der das lateinische Manuscript des Rubens besaß, das wir aber nicht kennen, und das auch sehr wahrscheinlich nicht mehr existirt.

„Leonhard da Vinci, sagt der grosse Meister der flandrischen Schule, „prüfte vorerst alles nach den Regeln einer ge„nauen Theorie, und machte dann von dieser die Anwendung „auf das Natürliche und Wirkliche, das der Gegenstand seiner „künstlerischen Darstellung werden sollte. Er beobachtete das „Anständige und floh das Gekünstelte. Er wußte jedem Ge„genstande den schicklichsten und wesentlichsten Charakter zu ge„ben, und in das Majestätische selbst etwas Göttliches zu le„gen. Er suchte, was den Ausdruck betraf, die Einbildungs„kraft eher zu beflügeln und sie durch etwas Wesentliches zu „erhöhen, als mit Kleinigkeiten anzufüllen, und war hier be„dacht, weder verschwenderisch, noch auch karg zu seyn. Er „war endlich so sehr bemüht, jede Verwirrung in Ansehung „der Gegenstände zu vermeiden, daß er dem Betrachter in sei„nen Gemälden eher noch etwas zu wünschen übrig ließ, als „daß er das Auge durch eine ängstliche Genauigkeit zu sätti„gen suchte. Was aber diesen Künstler am meisten auszeich„net, ist, wie wir schon bemerkt haben, daß er den Dingen „immer den ihnen zukommenden Charakter gab, durch den sich „dann das eine von dem andern so vortreflich unterschied.

„Er hatte auch nicht unterlassen, sich durch verschiedene „Schriften zu unterrichten, und sich selbst die in denselben be„findlichen Gemeinplätze herauszuziehen und zu sammeln. Er „ließ sich nichts von dem entgehen, was seinem Süjet in An„sehung des Ausdrucks günstig seyn konnte; und er wußte „durch das Feuer seiner Phantasie wie durch das Richtige sei„ner Urtheilskraft das Göttliche durch das Menschliche zu er„heben, und sich in diesem bis zu dem Heldencharakter aufzu„schwingen.

„Das Wichtigste und Vorzüglichste, was wir von ihm „kennen, ist das berühmte Abendmal, das er zu Mailand ge„malt hat. Die Jünger nehmen hier die ihnen zukommenden „Plätze ein, und Jesus den ersten in der Mitte der Jünger, „von denen ihm aber keiner zu sehr genähert ist. Die Stel„lung des Heilandes ist nachdrucksvoll, und seine Aerme be„finden sich in einer freien herabgesenkten und Größe ausdrü-

„ckenden Lage, während daß die Jünger, geängstiget von ei„ner gewissen Unruhe, die übrigens nichts Unedles und Unan„ständiges sehen läßt, sich gleichsam hin und her zu bewegen „scheinen. Mit einem Worte, dieser Artist hat durch sein tie„fes Denken der Vollkommenheit sich so sehr genähert, daß es „gleichsam ohnmöglich scheint, sich hierüber auf eine ihm wür„dige Art auszudrücken, und noch mehr ihn nachzuahmen.“

Man kennt von da Vinci eine Abhandlung über die Malerei, die in italiänischer Sprache gedruckt, aber auch in die französische übersetzt und mit Zeichnungen von Poussin bereichert ist. Er hat noch mehrere Schriften hinterlassen, die lang für verloren gehalten wurden, sich aber, wie Villoison versichert, in der ambrosianischen Bibliothek befinden sollen.

Michael Angelo Buonaroti, der Glanz der florentinischen Schule, wurde im Jahr 1474 in einem nicht weit von Arezzo gelegenen Schlosse gebohren. Seine Familie war von hohen Adel, aber wenig begütert. Sein Vater, Ludwig Buonaroti Simoni, stammte von dem alten und berühmten Hause der Grafen von Canossa ab. Sicher hätten die Eltern des Michael Angelo geglaubt, ihren hohen Adel herabzuwürdigen, wenn sie ihren Sohn für die schönen Künste bestimmten, und gerade war es die Beschäftigung des jungen Angelo mit diesen Künsten, die in der Folge ihrem Namen den größten und schönsten Glanz ertheilte, den er erhalten konnte.

Seine Neigung, die alle Vorurtheile und Einwendungen der Eltern entkräftete, ließ ihn oft einen Theil jener Stunden mit Zeichnen zubringen, die man ihm zu wissenschaftlichen Beschäftigungen vorschrieb; indessen machte er vermöge der hohen Anlagen, die er von der Natur erhalten hatte, in den Wissenschaften wie in den Künsten gleichgroße Fortschritte. Italien, das so stolz darauf ist, ihn unter seine Artisten rechnen zu können, rechnet ihn auch unter seine guten Dichter; die größtentheils mit eigner Hand geschriebene Sammlung seiner Gedichte wird sehr sorgfältig mit unter den Manuscripten der vatikanischen Bibliothek aufbewahrt, und ist zu wiederholtenmalen abgedruckt worden. Die letztere und bessere Ausgabe

ist

ist die, welche in Florenz im Jahre 1716 mit einer Zueignungsschrift an den Senator Philipp Buonaroti, einen Nachkommen der Familie des Verfassers, erschienen ist. Seine Poesien haben in Ansehung der Sujets, der Ideen und des Styls einige Aehnlichkeit mit den schönen Versen eines Petrarcha. Sie sind ganz der Ausdruck einer edlen und reinen Liebe.

Der Vater des jungen Michael Angelo sah sich endlich genöthiget, dem unwiderstehlichen Triebe der Natur nachzugeben, und seinen vierzehnjährigen Sohn dem Unterrichte des Ghirlandalo anzuvertrauen, dessen Ruhm sich über ganz Italien verbreitete. Der junge Artist erlangte mit einer erstaunenswürdigen Schnelligkeit, was uns ihn in Hinsicht des Stolzen in der Ausführung als einen der bedeutendesten Bildner, in Hinsicht der tiefen Kenntniß der Zeichnung als einen eben so wichtigen Maler, und in Ansehung des Kühnen in der Construction als den größten Baumeister bewundern läßt. Und hätte sich Michael Angelo auch nie als Maler und Bildner gezeigt, so würde er schon durch den Petersdom und den Pallast Farnese als Architect, durch die Brücke Rialto in Venedig als bürgerlicher Ingenieur, und durch die Befestigungen von Florenz als Kriegsbaukundiger unsterblich geworden seyn.

Hier bedenke man, daß dieser Artist bald Maler, bald Goldarbeiter, bald Architect, bald Bildner, bald Gießer, bald Ingenieur war, und schon in demjenigen Alter unter die grossen Meister gezählt werden konnte, wo ein Anderer nur noch als ein unbedeutender Lehrling erscheint, wenn er auch gleich nur ein einziges Talent zu bilden bemüht ist.

Michael Angelo drückte allen Werken, die seine schaffende Hand hervorbrachte, den Stempel des Charakters auf, der ihn auszeichnete. Er war stolz, heftig und unbiegsam, und er wagte es selbst mehr als einmal, sich dem gefürchteten Julius dem Zweiten zu widersetzen, vor dem sonst alles zitterte, und dem sonst alles nachgeben mußte.

Mit der größten Sorgfalt machte Michael Angelo die Studien zu seinen Werken, die er aber dann mit einer erstaunenswürdigen und fast unglaublichen Geschwindigkeit ausführte.

führte. Man sagt, daß er an der grossen bronzenen Bildsäule Julius des Zweiten, nur sechzehen Monate gearbeitet habe, eine Statüe, die man übrigens zu einem Artilleriestück umgeschaffen hat, und von der nur noch allein der Kopf erhalten ist. Zu dem Ausmalen des Gewölbes der Sixtuscapelle brauchte er nur zwanzig Monate, und hier muß man noch erwägen, daß er ganz allein arbeitete, und daß er nicht einmal einen Gehülfen hatte, der ihm die Farben rieb. Wenn er acht Jahre über einem einzigen Gemälde derselben Capelle, nämlich über seinem Weltgerichte zubrachte, so kam es daher, daß er damals noch an mehreren Gemälden zugleich arbeitete. Den Marmor spaltete er mit einer Kühnheit, über die er sich nicht selten zu beklagen hatte; mehrere Bildsäulen hat er unvollendet gelassen, welche er nicht anders als nur durch Ansetzung neuer Marmorstücke hätte vollenden können, indem von ihm, in dem Feuer der bildnerischen Schöpfung, an gewissen Theilen zu viel hinweggenommen worden war.

Er war weit fähiger, die heftigen und stürmischen Leidenschaften, als die sanften Regungen der Seele zu empfinden. Er spähte in der Natur dem, was menschliche Stärke ankündiget, weit mehr als dem nach, was menschliche Schönheit sehen läßt. Er wollte sich in seinen Werken nur allein groß und schrecklich zeigen, und er vernachläßigte daher das Anmuthige und Graziöse gänzlich. In den für den Künstler wichtigen Theilen der Anatomie besaß er die gründlichsten Kenntnisse, und er hat auch in der That besser als irgend ein anderer Artist die durch die Verbindungen der Knochen gebildeten Gelenke und die Wirkungen und Insertionen der Muskeln ausgedrückt: aber er scheint zu begierig gewesen zu seyn diese Kenntnisse zu zeigen, und ganz vergessen zu haben, daß die den Körper umgebende Haut die Form der Muskeln mildert, und daß diese in dem Kinde, in dem Weibe, in dem Jünglinge weit weniger sichtbar, als in dem ausgebildeten Kraft und Stärke ankündigenden Körper des Mannes sind. Ihm kann daher, ohngeachtet seines, von mehreren Critikern für Pedanterei erklärten Bestrebens, allenthalben als der unterrichtete und weise

Künst-

Künstler zu erscheinen, dennoch der Vorwurf gemacht werden, nicht so weise wie die Künstler des alten Griechenlands gewesen zu seyn, die das Gezwungene und Gekünstelte allenthalben flohen. Nicht einmal seine weiblichen Figuren scheinen zur angenehmen Belustigung des Gesichtssinnes, wohl aber zu Kämpfen mit den stärksten Athleten geschaffen zu seyn. Das Streben nach Größe ließ ihn immer in den Fehler der Plumpheit und der Ueberladung der Umrisse der Natur verfallen. „In „seinen Figuren, sagt Mengs, lösen sich die mit einander ver„bundenen Muskeln so wenig, daß es scheint, als wenn sie „nur für diejenige Stellung gemacht wären, in der er sie dar„gestellt hat. Bei ihm besitzt das Fleisch zu viel Rundung, „und die Muskelmassen sind einander an Größe und Kraft zu „sehr gleich; nie nimmt man an seinen Figuren Muskeln in „dem Zustande der Ruhe wahr, und ob er sie gleich der Lage „nach mit so vieler Richtigkeit anzugeben wußte, so wußte er „doch nicht in sie den Charakter zu legen, der ihnen eigentlich „zukommt.

„Er besaß, sagt ein andrer Artist, Reynolds, nicht so „viel schöne Parthieen, als Raphael; aber immer trugen die, „die er sich zu eigen gemacht hatte, den Stempel des Erhabe„nen. Sein Auge sahe in der Malerei nicht viel mehr, als „was der Meißel in der bildnerischen Schöpfung erreichen kann, „und er schränkte sich in seinen Gemälden bloß auf die Correct„heit der Formen und den Ausdruck der Leidenschaften ein.“ Dieses ist genug, um uns zu sagen, daß Michael Angelo die Farbengebung vernachläßigte, oder vielmehr, daß er keine Idee von diesem Theile der Kunst hatte, der zu Venedig durch den Pinsel des weit jüngeren Titian der Vollkommenheit so sehr genähert wurde. Wenig schien er gerührt zu werden, da man ihm in seinem Alter ein Gemälde dieses grossen Coloristen zeigte, und er meinte, daß dieser Meister durch eine richtige Zeichnung, durch correcte Formen das Schöne und Täuschende des Colorits hätte unterstützen sollen. Die Oelmalerei ist ohne Zweifel vorzüglich geschickt, das Zauberische der Farben in seiner höchsten Macht dem Auge erscheinen zu lassen, aber er

schätzte

schätzte diese Gattung der Malerei wenig: er sagte, daß sie eine Beschäftigung für Weiber und Kinder wäre.

Aus einem seiner Briefe sieht man, daß er sich alle Figuren, die er zu malen gedachte, aus Erde oder Wachs zu formen pflegte. Diesem Verfahren verdankte er die Kunst, das Verkürzte so schön auszudrücken. Uebrigens war diese Methode allen großen Malern derselben Zeit gemein, und vielleicht hat man Unrecht gethan, daß man von ihr abgegangen ist. Es scheint, als könne man die Formen hier, wo man sie sich mit allen ihren verschiedenen Hervorragungen und Seiten darzustellen sucht, weit strenger, als auf jener Fläche prüfen, wo man sie vermittelst der Feder oder des Pinsels nachahmt. Feder und Pinsel können bei fertiger Hand und einem schönen Helldunkel das Auge des Betrachtenden blenden, und ihm die Unwissenheit oder auch die Nachläßigkeit, der sich der Nachahmer schuldig machte, gänzlich verbergen. Ein sehr mittelmäßiger Bildner würde schon nicht die Fehler wider die Wahrheit und die Verhältnisse der Formen begehen dürfen, die man in den Werken mehrerer geschickter Maler bemerken kann.

Weder Farbe, noch Harmonie, weder eine zauberische Composition, noch auch schöne, kunstvolle Draperieen, weder Kenntniß des Helldunkels, noch auch Beobachtung des Schicklichen muß man in den Malereien des Michael Angelo suchen. Wie groß mußte daher dieser Artist nicht in dem einzigen Theile der Kunst seyn, den er umfaßte, wenn er, ohngeachtet seiner Unbekanntschaft mit so vielen und gerade so beliebten Theilen derselben, sich dennoch unsterblich gemacht hat?

Wenn indessen dieser Künstler auch im Allgemeinen der Gegenstand einer tiefen Bewunderung ist, und die Figuren seines Weltgerichts von den in Rom sich befindenden jungen Künstlern vorzüglich studirt werden, so haben dennoch strenge Richter ihm nicht gemangelt. Man hat ihm vorgeworfen, daß er plumpe Lastträger und dicke Küchenmägde gemalt, daß er weder das Anständige, noch das Liebliche beobachtet, daß er die

heilige

heilige Stätte durch ein Heer von Nacktheiten entweiht, daß er bei einem Gegenstande, wo die ganze Natur nur Verwirrung und Zerstörung zeigen kann, sich eine symmetrische Anordnung erlaubt, daß er in einem Sujet der Christusreligion den Charon und seinen Kahn dargestellt, mehr den Dante, als die Lehre der Kirche studirt, und sich ganz seiner bizarren Einbildungskraft überlassen habe, wo er sich nur allein jenem religiösen Schauer hätte überlassen sollen, der ihn doch nothwendig bei einem solchen Sujet habe erschüttern müssen.

Aber vielleicht darf man nicht einmal von Michael Angelo jene angeführten Theile der Kunst fordern: zu seiner Zeit kannte man die Farbe und das Helldunkel nur noch unvollkommen, und selbst die Composition wurde eigentlich nur erst nach ihm von dem Genie eines Raphael geschaffen und gebildet. Das Symmetrische in der Anordnung war ein Fehler seiner Vorgänger, der aber gefiel, und nicht immer vermag selbst der Talentvolle, der Mensch von Genie sich in Allem über sein Zeitalter zu erheben, ja es giebt selbst Fälle, wo es für diesen grösser ist, sich nicht in jeder Rücksicht über andere emporzuschwingen. Was das Schickliche betrift, so macht dieses keinen wesentlichen Theil der Kunst aus, und die Beobachtung desselben ist nicht an das Talent gebunden; der schlechteste Maler kann es beobachten, ohne weiter durch die Beobachtung desselben ein besonderes Verdienst zu erhalten, und der gröste Künstler kann es vernachlässigen, ohne deswegen als Künstler ein Verdienst weniger zu haben. Der Artist ist zu loben, der nach Maßgabe der Sujets, die er bearbeitet, Geschichtskundiger, Alterthumskenner, Gottesgelehrter und Weltweiser zugleich ist: aber immer muß man ihn hier als Artist loben, selbst auch, wenn er bloß als Artist erscheint. Der Zweck des Michael Angelo, so wie auch der der alten griechischen Artisten, war, Kenntniß in Ansehung des Nackten zu zeigen, und diese Absicht machte ihm die Beobachtung eines andern Anständigen, als vielleicht sein Sujet heischte, zur Pflicht: jenes hatte er nur allein vor Augen, und er konnte also sein Sujet nicht wie seine Richter betrachten, weil er es aus einem Gesichtspunkte ansahe, he, der von dem Gesichtspunkte jener verschieden war. Wenn er den Charon bei einem christlichen Gegenstande anbrachte, so erlaubte er sich bloß, was sich schon mehrere Dichter in Ansehung der Mythologie und der Wahrheiten der Christusreligion in ihren Werken erlaubt hatten. Wir wollen also auch dem Maler das verzeihen, was man einem Dante und einem Sannazar verziehen hat. Weit weniger würde man am Michael Angelo die Vernachläßigung der Anmuth und ihrer Schönheiten entschuldigen können, wenn bei ihm das Große und Erhabene, das seinen Charakter ausmachte, und das er in alle seine Werke legte, nicht die Fähigkeit, diese darzustellen und auszudrücken, ohnmöglich gemacht hätte. Seine Figuren besitzen nur diejenigen Schönheiten, welche sich mit einer hohen Körperkraft vertragen, aber sie ermangeln aller jener Reize, welche mit Anmuth zusammenstimmen; sie sind der schrecklichsten und furchtbarsten Handlungen fähig, aber sie zeigen ein gänzliches Unvermögen für das, was eine angenehme und gefällige Beweglichkeit voraussetzt.

Michael Angelo liebte die Einsamkeit. Er sagte, die Malerei sei eifersüchtig, und verlange, daß ihre Lieblinge sich unabläßig mit ihr beschäftigten.

Niemals, sagt Reynolds, dachte er in seinen Werken auf die Darstellung irgend eines außerwesentlichen Schönen, und es scheint, als wenn ihm auch das Erhabene seines Geistes das Recht gegeben habe, das minder Wichtige in der Kunst zu verachten. Alle seine Ideen waren groß, waren erhaben; seine Figuren scheinen einer höheren Gattung von Menschen zuzugehören: sie besitzen nicht die Reize der schwächlichen und hinfälligen Menschennatur, sondern stellen unter menschlicher Form stolzere und weniger sterbliche Wesen dar. Gleich den Flammen einer lodernden Gluth scheinen aus seinem unerschöpflichen Genie alle Ideen hervorgekommen zu seyn.

Aber

Aber freilich muß man auch zugeben, daß sein Grosses und Stolzes oft wenig natürlich ist; seine Stellungen sind nicht immer gut gewählt; seine Gewänder lösen sich schlecht von dem Fleische; sein Colorit hat in den lichten Parthieen zu viel Rothes, und nähert sich in den dunkeln zu sehr dem Schwarz. Sehr wahrscheinlich würde sein Ruhm wegen seiner Fehler als Maler und wegen seiner aller Anmuth ermangelnden Zeichnung wieder in etwas gesunken seyn, wenn er nicht so fest von jenen grossen Verdiensten unterstützt worden wäre, die er in sich vereinigte. Aber so darf man nur den Namen dieses Artisten nennen hören, und man erinnert sich sogleich des Mannes, der Maler, Bildner, Architect und Ingenieur war, und die staunende Seele vermag nichts zu thun als zu bewundern.

Er starb zu Rom 1564 in seinem neunzigsten Lebensjahre.

Römische Schule. Das alte Rom, das an Werken der Kunst, die es entweder aus dem unvergeßlichen Griechenlande erhalten, oder die die Hand griechischer Künstler in seinem Schooße hervorgerufen hatte, so reich war, hinterließ noch in seinen Trümmern dem neuen Rom, was seinen kommenden Artisten den hohen Ruhm, den sie erreicht haben, verschaffen sollte. Die Antike ist es, durch die sich diese Künstler gebildet haben. Ihr verdanken sie die richtige Zeichnung, die erhöhete Schönheit der Formen, den grossen Styl, den wahren und richtigen Ausdruck, der bei ihnen nie dem Schönen nachtheilig wird. Durch die Antike haben sie auch die Grundsätze der Drapirung kennen gelernt, die auch von ihnen befolgt wurden, ob sie sonst schon in die Malerei, Draperieen aufgenommen haben, welche breiter und fliegender, als die der Bildner des Alterthums sind. Diese Theile der Kunst, zu welchen man auch noch eine schöne Composition rechnen muß, zeichnen nun die römische Schule aus. In ihnen hat diese Schule ganz nach dem gestrebt, was Genie und Majestät ankündigt; immer hat sie sich aber nur in so fern mit dem Colorit beschäftigt, in wiefern sie dasselbe für nöthig hielt, um zwischen der Malerei und der Bildnerkunst, oder der durch Farben vermannigfaltigten Malerei und der des Helldunkels einen Unterschied bemerken zu lassen. „Es ist nicht zu verwundern, „sagt Fellbien, daß die römische Schule, da sie auf alle jene „Theile der Kunst so viel Fleiß verwandte, das Colorit, als „den letzteren, keiner besonderen Aufmerksamkeit würdigte. „Der menschliche Geist ist zu beschränkt, und das Leben ist zu „kurz, um in alle Theile der Malerei eindringen, und alle „in einem gleich hohen Grade besitzen zu können."

Peter Perugino ist der Stammvater der römischen Schule; er wurde Perugino genannt, weil er von Perouse gebürtig war. Zuerst studirte er die Kunst in seinem Vaterlande, und hatte hier einen Maler zum Lehrer, der ihm bei einer harten Behandlung nur einen sehr mittelmäßigen Unterricht ertheilte. In der Folge gieng er nach Florenz und wurde ein Schüler des Verrocchio, bei dem sich auch Leonhard da Vinci bildete. Er hielt sich lang in dieser Stadt auf, gieng aber endlich in sein Vaterland wieder zurück und übte da die Kunst aus. Von Verrocchio hatte er gelernet den Köpfen und besonders den weiblichen Schönheit zu geben, und wenn er auch immer trocken war, so war er es doch weniger als sein Lehrer. Er stand in gutem Ansehen und man übertrug ihm mehrere wichtige Werke; was ihn aber besonders unvergeßlich macht, ist, daß er den unsterblichen Raphael zum Schüler hatte. Er starb 1524 in seinem acht und siebenzigsten Jahre.

Raphael Sanzio wurde zu Urbino im Jahr 1483 geboren. Sein Vater, ein sehr mittelmäßiger Maler, ertheilte ihm den ersten Unterricht in seiner Kunst, vertraute ihn aber in der Folge dem des Peter Perugino an: Raphael hatte aber eigentlich die Artisten des Alterthums, hatte seine Vorgänger, seine Zeitgenossen und die Natur zu Lehrern. Seine Talente, sein Charakter, sein Verstand, seine feine Lebensart verschafften ihm ein solches Ansehen, und machten ihn so beliebt, daß der Kardinal de Sainte Bibiane nicht anstand, ihm seine Nichte zur Gemahlinn anzubieten. Allein der urbinische Maler

ler strebte nach etwas Höherem, er gedachte sich selbst bis zu der erhabenen Würde eines Fürsten der Kirche aufzuschwingen. Der Pabst Leo der Zehnte hatte ihm zu dem Kardinalshute Hoffnung gemacht, und diese ausgezeichnete Ehre würde ihm vielleicht auch zu Theil worden seyn, wenn er länger gelebt hätte. Er starb 1520 in einem Alter von 37 Jahren; sein früher Tod war die Folge des unordentlichen Lebens, in das ihn heftige Liebe für das andre Geschlecht gestürzt hatte.

Raphael war nicht gleich der große Künstler, der er in der Folge wurde. Er hatte seine verschiedenen Perioden, und er mußte gleichsam sich erst selbst untersuchen, ehe er seine Gedanken auszudrücken vermochte: man könnte selbst sagen, daß, ehe er so vollkommen die große Kunst habe ausüben können, von der er uns so viel herrliche Beispiele hinterlassen hat, er erst ihr Erfinder habe werden müssen. Anfänglich hatte er die Manier des Perugino, seines Lehrers: allein er machte bald zwo Reisen nach Florenz, um die berühmten und großen Artisten, die in dieser Stadt glänzten, zu studiren. Während einer Abwesenheit des Michael Angelo in Rom, wo dieser eben die Sixtuscapelle malte, gab Bramante, Architect des Pabstes und Oheim des Raphael, seinem jungen Neffen die Schlüssel zu der Capelle, um ihm da die von dem florentinischen Künstler angefangenen Gemälde sehen zu lassen: dieses Schauspiel klärte den jungen urbinischen Maler auf, der nun sogleich seine Manier änderte und seinen Figuren mehr Großes und Kühnes gab. Man hat selbst behauptet, daß er die Propheten und Sybillen in der Notre-Dame nach Michael Angelo gearbeitet habe. Michael Angelo beschwerte sich sehr bitter über die Treulosigkeit des Bramante, und machte durch eine Wegreise die Klagen, die er über Plagiat führte, allgemein ruchtbar; izt sind nun in Rom beinahe schon seit dreihundert Jahren die Meisterstücke des Michael Angelo und des Raphael den Augen der Welt blosgestellt, und es hat, wie Felibien anmerkt, keinen Sterblichen wiedergegeben, welcher geschickt gewesen wäre, ähnliche Plagiate zu begehen.

Es war ein Glück für Raphael, sagt Mengs, dem wir in diesem Artikel ganz folgen, daß er in der Periode geboren wurde, die er in Rücksicht der Kunst sehr sinnreich die Periode der Unschuld nennt. Sein erstes Bestreben war, die simple, einfache Natur mit der größten Genauigkeit zu copiren. War ihm noch unbekannt, daß der Nachahmende hier eine gewisse Wahl zu treffen habe, so sahe er die Werke eines Leonhard da Vinci, eines Massaccio, eines Michael Angelo, und sein Genie nahm einen neuen Schwung.

Und hier fühlte er, daß die Kunst Etwas mehr, als eine simple Nachahmung der Natur sey. Allein noch nicht besaßen die Werke jener Meister, die ihm die Augen öffneten, Vollkommenheit genung, um ihm das, was die schönste mögliche Wahl bestimmt, enthüllen zu können, und er befand sich noch in Ungewißheit, wenn er in Rom die Werke der Alten sahe. Aber hier erkannte er bald, daß er die großen und wahren Muster, die er suchte, gefunden habe, und daß ihm nun nichts zu thun übrig sey, als den glücklichen Trieben seines Naturells zu folgen. Ihm gnügte es selbst nun nicht einmal, die in Rom sich befindenden Antiken zu studiren; er unterhielt sogar Mehrere, die für ihn in Griechenland und Italien, Alles zeichnen mußten, was sie hier noch von Werken des Alterthums entdekken konnten.

Gewöhnt durch seine erstere Manier, die Natur immer mit der größten Genauigkeit nachzuahmen, war es ihm nun leicht, auch bei den Nachahmungen der Antike eine ähnliche Treue, eine ähnliche Genauigkeit zu beobachten: und dieses war ein sehr wesentlicher Vortheil, ein Vortheil, den er über alle jene Künstler erhielt, die zwar Alles mit großer Leichtigkeit aber Nichts mit strenger Genauigkeit zu copiren pflegen. Er verlor die Natur nicht aus den Augen, sondern lernte durch die Alten vielmehr, wie man in ihr wählen und wie man sie studiren müsse. Er erkannte, daß die Griechen ihr nicht in die kleinsten Details gefolgt waren, daß sie immer nur allein das Wesentlichste und Schönste in ihr aufgefaßt hatten, und daß endlich die Regelmäßigkeit in den Proportionen eine der vor-

nehmsten

nehmsten Ursachen der hohen Schönheit ihrer Werke sey: und dieses ließ ihn den Entschluß fassen, diesem Theile der Kunst seine Aufmerksamkeit zu widmen. Endlich sahe er auch, daß jenes Anmuthige in den Gliederbewegungen von den mannigfaltigen Verbindungen der Knochen und dem freien Spiele der Gelenke des Knochengebäudes herrühre, forschte, belehrt durch das Beispiel der Alten, diesem weiter nach, und kam endlich durch seine Bemerkungen dahin, daß er sich nicht mehr an der simplen Nachahmung des Natürlichen gnügen ließ.

Seine Zeichnung ist sehr schön, aber sie besitzt nicht das Vollendete, nicht das Vollkommene, das die Zeichnung der griechischen Artisten besitzt, und wenn man daher auch hier diesen Künstler bewundert, so muß man doch eingestehen, daß er nicht die genauen, nicht die bestimmten Ideen von wahrer Schönheit gehabt habe, welche jene Alten hatten: in den Charakteren der Weisen, der Apostel und ähnlicher Menschen hat er sich vorzüglich ausgezeichnet, aber er ist nicht so glücklich in seinen göttlichen Figuren gewesen. Man kann ihm vorwerfen, daß er in die Conteurs der Weiber zu viel Convexität gebracht, und so dem Ganzen etwas Schwerfälliges gegeben habe. Diesem Fehler suchte er zwar bisweilen zu entgehen, aber dann kehrte er zu seinem alten Styl wieder zurück und wurde trocken.

Sein Geschmack in Rücksicht der Zeichnung, war eher römisch als griechisch, und dieses kam daher, weil er die Antike nach Basreliefs studirte. Diesem Verfahren verdankte er auch die Gewohnheit, die Knochen und ihre Gelenke so stark anzugeben, und das Fleisch weniger arbeiten zu lassen. Da übrigens aber diese Basreliefs das Uebereinstimmende in den Proportionen der Glieder, besonders schön bemerken lassen, so hat er sich auch, was diesen Theil anlangt, vorzüglich ausgezeichnet, ob er sonst schon im Allgemeinen seinen Figuren nicht ganz jenes Elegante, das man in denen der griechischen Artisten antrifft, gegeben, und endlich auch an ihren Gelenken nicht vollkommen genung jenes Biegsame ausgedruckt das wir am

Laokoon

Laokoon, an dem belvederischen Apoll und an dem Fechter so bewunderungswürdig dargestellt sehen.

Weniger groß, fährt der nämliche Bewunderer und Critiker Raphaels fort, weniger groß erschien dieser Artist, wenn ihm die Antike fehlte, wie man dieses an den Händen seiner Figuren wahrnimmt, Theile, von denen man sehr wenig Beispiele aus dem Alterthum kennt, indem sie an den Meisten jener Statüen verloren gegangen sind, die im Uebrigen der zermalmende Zahn der Zeit noch geschont hat. Seinen Kindern gab er einen zu weisen und zu ernsthaften Charakter, und drückte an ihnen auch nicht ganz jenes Mürbe und Völlige aus, das dem kindlichen Körper eigen ist. Ihm mangelte auch jenes Große und Edle, durch das sich die Alten so vorzüglich auszeichnen, und nie hat er sich, was diesen Theil betrifft, über einen Michael Angelo erhoben; man kann hier noch hinzufügen, daß er nicht so vollkommen, wie dieser Meister, die Muskeln gekannt habe.

Auch in den idealischen Figuren, die das Gepräge des Göttlichen an sich tragen sollen, hat er die Griechen nicht erreicht. Bei ihm ist Jesus nur ein gewöhnlicher Sterblicher. Er besitzt nicht die göttliche Schönheit des Apolls. Seine Figuren der heiligen Jungfrau sind, was den Ausdruck betrifft, schön; aber in Hinsicht der Schönheit der Form, müssen sie mehreren antiken Köpfen weichen. Seine Figuren des ewigen Vaters, haben den Charakter der Schwäche und des sinkenden Alters, und geben nicht die Idee von einer unsterblichen Natur. Fast könnte man hier schönere lebende Modelle auffinden. Sie besitzen bei weitem nicht die göttliche Schönheit, die einige antike Jupiters-Köpfe besitzen.

Wenn sich übrigens Raphael in dem Ideal nicht bis zu der Höhe aufschwang, zu der sich hier die Künstler des Alterthums aufgeschwungen haben, so kam es daher, weil der Geist und die Sitten seines Zeitalters, weil endlich auch die Sujets, die seine Meisterhand zu bearbeiten hatte, es ihm eigentlich nur wenig gestatteten. Fand aber dieser große Artist nur selten

ten Gelegenheit in seinen Figuren rein idealisch zu seyn, so dachte er dagegen ganz auf die Darstellung des Ausdruckes, auf die ihn auch sein gemäßigter Charakter, sein erhabener und thätiger, immer mit hohen Ideen beschäftigter Geist so natürlich hinleitete; innig fühlte er, daß der Ausdruck der Leidenschaften einer der ersten und wichtigsten Theile der Kunst sey, die die Handlungen der Menschen darstellen soll, welche durch jene Rührungen der Seele veranlaßt werden. Figuren als handelnd darstellen und in ihnen nicht auch zugleich die inneren Antriebe, die sie zu handeln bestimmen, ausdrücken, das heißt nicht belebte, durch sich selbst zu Handlungen veranlaßte Wesen, sondern nur bewegliche Maschinen bilden. Man sieht zwar an solchen Figuren Stellungen, welche Handlung andeuten, aber man fühlt, daß diese ihre Handlungen nicht durch sie selbst entstehen, weil man an ihnen nicht jene, sie zu diesem Wirken bestimmenden Antriebe bemerkt. Der Künstler, der den Ausdruck vernachläßiget, wird in einer jeden Figur, die er malt, uns immer nur einen Gliedermann darstellen, selbst auch, wenn er die Natur sich zum Modell nehmen sollte.

Wenn daher Raphael den Entschluß zu einer neuen Schöpfung faßte, so war der Ausdruck seine erste Sorge; er enthüllte sich, welche Leidenschaften nach Maßgabe des Sujets seine Figuren beleben müßten, und er ließ dann alle diese Figuren, ließ alle Parthieen der Composition sich auf den allgemeinen Ausdruck seines Gegenstandes beziehen.

Da er an den antiken Bildsäulen keinen Unterricht für das Helldunkel gefunden hatte, so blieb er auch in diesem Theile der Kunst immer schwach, und wenn er endlich fand, daß auch in der Vertheilung der Lichter und Schatten etwas Grosses statt finden könne, so war dieses eine Entdeckung, die er den Werken der florentinischen Maler verdankte. Man kann indessen nicht sagen, daß er die Natur in Ansehung des Helldunkels ohne Wahl nachgeahmt habe. Er suchte das, was man Massen nennt, und sparte die höchsten Lichter für die sichtbarsten Theile der nackten oder bekleideten Figuren auf. Wenn diese Methode uns auch nicht gerade magische Wirkungen sehen läßt, so ertheilt sie doch zum wenigsten seinen Werken den Vorzug, daß sich in ihnen die Figuren in der Ferne sehr wohl unterscheiden, was in der That in Werken der Malerei etwas sehr Wesentliches ist. Dieses ist es, was man in Rücksicht des Helldunkels von diesem Artisten sagen kann: er begnügte sich hier mit der Nachahmung der Natur, und suchte in diesem Theile der Malerei, nie idealisch zu seyn.

„Raphael pflegte, sagt Mengs, die höchsten Lichter und „die tiefsten Schatten auf die Figuren des Vordergrundes fal„len zu lassen, gleichsam als ob hier die Draperieen und alle „andere Gegenstände von einer und derselben Farbe gewesen „wären. Er ließ auch das Helle einer jeden Farbe der Fi„guren des Vordergrundes in ein gänzliches Weiß, und das „Schattige in ein gänzliches Schwarz übergehen. Dieses „kam daher, daß er immer das ganze Sujet eines Gemäldes „nach kleinen Modells zeichnete, und sich von demselben nur „sehr selten kolorirte Skizzen entwarf. Er gewöhnte sich da„durch, die Lichter und Schatten an seinen Figuren so zu behan„deln, daß es immer schien, als hätte er diese nach Statüen „schattirt, das heißt, daß er jene Lichter und Schatten immer „um so viel stärker und kräftiger werden ließ, je mehr sich die „Figuren hervorhoben, und sie im Gegentheil um so viel „schwächte und abstufte, je mehr die Figuren zurückwichen."

„In dem Colorit verdient Raphael nicht nachgeahmt zu „werden. Er hatte, wie es zu seiner Zeit gewöhnlich war, „den Anfang mit der Wassermalerei gemacht, eine Gattung der „Malerei, in der es besonders schwer ist, Colorist zu seyn, „und in der daher auch Raphael seine Meister nicht übertraf. „Die Fresko-Malerei, mit der er sich in der Folge beschäftigte, „konnte ihn in diesem Theile der Kunst der Vollkommenheit „auch nicht sehr nähern, da er hier immer nur auf eine schnelle „Ausführung bedacht seyn mußte, und nicht nach der Natur „coloriren konnte. Bei dem Fra Bartholomeo in Florenz „wurde zwar sein Pinsel kräftiger und lebhafter, seine Farbe

„geistiger, seine Tusche weniger geleckt, und er überhaupt in „dem Fresko sehr vollkommen; aber er hat sich dennoch nie als „ein großer Colorist gezeigt.“ Indessen erblickt man doch nicht selten in den Farben dieses Künstlers sehr viel Wahres, und man findet, wenn man Werke seiner höheren Lebensjahre betrachtet, daß er auch hier weiter fortgeschritten war; freilich darf man ihn, was das Colorit anlangt, nicht nach den Grundsätzen der venetianischen Maler beurtheilen, die er, wie es sehr wahrscheinlich ist, auch nicht einmal dann angenommen haben würde, wenn er sie auch mehr gekannt hätte. Denn sie würden ihm sicher für jene seiner Meinung nach wichtigeren Theile der Kunst, denen er in seinen Werken den Vorzug ertheilte, und in denen er sich besonders zu zeigen suchte, nachtheilig geschienen haben.

Unter diesen Theilen war es nun aber hauptsächlich die Composition und das Ganze der Figuren, wodurch sich Raphael auszeichnete und wodurch er als großer Künstler erschien. Sein philosophischer Geist wurde nur von dem gerührt, was ihm Ausdruck sehen ließ. Er hatte eine zu hohe Idee von seiner Kunst, als daß er sie für stumm, für sprachlos hätte halten sollen, und er strebte daher, sie zu der Seele des Menschen reden zu lassen; aber soll die Malerei reden können, so muß man ihr auch Etwas zu reden geben, und dieses kann nur durch ausdrucksvolle Sujets geschehen. Wenn daher Raphael sich auch nicht bis zu der Schönheit der Griechen emporschwang, wenn er auch nicht, wie diese, die große Kunst besaß, die Natur noch schöner darzustellen, so sah und ahmte er zum wenigsten nach, was die Natur Ausdrucksvolles und Schönes besitzt. „Die Griechen, sagt Mengs“, schwebten mit Majestät „zwischen Erde und Himmel, Raphael hingegen wandelte ta„dellos auf der Erde.

„Dieser Künstler giebt uns in der Composition nicht nur „ein Beispiel von großer Geschicklichkeit, sondern er erregt „hier selbst das höchste Staunen: sie ist es auch, die ihm den „Ruhm, und zwar mit allem Rechte, verschafft hat. Er ist „hier ganz als Schöpfer zu betrachten, und er hat in Hinsicht

„dieses Theiles der Kunst weder unter den alten noch unter „den neuen Künstlern ein Urbild gehabt. Man würde seine „Werke übermenschliche nennen können, wenn er in den übri„gen Theilen der Kunst so groß gewesen wäre, als er es in „diesem, nämlich in der Composition, war.

„Es finden, fügt derselbe Artist hinzu, es finden in An„sehung der Composition im Allgemeinen zwo Gattungen statt; „die des Raphael ist die ausdrucksvolle, die andere ist die thea„tralische oder pittoreske, die in einer gefälligen Anordnung der „Figuren des zu behandelnden Sujets besteht. — Lanfranco „war der Erfinder der letzteren, und nach ihm Peter von Cor„tona. Ich gebe in diesem Theile der Kunst dem Raphael vor „allen Andern den Vorzug, weil bei allen seinen Werken oder „doch bei dem größten Theile derselben die Vernunft seine Füh„rerin gewesen ist. Nie hat er sich in seinen außerwesentli„chen Figuren von gemeinen oder auch selbst schönen Ideen „irreleiten lassen, die, wenn er sich ihrer bedient hätte, nur die „Aufmerksamkeit von dem Hauptgegenstande abgezogen, und „die Schönheit dieses verringert haben würden."

Ueber die Kunst, mit der dieser große Artist die Bekleidungen zu behandeln wußte, ist schon an einem andern Orte gesprochen worden: man lese den Artikel Draperie. Was endlich die Harmonie in seinen Werken anlangt, so würde es unnütz seyn, sich bei ihr lange aufzuhalten, er ist, da er nicht delikat und grazios seyn wollte, sondern nur auf Ausdruck dachte, auf sie weniger aufmerksam gewesen. Sie mangelt indessen seinen Gemälden nicht ganz; aber sie ist hier mehr eine Folge der Nachahmung der Natur, als ein Werk seines besondern Talents.

Venetianische Schule. Diese Schule ist ganz Schülerinn der Natur. Ihre Maler sahen sich nicht, wie die Künstler Roms, von jenen unschätzbaren Ueberresten der alten Kunst umgeben, und ihnen mangelte daher der Unterricht, der ihnen eine richtige Idee von der Schönheit der Formen und des

Aus-

Ausdruckes hätte verschaffen können. Sie ahmten die Formen der Natur ohne Wahl nach; aber sie wurden dabei innig von jenen Schönheiten gerührt, welche die Natur in der Mischung und der Verschiedenheit ihrer Farben zeigt. Sie schenkten diesem so anlockenden und gefälligen Theile der Kunst, von dem sie sich nicht durch die höheren und wichtigeren derselben abgezogen fanden, ihre ganze Aufmerksamkeit, und zeichneten sich durch das Colorit aus. Sie begnügten sich hier nicht, die Gegenstände dadurch zu charakterisiren, daß sie die eigenthümlichen Farben der einen durch die eigenthümlichen Farben der andern geltend machten; sie suchten auch durch das Uebereinstimmende und Entgegengesetzte der colorirten Gegenstände, sie suchten durch den Contrast des Lichtes und der Beraubung desselben die herrlichsten und kräftigsten Wirkungen hervorzubringen, und den Gesichtssinn anzuziehen und zu fesseln.

Jener Dominiko, der in Florenz durch die schändliche Eifersucht des Andreas Castagna sein Leben so tragisch endigte, und der der zweite italiänische Künstler war, der die noch geheime Kunst in Oel zu malen, besas, hatte, ehe er Venedig verließ, einen gewissen Jacob Bellin zum Schüler, welcher im Jahr 1470 starb, und nur blos dadurch bekannt ist, daß er seine Söhne Gentil und Johann Bellin zu Künstlern bildete.

Gentil, der Aeltere, mahlte hauptsächlich in Wasserfarbe. Man weiß, daß er von Mahomet dem Zweiten nach Constantinopel berufen wurde. Er zeigte einstmals diesem Krieger ein Gemälde von seiner Hand, das die Enthauptung des heiligen Johannes vorstellte. Der Held tadelte den Hals der Figur, und behauptete, daß, so bald der Kopf abgeschlagen sey, die Haut an diesem Theile zurückweiche, und lies, um seine Behauptung auch sogleich durch ein Beispiel zu bestätigen, einen Sklaven bringen, und diesem den Kopf abschlagen. Bellin schauderte vor einem solchen Unterrichte, und gieng, um nicht wieder einen ähnlichen zu erhalten, nach Florenz, wo er 1501 starb.

Johann brachte die Kunst um Vieles weiter, indem er unablässig in Oel und zwar nach der Natur malte. Er war trocken, aber er war es nicht in dem Grade, in welchen es sein Vater und Bruder war; bei ihm ist die Farbe sehr rein und sauber, und man bemerkt in seinen Werken schon eine gewisse Harmonie. Seine Zeichnung ist gothisch, die Gesichtszüge seiner Köpfe sind edel, aber seine Stellungen sind schlecht gewählt, und seine Figuren haben keinen Ausdruck. Seine Schüler waren Georg Barbarelli, genannt Georgione, und Titian.

Giorgione zeichnete sich durch eine gewisse Leichtigkeit in der Arbeit, durch eine Zeichnung, welche von einem bessern Geschmacke, als die seines Lehrers war, hauptsächlich aber durch ein sehr schönes Colorit aus. Er lebte nur zwei und dreißig Jahr und erregte den Eifer des Titian, der ihn auch bald übertraf.

Titiano Vecelli wurde zu Cador im Friaul 1477 von adelichen Eltern geboren. Er wurde in seiner frühen Jugend der Aufsicht eines Oheims anvertraut, der zu Venedig lebte, und der ihn zu einen Schüler des Johann Bellin machte. Hier lernte er die Natur knechtisch befolgen; aber er strebte, so bald er die Werke des Giorgione gesehen hatte, in der Farbe nach dem Idealischen. Im Jahr 1546 wurde er von dem Kardinal Farnese nach Rom berufen, um daselbst ein Portrait von dem Pabste zu fertigen. Er starb 1576 in seinem neun und neunzigsten Jahre an der Pest.

Wollte man den Titian in seinen Historiengemälden als Geschichtskundigen betrachten, so würde er, so wie alle übrige Artisten dieser Schule, unzuverlässig erscheinen. Titian bekümmerte sich weder um das Wahre der Begebenheit, die er darstellen wollte, noch um das eigentliche, bei derselben beobachtete Costum, er dachte weder auf den Ausdruck, den hier sein Sujet forderte, noch auch auf das sonstige Schickliche, das man mit so vielem Vergnügen in den Werken derjenigen Artisten sieht, welche für das Alterthum Interesse gezeigt haben.

ben. In dem Titian wird man hier nur einen grossen Maler und nichts mehr finden.

Wenn Titian unter den grossen Zeichnern auch nicht mit angeführt wird, so darf man doch nicht glauben, als habe dieser Artist die Geschicklichkeit, gut zu zeichnen, nicht besessen. Man hat ihn in diesem Stücke zu wiederholtenmalen zum Gegenstande der Verläumdung gemacht, indem man ihm entweder Werke, welche nicht von seiner Hand waren, zuschrieb, oder ihn auch nach solchen von seinen Arbeiten beurtheilte, wo er augenscheinlich nachlässig gewesen ist. Die Maler dieser Zeit hatten immer ihrer Erziehung ein richtiges Augenmaß und die Fähigkeit zu verdanken, Alles, was sie sich nachzuahmen vornahmen, mit Leichtigkeit darzustellen. Wenn nun aber Titian nur die Nachahmung der Natur zum Zweck hatte, so stellte er auch nur allein, dann schöne Formen dar, wenn das gewählte Urbild ihm diese darbot, hörte aber auch sogleich auf, schön zu seyn, so bald jenes Urbild der Schönheit ermangelte. Hätte ihn die Liebe für das Schöne beseelt, die einen Raphael beseelte, und wäre ihm diese Liebe durch die Kenntniß der Antike, die ihm fehlte, eingehaucht werden, so würde auch er in der Natur nur das zu seinen Nachahmungen gewählt haben, was vorzüglich in ihr nachgeahmt zu worden verdient, und er würde auch in Ansehung der Zeichnung einem Raphael und andern grossen Malern gleich gekommen seyn.

Kann man nun aber den Titian auch eigentlich nicht unter diejenigen Artisten zählen, welche sich durch eine schöne Wahl ausgezeichnet haben, so kann man ihm doch auch nicht ganz das Gefühl für das Grosse und Edle absprechen. Er hat in der That sehr oft in seinen menschlichen Figuren auf dieses hingearbeitet: wenn er aber, wie Michael Angelo, die Zeichnung bisweilen übertrieb, so hatte er eher die Absicht, die Natur zart und fleischig, als sie wie der izt genannte Künstler kraftvoll und muskulös erscheinen zu lassen. Mehr sein Gefühl für die Farbe, als ein Grundsatz der Composition bestimmte ihn, immer nur die schönsten Parthieen sichtbar werden zu lassen, weil nämlich diese es sind, welche die größten und schönsten Massen darbieten. In den Darstellungen der Weiber und Kinder zeigte er sehr viel Geschmack. Er gab den weiblichen Figuren naive und nachläßige Stellungen, die zwar nicht graziös genannt zu werden verdienen, aber doch immer Etwas besitzen, was dem Graziösen nahe kommt. Auch ihren Kopfverzierungen und ihren Bekleidungen wußte er eine pittoreske Eleganz zu geben.

Da sich Titian fast ganz der simpeln Nachahmung widmete, so war es sehr natürlich, daß er bei dem Helldunkel eben so wenig, wie bei der Zeichnung, auf Wahl dachte. Man würde indessen sehr irren, wenn man glaubte, daß er diesen Theil der Kunst, nämlich das Helldunkel, nur wenig gekannt habe, da, um die Farben der Natur nachahmen zu können, er doch immer die verschiedenen Gradationen des Lichtes zu beobachten hatte. Nein, er, der jene Farben so täuschend nachzuahmen wußte, konnte in Ansehung des Helldunkels nicht unwissend seyn: freilich darf man die eigentlichen Schönheiten seiner Werke nicht in dem Helldunkel suchen, diese liegen in dem Täuschenden seiner Lokalfarben, das hier wirklich bis auf den höchsten Grad getrieben ist. Uebrigens kann man ihm zuweilen in dem Helldunkel Härte vorwerfen, ein Fehler, dessen er sich durch das zu ängstliche Bestreben, auffallende Wirkungen durch Contrast hervorzubringen, schuldig machte.

Die Maler der florentinischen und römischen Schule beschäftigten sich hauptsächlich mit der Fresko- und Wassermalerei, und hatten, wenn sie malten nicht sowohl die Natur, als vielmehr ihre Cartons vor Augen. Titian hingegen malte gleich anfänglich, und zwar nach der Natur, in Oel, und dieses verbunden mit seinen glücklichen Naturanlagen, mußte ihn endlich freilich zu jener Wahrheit leiten, durch die sich seine Farben charakterisiren. Sein fleißiges Portraitmalen wurde für ihn als Colorist auch sehr vortheilhaft. Es verband ihn, die Farben der Natur in Rücksicht des Fleisches und der Bekleidungen nachzuahmen. Wenn er sich aber hier genöthiget fand, die Bekleidungen der Personen, die er darstellte, nachzuahmen, so lernte er auch, um das Verschiedene der Stoffe

auszu-

auszudrücken, seine Farbe und seine Tusche zu vermannigfaltigen: er malte endlich auch Landschaften, und studirte auch hier die Farbe nach der Natur. Und eben diesem Studium hatte es Poussin zu verdanken, daß er, ob er sonst gleich kein großer Colorist war, unterdessen doch seinen Landschaften und den Gründen seiner Gemälde eine gute Farbe gab.

„Wenn Titian, sagt Mengs, es bemerkte, daß nicht „selten die Gegenstände, die in der Natur schön sind, in der „Malerei eine schlechte Wirkung hervorbringen, so suchte er „in der Nachahmung des Wahren wählen zu lernen, und er „wurde hier gewahr, daß es wirklich Dinge gebe, deren Lo„kalfarben zwar an sich dem Gesichtssinne schmeicheln, aber „durch den Gegenschein, durch die Porosität der Materie, „durch die verschiedenen Tinten des Lichtes u. s. w. das An„sehen des Verschossenen erhalten. Er beobachtete auch, „daß ein jeder Körper eine unendliche Menge von Halbtinten „besitzt, und diese Beobachtung leitete ihn zu der Kenntniß der „Harmonie. Er entdeckte endlich auch, daß bei einem jeden „Objecte in der Natur eine besondere Uebereinstimmung in „Rücksicht des Transparenten, des Dunkeln und Undurchsich„tigen, des Rauhen und Glatten statt findet, und daß hier „Alles durch die verschiedenen Grade der Tinten und der „Schatten von einander unterschieden ist. Und in dieser Ver„schiedenheit suchte Titian die Vollkommenheit seiner Kunst. „In der Folge sah er in einer jeden Parthie das Vielfache als „ein Ganzes an, das heißt, er wendete von einer Fleischhal„tung, welche viele Halbtinten hatte, nur eine einzige Halb„tinte an, und ließ auch sogar diese fehlen, wenn die Fleisch„haltung weniger Halbtinten besaß. Diese Methode ließ ihn „zu dem so herrlichen und so unendlich schönen Colorite gelan„gen, durch das er sich unsterblich gemacht hat, und in dem „er ganz nachgeahmt zu werden verdient. Durch das Stu„dium der Vertheilung der Hauptfarben, lernte er die Haupt„massen kennen, die ein Raphael durch die Zeichnung, und ein „Correggio durch das Helldunkel kennen gelernet hatte.“

Im Ganzen genommen, brachte Titian wenig Ausdruck in seine Gemälde, deren Kaltes er bisweilen dadurch noch auffallender machte, daß er in sie Portraits aufnahm; denn wenn auch in den Historienstücken die Köpfe nach der Natur studieret werden müssen, so dürfen uns doch diese hier nie eine individuelle, sondern nur immer eine allgemeine und idealische Natur sehen lassen: wir sollen in ihnen die Wahrheit der Natur, aber nie die Züge solcher finden, die uns bekannt seyn können. Der Maler bringt nicht ganz die Wirkung hervor, die er hervorbringen soll, wenn er uns zum Beispiel den Achill, den Hektor, den Cäsar darstellt, und wir bei dem Anblicke ihrer Darstellungen sagen können, daß es uns vorkomme, als wenn wir in der Menschenwelt ihnen Aehnliche gesehen hätten. Nie kann uns für Menschen, die wir kennen und deren Umgang wir vielleicht selbst genießen, nie kann uns für diese die Ehrfurcht durchdringen, von der wir uns für jene Unsterbliche des Alterthums durchdrungen fühlen.

In der Composition hatte Titian anfänglich sehr viel Symmetrisches, ein Fehler, der, wie wir bei Michael Angelo angemerkt haben, den Artisten dieser Zeit sehr gemein war. Mannigfaltiger und freier war die Manier, die er in Rücksicht dieses Theiles der Kunst in der Folge annahm: aber ob er gleich Schöpfer einiger vortreflicher Compositionen geworden ist, so würde man doch irren, wenn man behauptete, daß er hier nach gewissen angenommenen Grundsätzen gebildet habe, denn er scheint in allen Theilen der Kunst immer nur allein der Natur und nur sehr wenig den Regeln gefolgt zu seyn, die das Theoretische der Kunst verschreibt.

„In der Zeichnung, fügt Mengs hinzu, legte Titian „eben nicht viel Ideal. In dem Helldunkel war er hingegen „idealisch genung, um die Natur schön auffassen zu können, „aber er kam hier einem Corregio nicht gleich, und sein Hell„dunkel ist so zu sagen nur Skizze, nur Entwurf. Noch „mehr Ideal zeigte er aber in dem Colorit, und er besaß hier „selbst dessen genung, um den wahren Charakter der Farben zu fin-

„den, die er so schön zu ordnen wußte: denn es ist nicht so „leicht, als hier Mancher glauben dürfte, zu wissen, wo und „wenn man sich einer rothen oder einer blauen Draperie zu be- „dienen habe, ein Theil, den Titian auf das vollkommendeste „verstand, und wo er auf das tiefste bewundert zu werden ver- „dient. In seine Farben brachte er die größte Harmonie, Et- „was, was in der That nur immer derjenige können wird, „welcher idealisch zu seyn vermag und was der Künstler nicht „sowohl durch die Natur, als vielmehr durch Hülfe seiner „Einbildungskraft erlernt. Dasselbe behaupte ich von dem „Helldunkel, weil die Halbtinten in der Kunst niemals die „Abstufungen haben, die man in ihnen in der Natur bemerkt; „aber auch auf die Farben kann dieses angewandt werden, wo „die simple Nachahmung der Natur zu Nichts taugen würde: „alles dieses läßt mich nun aber schließen, daß Titian in die- „sem Theile der Kunst sich nie so groß würde gezeigt haben, „wenn er nicht in einem hohen Grade idealisch hätte seyn kön- „nen. Seine Composition ist sehr einfach, und enthält immer „nur das Wesentlichste; er ist daher in diesem Theile der Kunst „nur sehr wenig idealisch."

In seinen Gemälden sind die Farben so ineinander gearbeitet, daß der Betrachtende in ihnen gar nicht die auf der Palette befindlich gewesenen Couleuren zu sehen glaubt; dadurch unterscheidet sich dieser Meister insbesondere von Rubens, der in seinen Gemälden eine Farbe an die andere setzte, ohne sie im übrigen in einander zu arbeiten, und in einander schmelzen zu lassen. Diese Gewohnheit hinderte Rubens, so harmonisch wie Titian zu werden, und sie ließ ihn nur noch durch Hülfe einer großen Mannigfaltigkeit in Ansehung der Farben und eines sehr kräftigen Gegenscheins einer Farbe in die andere noch eine Art von Harmonie in seine Werke bringen. Man kann, wenn man Gemälde von Titian sieht, nicht angeben, mit welchen Farben er seine Tinten hervorgebracht hat. Dieses kunstvolle Verfahren, das ihn zu einer so vollkommenen Nachahmung der colorirten Natur leitete, macht die Spuren des geführten Pinsels nur wenig sichtbar. Den

Liebha-

Liebhabern gewähren daher die Stücke des Titian jenes Vergnügen nicht, das von ihnen meistentheils so gern genossen wird, und das in der Wahrnehmung einer freien Hand besteht; hier kündiget ihnen in Rücksicht der Hand vielmehr Alles einen gewissen Zwang an, und sie müssen sich daher die schönen Tuschen trösten lassen, die eben so wahr als fein sind, mit denen dieser große Meister seine Arbeiten beseelt hat, und die das Charakteristische der verschiedenen Gegenstände mit so vieler Bestimmtheit angeben.

Er hat sehr schöne Stoffe gemalt und den Charakter dieser sehr wohl ausgedrückt: aber man kann nicht sagen, daß er gut drapirt habe. Oft hat er selbst in der Anordnung der Falten gefehlt, und man sieht deutlich, daß er hier, anstatt eine auf Grundsätzen beruhende Wahl zu treffen, sich begnügte, die Ohngefährs, die ihm die Natur darbot, nachzuahmen. Da aber auch hier zuweilen das Ohngefähr schöne Faltenparthieen bildet, so findet man dergleichen auch nicht selten in seinen Gemälden.

Titian ist unter den Geschichtsmalern einer von denen, welche sich zugleich auch in der Landschaftsmalerei ausgezeichnet haben. Seine Lagen sind gut gewählt, seine Bäumen zeigen Mannigfaltigkeit in Ansehung ihrer Formen, und ihre Belaubungen sind sehr wohl ausgedrückt. Uebrigens pflegte er in seinen Landschaften, um sie anziehender zu machen, immer einige außerordentliche Wirkungen der Natur darzustellen.

Lombardische Schule. Diese Schule zeichnet sich durch Anmuth, durch eine gefällige und geschmackvolle, wiewohl nicht immer ganz correkte Zeichnung, durch einen weichen und sanften Pinsel und durch eine schöne Verschmelzung der Farben, aus.

Antonius Allegri, genannt Corregio, ist der Stammvater und zugleich der größte Künstler dieser Schule. Er wurde zu Corregio oder in einem diesem Orte nahgelegenen Dorfe geboren. Einige nehmen das Jahr 1490 als das Jahr seiner Geburt an; allein Mengs, dem wir überhaupt in dem, was wir hier von diesem Artisten zu sagen haben, folgen werden, behauptet mit mehrerer Wahrscheinlichkeit, daß er vier Jahre später geboren worden, und nimmt als gewiß an, daß er 1534 im vierzigsten Jahre seines Lebens verstorben sei. Er verehligte sich zweimal, und hatte aus beiden Ehen Kinder.

Die allgemeinste Behauptung ist, daß Corregio arme und niedrige Eltern gehabt habe; indessen meinen doch auch Einige, wiewohl ohne einen Beweis anführen zu können, daß er aus einer adelichen und sehr reichen Familie herstamme: Mengs wählt zwischen beiden Behauptungen den Mittelweg, und glaubt, daß seine Glücksumstände mittelmäßig, und dem Lande und der Zeit, in welcher er lebte, angemessen gewesen wären. Auch beweist die Münzsorte, nämlich das Kupfer, womit man Corregio bezahlte, daß damals das Geld etwas Seltenes war, und daß es sehr langsam cirkulirte. Mengs findet endlich die Meinung, daß Corregio nicht ganz ohne Mittel gewesen sei, auch noch durch seine eigenen Werke bestätiget, an denen er nicht, wie bei den Stücken mehrerer arm gewesener Maler, Spuren von Mangel und Dürftigkeit findet. Und in der That, die Gemälde des Corregio sind entweder auf eine sehr feine Leinwand, oder auf ein sehr gutes Holz, oder auch selbst auf Kupfer gemalt: sie sind dabei mit dem größten Fleiße beendigt, und scheinen ganz und gar nicht Werke eines Künstlers zu seyn, der die Bezahlung mit Ungeduld erwartet; die theuersten und kostbarsten Farben sind in ihnen nicht gespart; ja es findet hier in Ansehung dieser sogar eine gewisse Verschwendung statt. Endlich weiß man auch, daß Corregio den Begarelli, einen selbst von Michael Angelo sehr geschätzten Bildner, anstellte, um ihm die Modelle zu seiner Kuppel zu Parma zu fertigen; bei uns würde in der That kein Maler vermögend seyn, einem guten Bildner die Modelle zu bezahlen, die er zu einem großen und wichtigen Werke nöthig haben könnte.

Man führt als einen Beweis, daß Corregio arm gewesen und für seine Werke schlecht belohnt worden sei, die Summe von hundert und siebenzig Thalern an, die ihm für seine zwölf Kuppel in Kupfermünze ausgezahlt wurden. Aber gerade hiervon nimmt Mengs den Gegenbeweis her und schließt, daß Corregio in Betrachtung des Landes, in dem er lebte, sehr anständig bezahlt worden sei. Und in der That, da eine Kuppel von Seiten des Künstlers sehr viel Zeit und sehr viele Auslagen verlangt, so ist es fast nothwendig, daß dieser seine Zahlung in verschiedenen Terminen erhalte. Sehr wahrscheinlich machten daher die hundert und siebenzig Thaler, welche Corregio bekam, nur einen kleinen Theil der eigentlichen Summe aus, die man ihm für die ganze Arbeit bewilliget hatte, und Raphael, der in einer weit reicheren Gegend lebte, und der unter den Malern seiner Zeit immer am meisten belohnt wurde, erhielt für jede Loge im Vatikan nicht mehr als zwölfhundert Goldthaler. Man behauptet, daß die letzte Zahlung, die Corregio für die erwähnte Arbeit bekam, die Ursache seines Todes gewesen sei; er habe nämlich die erhaltene Summe selbst tragen wollen, und die heftige Ermüdung habe ihm eine Brustkrankheit zugezogen.

Anfänglich ahmte Corregio, wie alle Maler seiner Zeit, ganz die Natur nach; da ihn aber hier das Graziöse besonders fesselte, so verbannte er aus seiner Zeichnung alles Schneidende und Eckigte. Er entdeckte, daß große Formen zu dem Graziösen in einem Werke beitragen, und er verwarf daher alle kleine Parthieen, vergrößerte die Umrisse, vermied die geraden Linien und die spitzigen Winkel, und gab auf diese Weise seiner Zeichnung etwas Großes. Diese ist übrigens von einer schönen und reichen Manier, ihre Contours sind sehr vermannigfaltigt und dabei sehr fließend, aber sie ist nicht immer rein, nicht immer correkt.

„Corregio pflegte nicht, wie Raphael, der ihm in diesem Theile der Malerei sehr nachsteht, das Licht sich über „das Ganze eines Gemäldes verbreiten zu lassen; er brachte „die Lichter und Schatten nur da an, wo er glaubte, daß sie „die meiste Wirkung haben würden. Fiel das Licht gerade in „diejenige Gegend, die er licht zu halten sich vorgenommen „hatte, so ahmte er dasselbe so nach, wie er es sahe; fiel es

„aber

„aber im Gegentheil nicht in diese Gegend, so brachte er in „dieser einen hellen oder dunklen Körper, so brachte er Fleisch, „oder Draperie oder sonst einen Gegenstand an, der den Grad „des Lichtes, den er wünschte, hervorzubringen fähig war: „und dieses war das Mittel, durch das er in dem Helldunkel „zu der idealischen Schönheit gelangte. In seinem schönen „Helldunkel beobachtete er auch eine gewisse Harmonie, indem „er dasselbe in seinen Gemälden so vertheilte, daß das höchste „Licht und der tiefste Schatten immer nur eine einzige Parthie „einnahm. Sein Geschmack für das Sanfte und Anmuthige „lehrte ihn, daß jeder zu starke Gegensatz in Ansehung der Lich„ter und Schatten Härte bewirke; auch pflegte er nie Schwarz „neben Weiß anzubringen, wie dieses mehrere Künstler gethan „haben, die, wie er, in dem Helldunkel schön zu seyn suchten; „er gieng ganz unvermerkbar von einer Farbe zu der andern „über, er brachte z. B. neben seinem Schwarz ein dunkles, und „neben seinem Weiß ein helles Grau an, und ertheilte so sei„nen Gemälden die größte Sanftheit. Er ließ auch nie starke „Licht- und Schattenmassen neben andern eben so kräftigen er„scheinen. Hatte er eine sehr helle oder eine sehr schattige „Parthie darzustellen, so brachte er nicht unmittelbar eine ähn„liche neben dieser an; er trennte beide durch eine Menge von „Halbtinten, durch die er den Blick, der sich in der höchsten „Spannung befunden hatte, gleichsam wieder beruhigte. Durch „dieses so schöne Gleichgewicht in den Farben wird das Auge „ohne Aufhören und auf das Angenehmste gerührt, das hier „nie ermüdet, weil es in dem Werke, das es betrachtet, im„mer wieder neue Schönheiten findet."

Correzio malte gleich anfänglich in Oel, eine Gattung der Malerei, die der sanftesten und schmeichelhaftesten Tusche fähig ist, und er, der von Seiten seines Naturells allenthalben auf das Anmuthige hingeleitet wurde, gab auch sehr bald seinen Gemälden einen sanften und weichen Ton. Er suchte die transparenten Farben, um in seine Schatten mehr Natur zu bringen, und wußte hier sich einer solchen Glasierung zu bedienen, daß die beschatteten Parthieen ein gänzliches Dunkel bildeten.

bildeten. Ein solches Dunkel kann aber selbst durch die dunkelsten Farben, wofern diese nicht transparent sind, hervorgebracht werden, weil das Licht auf ihrer Oberfläche einen Gegenschein bildet, und so gewissermaßen ihr Dunkles beleuchtet; dieses findet aber bei den transparenten Farben nicht Statt, wo die Lichtstrahlen eingeschluckt werden, und wo die Oberfläche von ihrem Dunkel Nichts verliert. An den hervorragenden Stellen seiner Gegenstände trug er die Farben sehr stark auf, weil sich nämlich hier die Tusche für das Tageslicht besonders empfänglich zeigen muß. Er beobachtete, daß das Sonnenlicht eine gelbliche Tinte habe, und daß der Gegenschein Etwas von der Farbe derjenigen Gegenstände enthalten müsse, von denen er entsteht: und so gelangte er zu der Theorie der Anwendung der Farben in Hinsicht des Lichtes, des Schattens und des Gegenscheins. In der Farbe seiner Schatten verdient er besonders nachgeahmt zu werden, denn was seine Lichter betrift, so sind sie zu helle und dabei ein wenig plump, und sein Fleisch hat zu wenig Transparentes.

Nicht für jede Art des Ausdrucks kann Corregio als Muster gewählt werden. Er, der nur allein für die Darstellungen einer bezaubernden Anmuth geboren war, vermochte es nie, weniger graziös zu seyn, und schwächte daher bei seinen Figuren alle Aeußerungen der Seele, welche der Anmuth nachtheilig werden konnten. Malt er uns daher den Schmerz, so sehen wir den Schmerz eines Kindes, das sehr bald wieder lächeln wird; stellt er uns den Zorn dar, so glaubt man den Zorn einer jungen zärtlichen Geliebte zu erblicken. Uebrigens suchte er in seinen Gemälden die Figuren eher so zu stellen, daß sie ihm große Massen von Schatten und Licht bildeten, als sich auf einen allgemeinen Ausdruck zu beziehen schienen.

Selbst in den Draperieen arbeitete dieser große Meister auf das Anmuthige und Graziöse hin. Er suchte auch hier immer mehr Masse als Ausdruck zu zeigen, und zog auch hier das Angenehme und Gefällige dem eigentlichen Schönen vor. Seine Draperieen sind breit und nachläßig, ihre Falten aber nicht immer weislich angebracht; oft verbergen und theilen auch bei ihm die Bekleidungen die Figuren. Aber sehr viel Einsicht verrathen die Couleuren seiner Stoffe; man sieht hier fast durchgängig sanfte und schmeichelnde Farben, und wenn er bisweilen sich hier auch einer dunkeln Tinte bedient hat, so ist es nur geschehen um dem Fleische mehr Lebhaftes und Zartes zu geben.

Sehr natürlich mußte Corregio, da er so sehr nach dem Angenehmen und Gefälligen strebte, jene Harmonie erlangen, durch die er sich so vorzüglich auszeichnet. Er konnte in Ansehung dieses Theiles der Malerei nicht anders als groß erscheinen, da es hier hauptsächlich auf die Kunst ankommt, durch mannigfaltige und unmerkbare Nüancen von dem Einen zu dem Andern überzugehen, und sein feiner Geschmack ihm nie erlaubte, sich irgend eines harten Gegensatzes zu bedienen. Er war in der Zeichnung harmonisch, indem er durch krumme Linien die geraden, welche winkliche Contours bildeten, brach, und seine Züge wellenförmig machte. So brachte er auch stets zwischen den Lichtern und Schatten einen Raum an, der zu der Verbindung dieser beiden Extreme und zu einem Uebergange von dem einen zu dem andern diente. Ihm ließ die Feinheit seines Gesichtsorgans es mehr als jedem andern Artisten fühlen, daß das Auge nach einer gewissen Spannung der Ruhe bedarf: er sorgte daher, auf eine volle und herrschende Farbe immer eine Halbtinte folgen zu lassen, und nun so das Auge allmälig und nach und nach wiederum in den Zustand der Spannung zu versetzen, in dem es sich vorher befunden hatte. So sanft, sagt Mengs, weckt eine schöne und gefällige Musik uns aus dem Schlummer, und das Erwachen dünkt uns eher eine Bezauberung als eine Störung der Ruhe zu seyn.

Feiner Geschmack in Ansehung der Farbe, tiefe Kenntniß in Rücksicht des Helldunkels, die wichtige Kunst, Licht mit Licht, Schatten mit Schatten zu verbinden, und die Gegenstände von dem Grunde schön zu lösen, endlich eine Harmonie, welche noch nicht übertroffen, ja noch nicht einmal

mal von einem Andern erreicht worden ist; dieses ist es, was bei Corregio sich mit der höchsten Anmuth, mit der höchsten Grazie vereinigt, und wodurch sich dieser große Meister über alle Künstler erhebt.

Die Carracci's, Ludwig und die beiden Brüder Augustin und Hannibal, leibliche Vettern des Erstern, können als Stifter der zwoten lombardischen Schule, die man bisweilen von der erstern durch die Benennung bolognesische Schule unterscheidet, angesehen werden. Durch sie lebte die Kunst wieder auf; die itzt in Italien, wo sie sich schon so groß gezeigt hatte, in Etwas wieder gesunken war. Alle drei Carracci's waren von Bologna gebürtig, und stammten von unberühmten Eltern her: der Vater des Augustin und Hannibal war ein Schneider. Alle drei waren in Rücksicht des Alters nicht weit von einander: Ludwig wurde 1555, Augustin 1557, und Hannibal 1560 geboren.

Ludwig, der Aeltere, wurde der Lehrer der beiden Andern. Er hatte in Venedig die Werke des Titian und des Paul Veronese, in Florenz die Werke des Andreas del Sarte, in Parma die Werke des Corregio, und in Mantua die Stücke des Julius Romano studirt; aber er suchte vorzüglich nur die Manier des Corregio nachzuahmen. Hannibal bildete sich nach Corregio und Titian; Augustin, der in Rücksicht der Malerei der Nacheiferer der Erstern war, hatte seinen Geist durch die Wissenschaften kultivirt, und schenkte einen Theil seiner Zeit der Dichtkunst, der Musik, der Tanzkunst und den körperlichen Uebungen; hauptsächlich widmete er sich aber der Gravur, die er bei einem gewissen Cornelius Cort erlernet hatte. Oft arbeiteten alle drei Caracci's an einem Werke, und man mußte hier bewundern, wenn es schien, als würden die Hände dieser drei Artisten von einem und demselben Geiste geleitet.

Sie errichteten zu Bologna eine Akademie, die ihr Eifer für die Beförderung der Kunst, academia degli Desiderosi nannte, und der man in der Folge den Namen der Akademie der Carracci's gab, eine Benennung, die in der That, da sich

diese

diese Künstler so sehr ausgezeichnet haben, nicht besser gewählt werden konnte. Hier stellte man zum Nachzeichnen auf, hier studierte man die Perspectiv und die Anatomie, hier lehrte man die schönen Formen der Natur kennen, hier gab man Unterricht über die vorzüglichste Manier die Farben anzuwenden, und hier machte man die Grundsätze in Rücksicht der Schatten und Lichter bekannt. Nicht selten wurden auch hier Conferenzen veranstaltet, wo nicht blos Künstler sondern auch Gelehrte Vorträge hielten, und sich gegenseitig über wichtige auf die Kunst sich beziehende Gegenstände aufzuklären suchten.

Der Ruf der Carracci's blieb nicht blos auf die Lombardei eingeschränkt; er drang bis nach Rom, und der Kardinal Odoard Farnese, der das Prachtvolle seines Pallastes noch durch die Reichthümer und die Zaubereien der Malerei erhöhet zu sehen wünschte, hielt Hannibal Carraccio für fähig, diese seine Wünsche zu befriedigen. Er rief ihn nach Rom und der bolognesische Künstler, der bis izt von der Antike und den Meisterstücken des Raphael nur eine sehr unvollkommene Kenntniß hatte haben können, nahm mit Freuden eine Gelegenheit an, die ihm neben der nützlichen Anwendung seiner schon erlangten Kenntnisse, auch noch die Erwerbung noch nicht erlangter versprach. Ob er daher gleich als ein großer und schon bewunderter Künstler nach Rom berufen worden war, so hielt er es dennoch nicht für herabwürdigend, hier die Rolle eines Lehrlings zu spielen, und er theilte daher seine Stunden, in die ihm übertragenen Arbeiten und in das Studium der herrlichen Werke der alten und neuen Artisten.

Hier änderte nun Hannibal Carraccio seine Manier. Bis izt hatte er die Farbe eines Titian und die Grazie eines Corregio als die Haupttheile der Kunst betrachtet; nun erkannte er aber, daß diese Theile, so anziehend sie auch immer wären, dennoch zwei andern weit wichtigern untergeordnet werden müßten, nämlich der Darstellung der Seele und der Schönheit. Durch das Studium dieser beiden Theile, das er nunmehr zu dem Hauptgegenstande seiner künstlerischen Beschäftigungen machte, erhob nun gleichsam dieser Maler seine Kunst und ließ sie nicht länger blos Nachahmung der äußeren Natur seyn, sondern sie nun auch durch die Schönheit der Formen eine himmlische Idee von der Menschennatur geben, und sie durch Hülfe des Ausdrucks selbst den belebenden Oden, den der Schöpfer dem Menschen einhauchte, auf die Leimwand zaubern. Er wurde gewahr, daß simple Darstellung der kolorirten Natur nur in den niedern Gattungen der Malerei Statt finden dürfe, und daß der in den höheren Gattungen dieser Kunst arbeitende Artist, daß der Geschichtsmaler hauptsächlich die belebte Natur darzustellen habe. Er empfand, daß die niedern Gattungen, da sie auf den Gesichtssinn angenehm wirken sollten, nun auch ihre vorzüglichen Schönheiten von den Farben erhalten müßten, und daß in ihnen, da sie den Blick durch nichts Außerordentliches zu fesseln vermöchten, nichts vernachlässiget seyn dürfte, was zu einer Täuschung Gelegenheit geben könnte; aber im Gegentheil fühlte er auch, daß in der Geschichtsmalerei bei der Anwendung dieser Zaubereien eine weise Mäßigung zu beobachten sei, und daß, da diese Gattung der Malerei schon ihrer Natur nach die Seele so sehr zu beschäftigen vermöge, der Künstler nun auch Alles verwerfen müsse, was diese zerstreuen, was diese stören könnte. Aber nicht so innig scheint er empfunden zu haben, daß hier der Artist das, was er in der Seele hervorbringen will, auch durch Wirkung unterstützen muß, und daß der Ausdruck in einem Gemälde auch durch den Ton desselben gehoben werden soll.

Hannibal Carraccio brachte mit seinen Arbeiten in dem Pallaste Farnese acht Jahre zu, und erhielt monatlich nicht mehr als zehen Thaler. Da er ganz zu Ende war, zahlte man ihm fünfhundert Thaler aus. Carraccio, der arm geboren und an einen dürftigen Unterhalt gewöhnt war, besas eine ungeheuchelte Gleichgültigkeit gegen das Geld, von der er auch schon mehreremale in seinem Leben die unzweideutigsten Proben abgelegt hatte: allein itzt glaubte er in der unbedeutenden Summe, die man ihm reichte, eine Verachtung seiner Talente zu finden, und dieses versenkte ihn in eine Schwermuth,

muth, welche seine Tage abkürzte. Er starb in Rom 1606. im neun und vierzigsten Jahre seines Lebens.

Man hat oft die Werke der drei Carracci's mit einander verwechselt, weil man immer in ihnen in Ansehung der Manier sehr viel Aehnlichkeit bemerkte, besonders ehe Hannibal Carraccio nach Rom gieng. Indessen hat ein jeder dieser drei Artisten etwas Eigenes und Charakteristisches, das ihn von den andern unterscheidet. Ludwig hat z. B. weniger Feuer, aber mehr Graziöses und Großes; Augustin zeigt mehr Geist in seinen Gedanken und mehr Gefälliges in der Ausführung; Hannibal besitzt endlich mehr Stolzes, in der Zeichnung mehr Gründliches, im Ausdrucke mehr Lebhaftes, und in der Ausführung mehr Festes.

Reynolds hegt für Ludwig Carraccio, dessen Werke er in Bologna gesehen hat, eine gewisse Vorliebe. Er führt ihn in Rücksicht desjenigen, was in der Malerei Styl genannt wird, und was in nichts Andern, als in der Geschicklichkeit besteht, die Farben so anzuordnen, daß sie die Ideen oder die Gefühle eben so in dem Gemälde, wie die Worte in einer Rede ausdrücken, als ein vorzügliches Muster an. „Ludwig Carraccio, sagt er, „ist es, der nach seinen besseren Werken zu urtheilen, „sich der Vollkommenheit in Ansehung dieses Theiles der Malerei am meisten genähert zu haben scheint; seine breiten so „natürlich sich ausdehnenden Lichter und Schatten, sein simples mit so vieler Einsicht behandeltes Colorit, das nie den „Blick von dem Gegenstande, der ihn beschäftigen soll, abzieht, „endlich die mächtige Wirkung seines Halblichtes, das er über „alle seine Schöpfungen ausgegossen zu haben scheint — dieses Alles ist, wie ich wenigstens glaube, ernsten und majestätischen Sujets weit mehr angemessen, als jenes blendende „und künstlichere Sonnenlicht, mit welchem ein Titian seine „Stücke beleuchtet hat. Es ist zu beklagen, daß die Werke „des Ludwig Carraccio, die ich für das Studium der jungen Künstler so nützlich halte, sich nur in Bologna befinden. Sie sind es würdig, daß ihnen der angehende Artist „seine ganze Aufmerksamkeit schenkt, und es sollten junge reisende

„de Künstler sich in Bologna länger aufhalten, als es gewöhn„lich zu geschehen pflegt.“

Hannibal Carraccio wird unter den großen Meistern mit zu denjenigen gerechnet, welche man in Ansehung der Kenntniß und der Schönheit der Zeichnung als Muster betrachtet: dieses ist auch die Ursache, warum man seinen Gemälden die von ihm für die farnesische Gallerie aus Stuck verfertigten Figuren vorzieht. Diejenigen, die ihm den Vorwurf machen, daß er sich in Rücksicht des Colorits in Rom weniger gut, als in Bologna gezeigt habe, mögen erwägen, daß er seinen hohen Ruhm hauptsächlich der in Rom angenommenen Manier zu verdanken hat. Strenge Kunstrichter wollen in der Zeichnung seiner Formen zu wenig Mannigfaltigkeit finden; sie behaupten auch, daß er nur in der Darstellung der männlichen Schönheit excellirt, und daß, wenn er auch in den Nachahmungen der Antiken sich einigemal diesen Meisterstücken der alten Kunst genähert, er sich doch niemals zu den hohen Ideen und zu der Größe des Styls aufgeschwungen habe, durch den sich die Artisten des Alterthums so sehr charakterisiren; es sei also von ihm zwar sehr schön, das Aeußere ihrer Manier nachgeahmt, aber nie das Innere dieser unsterblichen Meister erreicht worden, und er sei nicht ganz in das eingedrungen, was die Alten bei ihren Schöpfungen leitete.

Die Fortschritte, welche Hannibal Carraccio machte, und der Ruhm, den er sich auf eine so verdiente Weise erwarb, sind vielleicht nicht ohne allen Nachtheil für die Kunst gewesen. Sein Verdienst und sein Ansehn hat bei einem sehr großen Theile von jungen Künstlern, welche nach ihm aufgestanden sind, zu viel gegolten, und sie haben ihn zum Gegenstand des Studiums gemacht, zu welchem sie jene Meister hätten wählen sollen, welche Hannibals Lehrer waren, und welche von ihm nicht erreicht wurden. So sind sie nun aber selbst nicht einmal ihm gleichgekommen, dessen Fehler sie noch überdieses annahmen, ohne im Uebrigen seine Schönheiten zu erreichen; so haben sie nicht sowohl anmuthige und graziöse, als nur solche Formen zu bilden gesucht, welche Kraft und Stärke ankündigen; so

haben

haben sie über den Nachahmungen der äusseren Gestalt den Ausdruck der inneren Regungen vernachlässigen gelernt, den der Artist doch nie aus dem Gesichte verlieren soll, und dem er durch das Aeussere der Form immer zu entsprechen suchen muss; so haben sie endlich auch nicht der hohen Ideen fähig werden können, deren ein Raphael fähig war. Unter den Künstlern der französischen Schule bildete sich Le Brun nach den Originalgemälden Hannibals, und obgleich Le Sueur den Raphael nur nach Stichen hatte studiren können, welche nach den Werken dieses grossen Artisten gefertiget worden waren, so übertraf er doch seinen Nebenbuhler durch jene die Seele so sehr rührende Schönheit, und durch den Ausdruck der Regungen, die diese erfüllen.

Französische Schule. Die französische Schule zeigt wegen ihrer verschiedenen Meister sehr grosse Verschiedenheiten, und es haben, wenn es erlaubt ist, sich dieses Ausdrucks zu bedienen, es haben in dieser Schule wiederum so viele verschiedene Schulen existirt, dass es sehr schwer hält, sie zu charakterisiren. Einige von ihren Künstlern haben sich nach florentinischen oder lombardischen Artisten gebildet; Andere haben in Rom die Manier der Römer studirt; Andere haben wieder die der venetianischen Maler angenommen; und Einige haben sich endlich wieder durch eine Manier ausgezeichnet, welche sie nur allein sich selbst zu verdanken scheinen, und welche eigen genannt werden kann. Welchen von diesen verschiedenen Styls kann man nun aber wohl als den Charakter der französischen Schule betrachten? Redet man im Allgemeinen, und übergehet man die Künstler, welche hier eine Ausnahme machen, so könnte man sagen, dass der Charakter der in die französische Schule gehörigen Artisten darinne bestehe, keinen besonderen Charakter zu haben, dagegen aber Alles nachahmen zu können, was sie sich nachzuahmen vornehmen. Im Allgemeinen könnte man auch noch von ihr sagen, dass man in ihr in einem mittelmässigen Grade alle Theile der Kunst antreffe, dass sie übrigens aber in keinem besonders excellirt, auch nicht die Kunst in irgend einem weiter gebracht habe.

Man würde sicher manche Schwierigkeit finden, wenn man es unternähme, den Zeitpunct mit einiger Gewißheit anzugeben, in welchem Frankreich zuerst Maler gehabt hat. Denn man weiß, daß in den alleraltesten Zeiten sich schon hier Künstler befanden, welche die Glas- und Miniaturmalerei trieben, und zu welchen in Rücksicht dieser beiden Gattungen der Malerei einigemale selbst das Land der Künste, Italien, seine Zuflucht nahm. Wenn Franz der Erste den Meister Roux oder Maestro Rosso, einen Florentiner, und den Primatice, einen Bologneser, nach Frankreich kommen ließ, so hatte die französische Nation schon eine sehr große Menge Künstler, welche sich freilich nicht durch hohe und außerordentliche Talente auszeichneten, aber doch immer fähig waren, nach diesen fremden itzt genannten Meistern zu arbeiten.

Der älteste französische Maler, der sich berühmt gemacht hat, ist Jean Cousin. Er trieb hauptsächlich die Glasmalerei, zeichnete sich aber auch durch wirkliche Gemälde aus. Man betrachtet das seines Weltgerichts, das sich in der Sacristei der Franziscaner in dem Walde von Vincennes befindet, als einen Beweis seines fruchtbaren Genies, ein Stück das auch graviert worden ist. Dieser Maler war auch Bildner. Seine Zeichnung ist correkt, aber nicht sehr elegant.

Die Malerei, welche in Frankreich von Franz dem Ersten einige Zeit hindurch aufgemuntert worden war, sank hier in der Folge wieder, und fieng nur erst unter der Regierung Ludwig des Dreizehnten wieder an aufzuleben. Hier stand ein Jacques Blanchard auf, welcher sich in der venetianischen Schule gebildet hatte, und den die Franzosen ihren Titian nennen. Da er sehr frühzeitig starb, und sein Talent nicht durch Schüler verewigt wurde, so kann man diesen schätzbaren Artisten nur als einen isolirten Künstler, nicht aber als einen Stifter der französischen Schule betrachten.

Eben so wenig genießt auch Frankreich das Glück einen der größten Maler, ja vielleicht den größten, den es je hervorgebracht hat, unter die Meister seiner Schule rechnen zu können. Ihn zählt Italien, weil er ihm die Ausbildung seiner hohen Kunsttalente verdankt, unter seine grosten Artisten: Frankreich, das so stolz darauf ist, ihm das Leben und seine erste Erziehung gegeben zu haben, tröstet sich indessen damit, daß, wenn es ihn auch nicht unter den Stiftern seiner Schule anführen kann, ihn doch zum wenigsten unter seine Artisten rechnen darf.

Man wird leicht fühlen, daß ich hier von Poussin spreche, den die Franzosen ihren Raphael nennen, der aber nicht, wie der urbinische Künstler, Stifter einer Schule geworden ist, nicht wie jener, Schüler hinterlassen hat.

Nicolas Poussin wurde zu Andely in der Normandie im Jahre 1594 in einer von Soissons herstammenden Familie geboren. Sein Vater war von Adel, aber ohne Vermögen. Der junge Poussin kündigte während des Laufes seiner wissenschaftlichen Beschäftigungen seinen Geschmack für die Zeichnung an, in der er auch sehr schnelle Fortschritte machte, so bald er von seinem Vater die Erlaubniß, sich mit ihr zu beschäftigen, erhalten hatte. Er verließ in seinem achtzehnten Jahre die vaterländische Provinz, und gieng nach Paris, um sich in der Kunst unterrichten zu lassen; aber hier lagen die Künste darnieder. Poussin vertrauete sich indessen doch dem Unterrichte zweier Maler an, von denen der Eine aller Talente ermangelte, der Andere aber nur einige wenige Geschicklichkeit im Portraitiren besas. Poussin sahe sehr bald, daß ihm diese Meister nur sehr wenig nützlich werden würden, und er verließ sie daher nach einigen Monaten wieder. Bei ihnen hatte er indessen doch das Mechanische der Kunst gelernt, hatte übrigens nun aber keine andern Lehrer, als die nach Raphael und Julius Romano gefertigten Stiche. Sein heissester Wunsch war eine Reise nach Rom, er trat diese auch zweimal an, wurde aber beidemal genöthiget, sie zu unterbrechen.

Endlich lernte er in Paris, nachdem er hier und in den Provinzen Einiges gearbeitet hatte, was ihm sehr schlecht bezahlt worden war, den Kavalier Marin kennen, der durch den Adonis so bekannt geworden ist, ein Gedicht, das die auffallendesten Beispiele von Geistesschönheit und von Mißbrauch

des

des Talentes enthält. Der Kavalier Marin erkannte in dem jungen Poussin einen wahrhaft dichterischen Maler, und wie die Eigenliebe immer einen sehr grossen Einfluß auf die Urtheile der Menschen zu haben pflegt, so fühlte nun auch Marin eine um so stärkere Neigung in sich, den jungen Poussin zu schätzen, je mehr er ihn Scenen aus dem Adonis zeichnen sahe. Marin reiste wieder nach Rom zurück, und machte dem jungen Artisten das Anerbieten, ihn mit dahin zu nehmen; allein Poussin war wegen einiger angefangenen Arbeiten, und unter andern wegen eines Gemäldes, das den Tod der heiligen Jungfrau vorstellte, und das er für die Notre-Dame malte, genöthiget, in Paris zu bleiben. Aber er unternahm, so bald er diese Arbeiten beendigt hatte, zum drittenmal die Reise nach Rom, wo er nun auch im Frühling des Jahres 1624 ankam.

Hier fand er den Kavalier Marin, aber im Begriff eine Reise nach Neapel anzutreten, wo er bald nachher starb. Marin hatte ihn zwar bei seinem Abgange noch dem Kardinal Barberin, einem Neffen des Pabstes Urban des Achten, empfohlen, allein der Kardinal mußte Rom wegen seiner Legationen auch sehr bald verlassen. Poussin, der sich schon den Jahren des Mannes näherte, befand sich daher ohne alle Bekanntschaft und ohne alle Unterstützung in einer fremden Stadt, und fand durch nichts Hülfe, als durch sein Talent, das aber, weil es keine Lobredner hatte, leider nur wenig gewürdiget wurde. In diesem traurigen und kummervollen Zustande, der eine weniger starke Seele zur Verzweiflung gebracht haben würde, und in dem er durch seine Werke kaum das erwerben konnte, was die Anschaffung der Leinwand, der Farben und der nothwendigsten Bedürfnisse des Lebens forderte, in diesem Zustande hielt sich Poussin dennoch für glücklich, weil er die Antike und den Raphael studiren konnte. So kann der Wißbegierige, dem sich eine Gelegenheit darbiethet, die heftigen und edlen Neigungen seines Geistes zu befriedigen, selbst unter einem Heer von Leiden glücklich seyn, wenn im Gegentheil die gemeine Seele, die an Nichts Geschmack findet, sich selbst im Schooße des Glückes unglücklich fühlt.

Der

Der dürftige Poussin fand endlich noch um so mehr Schwierigkeiten, sich durch Hülfe seines Talentes einen nothdürftigen Unterhalt zu erwerben, jemehr seine Manier auch der damals in der Kunst herrschenden Mode entgegen war. Uebrigens wird auch nicht leicht der Künstler berühmt, dessen Person nicht gekannt ist, und Poussin lebte gerade in der größten Abgezogenheit von Menschen. Er fand sich einmal genöthiget, ein Gemälde für acht Franken zu verkaufen, von dem ein junger, aber mehr bekannter Maler eine Copie fertigte, die er gerade noch einmal so theuer verkaufte.

Anstatt nun unablässig zu arbeiten, um die Zahl seiner Werke zu vermehren, und durch Menge derselben sich das Wenige zu erhöhen, das er gemeiniglich für dieselben erhielt, widmete vielmehr Poussin, beseelt von jenem Muthe, den eine heftige Liebe für die schönen Künste erweckt, dem Studium den größten Theil seiner Zeit. Er copirte in Verbindung mit dem Bildner Duquesnoy, der unter dem Namen François Flamand so bekannt ist, die Antiken mit der Bleifeder, modellirte sie von der Seite und nach Vorn, und maß ihre verschiedenen Parthieen aus: er lustwandelte in den Weinbergen und den entlegensten Fluren Roms, betrachtete und zeichnete die Statüen der Griechen und Römer, vertrauete seinem Gedächtnisse oder seinem Papier die schönsten Prospecte an, und bemächtigte sich der schönsten Wirkungen der Natur. Er skizzirte Alles, wovon er glaubte, daß es ihm dereinst nützlich werden könnte, Bäume, Terrassen, Wirkungen des zufällig-einfallenden Lichtes, Geschichtskompositionen, Figuren-Anordnungen, Draperieen, Waffen, antike Bekleidungen, und Geräthschaften. Und konnte hier wohl Poussin über Armuth klagen, da er jeden Abend in seine armselige Wohnungmit solchen Reichthümern zurückkehrte, und jeden Abend den wichtigen Schatz, den er hier ansammelte, vergrößerte? Ein Jeder, welcher sein Leben beobachtet hätte, würde ihn für unglücklich gehalten haben; und ihm waren alle Augenblicke seiner Existenz selige Genüsse.

Man darf nicht glauben, daß Poussin für die Kunst jene Stunden verloren habe, wo seine Hand den Pinsel, die Bleifeder und den Wischer ruhen ließ. Er war auch bemüht, sich den Grund des Schönen zu entwickeln, das er beobachtet hatte, dachte über das Theoretische seiner Kunst nach, betrat das Gebiet der Geometrie und der Optik, prägte durch Beihülfe eines geschickten Wundarztes seinem Gedächtniß die Wahrheiten der Zergliederungskunde, die er schon in Paris kennen gelernet hatte, wieder ein, und studirte von neuem die Schriften und die Kupfer eines Vesal. Er benutzte selbst die Zeit, während der er sich auf der Straße befand, indem er hier die Vorübergehenden, ihre Physionomieen, ihre Stellungen, die Falten ihrer Kleider, die verschiedenen Leidenschaften, die sich in ihren Gesichtszügen ankündigten, beobachtete, und sich das, was ihm wichtig zu seyn dünkte, skizzirte.

Sein Genie hatte sehr viel Aehnlichkeit mit dem des Raphael, daher er denn auch diesen großen Artisten vor allen Andern schätzte. Domeniquino erhielt seine zwote Achtung, und den Titian studirte er wegen des Colorits; man versichert, daß er selbst einige Gemälde dieses Meisters copirt habe; wenn er übrigens in der Folge Titians Grundsätze weniger befolgte, so geschahe es ohne Zweifel aus wohlüberlegten Gründen.

Endlich kam der Kardinal Barberin von seinen Gesandtschaften in Frankreich und Spanien nach Rom wieder zurück; er beschäftigte Poussin, machte seine Talente bekannter, und wenn sich dieser große Artist nun auch nicht gerade Reichthümer erwarb, die er ohnehin verachtete, so hörte er doch zum wenigsten auf, dürftig zu seyn. Der Tod des Germanicus war das erste Stück, das er für den Kardinal arbeitete. Nie ließ er sich für ein Werk, das man von ihm verlangte, vorausbezahlen; er schrieb, wenn er eins beendiget hatte, den Preis auf die Rückseite der Leimwand, und dieser war nach Verhältniß des Talentes und des Ruhms dieses Künstlers immer sehr mäßig. Beständig weigerte er sich Etwas anzunehmen, was die Summe, die er in Ansehung eines Stückes selbst festgesetzt hatte, überstieg; man hatte ihm zum Beispiel für die Entführung des heiligen Pauls hundert Thaler geschickt; und er gab funfzig wieder zurück. Sehr oft war es der Fall, daß Gemälde, für die er nur sechzig Thaler gefordert hatte, in einigen Jahren darauf für tausend verkauft wurden.

Sein Ruhm verbreitete sich von Rom nach Frankreich. Er erhielt hierher durch den Minister des Noyers, welcher Surintendant über die königlichen Gebäude war, einen Beruf, dem er aber sehr ungern folgte. Er bekam eine Wohnung in dem königlichen Schlosse der Tuilerien, und den Titel des ersten Malers des Königs: allein dieses Glück wurde sehr bald durch die Wirkungen des Neides zerstört. Vouet und seine Schüler, bis auf den Landschaftsmaler Fouquieres tadelten auf das bitterste die Werke, die er gefertiget, ja sogar auch diejenigen, die er noch nicht gefertiget hatte, und man kabalirte endlich selbst bei dem Minister gegen ihn. Er erhielt die Erlaubniß nach Rom zu reisen, um da seine Gattin aufzusuchen und seine Sachen in Ordnung zu bringen, aber Poussin faßte bei seiner Abreise den Entschluß, nie wieder zurück zu kommen.

Er starb in Rom 1665 in einem Alter von ein und siebenzig Jahren. Er hätte sehr leicht reich werden können, wenn er nur einigermaßen die heftige Begierde hätte benutzen wollen, mit der man seine Werke suchte; allein Poussin fand mehr Geschmack an einem mittelmäßigen Glücke; er hatte seine Gattin mit demselben Geiste der Mäßigkeit erfüllt, und beide hatten nicht einmal eine einzige Bedienung zu ihrer Bequemlichkeit.

Ob sich gleich seine Werke von den Werken anderer Meister sehr gut unterscheiden, so war er doch immer noch bemüht, in Ansehung der Manier und des Tones in ihnen mannigfaltig zu seyn, und er pflegte daher nach Maßgabe des Sujets und des Ausdruckes desselben sich bald einer festeren oder weicheren Tusche, bald einer muntereren oder kühnereren Tinte, bald einer lächelndern oder wilderern Lage, bald eines mehr ausgedehnten oder eingeschlossenen Lichtes zu bedienen. Auf die Malerei hatte er die Theorie der verschiedenen Tonarten, die die Griechen in die Musik eingeführt hatten, angewandt; nämlich die dorische für ernsthafte und männliche Empfindungen, die phrygische für heftige und wilde Leidenschaften, die lydische für sanfte und angenehme Regungen, und die jonische für Feste, für Bacchanalien, für Tänze. Dieses macht er uns selbst in einem seiner Briefe bekannt. Dachte er aber auf Mannigfaltigkeit in Ansehung seiner Sujets und der Manier sie zu behandeln, so hielt er es auch für etwas der Kunst ganz Unwürdiges, Sujets zu bearbeiten, welche alles Edlen ermangelten.

Seine tiefdurchdachten und immer sehr sinnreichen Compositionen haben ihm den Titel eines Malers für geistvolle Menschen erworben: man könnte ihn aber auch wegen des mit so vieler Strenge von ihm beobachteten Costums einen Maler für Gelehrte nennen. So groß sich auch manche Meister in diesem und jenem Theile der Kunst gezeigt haben, so glaube ich doch, daß die Stücke keines in der Seele des Betrachters so tiefe Eindrücke zurücklassen, als die Werke Poussins; und dieses ist eine Folge der Aufmerksamkeit, die dieser Künstler verrieth, durch alle Mittel der Kunst dem Eindrucke zu entsprechen, der durch seine Schöpfung auf die Seele geschehen sollte. Man darf nur einmal das Testament des Eudamidas, nur einmal den Tod des Germanicus, nur einmal sein Arkadien gesehen haben, und man wird sich immer wieder dieser Stücke erinnern, und sich bei jeder Erinnerung aufs neue gerührt, und zum Nachdenken veranlaßt finden.

Auch war der Zweck, den sich Poussin vorsetzte, und den er als Zweck aller Kunst ansahe, zu der Seele zu reden: alle seine Bemühungen schienen auf ihn gerichtet zu seyn: Man kann selbst behaupten, daß ihn dieser Grundsatz verleitet habe, zwar nicht die Farbe, denn immer bediente er sich derjenigen, die dem Objecte zukam, aber doch jenes Anziehende, jenes Anlockende in dem Colorite zu vernachläßigen: er würde gefürchtet haben, durch eine solche flüchtige und vorübergehende Belustigung des Gesichtssinnes die gerührte und nun nachdenkende Seele des Betrachters zu zerstreuen, und er hatte den Vorsatz, sey; anzuziehen und zu fesseln, nicht aber zu glänzen. Ich stehe nicht an, zu glauben, daß das so oft getadelte Colorit des Poussin zum Theil mit die Ursache jener tiefen und bleibenden Eindrücke sei, welche bei der Betrachtung seiner Werke auf die Seele geschehen. Und in der That, wenn es wahr ist, und worüber sehr leicht ein Jeder an sich selbst die Beobachtung machen kann, wenn es wahr ist, daß bei einem zu lebhaften Glanze die Seele weniger vermag, sich zu sammeln und zu fassen, so muß man zugeben, daß kein Artist mehr, als Poussin die Pflicht des Malers gekannt habe, welcher sich vornimmt, den Vortheil, zu gefallen, nur als ein Mittel zur Belehrung und zum Unterrichte des Gesichtssinnes zu benutzen.

Und man darf nicht glauben, daß Poussin sich einer Unwahrheit gegen die Natur schuldig gemacht habe, wenn er in seinem Colorite das Schimmernde und Glänzende vermied, das seiner Absicht entgegen gewesen wäre. Er hatte beobachtet, daß die Fleischhaltungen und die Farben nur dann das Frische und Lebhafte hätten, wenn sie in der Nähe betrachtet würden; daß sie aber im Gegentheil nur matt und gedämpft aussähen, wenn man sie aus der Entfernung erblickte, und daß daher der Maler eine Unwahrheit begehe, und mehr dem Gesichtssinne, als der Vernunft Gnüge leiste, wenn er denen, in einer beträchtlichen Entfernung von dem Auge gehaltenen Gegenständen das Glänzende ertheilte, das doch eigentlich diese nur dann haben können, wenn sie dem Blicke genähert sind. Und so hatte Poussin das Vergnügen, sich auch da wahr zu sehen, wo er eine mit seinen tiefen Kenntnissen streitende Coquetterie verwarf.

Wenn Poussin nicht immer die venetianischen Maler in der Verbreitung der Lichter und Schatten durch große Massen nachahmte, so kam es daher, weil er glaubte, daß die Kunst nicht immer das darstellen müsse, was das Schauspiel der Natur dem Anblicke nur selten darbiethet. Er glaubte, daß der Maler, ohne zu diesem Kunstgriffe seine Zuflucht nehmen zu dürfen, Mittel genug habe, die Gegenstände durch die Abstufung der Tinten und durch die Dazwischenkunft einer nach

Verhältniß der Distanzen grösseren oder kleineren Luftmasse zu heben.

Immer dem Grundsatze getreu, die Seele des Betrachtenden zu fesseln, nicht aber zu zerstreuen, stellte Poussin in seinen Compositionen nur grosse, edle und Natur athmende Gegenstände dar; in ihnen erblickt man schöne architectonische Massen, aber keine kleinlichen Verzierungen; bezaubernde Landschaften, aber keine Ziergärten; Würde ankündigende Draperieen, aber keinen lächerlichen Putz. Ihm ist übrigens der Vorwurf gemacht worden, daß er bisweilen zu viel Falten angebracht habe, ein Fehler, gegen den er auch in der That nicht ganz gerechtfertiget werden kann.

Wenn man Poussin keine Aehnlichkeit mit irgend einem neueren Maler haben sieht, so muß man bedenken, daß dieser grosse Künstler auch gar nicht gesucht habe, den Artisten der neueren Zeit ähnlich zu seyn. Er hatte die Kunst der Alten an ihren Statüen, in ihren Basreliefs und in den Ueberbleibseln ihrer Malereien studirt. Er hatte ferner auch durch Hülfe dessen, was er von ihr kannte, das zu ergründen gesucht, was man eigentlich nicht mehr kennen kann, nämlich die Manier eines Apelles und anderer grosser Meister des Alterthums, die Art, mit der diese Unsterbliche auffaßten, und die Grundsätze, die sie befolgten; und er war, nachdem er diese Pfade der Untersuchung und des Nachdenkens durchwandelt hatte, nur bemüht, die Malerei der Alten wieder aufleben zu lassen. Wir sind weit entfernt, das Herrliche und Schöne jener Theile der Malerei herabwürdigen zu wollen, die den neueren Künstlern ihre Bildung verdanken, und die die Alten gar nicht gekannt zu haben scheinen: aber wenn man die tiefen Einsichten erwägt, die die Griechen in allen jenen Schöpfungen gezeigt haben, die uns noch von ihnen übrig sind, und nach denen wir sie beurtheilen können, so fühlt man sich genöthiget zu glauben, daß die von ihnen nicht dargestellten Schönheiten der künstlerischen Behandlung auch immer weniger würdig und mit einem Worte immer solche gewesen sind, welche denen von ihnen zur Darstellung gewählten, nachtheilig geworden wären, und man ist alsdann nicht sehr abgeneigt einzugestehen, daß, indem Poussin die Malerei der Alten wieder hervorzurufen suchte, er in der That den Künstlern den schönsten und herrlichsten Pfad gezeigt habe, den sie nur immer betreten können.

Aber dieser große, von seinem Vaterlande entfernte, und mehr bewunderte als nachgeahmte Artist, hat, wie wir schon bemerkt haben, zu der Begründung der französischen Schule nichts beigetragen. Einen seiner heftigsten Gegner und Verfolger kann man als den Stifter derselben ansehen, da diejenigen Artisten, welche in der blühenden Periode der Kunst in Frankreich vorzüglich geglänzt haben, seine Schüler gewesen sind. Ich spreche von Simon Vouet, der ohne Zweifel bedeutende Talente besaß, der aber dennoch eine sehr schlechte Schule gestiftet haben würde, wenn seine Zöglinge unglücklicherweise seine Manier ganz befolgt hätten. Er zeichnete sich durch eine außerordentliche Leichtigkeit im Arbeiten aus, war aber in der Zeichnung gekünstelt, in der Farbe unwahr, und hatte vom Ausdrucke keine Idee. Das, was er Bewunderungswürdiges besitzt, verdankt er zum Theil dem Unrichtigen, dessen er sich dadurch schuldig machte, daß er, der schnelleren Beendigung wegen, Lichter und Schatten durch große allgemeine Tinten ausdrückte. Es scheint, als wenn dieser Artist nur den Pinsel habe nehmen dürfen, um mit einem einzigen Striche das gewählte Sujet zu beendigen: bei ihm wird man versucht sich für befriedigt zu halten, weil man in Erstaunen gesetzt wird. Dieser Künstler hat übrigens doch die Ehre, den schlechten Geschmack, der zu seiner Zeit in Frankreich herrschte, verdrängt, und seiner Nation einen bessern gegeben zu haben. Er starb 1641 in einem Alter von neun und funfzig Jahren.

Legte Vouet den Grund zu der französischen Schule, so war es die Hand Le Bruns, seines Schülers, die das Gebäude vollendete.

Ein mittelmäßiger Bildner war der Vater des Charles le Brun, der im Jahr 1619 geboren wurde. Der Vater unterrichtete seinen Sohn selbst, nahm ihn mit dahin, wo ihn seine Arbeiten nöthig machten, und ließ ihn da an seiner Seite zeichnen. Es wurden ihm einige Arbeiten in den Gärten des Kanzlers Seguier übertragen, dessen Andenken noch lange heilig seyn wird, weil er die Künste und die Wissenschaften beschützte. Seguier sahe hier den jungen Le Brun, fühlte sich von seiner Physionomie angezogen, bewunderte seine Anlagen zum Zeichnen, munterte ihn auf, unterstützte ihn mit Geld und sorgte für seine fernere Bildung. Der junge Le Brun erhielt nun Vouet zum Lehrer, den er eben so wie seine Mitschüler durch die schnellen Fortschritte, die er machte, in Erstaunen setzte. In seinem zwei und zwanzigsten Jahre lieferte er das Gemälde, das die Rosse des Diomedes vorstellt, und das im Palais Royal neben den Werken der größten Meister einen Platz erhielt. Das Jahr darauf ließ ihn sein Gönner nach Italien reisen und bewilligte ihm eine sehr ansehnliche Unterstützung. Er empfahl ihn auch an Poussin; aber der junge Künstler bestimmte sich vermöge seiner Naturanlagen mehr für jenen modernen Theil, den man die große Maschine nennt, als für das Tiefgedachte und Weise der griechischen Artisten, für das ihm Poussin so viel Sinn hätte beibringen können. Die Empfehlung an diesen großen Meister war indessen für den jungen Le Brun nicht ohne Nutzen, denn auf sein Anrathen studirte er die Denkmäler der Alten, ihre Gebräuche, ihre Kleidungen, ihre Architectur, ihre Schauspiele, ihre Uebungen, ihre Schlachten und ihre Triumphe. Und hier, wo Poussin den jungen Le Brun aufklärte, hier ist es, wo man einigermaßen noch sagen kann, daß dieser unsterbliche Artist auf die Begründung der französischen Schule einigen Einfluß gehabt habe.

Le Brun fand nach seiner Zurückkunft in seinem Vaterlande nur einen einzigen Nebenbuhler, und dieser war Eustache le Sueur. Allein er, der mehr Ruhm besaß, mehr beschützt wurde, vielleicht auch thätiger und mit seinem eigenen Interesse mehr beschäftiget war, siegte über diesen so gefürchteten Rival, den ihm aber die Nachwelt vorzieht. Ihm übertrug man alle wichtige Werke, und er hatte alle Gelegenheiten sich auszuzeichnen; eine einzige, die man le Sueur nicht nehmen konnte, war indessen hinreichend, um den Namen dieses Künstlers in den Jahrbüchern der Kunst zu verewigen; übrigens mußte das Jahrhundert, das ihn hervorgebracht hatte, erst noch verfließen, ehe man ihm ganz Gerechtigkeit wiederfahren ließ.

Doch, wenn wir den le Sueur gegen die Blindheit oder Partheilichkeit seiner Zeitgenossen rächen, so wollen wir auch nicht vergessen, was die Künste dem le Brun zu verdanken haben. Es war zwei Jahre nach seiner Zurückkunft von Rom, als er, hauptsächlich durch sein Ansehn bei dem Kanzler Seguier, seines Wohlthäters, die Errichtung der königlichen Akademie der Malerei bewirkte, deren Stiftung man gleichsam als den Sieg der französischen Schule betrachten kann. Bis itzt hatten die Künstler mit jenen Malermeistern, welche sich hauptsächlich mit dem Ausmalen der Gebäude zu beschäftigen pflegen, eine Zunft gebildet, und die schöne Kunst war in dieser monströsen Verbindung dem Handwerke der Letztern untergeordnet gewesen.

Der Surintendant Fouquet war noch im Genusse des Glückes, das ihn endlich so grausam verlassen sollte. Seine Pracht verdunkelte den Glanz des Thrones. Man darf nur sagen, daß er sein Schloß zu Vaux durch die Talente Le Bruns verschönert zu sehen wünschte, um bemerken zu lassen, daß Le Brun als der erste Maler der Nation angesehen wurde. Fouquet gewann den le Brun durch ein Jahrgeld von zwölftausend Livres, eine Summe, welche itzt fast noch zweimal so viel ausmachen möchte, und neben welcher doch noch die Gemälde besonders bezahlt werden sollten, welche le Brun liefern würde.

Nachdem Fouquet in Ungnade gefallen war, arbeitete Le Brun für den König, der ihn in den Adelstand erhob, ihm den Titel seines ersten Malers beilegte, und ein Jahrgeld bewilligte, das jener ihm von Fouquet ausgesetzten Pension gleichkam; denn es schien als wenn der Monarch den Surintendanten an Freigebigkeit nicht übertreffen könnte. Ludwig der Vierzehnte liebte allenthalben das Große, und sein erster Maler konnte nicht erfinderisch nicht sinnreich genug seyn, um seinen Geschmack ganz zu befriedigen. Sculpturen und sonstige Verzierungen des Inneren der Zimmer, Tapeten, Schlosser- und Goldschmiedsarbeiten, Mosaiken, Tische, Vasen, Kron- und Wandleuchter — Alles wurde unter der Aufsicht und nach den Zeichnungen Le Bruns verfertiget. Diese vielfachen Beschäftigungen hinderten ihn indessen nicht, auch die Zahl seiner Gemälde zu vermehren, welche entweder ganz oder auch nur zum Theil von seiner Hand sind. Die berühmtesten seiner Stücke, und deren Composition ganz Europa durch die schönen nach ihnen gearbeiteten Stiche kennen gelernet hat, sind erstlich zwei Gemälde in der Notre-Dame, von denen das eine den Märtyrertod des heiligen Andreas, das andere den des heiligen Stephanus darstellt, ferner die von den Carmelitern bekehrte Magdalene, die Schlacht des Maxentius und des Constantin, die Familie des Darius vor dem Alexander, die Schlachten des Letzteren, Christus unter den Engeln, u. a. m.

Le Brun war edel in seiner Dichtung und reich an Gedanken und Einfällen. Er war den weitläuftigsten Compositionen, die er mit Leichtigkeit erfand und mit Ueberlegung ausführte, gewachsen. Da er sehr viele Kenntnisse hatte, so beobachtete er auch mit vieler Strenge das Uebliche und Schickliche.

Wenige Maler haben in so vielen wesentlichen und außerwesentlichen Theilen der Kunst die Geschicklichkeit besessen, welche Le Brun besas; und wenn man auch zugeben muß, daß er von mehreren Künstlern übertroffen worden sei, so will doch dieses nur so viel sagen, daß in dem einen oder dem andern Theile der Kunst dieser und jener sich größer gezeigt habe. Er war ein sehr guter Zeichner, ob er hier sonst schon an Eleganz dem Raphael, an Reinheit dem Domeniquino nachsteht, und plumper und minder geistvoll als Hannibal Carraccio erscheint, den er sich zum Muster gewählt, und dessen Fehler er zum Theil angenommen hatte, wie dieses bei dem Nachahmen gemeiniglich der Fall zu seyn pflegt. In Rücksicht der Drapirung befolgte

folgte er die Manier der römischen Schule; aber die Bekleidungen seiner Figuren waren nicht, wie bei den venetianischen Malern, Stoffe, sondern nur Draperieen; eine Manier, die für die heroische Gattung, zu der seine Werke gehören, sehr passend ist: übrigens kam er in dieser Kunstparthie dem großen urbinischen Artisten nicht gleich. Er hatte den Ausdruck der Affecten studirt; dieses beweist seine Abhandlung über das Charakteristische der Leidenschaften; allein er glaubte, nachdem er diese allgemeinen Charaktere beobachtet und ihre Hauptzüge sich eingeprägt hatte, diese so weitläuftige Wissenschaft schon ganz zu besitzen; immer wählte er nur die wenigen von ihm studirten Charaktere, und vernachlässigte das wichtige Studium jener mannigfaltigen und zahlenlosen Verschiedenheiten, durch die sich uns die inneren Regungen der Seele ankündigen. So verfiel er aber in den Fehler, sich selbst zu wiederholen, und hatte auch nicht jenes Feine, Gründliche und Wahre im Ausdrucke, durch das sich Raphael so sehr auszeichnet, ja, er kam in diesem Theile der Kunst selbst nicht einmal einem Le Sueur gleich. Er liebte und hatte die große Maschine der Kunst sehr gut inne; er war ein Freund von großen Compositionen, und er brachte in sie Leben, Bewegung und Mannigfaltigkeit, ob er sonst schon nicht des Feuers und der Begeisterung eines Rubens fähig war. Le Bruns Compositionen sind mit Ueberlegung gearbeitet; die des Rubens hingegen sind geschaffen. Le Brun dachte gut; aber Raphael, Poussin und Le Sueur dachten tief. Le Brun konnte sich erheben, aber er konnte nicht wie Raphael sich zum Erhabenen aufschwingen.

Nie muß man, in Ansehung der Farbe, diesen Künstler mit den venetianischen Malern vergleichen: es ist bekannt, daß er sie nicht studirt hat; zudem findet man auch in der römischen und lombardischen Schule Beispiele von einer anmuthigeren, kräftigeren und festeren Farbe, und von einer freieren, kühneren und weicheren Führung des Pinsels.

Es war sehr natürlich, daß der eben so geistvolle, als unterrichtete Le Brun die Allegorie liebte, die dem Künstler für sinnreiche Erfindungen ein so weites Feld öfnet. Allein er charakterisirte, um das Fruchtbare und Unerschöpfliche seines Geistes noch mehr zu zeigen, seine allegorische Figuren durch selbst erfundene Symbole, anstatt daß er sich hier derjenigen hätte bedienen sollen, deren sich auch die Alten bedient haben, die durch sie gleichsam geheiliget zu seyn scheinen, und die man als bestimmte Charaktere einer gewissen hieroglyphischen Schreibart betrachten kann. Diese Anmaßung hat, wie man leicht begreifen wird, die Allegorieen Le Bruns sehr räthselhaft werden lassen.

Mit solchen Erfindungen soll sich aber der Artist nie beschäftigen. Das, was man in den bildenden Künsten Geist und Gedanke nennt, ist keinesweges dasselbe, was man in dem Werke des Schriftstellers mit eben diesen Worten bezeichnet; der Maler muß daher nicht mit Poeten als Schriftstellern, wohl aber mit Poeten als Malern wetteifern. Der Maler kann, selbst bei einem sehr mittelmäßigen Talente, sehr viel von jenen der Dichtkunst zugehörigen Erfindungen in seine Werke bringen, ohne weiter dadurch seine Kunst zu bereichern. Die pittoreske Dichtkunst, der wahre Geist des Artisten, bestehet darin, seine Figuren gerade so handeln zu lassen, wie sie nach den Zeitumständen, in welchen er sie sich denkt, nothwendig handeln mußten, ferner sich selbst mit denjenigen Empfindungen zu erfüllen, welche seine Personen erfüllten, als sie in jenen Handlungen begriffen waren, und endlich diese Empfindungen auf der Leimwand wirklich darzustellen. Und hierdurch wird der Artist weit mehr interessiren, als wenn er durch allegorische Figuren und Symbole das ausdrückte, was uns seine Personen andeuten könnten, indem sie sich unserm Gesichtssinne darstellen. Poussin scheint weit weniger als Le Brun einen solchen Gebrauch von Geist und Einbildungskraft gemacht zu haben, und dennoch leistet er dem Geistvollen weit mehr Gnüge, ja er ist selbst, wie wir bemerkt haben, der Maler für Geistvolle genannt worden.

Le Brun starb in Paris den zwölften Februar im Jahr 1690.

Eustache le Sueur wurde 1617, geboren und starb 1655. in seinem acht und dreissigsten Lebensjahre. Er hatte Vouet zum Lehrer, war aber eigentlich ein Schüler der nach Frankreich gebrachten Antiken, der Gemälde und Zeichnungen der grossen Meister der römischen Schule und der nach ihren Werken gearbeiteten Stiche. Auf le Sueur schien ganz der Geist Raphaels zu ruhen: er war wie der urbinische Künstler geboren, die sanften Leidenschaften zu fühlen und auszudrücken, wie jener gemacht, das Schöne zu empfinden und darzustellen.

Kein Maler ist in der Draperie, ist in der Kunst die Falten weise und edel anzuordnen, dem Raphael näher gekommen, als le Sueur. Seine Zeichnung war im Allgemeinen freier und kühner, als die des urbinischen Artisten, ob er sie schon eben so, wie jener, nach der Antike zu bilden gesucht hatte. Er stellte wie Raphael, und mit eben so viel Feinheit als Präcision, die Leidenschaften der Seele dar: er war wie Raphael in den Gesichtsbildungen der Köpfe nach Maßgabe des Zustandes, des Alters, des Charakters der gewählten Figuren mannigfaltig: er wußte, wie Raphael, die Theile einer jeden Figur und die Figuren der ganzen Composition zu dem allgemeinen Ausdruck des Sujets beitragen zu lassen. Er componirte, um sein Sujet darzustellen, aber nicht um schöne Contraste zu bilden, nicht um schöne Gruppen hervorzubringen, nicht um Erstaunen zu erregen und den Betrachter durch die studirte Pracht einer theatralischen Scene, oder das Lermende einer grossen Maschine zu täuschen. Bei ihm bemerkt man nichts Theatralisches, bei ihm nimmt man in Rücksicht der Anordnung nichts Gekünsteltes wahr, bei ihm findet man nicht das Gepränge eines überflüssigen Reichthums; in seinem Sujet ist immer Alles so behandelt, wie es in der Wirklichkeit hätte seyn müssen, und man erblickt die nöthigen Personen und nichts mehr. Seine Töne sind fein und seine Tinten harmonisch; seine Farbe ist nicht, wie die der venetianischen und flandrischen Maler, schreiend; aber sie ist anziehend und reizend: sie ist ganz so, wie sie seyn muß, wenn sie die Seele ruhig lassen, und den Blick, ohne ihn zu zerstreuen, auf diejenigen

Kunstpartheien heften soll, welche wichtiger, als das Colorit sind.

Von diesem Allen wird man sich überzeugen, wenn man seine Predigt des heiligen Pauls in der Notre-Dame, und das Gemälde betrachtet haben wird, das er im Saint-Gervais gemalt hat, und das mehrere große Artisten mit dem Schönsten, was Rom besitzt, verglichen haben. Einen Beweis seines großen Genies geben uns aber auch die zwei und zwanzig Gemälde, die er für das Cartheuserkloster in Paris arbeitete, und die von dem Könige gekauft wurden. Man versichert, daß Le Sueur diese Meisterstücke der Kunst nur als eine Art von Entwürfen betrachtet habe; allein sie müssen unter den Werken, die den Ruhm der französischen Schule ausmachen, den ersten Platz erhalten.

Hätte Le Sueur länger gelebt, und hätte man ihm, wie dem Le Brun, die wichtigsten Arbeiten des Jahrhunderts und die Aufsicht über das aufgetragen, was ein der Pracht ergebener und die Künste liebender Hof befahl, so würde die französische Schule auch wahrscheinlich einen andern Styl und eine allgemein gebilligtere Manier angenommen haben. Edle Schönheit in den Köpfen, Würde in den Draperieen, Leichtigkeit und Kühnheit in der Zeichnung, Wahrheit in dem Ausdrucke und in den Stellungen, Naivetät in der Anordnung — dieß hätte den Charakter dieser Schule ausgemacht: das Glänzende und Unwahre des theatralischen Styls würde erst spät oder auch gar nicht erschienen, und es würde Paris ein zweites Rom geworden seyn. Aber Le Brun war es, welcher Werke und Gnaden ertheilte; um Arbeiten zu bekommen oder um belohnt zu werden, mußte man seine Manier nachahmen; da nun aber die, die ihn nachahmten, nicht Le Bruns waren, so nahmen sie die Fehler an, die sie unter seinen Schönheiten fanden, und ließen sie durch ihren Pinsel noch größer und auffallender werden.

Deutsche Schule. Wir werden uns über die deutsche Schule wenig ausbreiten, die vielleicht sehr uneigentlich den Namen einer Schule führt, da wir in Deutschland mehr isolirte,

isolirte, als solche Artisten antreffen, welche sich nach einem oder auch nach einigen Meistern bildeten. Es haben aber in jener Zeitperiode, in der die Künste wieder auflebten und wieder zu blühen anfiengen, sich auch deutsche Maler ausgezeichnet. Da diese Künstler weder die Antike, noch auch die wenigen Meisterstücke, welche izt Italien hervorgebracht hatte, kannten, so unterrichteten sie sich blos durch die Natur, die sie eben nicht mit Wahl nachahmten, und in deren Darstellungen sie immer Etwas von jenem Steifen zeigten, das den gothischen Styl bildet, der auch insgemein als der Charakter der deutschen Schule angegeben wird. Er ist es auch, wenn man sich auf die ersten Meister dieser Schule bezieht, aber er ist es nicht, wenn man von den Werken ihrer Nachfolger spricht, von denen sich einige nach flandrischen, andere nach italiänischen Künstlern gebildet haben. Man wird z. B. in den Werken eines Mengs und eines Dietrichs, wenn man anders diese Meister mit zu der deutschen Schule rechnen will, Nichts von jenem Charakteristischen finden, durch das man die erwähnte Schule zu unterscheiden sucht. Hier werden wir übrigens nur von alten deutschen Malern, in deren Werken man jenen gothischen Styl antrift. sprechen, und werden mit einigen Abkürzungen dasjenige mittheilen, was Descamps über diese Artisten gesagt hat.

Albrecht Dürer wurde zu Nürnberg 1470 geboren. Er war der Erste unter den Deutschen, der auf Verbesserung des schlechten Geschmackes seines Vaterlandes dachte. Sein Vater, ein sehr geschickter Goldarbeiter, bestimmte ihn für seine Profession; allein der junge Dürer wählte die Malerei und die Gravure. Er wurde in beiden Künsten von zwei verschiedenen Meistern unterrichtet, welche beide unbekannt geblieben seyn würden, wenn die Celebrität ihres Zöglings ihre Namen nicht der Vergessenheit entrissen hätte.

Die Gravur, welche noch in ihrem ersten Entstehen war, machte durch die Feinheit und Reinheit, welche Dürers Grabstichel auszeichnete, die größten Fortschritte, und Marc. Antonio Raymondi, der Gravör Raphaels, konnte hier den deutschen

schen Artisten, den er sich zum Muster wählte, und von dem er selbst einige Blätter copirte, nur unvollkommen nachahmen. Schon dieses Talent würde hinreichend gewesen seyn, Dürers Namen unsterblich zu machen, auch hat ihm dieser Künstler sehr viel von seiner Celebrität zu verdanken; aber seinen Namen spricht die Nachwelt auch noch um deswillen mit Achtung aus, weil auch durch ihn die Malerei in Deutschland auflebte. Sein Genie war fruchtbar, seine Compositionen waren mannigfaltig, seine Gedanken sinnreich, und seine Farben glänzend; seine Werke sind, ohngeachtet ihrer grossen Anzahl immer mit dem größten Fleisse und auf das herrlichste beendiget; aber da er Alles seinem Genie verdankte, und da er in seinem Vaterlande nur Gemälde zu sehen bekam, die den seinigen nachstanden, so vermied er auch nicht ganz die Fehler seiner Vorgänger. Man wirft ihm Steifheit und Trockenheit in den Contours, Mangel an Wahl und Adel im Ausdrucke (in dem er aber sonst sehr viel Wahres zeigte), ferner gebrochene und zu häufig angebrachte Falten, Unbekanntschaft mit dem Costum, mit der Luftperspektiv und den Abstufungen der Farben vor. Aber er beobachtete mit vieler Genauigkeit die gemeine Perspektiv, die er, so wie auch die Civil- und Kriegsbaukunst studirt hatte, über welche man selbst Abhandlungen von ihm kennt. Von ihm ist auch ein Werk über die menschlichen Proportionen erschienen, welches eine Menge von Ausmessungen enthält, die er ohne alle Wahl an verschiedenen Modells angestellt hat; da man nur die schönen Proportionen zu messen brauche, so kann dieses Buch auch weiter nicht nützlich genannt werden.

Albrecht Dürer hatte sehr viel Anziehendes in seiner Gestalt, und sehr viel Edles in seinem Betragen. Er war in seinen Gesprächen sinnreich und lebhaft, und besas die Kunst mit Großen leben zu können, ohne denen, die mit ihm von gleichem Stande waren, zu mißfallen. Er wurde von dem Kaiser Maximilian, welcher ihn adelte, von dem Kaiser Karl dem Fünften, und von Ferdinand, König von Ungarn und Böhmen sehr geschätzt, aber er hatte auch, und was für ihn noch

weit

weit ruhmvoller ist, er hatte auch den Beifall eines Raphael. Er starb in seiner Vaterstadt in seinem sieben und funfzigsten Lebensjahre. Als die Ursache seines frühen Todes giebt man den Kummer an, den ihm seine Gattin durch ihren zänkischen Charakter zugezogen haben soll.

Johann Holbein stammte von einer Familie aus Augsburg ab, und wurde zu Basel in der Schweitz im Jahre 1498 geboren. Er hatte seinen Vater, einen sehr mittelmäßigen Maler, zum Lehrer, und der junge Holbein mußte sich daher selbst vervollkommnen. Auf Anrathen des Erasmus, seines Freundes, gieng er nach England, wo ihm Heinrich der Achte, dem seine Werke gefielen, den Titel seines Malers beilegte. Er malte in Oel und in Wasserfarbe; man hat von ihm sehr große historische Compositionen, welche sehr geschätzt werden; aber er zeichnete sich auch noch durch Portraite aus, und malte sehr schöne Stoffe. Seine Farbe ist frisch und glänzend, und seine Werke sind sehr schön beendiget; übrigens herrscht in den Draperieen seiner historischen Stücke kein besserer Geschmack, als in denen des Albrecht Dürer, sie sind wie diese gebrochen und runzelicht. Dieser Artist hatte in Ansehung seines häuslichen Lebens mit dem Stammvater der deutschen Schule ein gleiches Schicksal; er war nämlich wie jener mit einer unverträglichen Gattin verbunden. Indessen waren es gerade die üblen Launen seines Weibes, welche sein Glück machten, denn Holbein wollte sich aufheitern und machte zu dem Ende, wie ihm sein Freund rieth, eine Reise nach England, wo ihm Belohnungen zu Theil wurden, die ihm in seinem Vaterlande nie würden zu Theil geworden seyn. Er starb daselbst an der Pest im Jahre 1554 in einem Alter von sechs und funfzig Jahren. Rubens sagte, daß man aus Holbeins Werken sehr viel Nutzen ziehen könnte, besonders aus seinem zu Basel gemalten Todtentanze.

Flandrische Schule. Diese Schule würde auf die Achtung eines jeden Freundes und Liebhabers der Künste Anspruch machen können, wenn man ihr auch nichts als die Erfindung der Oelmalerei zu verdanken hätte. Diese Art zu malen,

len, die dem Auge so sehr schmeichelt, und der an Glanz die Wassermalerei so sehr nachsteht, wurde von Johann van Eyk, welcher zu Maaseyk an der Maas 1370 geboren worden war, erfunden. Dieser Johann van Eyk hatte seinen Bruder Hubert van Eyk zum Lehrer, oder vielmehr, es waren beide Brüder Schüler ihres Vaters. Sie hatten auch eine Schwester mit Namen Margaretha, die sich ebenfalls mit der Malerei beschäftigte, und die geflissentlich jeden Heirathsvorschlag ablehnte, um immer ganz ungestört sich auf die Malerei legen zu können, und ihr nicht wegen anderer Sorgen den Fleiß versagen zu dürfen, den diese Kunst verlangt.

Johann und Hubert arbeiteten lang mit einander, und machten sich durch ihre gemeinschaftlichen Werke einen Namen: endlich aber trennten sich beide Brüder, und man lernte nun erst die Vorzüge kennen, welche Johann der jüngere vor dem ältern besas.

Johann beschäftigte sich neben der Kunst auch mit den Wissenschaften und insbesondere mit der Chemie. Die erste Entdeckung, die er in dieser machte, war ein Firnis, der seinen Gemälden, wenn er ihn auf dieselben auftrug, ein lebhafteres Ansehen ertheilte. Aber er fand bald, daß dieses Geheimniß, das ihm anfänglich so viel Freude verursacht hatte, sehr große Unbequemlichkeiten habe. Dieser Firnis trocknete nämlich nicht von selbst ein, und es mußten daher die Gemälde dem Feuer genähert, oder einer sehr großen Sonnenhitze ausgesetzt werden. Da er einstmals eines seiner Stücke, das auf Holz gemalt war, und das ihm sehr viele Mühe gekostet hatte, auf diese Weise trocknete, so spaltete die Hitze die Holztafel. Der Schmerz, den er bei diesem Vorfalle empfand, wo er in einem einzigen Augenblicke die Frucht von einer langen Arbeit verlor, trieb ihn an, neue Versuche anzustellen. Er untersuchte, ob er nicht anstatt des Feuers oder der Sonnenhitze sich gekochter Oele zu dem Eintrocknen seines Firnis bedienen könnte. Er nahm, wie Descamps sagt, Nuß- und Leinöl, als den am meisten zum Eintrocknen geschickten Oelen, kochte sie mit verschiedenen Droguen, und brachte auch wirklich einen weit besseren Firnis zum Vorschein. Endlich lehrten ihn aber wiederholte Versuche, daß die Farben mit dem Oele weit mischbarer, als mit dem Leimwasser und dem Eyerweis wären, dessen er sich bis izt bedient hatte, daß sie ferner bei dem Eintrocknen ihren Ton behielten, und daß sie endlich auch schon durch sich selbst glänzten, und das Auftragen eines Firnis entbehrlich machten. Diese Vortheile ließen ihn das Oel dem Leimwasser und dem Eyerweis vorziehen, und das Lebendige, das er durch dasselbe in seine Gemälde brachte, trug nun noch weit mehr zu seinem Ruhme bei.

Johann van Eyk ließ sich in Brügge nieder, die damals eine der blühendesten Handelsstädte Europens war; wegen seines Aufenthaltes in dieser Stadt gab man ihm auch den Namen Johann von Brügge, unter welchem er mehr, als unter dem Namen Johann van Eyk gekannt ist. Er vermochte kaum die Begierde zu befriedigen, mit der nicht nur die vornehmen Flamänder sondern auch Fremde nach seinen Werken verlangten. Eins seiner Stücke wurde von florentinischen Kaufleuten für den König Alfonso von Neapel gekauft, das bei seiner Ankunft in Italien die Maler fast außer sich brachte. Antonius von Messina, der sich heftiger als alle Andere bezeigte, trat selbst, um die Freundschaft des van Eyk und mit ihr sein Geheimniß zu erhalten, eine Reise nach Flandern an, und wir haben, da wir von der florentinischen Schule sprachen, auch gesehen, daß dem Antonius sein Eifer belohnt wurde.

Johann van Eyk malte Portraits, Landschaften und Geschichtssujets. Das vorzüglichste seiner Stücke ist das des heiligen Johannes, das er für den Herzog von Bourgogne, Philipp den Guten, gearbeitet hat. Es enthält dreihundert und dreißig Köpfe, die alle von einander verschieden sind.

Sein Geschmack ist trocken, seine Draperie schmeckt wie seine Zeichnung nach dem Gothischen. Er wußte weder die Haare, noch auch die Mähnen der Pferde durch Massen auszudrücken. Uebrigens hatte er auch noch die üble Gewohnheit, die Farben, anstatt sie in einander zu schmelzen und zu arbeiten, bis in die Schatten rein und unvermischt zu lassen.

Diese

Diese rohen Töne geben indessen seinen Gemälden sehr viel Glanz, Etwas, was sonst allgemein bewundert wurde, itzt aber blos noch denjenigen gefällt, welche keine Kunstkenntnisse besitzen.

Johann van Eyk ist in Flandern als der Stammvater des Malerhandwerks, Rubens hingegen als der Schöpfer der Kunst zu betrachten.

Peter Paul Rubens stammte eigentlich aus Anvers ab, wurde aber 1577 zu Cologna geboren, eine Stadt, die sein Vater während des Bürgerkrieges zu seinem Zufluchtsorte gewählt hatte. Der junge Rubens wurde von seinen Eltern nicht für die Kunst, sondern für die Wissenschaften bestimmt, in denen er auch solche Fortschritte machte, daß es schien, als habe er wirklich die Absicht, sich dereinst blos als Gelehrter auszuzeichnen. Er erhielt bei der Gräfin von Lalain die Stelle eines Pagen, aber nach dem Tode seines Vaters folgte er, auf Erlaubniß seiner Mutter, seiner Neigung zur Malerei. Man that ihn anfänglich zu einem Landschaftsmaler und in der Folge zu Adam van Oort, einem damals nicht unberühmten Künstler, der aber sein Talent durch ein rauhes Betragen und durch Liebe zum Trunk herabwürdigte. Der junge Rubens wurde dieses Lehrers sehr bald überdrüssig, er verließ ihn und wählte sich Octavius van Veen, der unter dem Namen Otto Voenius bekannt ist, und durch den Flandern zuerst die Grundsätze des guten Geschmacks, durch den es zuerst die Grazie und das Helldunkel kennen lernte. Dieser Artist war zugleich Maler, Geschichtsforscher und Dichter, und in seiner Schule, in der neben der Kunst auch noch die Wissenschaften getrieben wurden, sahe der junge Rubens Beispiele von Grazie und von pittoresken Genie, Beispiele von einer herrlichen Farbe und von einem schönen Pinsel, Beispiele von Herzensgüte und von Feinheit und Artigkeit der Sitten. Er verließ auch die Schule dieses Meisters nicht eher, als bis er nach Italien reiste. Hier trat er aber, da er von Adel war, in die Dienste des Herzogs von Mantua unter dem Charakter eines Kavaliers. Durch diese ehrenvolle Stelle, die mit keinen

nen Geschäften verbunden war, genoß der junge Rubens einer Achtung, deren sich angehende Künstler nicht immer zu erfreuen haben, genoß er endlich auch des Glückes, gemächlich und ohne von irgend etwas Anderm abgehalten zu werden, die Werke der großen Meister studiren zu können.

Diese Beschäftigungen wurden für ihn nicht ohne Nutzen durch eine Reise unterbrochen, die er in dem Charakter eines Gesandten des Herzogs von Mantua an den Hof des Königs von Spanien, Philipps des Dritten, machte. Der Gesandte blieb am Madrider Hofe nicht unthätig; er malte eine Menge Portraits und Historienstücke, und da das Glück immer Stand und Größe zu begünstigen pflegt, so erhielt auch Rubens vermöge der angesehenen Stelle, die er hier behauptete, weit ausgezeichnetere Belohnungen, als er als bloßer Artist erhalten haben würde. Man benachrichtigte ihn, daß Johann, Herzog von Braganza, der noch nicht den Portugiesischen Thron bestiegen hatte, ihn in Villa Viciosa, wo er residirte, zu sehen wünschte. Rubens trat sogleich die Reise dahin an, aber mit einem so zahlreichen Gefolge und mit einem solchen Gepränge, daß der Herzog in das größte Erstaunen gesetzt wurde: er hielt sich nicht für reich genug, um einen so Pracht liebenden Künstler zu empfangen, schickte ihm daher einen Kavalier mit einem ansehnlichen Geschenke entgegen und ließ ihn bitten, seinen Besuch auf eine andere Zeit zu verschieben. Aber Rubens nahm das Geschenk nicht an und setzte seine Reise fort. „Ich komme nicht nach „Villa Viciosa, sagte er, um zu malen, sondern um mich „einige Tage zu belustigen, und ich habe tausend Pistolen „bei mir, die ich da zu verzehren gedenke.“

Nachdem er von seiner Gesandtschaft in Spanien wieder zurückgekommen war, schickte ihn der Herzog von Mantua nach Rom, um daselbst die vorzüglichsten Werke der großen Meister zu copiren. Des Colorits wegen gieng er auch nach Venedig, reiste aber, um einige Altargemälde zu verfertigen, nach Rom wieder zurück, und gieng endlich von da nach Genua, wo er sich lang aufhielt, und wo er eine Menge Portraite und Historienstücke malte. Er erhielt hier die Nachricht, daß seine Mutter sehr gefährlich krank sei, und sogleich unterbrach er alle seine Arbeiten und eilte nach seinen Vaterlande; aber er kam zu spät an, und er erfuhr den Schmerz, derjenigen nicht die letzten Pflichten erzeigen zu können, die ihm das Leben gegeben hatte. Der tiefsten Betrübniß voll, floh' er die Menschen, bei denen er Trost hätte suchen sollen, und begab sich in die Einsamkeit der Abtei des heiligen Michael zu Anvers, wo er sich keine andere Zerstreuung erlaubte, als die, welche ihn seine Arbeiten finden ließen.

Aber auch der größte Erdenkummer und der tiefste Schmerz wird durch die allesvernichtende Zeit geschwächt und gemildert. Rubens faßte sich endlich wieder und wollte, nachdem er sich in etwas beruhiget hatte, nach Mantua zurückkehren; allein der Erzherzog Albert und die Infantin Isabelle suchten ihn von diesem Vorsatze abzuhalten, und ihre Bemühungen wurden durch die Liebe unterstützt. Rubens blieb wirklich, aus Neigung für Elisabeth Brant, um die er sich bewarb und deren Hand er auch erhielt, in seinem Vaterlande. Das Haus, das er sich in Anvers erbauen ließ, war ein Pallast, und selbst von außen durch Malereien verschönt. Der Saal in demselben hatte eine runde Form, wurde von oben her beleuchtet, und war mit Vasen von Agat und Porphyr, mit antiken und modernen Büsten und Statüen und mit den Gemählden der größten Meister geschmückt. Der Werth dieser Kunstreichthümer, die eher einem Fürsten, als einem Privatmanne zuzugehören schienen, wurde noch durch ein reiches Münzcabinet und durch eine ansehnliche Sammlung sehr kostbarer geschnittener Steine erhöht.

Der Herzog von Buckingham, Günstling des Königs von England, wünschte einen Theil von diesen Kostbarkeiten zu besitzen. Man dachte damals auf die Wiederherstellung des Friedens zwischen England und Spanien, und Rubens, der ein spanischer Unterthan war, durfte als Bürger eine Gelegenheit nicht unbenutzt lassen, wo er dem Herzog von Buckingham sich gefällig beweisen konnte: er entschloß sich daher für sechzigtausend Gulden oder hundert und zwanzigtausend französische Livres, welche itzt nicht viel weniger als eine Summe von dreimalhunderttausend Livres ausmachen würden, dem Herzoge einen Theil seiner Reichthümer zu überlassen. Uebrigens ließ er sich erst alle marmorne und bronzene Figuren, welche der Herzog bekommen sollte, absormen, und was die italiänischen Gemälde betraf, welche seinen Saal und seine Zimmer geziert hatten, so ersetzte er diese durch Werke von seiner Hand.

Rubens durfte es nicht bereuen, den Wünschen des Herzogs von Buckingham entsprochen zu haben. Seine grossen Talente wurden durch die Verbindung, in die er nun mit diesem Herzoge gekommen war, dem Staate sehr nützlich. Die Infantin schickte ihn nach Spanien, um mit Philipp über die Mittel, durch die man den Frieden erhalten könnte, Verabredungen zu treffen. Philipp ertheilte ihm die Würde eines Ritters und machte ihn zu seinem Sekretair in dem geheimen Staatsrathe. Versehen mit den nöthigen Instruktionen und Beglaubigungsschreiben, die er sehr geheim hielt, gieng er nun in dem Charakter eines reisenden Künstlers nach London, wo er dem Könige vorgestellt wurde, und sehr geschickt den Willen des Monarchen in Rücksicht Spaniens zu erforschen wußte. Endlich legte er dem Könige, da er ihn zu einem Frieden mit Spanien geneigt fand, seine Papiere vor. Der Tractat wurde geschlossen, und es wurde nun ein durch Titel und Geburt angesehenerer Gesandte nach Spanien ernannt, um die politischen Operationen des Künstlers zu bekräftigen. Karl hieng Rubens, als einen Beweis der Erkenntlichkeit, seinen Orden um, und schenkte ihm einen sehr kostbaren Diamant, den er selbst von seinem Finger nahm. Er schlug, besorgt, Rubens nicht würdig genug belohnt zu haben, bei versammelten Parlamente ihn auch noch zum Ritter, verehrte ihm selbst den Degen, dessen er sich zu dieser Feierlichkeit bedient hatte, und entließ ihn endlich noch mit vielen andern Geschenken. Philipp, zu dem

dem nun Rubens eilte, um von seinen Unterhandlungen Rechenschaft abzulegen, beschenkte ihn mit dem goldnen Schlüssel, und machte ihn zum Kammerherrn.

Rubens, im Besitze beträchtlicher Reichthümer und überhäuft mit den größten Ehrenbezeugungen, schien die Beschäftigung mit der Malerei nur fortzusetzen, um seinen Geschmack zu befriedigen und um denen zu entsprechen, welche Stücke von ihm zu besitzen wünschten. Und diese Willfährigkeit machte seine schon so glänzenden Glücksumstände immer noch ansehnlicher und ansehnlicher. Eine Menge talentvoller und geschickter Zöglinge bearbeitete nach seinen Skizzen die Gemälde, die er übernahm, und an die er oft nur die letzte Hand legte.

Dieser große Artist mußte in der Folge noch in verschiedene Unterhandlungen mit den vereinigten Provinzen, mit der Maria von Medices und Gaston von Orleans, welche sich nach Brüssel flüchteten, mit Wladislaus, König von Pohlen, und mit mehreren andern Fürsten treten.

Die Natur hätte ihm alle jene Eigenschaften gegeben, durch die der Mensch Andere für sich einzunehmen und Andern zu gefallen vermag; er hatte einen schönen Wuchs, eine edle und Herzensgüte ankündigende Bildung, einen angenehmen Blick, eine einnehmende Stimme, und einen fließenden Vortrag. Neben diesen glücklichen und schätzbaren Naturgaben besas er auch noch jene Vorzüge, mit welchen reger Fleiß, mit welchen emsiges Studium belohnt; er konnte sieben alte und neue Sprachen, und hatte überhaupt die ausgebreitetesten Kenntnisse: er suchte selbst in den Stunden, die er der Kunst widmete, seinen Geist zu bereichern und sich neue Einsichten zu erwerben. und ließ sich selbst während dem, daß er malte, vorlesen. Ohngeachtet der großen Vorzüge, die er vor andern Malern hatte, wußte er dennoch dem Neide dieser zu entgehen, ja, sogar die Liebe dieser zu erhalten, indem er sich ihnen nur gleich schätzte, und seine Größe ihnen nur durch Wohlthun empfinden ließ. Er starb 1610 in einem Alter von drei und sechzig Jahren an einer sehr großen und zu früh eingetretenen

Schwäche, welche sehr wahrscheinlich eine Folge seiner überspannten Arbeiten war.

Die Zahl von Rubens Werken ist sehr beträchtlich. Er malte Geschichtssujets, Portraite, Landschaften, Früchte, Blumen, Thiere, und war in allen diesen verschiedenen Gattungen der Malerei groß. Er erfand und führte mit Leichtigkeit aus. Man hat ihn oft mehrere Skizzen nach einander von einem und demselben Sujet entwerfen sehen.

Er war ein Liebhaber von großen Compositionen, und zeigte in diesen etwas ganz Eigenes. Sein Geist war in den Augenblicken der Begeisterung nicht wie Raphaels Seele des Sanften und Ruhigen fähig, das sich durch eben so sanfte und graziöse Wirkungen ankündigt; ihn beseelte hier jenes Feuer des Genies, ihn durchdrangen hier jene inneren Flammen, die mit Macht hervorzubrechen streben und die sich nur durch Staunen erregende Wirkungen äußern. Es schien, als wenn da aus seinem Geiste alle Figuren und alle Gruppen, die er sich vorstellte, nur hervorgiengen, um augenblicklich die ganze Leimwand zu beleben, und als wenn er da, um zu schaffen, nur einer Bestimmung des Willens bedürfte.

Man hat ihm, aber mit Unrecht, den Vorwurf gemacht, daß er kein guter Zeichner gewesen sei. Seine Zeichnung ist groß und charakterisirt sich durch eine gewisse Leichtigkeit. Er hatte Kenntnisse von der Anatomie; aber das Feuer, das ihn bei seinen Dichtungen durchdrang, und die Schnelligkeit, mit der er ausführte, ließ ihn hier nicht immer Gebrauch von seinen Kenntnissen machen; er zog das Schimmernde und Glänzende der Wirkungen, der Schönheit der Formen vor, und opferte sehr oft dem Zauber und der Magie der Farbe die Correktheit der Zeichnung auf. Er besas endlich nur Eigenschaften, welche einen feurigen und schnellauffassenden, nicht aber einen nachsinnenden und tiefdenkenden Geist voraussetzen. Er hatte die Antike, hatte den Michael Angelo, hatte den Raphael studirt; aber weit entfernt, sich hierdurch bis zu der idealischen Schönheit zu erheben, hielt er sich nur an die Nachahmung der flandrischen Natur. Die Verbindungen und Insertionen der Muskeln sind bei ihm sehr gut angegeben, und ihre Wirkungen sehr schön ausgedrückt; aber sie haben zu viel Rundes und Weichliches, und ermangeln zu sehr jenes Festen, Kernhaften und Fleischichten. Dieses kann man besonders an seinen weiblichen Figuren beobachten, deren Köpfe insgemein nur die Schönheit schöner Flamänderinnen besitzen. Uebrigens ist dieser Meister in den Extremitäten zuweilen auch in das Manierirte verfallen.

Rubens war nicht in der Draperie, wohl aber in der Darstellung der Stoffe groß. Seine Figuren sind prächtig bekleidet, aber sie sind nicht immer, wie die des Raphael, weise drapirt: denn man darf nicht glauben, daß in der Sprache der Kunst Bekleiden und Drapiren gleichbedeutende Wörter sind. Ein Portraitmaler kann seine Figuren sehr schön zu bekleiden wissen, und doch nicht die eines Historienstückes gut zu drapiren verstehen.

Man kann Rubens Kenntniß in Rücksicht des Ausdruckes nicht absprechen: wenn man aber von seinen Werken, um ihr Charakteristisches anzugeben, nur im Allgemeinen redet und die Ausnahmen übergeht, so wird man sich keines Irrthums schuldig machen, wenn man behauptet, daß sie in Ansehung des Ausdrucks nicht jenes Sanfte und Anziehende besitzen, das man in den Meisterstücken Raphaels so sehr bewundern muß. Er war weit fähiger, die heftigen, als die ruhigen und sanften Rührungen der Seele zu malen; er stellte sehr schön die Natur in ihrem Kampfe dar, aber er würde nicht so glücklich in der Darstellung jener sanften Leidenschaften gewesen seyn, durch die uns die Natur noch schöner und reizender wird.

Gemeiniglich gründet man den Ruhm dieses großen Meisters auf das Colorit. Allein er hat in dieser Kunstpartbie den Titian nicht nur nicht übertroffen, sondern auch nicht einmal erreicht. Seine Unsterblichkeit verdankt er der Größe, dem Feuer und dem Mannigfaltigen in seiner Composition. Er steht unter den prachtvollen Malern oben an, und ist der Erste von denen, welche auf den Gesichtssinn wirken: die Macht seiner Kunst geht hier wirklich bis zur Bezauberung.

Er ist ausdrucksvoller, glänzender und weniger wahr, als Titian, der sich wieder durch eine bessere Wahl in Ansehung der Formen über ihn erhebt, ob er schon in dieser Rücksicht auch nicht immer gelobt werden kann.

Mehr noch, als Corregio, arbeitete er in dem Helldunkel auf Bezauberung hin, wiewohl er in diesem Theile der Malerei nicht die richtigen und tiefen Kenntnisse, welche jener besas, gehabt zu haben scheint. Er setzt mehr, als Corregio, in Erstaunen; aber dieser verdient doch vielleicht wegen des Kunstlosen und Simpeln, durch das er hier auf den Gesichtssinn wirkt, eine höhere Bewunderung.

Die Manier, welche Rubens bei dem Malen seiner Gemälde befolgte, war, jeder Tinte die ihr zukommende Stelle zu geben, die eine an die andere anzusetzen, und nur durch eine flüchtige Bearbeitung mit dem Borstenpinsel die Verschmelzung der einen in die andere zu bewirken: in seinen Gemälden erkennt und lieset man daher auch allenthalben das Manöuvre des Werkmeisters. Ganz anders hat aber ein Titian verfahren. Bei diesem Artisten sind alle Farben so vertrieben, daß man in seinen Werken eben so wenig wie in der Natur angeben kann, wo diese oder jene Tinte anhebt, oder sich endigt: die Wirkung ist hier auffallend, die Arbeit aber verborgen. Und so haben Rubens Gemälde mehr Glanz, die des Titian hingegen mehr Harmonie. So vermag Rubens den Blick mehr anzuziehen, Titian hingegen ihn mehr zu fesseln. So hat bei Titian das Fleisch das Ansehen des wirklichen Fleisches, bei Rubens hingegen einen Glanz wie Seide: oft sind auch bei ihm die Tinten so kräftig und dabei so von einander getrennt, daß sie dem Auge wie Flecken erscheinen. Titian gab durch die gränzenlose Mannigfaltigkeit seiner Tinten, die er auf das herrlichste in einander zu schmelzen wußte, den Gemälden die bewunderungswürdige Harmonie; Rubens schien hingegen diese nur durch Hülfe einer großen Verschiedenheit der Farben und eines kräftigen Gegenscheins der einen in die andere erreichen zu können. Durch diesen Gegenschein haben nun aber auch bei ihm die Gegenstände nicht selten das Ansehen, als ob sie durchsichtig wären.

Doch wir wollen itzt einen sehr berühmten Künstler über Rubens sprechen lassen. „Man kann diesen Maler, sagt Reynolds, „als ein merkwürdiges Beispiel eines Kunstgenies betrachten, das in allen Theilen der Kunst als dasselbe erscheint. „Diese Gleichheit in Ansehung jener verschiedenen Kunstpar„thieen ist in seinen Werken so groß, daß, wenn er in dieser „oder jener vollkommener oder wahrer gewesen wäre, seine „Stücke im Ganzen genommen sehr wahrscheinlich nicht die „Vollkommenheit haben würden, die man doch in ihnen an„trift. Wäre zum Beispiel seine Zeichnung reiner und cor„rekter, so würde uns der Mangel des Simpeln in seiner Com„position, in seinem Colorite, in seiner Draperie noch weit „mehr auffallen. Man fühlt in seiner Composition die Kunst „zu sehr; seine Figuren haben Ausdruck und ihre Stellungen „Energie; aber sie besitzen nicht genug Simplicität und nicht „genug Edles. In dem Colorite ist er zu glänzend und zu „mannigfaltig, ob er sonst schon in diesem Theile der Malerei „besonders excellirte. Seine Werke ermangeln im Allgemei„nen und verhältnißmäßig jener Delikatesse in der Wahl und „jener Eleganz in den Ideen, die in der Kunst, um die höch„ste Vollkommenheit zu erreichen, erforderlich ist; aber von „diesem Mangel gerade hängt in gewisser Rücksicht das glän„zende Schöne des niedern Styls in seinen Compositionen „ab. Es kann nicht geläugnet werden, daß die Leichtigkeit „mit der bei ihm Alles gedichtet ist, daß der Reichthum in sei„ner Composition, daß der verführerische Glanz und die Schön„heit seines Colorits den Gesichtssinn dergestalt blenden, daß „man, so oft man nur Werke von ihm betrachtet, sich auch „sogleich gedrungen fühlt, zu behaupten, daß er durch seine „Schönheiten sich von allen seinen Mängeln loskaufe."

Die berühmte Kreuzabnehmung zu Antwerpen wird als das Meisterstück Rubens angesehen. Ueber sie haben zwei Männer von verschiedenem Verdienste gesprochen. Der eine hat, nicht ohne Wärme, sich über eine dem Gemälde außerwesentliche Figur mitgetheilt, der andere hingegen hat die Hauptfigur und zwar ganz mit dem Feuer beschrieben, das Rubens in den Augenblicken, wo er sie schuf, beseelen mußte.

„Wenn auch Rubens, sagt der Abbé Dubos, nicht, wie „einige seiner Vorgänger, an der Seite des mit dem Heiland „gekreuzigten und unbekehrten Schächers Teufel angebracht „hat, so ist doch sein Gemälde nicht weniger eine Scene des „Schauders.... Man sieht an der Quetschung, die sich an „dem Beine dieses Schächers befindet, daß ihm bereits Einer „von den Henkern mit dem Eisen, das er in seiner Hand hält, „einen Schlag versetzt habe..... Der Unglückliche hat sich „an seinem Kreuze etwas aufgerichtet, und bei dieser Anstren„gung, die ihm der heftige Schmerz gebiethet, das geschlagene „Bein von dem Nagel, der dasselbe an das Kreuz befestiget „hatte, losgerissen. An dem Kopfe des Nagels sieht man „von dem Fleische des Fußes einige scheußliche Ueberbleibsel, „welche bei dem Losreissen an ihm hängen geblieben sind. Dieß „ist die Bewegung, in welcher in dem erwähnten Stücke dieses „Künstlers, der das Auge durch die Magie seines Helldunkels so „sehr zu täuschen vermag, der Körper des Schächers erscheint, „wenn man sich gegen die Seite des Gemäldes hinwendet.... „Man sieht den Kopf des Missethäters im Profil; und es läßt „der aufgerissene Mund, dessen häßliche Oeffnung in dieser „Situation besonders bemerkbar ist, es lassen die Augen, in „denen man Nichts, als das mit rothen und geschwollenen Blut„adern gestreifte Weiße erblickt, es lassen endlich auch die in „den heftigsten Bewegungen und Zuckungen sich befindenden „Gesichtsmuskeln, das schreckliche Geheul gleichsam verneh„men, in das er ausbricht."

Was nun aber ein Falconet über die Hauptfigur dieses Gemäldes gesagt hat, wird der Leser in dem Artikel, Schicklichkeit, mitgetheilt finden.

„Warum, sagt der erwähnte Artist anderswo, warum „macht uns Rubens Judith schaudernd? Warum läßt sie in „unserer Einbildungskraft einen so tiefen Eindruck zurück? Ist „es nicht, weil uns Rubens eine Fleischerin dargestellt hat,

„welche

„welche den Hals eines schlafenden Menschen durchhaut? Das „Blut spritzt auf Judiths Arme, und Holofernes beißt sich in „zwei Finger der Hand, die seinem Gesichte genähert ist. Ru„bens hat uns eine begeisterte, eine enthusiastische Jüdin ge„malt; er hat alles Schreckliche des Sujets entwickelt. Malet „die Sitten, die Charaktere der Personen, der Völker, und „ihr werdet die Natur malen.“

Die flandrische Schule, deren größter Meister Rubens ist, verbindet mit einer glänzenden Farbe und mit der Magie des Helldunkels eine geschickte, obgleich nicht immer auf die Wahl der schönsten Formen sich gründende Zeichnung, ferner eine Größe besitzende Composition, einen gewissen Adel in den Figuren, einen kräftigen und natürlichen Ausdruck und endlich eine Art von Nationalschönheit, welche weder der Schönheit der Antike, noch auch der der römischen oder lombardischen Schule gleicht; die aber doch fähig ist Gefallen zu erregen, und auch wirklich zu gefallen verdient.

Holländische oder Niederländische Schule.

Diese Schule zeichnet sich, wenn man im Allgemeinen redet und auf die zahlreichen Ausnahmen nicht Rücksicht nimmt, blos durch eine schöne Farbe aus. Sie ist weit entfernt, in den Köpfen und Formen auf Schönheit hinzuarbeiten, und sie scheint sich gleichsam in der Nachahmung der niedrigsten Gestalten und der unedelsten Köpfe zu gefallen. Sie wählt zu ihren Sujets die gemeinsten Gegenstände, wie zum Beispiel Schenken, Schmieden, Wachthäuser, Bauerngesellschaften und Feste. Sie ist glücklich in der Darstellung der Leidenschaften; aber sie stellt nur die den Menschen erniedrigenden, nicht aber diejenigen Leidenschaften dar, welche aus edlen und die menschliche Natur erhöhenden Affekten entspringen: fast könnte man sagen, daß diese Schule ihre Kunst in der Herabwürdigung der Seele und des Körpers des Menschen suche.

Aber eben diese Schule zeichnet in gewissen Kunstpartheieen sich nicht wenig zu ihrem Vortheile aus. Sie ahmt zwar nur eine gemeine und niedrige Natur nach; aber sie stellet diese Natur mit der größten Wahrheit dar, und diese hat immer das

Recht

Recht zu gefallen. Ihre Werke besitzen die größte Eleganz, und sind auf das prächtigste beendigt. Sie läßt uns in Ansehung des Helldunkels zwar keine durch tiefe Kenntniß erzielten und schwer darzustellenden Wirkungen sehen, aber sie läßt uns dafür solche erblicken, welche pikant sind, wie zum Beispiel die, welche ein kleines in einem engen Raum eingeschlossenes Licht hat, oder in dem Dunkel der Nacht der Schimmer des Mondes, die Flamme angezündeter Fakkeln, das Feuer einer Schmiedewerkstätte hervorbringt. Meisterhaft verstehen ferner die belgischen Maler die Kunst, die Farben abzustufen und zu erhöhen, und sie sind, was das Letztere betrift, so weit gekommen, daß sie selbst das Licht malen können. Sie haben in der Landschaftsmalerei, als Nachahmung wirklich vorhandener Natur, als Portrait bestimmter Gegenden und Scenen betrachtet, keine Nebenbuhler gehabt; aber freilich stehen sie einem Titian, einem Poussin, einem Claude Lorrain und mehreren Andern nach, welche in dieser Gattung der Malerei sich durch das Ideal unsterblich gemacht haben, und deren Landschaftsgemälde nicht topographische Schilderungen gewisser ländlicher Scenen, sondern das Resultat aller jener Reichthümer sind, die zum Theil die Einbildungskraft, zum Theil aber auch die wirkliche Natur diesen Künstlern darbot. Die niederländischen Artisten zeichnen sich auch durch die Darstellung der Perspektive, durch die Darstellung des Himmels, der Seen, der Schiffe, der Thiere, der Früchte, der Blumen, der Insekten und endlich auch durch Portraite im Kleinen aus. Mit einem Worte, die Künstler dieser Schule erscheinen allenthalben groß, wo es auf eine genaue Nachahmung der Natur, wo es auf eine schöne Farbe, und auf einen prächtigen Pinsel ankommt.

Holland hat übrigens auch Maler gehabt, welche sich durch Geschichtssujets, wie der zu Leyden lebende Octavius van Veen, und durch Portraite im Großen unsterblich gemacht haben, wie Van der Helst, der Nebenbuhler, ja selbst der Ueberwinder des Van-Dyk: auf keine Weise darf man aber das Eigenthümliche, das man in den Werken dieser berühmten Meister antrift, als Charakter des niederländischen Styls ansehen.

Und

Und von diesem Style findet man selbst keine Spur in den Werken des Lukas van Leyden, der doch übrigens der Zeit nach, in welcher er lebte, als Stammvater der niederländischen Schule angesehen werden muß. Seine Manier gehört eher dem gothischen Style an, der der Charakter der ersten deutschen Maler, seiner Zeitgenossen, war. Dieser Artist wurde zu Leyden im Jahr 1494 geboren. Sein Vater, Hugues Jacobs, ertheilte ihm den ersten Unterricht. Er gehört unter die kleine Anzahl berühmter Menschen, bei denen es der Natur gleichsam gefallen zu haben scheint, die Periode der Kindheit abzukürzen: seine ersten Spiele bestanden in dem Studium der Malerei und der Gravur; mit dem neunten Jahre fieng er schon an selbst componirte Sujets zu liefern, und drei Jahre hernach setzte er schon Kenner und Künstler durch die in Wasserfarbe gemalte Geschichte des heiligen Hubertus in Erstaunen. Seine Versuchung des heiligen Antonius, die er in seinem funfzehnten Jahre gravierte, ist weit besser inventirt, als die des Callot; er hat hier den Dämon, der den Heiligen versucht, in der Gestalt eines holden und einnehmenden Weibes dargestellt. Die in ebendemselben Jahre gravierte Bekehrung des heiligen Pauls, wird wegen des Richtigen im Ausdrucke, wegen des eben so Wahren als Pittoresken in den Bekleidungen, und wegen der Einsicht, mit der hier der Grabstichel geführt ist, sehr geschätzt.

Mit vieler Geschicklichkeit wußte Lukas in seinen Geschichtssujets, in die er einen hohen Grad von Wahrheit zu legen vermochte, der Verwirrung auszuweichen, und er übertraf in der Composition den Albrecht Dürer, indem er noch weit besser als jener die Grundsätze der Kunst kannte. Diese Grundsätze können die Maler selbst aus seinen gravierten Blättern schöpfen, und nur mit vieler Mühe möchte es diesen gelingen, durch ihre Farben die Wirkungen der Luftperspektiv zu übertreffen, die hier blos durch Hülfe des Grabstichels ausgedrückt sind. Diese Gerechtigkeit lässet dem Lukas ein Vaser widerfahren, von dem man nicht vermuthen darf, daß er einem Artisten habe schmeicheln wollen, der kein Florentiner war.

Da

Da aber der Künstler nicht in einem und demselben Grade alle Theile der Kunst besitzen kann, so sehen wir denn auch wieder den Lukas dem Albrecht Dürer in Ansehung der Zeichnung nachstehen.

Lukas malte in Oel, in Wasserfarbe und auf Glas, und beschäftigte sich mit der Geschichte, der Landschaft und dem Portrait. Auf dem Rathhause zu Leyden befindet sich ein Gemälde von ihm, das das Weltgericht vorstellt, und das ein Beispiel von einer reichen und ganz vortrefflichen Composition abgiebt. Die in demselben befindlichen weiblichen Figuren sind sehr fein und nett gemalt, und ihre Fleischhaltungen haben sehr viel Angenehmes und Wahres. Man sieht aus diesem Werke, daß dieser Künstler mit dem größten Fleiße und mit der größten Sorgfalt die Natur studirt hatte. Er verdient Verzeihung, wenn man ihm den Vorwurf macht, daß sich seine Figuren von den Gründen, besonders auf der Lichtseite, zu hart abschneiden: dieser Fehler war allen Künstlern dieser Zeit gemein und dem Lukas keinesweges besonders eigen. Seine Gemälde sind im Ganzen wirklich schön gemalt, und ob er sie gleich mit dem größten Fleiße beendigt hat, so herrscht doch immer in ihren Tuschen sehr viel Leichtigkeit. Seine Farben sind frisch, seine Compositionen reich, seine Anordnungen mannigfaltig, und seine Landschaften schön getuscht.

Ansehnlich belohnte das Glück die anhaltenden Arbeiten dieses Künstlers. Mit vielem Aufwande machte er eine Reise durch Holland und Flandern, um die Artisten, die ihm bis itzt nur nach ihren Talenten bekannt gewesen waren, persönlich kennen zu lernen, und um derer Willen er in Middelburg, in Gent, in Mecheln, in Antwerpen Feste gab. Man glaubt, daß er in Vlissingen von eifersüchtigen und über ihn neidisch gewordenen Malern Gift bekommen habe; wenigstens weiß man, daß er bald nach seiner Reise schwach und kraftlos wurde; allein sehr wahrscheinlich waren die heftigen Anstrengungen, in denen sich sein Geist von der frühesten Kindheit an befand, das Gift, das seine Gesundheit zerstörte. Die größte Schwäche, die ihn befiel, vermochte ihn nicht, sich einige

Ruhe

Ruhe zu gestatten, und er setzte, da er nicht mehr ausdauren konnte, selbst noch im Bette seine Kunstbeschäftigungen fort. Er starb 1553 in einem Alter von neun und dreissig Jahren; sein Leben war kurz, wenn man auf die Anzahl der Jahre Rücksicht nimmt, aber in der That sehr lang, wenn man die Menge seiner Werke erwägt. Er hat, ob ihn gleich die Natur nur die Hälfte der gewöhnlichen menschlichen Lebensperiode erreichen ließ, doch dreissig volle Jahre von seinen früh ausgebildeten Talenten Gebrauch gemacht; so lange ist auch insgemein nur die schaffende Hand derjenigen Artisten thätig, welche bis zu den Jahren des Greises gelangen.

Wenn man zu dem Charakteristischen, das die niederländische Schule auszeichnet, auch die Malerei im Kleinen rechnen will, so kann man den Cornelius Polemburg, welcher zu Utrecht 1586 geboren wurde, und im Jahre 1661 starb; als den Stifter derselben ansehen. Er besas das Schöne in der Farbe, das Feine in der Tusche, das Zauberische in dem Helldunkel, und man darf auch hinzufügen, das wenige Correkte in der Zeichnung, durch das sich diese Schule unterscheidet.

Nennt man aber unter den Charakteren des niederländischen Styls die Darstellung einer gemeinen und niedrigen Natur, so findet man von diesem Charakter ein merkwürdiges Beispiel an dem berühmten Rembrandt van Ryn, ein Beispiel, das um so auffallender ist, je öfter man die Compositionen dieses Künstlers eine gewisse Würde, einen gewissen Adel fordern sieht. Er war der Sohn eines Müllers, und wurde in einer nicht weit von Leyden an dem Ufer des Rheins gelegenen Mühle geboren, weshalb er auch anstatt seines Familiennamens, Guerretz, den Namen Van Ryn erhielt.

Der Vater, der seinen Geist bemerkte, wollte ihn studiren lassen, und schickte ihn auch der Wissenschaften wegen nach Leyden; allein der junge Rembrandt machte in diesen sehr unbedeutende Fortschritte. Er fand weit mehr Geschmack am Zeichnen, und er erhielt auch endlich die Erlaubniß die lateinische Schule gegen eine Malerschule vertauschen zu dürfen. Man weiß inzwischen nicht anzugeben, was für Artisten Rembrandts

Lehrer

Lehrer gewesen sind; sehr wahrscheinlich haben ihn auf dem Pfade zum Tempel des Ruhms blos die glücklichen Anlagen seines Geistes und die Natur geleitet.

Und nur sie, die Natur, zog er zu Rathe: die Mühle seines Vaters war seine Werkstätte, die gemeine und plumpe Menschheit, von der er sich hier umgeben sahe, sein Modell, und die Bildung, die ihm da zu Theil wurde, das Ziel seiner Ideen. Er studirte die groteske Figur des guten holländischen Bauers, oder der dicken und ungestalteten Schenkenmagd, wie die großen Meister Italiens den belvederischen Apoll, oder die medizeische Venus studirten. Auf diesem Wege konnte er aber freilich nicht zu den Ideen eines Raphael gelangen; auf ihm konnte er nur die Formen der gemeinen Volksklasse mit Wahrheit nachahmen lernen.

Der Ruhm, der gemeiniglich mit so vieler Mühe errungen wird, und der oft selbst das Verdienst nicht begünstiget, wofern Intrigue dasselbe nicht unterstützt, der Ruhm suchte den Rembrandt in seiner Mühle, und dieser Künstler fand sich hier von ihm und dem Glücke belohnt. Endlich verließ er aber, da er zu oft wegen Portraits, die man ihm zu malen auftrug, nach Amsterdam reisen mußte, diese Stätte seiner Geburt, und zog in die itztgenannte Stadt, wo er mit vielen Arbeiten überhäuft wurde, und eine Menge Schüler bekam.

Diese Veränderung in Rücksicht des Aufenthaltes hatte indessen auf seine Sitten und auf seine Lebensweise nicht den geringsten Einfluß. Er besuchte wie vorher die Gesellschaften gemeiner und niedriger Menschen, füllte seine Erholungsstunden durch den Trunk aus, sahe in dem Gelde, das ihm seine Arbeiten eintrugen, Nichts, als das Vergnügen es aufzuhäufen, und wählte sich endlich selbst zu der Gefährtin seines Lebens eine Bäuerin. Eben so blieben auch die Ideen von seiner Kunst ganz dieselben, die sie in der Mühle seines Vaters gewesen waren. Immer beschäftigte er sich mit der Nachahmung der gemeinen und niedrigen Natur, die er so gern um sich her sahe, und die ihm seine Capricen zum Ideal der Kunst machten. Von der Antike kannte er Nichts als den Namen, und diesen sprach er, nur um zu spötteln aus. Er sammelte alte Waffen, alte ausländische oder bizarre Kleidungsstücke, mit denen er seine Modells eher verkappte als drapirte, und diese Dinge nannte er seine Antiken.

Doch wir wollen itzt einen Descamps, dem die meisten seiner Werke bekannt sind, sprechen lassen. „Alles, was Rem„brandt, sagt er, componirt hat, ist ohne Adel: er war ein „feuriges, aber alles Großen und Edlen ermangelndes Genie. „Seine Bekleidungen sind bizarr, und erregen in uns weit eher „die Idee von einer Mascarade, als von jenen Nationaltrach„ten, die er eigentlich darstellen wollte. Er hat weniger Hi„storienstücke als Porträte gemalt, und die Historienstücke, die „man von ihm kennt, sind in den Augen des Weisen und Un„terrichteten größtentheils eben so lächerlich, als in den Au„gen des Malers bewunderungswürdig.

„Seine Zeichnung kann, wenn man seine Porträte aus„nimmt, nicht einmal erträglich genannt werden; er machte „nur allein die Köpfe gut, und er fühlte seine Unfähigkeit, „Hände zu zeichnen, auch so wohl, daß er diese Theile, so „oft er nur konnte, zu verbergen suchte. Ich habe mehrere „Gemälde von ihm gesehen, wo er sie, um der Mühe, die ihre „Darstellung fordert, überhoben zu seyn, nur durch einige „Striche mit dem Borstenpinsel, die man in der Nähe gar „nicht bemerkte, die sich aber in einer gewissen Entfernung „als Hände zeigten, angegeben hatte; diese Hände besaßen „freilich in Rücksicht der Form nicht viel Entschiedenes; aber „sie brachten doch in der gehörigen Ferne eine Wirkung her„vor, welche glaubend machte, als habe er auf sie weit mehr „Fleiß verwandt, als es doch eigentlich der Fall gewesen war. „Die Köpfe seiner Weiber ermangeln aller Reize des schönen „Geschlechts. Die nackten Figuren, die er darzustellen ge„wagt hat, liefern uns Beispiele der größten Incorrektheit: „sie sind bald klein, bald plump, bald mager, haben bald zu „kurze bald zu lange Extremitäten, und sind überhaupt in An„sehung der Proportionen gänzlich fehlerhaft.

„Nur

„Nur der Natur und seiner Neigung hat Rembrandt zu „verdanken, was er in der Kunst geworden ist. Näherte er „sich zuweilen dem Schönen, so war dieses keinesweges eine „Folge des Nachdenkens, sondern nur ein Werk des Ohnge„fährs, oder des blinden Gehorsams, mit dem er der Natur „Schritt vor Schritt folgte. Man darf nicht glauben, daß „dieser Künstler, ob er gleich nie in Rom gewesen ist, nicht die „großen Meister Italiens gekannt habe: er fand bei seinen „reichen Mitbürgern sehr ansehnliche Gemäldesammlungen, „Sammlungen, welche allerdings seine Manier hätten ändern, „oder doch zum wenigsten verbessern können; aber er bewun„derte Alles, und benutzte Nichts.

„Siebt man die kühne Tusche seiner Werke, so geräth „man in den Wahn, daß Rembrandt mit der größten Schnel„ligkeit gearbeitet haben müsse; allein nicht selten ließ die Un„gewißheit, in der er sich stets, wegen seiner Unbekanntschaft „mit dem Schönen, bei der Wahl der Stellungen und des „Wurfes der Draperieen befand, das Feuer seiner Ideen er„kalten. Er änderte bei einem Portraite den Kopf wohl vier „bis fünfmal ab, und gewiß würde ein jeder Verzicht gethan „haben, sich von ihm malen zu lassen, wenn das Wahre und „Kräftige seines Pinsels nicht für die Langeweile, die er auf „diese Weise verursachen mußte, entschädiget hätte.

„Wenn aber Rembrandt seiner Zeichnung wegen nur un„ter die mittelmäßigen Zeichner gerechnet werden kann, so ver„dient er im Gegentheil wegen seiner Farbe, seiner Tusche, sei„nes Helldunkels, so verdient er mit einem Worte als Maler „unter den größten Meistern einen Platz. Sein großes Genie „läßt hier selbst vermuthen, daß er der Erfinder dieser göttli„chen Kunst geworden seyn würde, wenn sie nicht schon erfun„den gewesen wäre. Er hatte sich in Rücksicht der Farbe, der „Mischung derselben und der Wirkungen der verschiedenen Tö„ne, Regeln gebildet, und eine sehr sichere Verfahrungsart zu „eigen gemacht. Er setzte dem Schatten die stärksten und kräf„tigsten Lichter entgegen, und er zeigte in Hinsicht dieses Ge„gensatzes die größten Einsichten. Seine Werkstätte war so

„einge-

„eingerichtet, daß er, ob sie gleich schon für sich düster war, „doch das volle Licht, nur durch ein Loch, wie in einem Ker„ker, erhielt: diesen lebhaften Lichtstrahl ließ er nun aber nach „seiner Willkühr in die Gegend oder auf die Stelle fallen, die „er beleuchtet wünschte. Wollte er seine Gründe helle halten, „so führte er hinter seinem Modell eine mit der gewählten „Grundfarbe gegründete Leimwand auf, und diese bezeichnete, „da sie von demselben Strahle, der den Kopf in Licht setzte, „erhellt wurde, dem Artisten die Stufung, die er nun nach sei„nen Grundsätzen behandelte und ausführte.

„Rembrandts Führung des Pinsels (façon de faire) ist „eine Art von Zauberei, ist eine Art von Magie. Kein Ma„ler hat besser, als er, die Wirkungen gekannt, die die verschie„denen Farben unter einander haben, und besser, als er die „verträglichen und zusammenstimmenden von den unverträgli„chen und gegen einander streitenden unterschieden. Er setzte je„den Ton an seine Stelle, und er war hier so richtig, und beob„achtete so viel Harmonie, daß er gar nicht nöthig hatte, sie „zu mischen, und ihnen so das Blühende und Frische zu be„nehmen. Um die Licht- und Schattenpassagen zu verbinden, „und die rohen und zu stark glänzenden Farben zu mildern, „pflegte er eher jene Töne durch einige andere, die er sehr ge„schickt über sie hingleiten ließ, zu glasieren. In seinen Ge„mälden ist Alles warm; er hat durch die Anordnung seines „Helldunkels fast stets die glänzendsten Wirkungen in seinen „Gemälden hervorzubringen gewußt.

„Er legte seine Portraite mit Präcision und mit der ihm „eigenen schönen Verschmelzung der Farbe an: diese Vorar„beit übergieng er dann mit den kräftigsten Tuschen, und „brachte bei den Lichtern bisweilen eine solche Menge Farben „über einander, daß er eher modelliren, als malen zu wollen „schien. Man führt einen Kopf von ihm an, wo die Nase „fast eben so viel Hervorragendes gehabt haben soll, als die „natürliche, die er copirte.“

Von dieser hervorragenden Nase wird zwar sehr viel gesprochen, allein Keiner von denjenigen, welche sie erwähnen,

sagt,

sagt, daß er sie gesehen habe, und man kann daher diese Erzählung immer für eine Fabel, oder für eine sehr starke Uebertreibung halten. So viel ist indessen gewiß, daß Rembrandt in seinen Malereien nichts weniger, als glatt und geleckt war. Man warf ihm einmal sein gestössenes (heurtée) Manöuvre vor, und er gab trotzig zur Antwort: „ein Gemälde ist nicht „gemacht, um zu düften, der Geruch der Malerei ist nicht gesund.“

Unterdessen beendigte er auch zu einer gewissen Zeit seine Arbeiten mit eben dem Fleiße, als ein Mieris, und diesen schuf er dasselbe Feuer an, diesen gab er dieselbe Kraft, die man in seinen gestossenen Werken bewundert. Liebe zum Gewinn war die Veranlassung zu dieser neuen Manier, in welcher ihn seine Caprice oft ins Uebertriebene verfallen ließ. Nicht selten beendigte er in einem Gemälde mit dem größten Fleiße die allerunwichtigsten Parthieen, und begnügte sich im Gegentheil, die Andern nur durch einige Striche mit dem Borstenpinsel anzugeben. Sehr übel würden diejenigen angekommen seyn, welche von ihm Werke begehrt, und sich gegen ihn über diese Bizarrerieen beschwert hätten, die er einigemale selbst zu Grundsätzen zu machen suchte. „Ein Gemälde, sagte er, ist beendigt, wenn der Künstler den Zweck, den er sich vorsetzte, erreicht hat.“

Aber groß ist die Macht seines hohen, in einigen Kunstparthieen sich auszeichnenden Talentes, und er erscheint, ohngeachtet seiner ungeheuren Fehler, dennoch als einer der größten Maler, ja, er kann selbst als der erste Meister in dieser Kunst angesehen werden, wenn man sie, die Malerei, im strengsten Sinne des Wortes nimmt, und die mit ihr so innig verbundene Zeichnungskunst abrechnet. Man muß aber auch bemerken, daß der in so manchen wesentlichen Theilen der Kunst unwissende oder nachläßige Rembrandt den Ausdruck gekannt hat, der die Werke des Artisten schon allein zu beleben fähig ist. Sein Ausdruck hat nichts Edles; aber er ist wahr, ist natürlich, ist gedacht.

Der Name dieses grossen Malers glänzt auch unter den Gravörs. Man hat zwar von ihm Blätter, wo die Arbeit sehr nachlässig ist, andere, wo Alles wie gekratzt aussieht, noch andere, und diese werden von den Liebhabern am meisten gesucht, wo man gar nichts Auszeichnendes bemerkt, und wo die Arbeit nur durch die von ihm hervorgebrachten Wirkungen Werth erhält; aber er verdient dagegen in Rücksicht seiner gravierten Köpfe alle Bewunderung; seine Nadel kommt hier an Zauber und Geist ganz der eines Labelle gleich, ja sie zeugt selbst noch von tieferen Kenntnissen.

Ob er gleich Holland niemals verlassen hat, so sind doch mehrere seiner Platten von Venedig datirt: es ist dieses eine Charlatanerie, durch die er den Preis der Abdrücke zu erhöhen suchte. Er starb zu Amsterdam 1614 in seinem acht und sechzigsten Lebensjahre.

Johann von Laar, der im Kleinen und zwar Sujets aus dem gemeinen Leben malte, verdient auch unter den Künstlern der niederländischen Schule angeführt zu werden. Er wurde zu Laaren nicht weit von Naarden in Holland im Jahr 1613 geboren, studirte anfänglich die Kunst in seinem Vaterlande, gieng aber in der Folge nach Rom, und suchte da seine Talente auszubilden. Die Italiäner nannten ihn, da er sehr missgestaltet war, Bambozzo, wornach die Franzosen das Wort Bamboche gemacht haben. Dieser dem Johann von Laar beigelegte Spottname ist aber die Veranlassung gewesen, die aus kleinen Figuren bestehenden und Scenen des gemeinen Lebens darstellenden Gemälde Bambochaden zu nennen. Johann von Laar malte Jagden, Räuberanfälle, Jahrmärkte, öffentliche Feste, Landschaften, und Seeprospekte; er staffirte seine Stücke mit Ruinen, und mit Menschen- und Thierfiguren. Seine Zeichnung ist sehr correkt, und seine Farbe sehr lebhaft und kräftig. Er starb in einem Alter von sechzig Jahren.

In die niederländische Schule gehöret auch der zu Lübeck geborne Van-Ostade, ferner Gerard Dow, Metzu, Mieris, Wouwermanns, Berghem, und der berühmte Blumenmaler Van-Huysum.

Diese

Diese Schulen, von denen wir nun aber itzt gesprochen haben, existiren größtentheils nicht mehr. Italien hatte einst allein deren viere, und itzt besitzt es nur einige wenige berühmte Künstler. In Flandern würde man itzt vergeblich die Schule eines Rubens suchen. Existirt die niederländische Schule auch noch, so ist sie zum wenigsten außer Holland nicht bekannt. Ein deutscher Künstler, nämlich Mengs, hat sich in unsern Zeiten ausgezeichnet; allein er hat eigentlich in Italien sein grosses Talent gebildet und ausgeübt, und er gehört daher mehr ihm, als Deutschland an. Noch ein anderer deutscher Maler, Dietrich, ist dem Auslande rühmlichst bekannt geworden, eine Ehre, die dem gemeinen Talente nicht zu Theil wird. Aber zwei isolirte Künstler bilden keine Schule. Was die französische betrift, so hat es einige Zeit geschienen, als wenn sie sich ihrem Untergange näherte; aber sie lebt itzt wieder auf, und sie erhält durch die Grundsätze und durch die Werke eines weisen und gelehrten Meisters, sie erhält durch seine Schüler, welche sich unter seiner Anleitung schon zu grossen Artisten gebildet haben, einen neuen Glanz. Noch nie haben sich nach dem Tode eines Le Sueur der französischen Nation in Rücksicht der Kunst solche vielversprechende Hoffnungen gezeigt.

Aber auch eine ganz neue Schule hat sich in unserm Jahrhunderte in Europa gebildet, und diese ist die englische. Sie hat ihren Sitz in der Akademie zu London, die im Jahr 1766 durch ein königliches Patent gestiftet, und im Jahr 1769 eingerichtet wurde. Sie kündiget sich, ob sie gleich nur erst entstanden ist, schon durch wichtige Erfolge an, und sie verdient um so mehr den Beifall und die Nacheiferung ihrer ältern Schwestern, jemehr sie sich durch die wichtigsten Theile der Kunst, wie zum Beispiel durch eine durchdachte und weise Composition, durch Schönheit in den Formen, durch Erhabenheit in den Ideen, und durch Wahrheit im Ausdrucke zu charakterisiren anfängt. Wir kennen diese Schule bis itzt nur aus gestochenen Blättern; aber mehrere Artisten, welche Gemälde von ihren Meistern gesehen haben, behaupten, daß sie mit jenen wichtigen Theilen der Kunst auch noch eine schöne Farbe verbinde, und daß ihr Colorit zwar nicht so glänzend, als das der Flamänder und Venetianer sei, daß es sich aber dafür dem Colorite der lombardischen Schule nähere. Reynolds, Präsident der erwähnten Akademie, ist durch seine Schriften über die Kunst, welche wir auch in diesem Werke sehr oft benutzen, bekannt, und ganz Europa hat das nach seinem Gemälde des Grafen Ugolino gestochene Blatt gesucht. Außerdem haben auch noch die Liebhaber der Kunst aus Stichen die Talente eines West, eines Kopley, eines Gens-Borugh, eines Brown und Anderer kennen lernen. Die englische Schule soll endlich ganz vortreffliche Pferdemaler haben.

Bei allen Schulen läßt sich übrigens die Ursache des Charakteristischen angeben, durch das sich eine jede unterscheidet: das Charakteristische der römischen Schule gründet sich zum Beispiel auf die vortreffliche Bildung ihrer ersten Artisten, und auf das Studium der in den Ruinen des alten Roms gefundenen Meisterstücke der antiken Kunst; die venetianische Schule verdankt ihr Charakteristisches der Pracht, die in Venedig durch die Handlung mit dem Orient ihren Sitz aufschlug, den Maskeraden und sonstigen häufigen Lustbarkeiten in der genannten Stadt, auch wohl der Nothwendigkeit, in der sich hier die Artisten sahen, Personen zu malen, welche mit den schönsten und glänzendsten Stoffen bekleidet waren; das Charakteristische der niederländischen Schule bildete sich durch die simple und einfache Lebensart der in sie gehörigen Künstler, die die Versammlungsörter der gemeinen Volksklasse, die die Werkstätte des Handwerkers besuchten, immer unedle und groteske Figuren vor Augen hatten, und oft die Wirkungen beobachteten, die in eingeschlossenen Oertern ein kleines natürliches oder künstliches Licht hervorbringt. Und so wird dereinst der Charakter der englischen Schule Schönheit seyn, weil in England der Künstler sie so oft sehen, von ihr so oft gerührt werden kann. Ist diese Schönheit auch nicht gerade die der Antike, so stehet sie doch vielleicht dieser nicht nach. So wird ferner die englische Schule sich dereinst durch das Wahre im Ausdrucke auszeichnen, weil hier die Nationalfreiheit der Natur

tur in Ansehung der Leidenschaften ihr freies Spiel läßt. So wird endlich auch diese Schule immer das Verdienst der Simplicität haben, und sich nie durch etwas Gezwungenes und Theatralisches, sich nie durch Darstellung einer erkünstelten und studirten Grazie herabwürdigen, weil hier selbst die Sitten des Volkes das Gepräge der Simplicität an sich tragen.

Betrachtet das Portrait einer Französin, das ein französischer Maler fertigte, und ihr werdet meistentheils in demselben, statt des Ausdruckes, ein gezwungenes Lächeln bemerken, an dem weder das Auge, noch auch sonst eine Parthie des Gesichtes Antheil nimmt, und das auf keine besondere Rührung in der Seele schliessen läßt. Sehet aber im Gegentheil das von einem englischen Artisten gemalte Portrait einer Engelländerin, und ihr werdet in den meisten Fällen einen naiven und den Charakter der dargestellten Person ankündigenden Ausdruck erblicken.

Artikel von Levesque.

Einige philosophische Ideen des Herausgebers über Schulen in der bildenden Kunst.

Eine **Schule** ist in der weitern Bedeutung eine Anzahl von bildenden Künstlern einer Nation, welche sich durch die musterhafte Behandlung einer Hauptparthie, oder mehrerer Hauptparthieen, oder, wo möglich, aller Hauptparthieen der bildenden Kunst ausgezeichnet haben, und deßhalb das Studium dererjenigen seyn müssen, welche sich derselben widmen. Eine Nation hat keine Schule, wenn ihre Meister nicht einen gemeinschaftlichen artistischen Charakter in diesem Sinne haben, und ebendeßhalb hat es mehrern unbefangenen Kunstrichtern geschienen, als könne man von keiner französischen oder deutschen Schule reden, eben so wenig mehrere verschiedene italiänische Schulen annehmen *).

Die

*) Nachdem man lange Zeit nur fünf Schulen unterschieden hatte: die römische oder florentinische, die venezianische, die lombardische, die

Die Dichtkunst hat keine **Schulen**, aus sehr natürlichen Gründen. Man nennt diejenigen Dichter **klassisch**, welche alle wesentliche Eigenschaften, des Genies und der Kultur in einer gewissen Harmonie in sich vereinigen, und jede von den gebildeteren Nationen der Vorzeit und Gegenwart kann sich einiger solcher poetischer Meister rühmen. Größe in einzelnen Parthieen der dichterischen Schönheit giebt keinem Dichter das Ansehen, welches einseitiger Werth dieser Art dem bildenden Künstler verleiht. Auch verträgt sich Nachahmung der Manier eines andern zu wenig mit dem dichterischen Genie, als daß es eine achtenswürdige Reihe von Dichtern geben könnte, welche sich einem anerkannt großen Meister in dieser Kunst nachgebildet haben. Jedermann würde lächeln, wenn er von einer **Geßnerischen**, oder **Höltyischen** oder **Matthissonischen** Schule hörte, oder wenn man, wegen der musterhaften Treflichkeit mehrerer beschreibender Dichter der Deutschen, von einer **deutschen** Schule spräche, welche in Schilderung landschaftlicher Naturscenen groß wäre.

Die Festsetzung verschiedener Schulen in der bildenden Kunst kann von gewissen Seiten als vortheilhaft, von andern als nachtheilig für die Kultur des Künstlers angesehen werden. Täusche ich mich nicht, so überwiegen die Nachtheile die Vortheile. Jede Partbie der bildenden Kunst erfordert ein eigenthümliches Studium, und mit Recht verweißt man den angehenden Künstler an diejenigen Meister, welche eine jede musterhaft ausbildeten. Haben die Meister einer Nation in einer oder mehrern von ihnen eine Treflichkeit, welche sie charakterisirt, so wende er sich an ihre Werke, um in denselben groß zu werden. So entwickele er die Keime von ästhetischer Energie, die in ihm liegen, entwickele seine Anlagen für Kühnheit und Feuer durch Studium der Florentiner, so bilde er sich für Reinheit

---

die niederländische oder deutsche und die französische Schule, gab der Chevalier von Jaucourt in der Encykl. im Art. Schule deren acht an, indem er die römische Schule von der florentinischen, die niederländische von der deutschen und der holländischen unterscheidet. Der Graf Tessin setzt sie auf drei herab: die italiänische, niederländische oder deutsche, und französische Schule.

heit und Richtigkeit der Formen, für einfaltvolle Größe, für Erhöhung der Schönheit, durch Vertrautheit mit den Meisterstücken der Römer, so für alle Vollkommenheiten des Colorites in den Schulen der Niederländer.

Allein nur zu leicht verführt die Absonderung verschiedener malerischen Schulen den Künstler zu dem Vorurtheile, als sei es erlaubt, nur nach Vollkommenheit in einer oder einigen Parthieen zu streben; nur zu leicht gewinnt er durch das Studium dieser oder jener Schule entschiedene Vorliebe für einzelne Erfordernisse vollkommener Kunstwerke. Sich entschließen in einzelnen Parthieen groß zu werden, heißt: sich entschließen, im Ganzen klein zu bleiben. Wer würde nicht eines jungen Dichters spotten, welcher einzig dahin arbeitete, ein großer Versifikateur zu werden, während er zugleich auf Vollkommenheit in Erfindung, Anordnung und Styl Verzicht leistete. Nur im Gebiethe der bildenden Kunst werden Vorurtheile dieser Art noch immer nicht blos geduldet, sondern sogar als authorisirt angesehen. Die Vereinigung aller Parthieen mit einer Ausbildung, welche der Wichtigkeit einer jeden verhältnismäßig ist, sie allein macht den wahrhaft großen Künstler.

Alle Schulen, welche charakteristische Treflichkeit besitzen, müssen von dem, der sich für die Kunst bildet, benutzt werden, allein ein solcher würde sich sehr irren, wenn er glaubte, daß alle artistische Vollkommenheiten in den Schulen enthalten seien und daß der Inbegriff von diesen als der Inbegriff alles Musterhaften für die Kunst angesehen werden müsse. Abermals ein Vorurtheil, durch dessen Veranlassung die Klassifikation der Schulen den Fortschritten der Kunst gewiß höchst nachtheilig gewesen ist. Für einige der wichtigsten Parthieen der Kunst findet man in keiner Schule wahre Muster; oder welches wäre wohl die Schule, von der man sagen könnte, sie sei musterhaft groß in originaler Erfindung, und Anordnung. Dann für die harmonische Vereinigung aller Vollkommenheiten in einem und demselben Werke, welche ich die Parthie aller Parthieen nennen möchte, biethet schlechterdings

keine

keine, allen Urtheilen der einsichtvollsten Kritiker zu Folge, tadellose Muster dar *).

Das Schulensystem hat noch einen nicht geringen Nachtheil für die Kunst. Es veranlaßt und unterhält Flachheit in der Beurtheilung und Charakterisirung selbst der größten Künstler, hindert das individuelle Eigenthümliche eines Jeden mit Feinheit zu fassen. Wer mit dem Register der Schulen sich den Werken der Meister nähert, welche in ihnen vorzüglichen Glanz und Celebrität besitzen, beurtheilt sie blos nach den allgemeinen Merkmalen, die er sich als Charakterzüge einer jeden Schule eingeprägt hat; blos auf diese gerichtet, übersieht er leicht manche originelle Züge, welche diesen oder jenen noch besonders auszeichnen. Ich gestehe, daß ich von den Originalwerken der größten Meister der Schulen so gut als nichts gesehen habe, daß meine etwanige Kenntnis davon blos auf Lektüre gegründet ist. Allein ich wage zu behaupten, daß es nichts dürftigeres und flacheres im ganzen Gebiethe der Kritik des Schönen giebt, als die gewöhnlichen Schilderungen malerischer Schulen, und wollte viel verwetten, daß auch hier der Systemgeist Freiheit, und Ausbreitung der Kritik gehindert, und die Betrachter und Schilderer der Werke groser Meister der Schulen gestimmt hat, in ihnen nur das aufzufassen, was einem Jeden mit den übrigen Gliedern seiner Schule gemeinschaftlich ist, über dieses aber alle Eigenschaften zu vernachläsigen, welche den eigenthümlichen Charakter eines Jeden ausmachen **). Vorzüglich zeigt sich dieß bei denenjenigen Schulen, welche am wenigsten einen entschiedenen, und wichtigen gemeinschaftlichen Charakter besitzen, wie z. B. der französischen.

*) Man behauptet von der Lombardischen oder Bolognesischen Schule, daß sie von dieser Seite das gröste Verdienst habe.

**) Die Kritik der Dichter würde dasselbe Schicksal gehabt haben, wenn man in gewissen Theilen der Dichtkunst Schulen festgesetzt hätte. Hätte man z. B. für das Trauerspiel eine Griechische, Englische, Französische Schule angenommen, so würden wir vielleicht mancher treflichen speciellen Charakteristik eines Aeschylus, Euripides, Sophokles, Racine, Voltaire, u. s. w. ermangeln.

schen. Wie flach ist alles, was man über ihre Meister gesagt hat, und wie wenig wird man dadurch in den Stand gesetzt, das unleugbar Originelle mehrerer davon zu fassen. Derselbe Fall vielleicht mit der sogenannten deutschen Schule.

Mit einem Worte: die Abtheilung der Schulen mag für Geschichte der Kunst von Wichtigkeit seyn, mag Vortheile gewähren für Befolgung einer gewissen Systematischen Ordnung in der Stellung der Werke, und also den sammlenden Liebhabern bequem seyn; für die Bildung des Künstlers und die Fortschritte der Kunst ist sie gewiß ohne großen Nutzen, hat vielmehr in diesen Hinsichten jederzeit evidenten Schaden gestiftet.

Soll eine fruchtbare Klassifikation der Meister möglich seyn, so vollende man zuvörderst die Theorie der Parthieen der bildenden Kunst, und entwickele sie von allen Seiten, wo das Genie sich in ihnen original und groß zeigen kann. Dann ordne man nach diesen Gesichtspunkten die Künstler, und bestimme nach denselben ihren Charakter, unangesehen, ob es Römer, oder Florentiner, oder Niederländer, oder was sonst seyen. Eine Klassifikation dieser Art wird freilich dem Heere seichter Schwätzer in Kunstsachen, nicht willkommen seyn. Für sie ist gerade das Schulensystem recht bequem, um sich ohne viel Mühe das Ansehen zu geben, tiefe Kenner zu seyn. Mögen sie denn auch forthin in ihren Zirkeln durch die Weisheit ihrer auswendig gelernten Register glänzen, und von ebenderselben unterstützt, in Kunstauktionen recht glücklich einkaufen; nur fordern sie nicht, daß ihrer wegen die Theorie der Kunst stillstehe, welche noch Fortschritte zu machen hat, von denen sie vielleicht nie etwas geahndet haben.

De Piles Malerbalance war eine Meisteridee. Sie ist beinahe gar nicht benutzt, und weiter verfolgt worden, weil sie ein tiefes Studium, und eine auf Prinzipien gestützte Kritik fordert. Soll sie indessen sichre Resultate gewähren, so muß ihr nicht blos die oberflächliche Unterscheidung von vier Hauptparthieen der Kunst (Composition, Zeichnung, Colorit, Ausdruck,) zum Grunde gelegt werden, sondern eine detaillirte Entwickelung der möglichen Arten vollkommener Ausbildung

und

und Anwendung einer jeden von derselben. In jeder derselben kann der bildende Künstler auf mannigfaltige Weise groß und ausgezeichnet werden, vorzüglich in Komposition und Ausdruck. Selbst in der Zeichnung, der fixirtesten von allen Parthieen, giebt es nicht blos eine Art, zu excelliren. Wenn ich übrigens de Piles Idee der Malerbalance bewundre, so bin ich dennoch weit entfernt, arithmetische Genauigkeit in Bestimmung des Werthes von Künstlern für möglich zu halten. Auch glaubte wohl jener große Mann durch seine Zahlverhältnisse nicht sowohl, die vollkommene Präcision zu erreichen, als vielmehr nur, sich derselben zu nähern.

Ich bemerke nur noch, am Schlusse dieses Aufsatzes, daß ich mehrere einzelne Vortheile, welche junge Künstler vom Schulsysteme ziehen können, nicht übersehe. Ich rechne darunter vorzüglich zwei, welche negativ sind. Kritisches Studium der Schulen nämlich bewahrt den sich bildenden Zögling der Kunst: 1) vor dem Fehler der Einseitigkeit, und ausschließlichen Beeiferung um einzelne Parthieen, mit Hintansetzung der übrigen; 2) vor dem Einflusse nationaler Eigenthümlichkeiten auf die Werke; in der letztern Hinsicht scheinen besonders, die französische und niederländische Schulen lehrreich zu seyn.

Uebersicht der Schulen.

Leon-

Fran-

---

*) Außer diesen sind von den Malern dieser Schule berühmt: Baccio della Porta, di San Marco gen. Pietro Roselli di Cosimo, Andrea del Sarto, Balth. Peruzzi, Il Rosso, Piet. Buonacorsi, Perin del Vago gen. Giac. Pontormo, Caruccio, Benven. Garofolo Bac. Bandinelli, Franc. Rossi, Cecchino del Salviati gen. Dan. Ricciarelli, Lud. Civoli, Math. Roselli, Pietro da Cortona, Bened. Lutti. Von diesen ist zum Theil sehr umständlich im Art. Maler gehandelt.

**) Außer diesen sind noch berühmt: Giul. Romano, Perrin del Vago, Taddeo Zucchero, Feder. Zucchero. Feder. Baroccio, Dom. Feti, Dom. Cresti, Passignano gen. Mich. Angelo delle Bataglie, Andre. Sacchi, Fr. Romanelli, Gaspari Daghet, Poussin gen. Ciro Ferri, Carlo Maratti, Lud. Garzi. S. den Art. Maler.

***) Außer diesen sind noch berühmt: Giov. Ant. Licilio oder Regillo, Pordenono gen. Sebast. del Piombo, Ermi. Bastiano gen. Giov. Nanni da Udine, Andr. Schiavone, Jac. Palma, d. ä. Jac. da Ponte, Bassano gen. Jac. Palma, d. j. Aless. Turchi, oder L'Orbetto, Veronese gen. Sebast. Ricci. S. den Art. Maler.

†) Außer diesen sind noch berühmt: Franc. Mazzuoli, Polydor da Caravaggio, Fr. Primaticcio, Luc. Cambioso, Mich. Agn. da Caravaggio, Bart. Schidone, Gius. Ces. di Arpinas, Dom. Zampieri, Guido Reni, Giov. Lan Franco, Gius. Ribera, Giac. Cavedone, Franc. Albani, Diego Velasquez de Silva, Giov. Franc. Barbieri, Vitt. Franc. Mola, Bened. Castiglione, Salv. Rosa, Giov. Fr. Grimaldi, Bart. Stef. Murillo, Luc. Jordano, Giov. Bacici, Carlo Cignani. S. den Art. Maler.

Gerard

---

*) Außer diesen sind berühmt: Mart. Frenimet, Lor. de la Hire, Jak. Stella, Chr. Alf. du Fresnoy Et. Bourdon, Jacq. Courtois Bourguignon, Cl. Gelee Lorrain, Pierre Mignard, Jos. Barrockl, Noel Coypel, Ch. de la Fosse, Jean Jouvenet, Ant. Coypel, Franz. de Troy, Ant. Watteau, Franc. le Moine, P. Ch. Tremoillere, Hiac. Rigault, Nic. de l'Argilliere u. a. von denen zum Theil der Art. Maler handelt.

**) Außer diesen sind berühmt; Lukas Cranach, Christ. Schwarz, Joh. Rotenhammer, Ad. Elzhaimer, Wilh. Bauer, Casp. Netscher, Abr. Mignon, Maria Sib. Merian u. a.

***) Außer diesen sind noch berühmt: Franz Pourbus, Math. Brill, Heinr. Steenwyck, Mart. v. Voß, Joh. Stradan, Franz Pourbus d. S. Barth. Spranger, Matth. Brill, Rol. Savery, Adrian Braun, Breughel, Miel, Teniers, Seegers, Snyders u. a. von denen zum Theil der Art. Maler handelt. — Die Flandrische Schule wird auch die Brabandische genannt.

Schmuzig.

Sale.

Man sagt: Schmuzige Farben, ein schmuziger Pinsel. Dieselbe Pallette, welche einem geschickten Maler die frischesten und glänzendesten Tinten liefern würde, biethet einem andern, der seinen Vortheil nicht verstehe, nur schmuzige und brouillirte Tinten. Wenn man die Farben quält, sie ohne Einverständniß zusammenmengt, bringt man ein schmuziges Werk hervor, welches dem Auge des Betrachters widerlich ist.

Das Verbum: Beschmuzen wird zuweilen im guten Sinne gesagt. Gründliche Beurtheiler rathen zuweilen dem Maler allzuglänzende Töne zu beschmuzen: Nur dadurch, daß man einige Theile eines Werkes beschmuzt, giebt man andern den Glanz, welchen sie haben sollen.

Schwach.

Foible.

Im Allgemeinen genommen bezieht sich dieses Wort allezeit auf die Wirkung und die Farbe. Dieses Gemäld ist schwach, heißt: seine Farbe ist wenig pikant, und seine Wirkung nicht stark genug. Will man von einer besondern Art der Schwäche reden, so muß man sie specificiren: dieß Gemäld ist in der Zeichnung schwach, in der Komposition schwach, im Ausdrucke schwach.

Schwä-

*) Noch einige vorzügliche Meister dieser Schule sind im Art. Maler angegeben.

Schwäche.

Foiblesse.

Ein Kunstwerk, an welchem man Schwäche tadelt, kann das Produkt eines Talentes seyn, welches Anspruch auf Größe macht, aber noch nicht gebildet genug ist, um die ganze Reinheit und Festigkeit zu besitzen, welche Werke vom ersten Range charakterisiren; oder Schwäche ist auch ein Merkzeichen des Alters, und verräth Abnahme der Kräfte. Als Beispiel für die erste Bedeutung führen wir jenes Gemäld le Bruns im Palais Royal an, verfertigt von ihm, wie man sagt, im achtzehnten Jahre. Es ist voll Feuer, verräth aber Mangel an Festigkeit in der Zeichnung. Poussins vier Jahreszeiten in der Sammlung des Königs, Mignards Magdalene bei den Theatinern, haben Weichlichkeit und Schwerfälligkeit, Fehler alternder Künstler. Alle diese Gemälde sind schwach, nicht, als ob sie unwahr wären, sondern, weil die Wahrheit in ihnen schwach ausgedrückt ist.

Schwächen.

Affoiblir.

So wie: mildern (adoucir) eine Vollkommenheit in der Malerei ausdrückt, bezeichnet: schwächen eine Unvollkommenheit. Gewöhnlich schwächen Künstler das Colorit dann, wenn sie Accord und Harmonie auf Kosten der Kraft suchen, so wie sie auch das Angenehme zum Nachtheil der Richtigkeit der Zeichnung erstreben; zuweilen schwächen sie die Correktheit der Contours, schwächen den Charakter, indem sie den Ausdruck der Anmuth aufopfern.

Die Schwächung der Farben zu Erhaltung einer schwachen Harmonie ist ein Behelf mittelmäßiger Coloristen in einigen Schulen, zu welchen ich unsre französische rechne. Der Himmel an den Ufern der Seine, wo diese Schule respirt, zeigt sich selten heiter, wegen der häufigen Dünste und

Nebel.

Nebel. Männer und Frauen sind hier mehr blaß als roth colorirt. Die Gebäude haben eine monotone, größtentheils weißliche oder graue Farbe, wegen des vielen Gebrauches, den man vom Gipse macht. Die meisten französischen Maler, welche in der Hauptstadt wohnen, haben deßhalb ein Colorit, in welchem die grauen und mehlichten Tinten auf eine sehr empfindbare Weise herrschen.

Indessen liegen die vorzüglichsten Ursachen, welche die Künstler aller Schulen verführen können, das Colorit zu **schwächen**, in der Leichtigkeit, mit welcher man durch die **Schwächung gebrochener** Farben zu einer sanften Harmonie gelangt, und der Schwerheit, den Accord aller Theile zu souteniren, indem man die Lokaltöne eines Gemäldes so hält, daß sie der Natur selbst, beleuchtet von einem schönen Lichte, möglichst nahe kommen.

Junge Künstler, fühlt ihr euch gereizt, feurige Töne zu **schwächen**, um eine angenehme Harmonie zu bewirken, so bedenkt, ob es nicht vielleicht eine falsche Richtung des Talents so vieler eurer artistischen Brüder ist, was sie in ein **schwaches** Colorit verfallen macht, und ihnen weibische Ausdrücke einflößt.

Wenn man **schwächt**, läuft man freilich nicht Gefahr, kranke oder zärtliche Augen zu verletzen, aber ihr sollt auch nur für Augen malen, die ihre frische Naturkraft haben.

Auch keinen der übrigen wesentlichen Theile der Kunst sollt ihr **geschwächt** geben. **Schwächt** ihr den Ausdruck, um euren Figuren Grazie zu ertheilen, so thut ihr ungefähr das, was man, unmenschlich genug, in Italien ausübt, wenn man Sängern die natürliche Energie ihrer Stimme nimmt, um sie biegsamer zu machen.

Schwarz.

Noir.

Dieses Wort wird substantive gebraucht, wenn man das Schwarz, oder die schwarzen Materien, deren sich die Maler bedie-

bedienen, bezeichnet, wie zum Beispiel, das Beinschwarz, das Elfenbeinschwarz u. a. m. Von diesen verschiedenen Gattungen des materiellen Schwarzes kann aber blos da gehandelt werden, wo von dem Praktischen der Malerei die Rede ist.

In theoretischer Hinsicht haben wir bei dem Worte, Schwarz, Nichts zu sagen, als, daß es ein Fehler ist, schwarz zu malen; dieses ist auch schon mehreremale angemerkt worden, und es wird von uns hier nur wiederholt, um die in diesem Werke angenommene alphabetische Ordnung zu befolgen. Gewöhnlich sind Gemälde, wenn sie aus der Werkstätte des Künstlers kommen, nicht schwarz; aber sehr oft werden sie es mit der Zeit. Die Mittel übrigens, durch die man diesem Fehler vorbeugen kann, wird man ebenfalls aus denjenigen Werken kennen lernen, welche das Praktische der Malerei zum Gegenstand haben.

Schwerfällig.

Pesant.

Eine Figur ist schwerfällig, wenn sie von einer kurzen, dicken, ramassirten Proportion ist; das Entgegengesetzte einer svelten und eleganten. Ein schwerfälliger Contour ist das Gegentheil eines feinen und leichten. Man sagt auch metaphorisch, daß Töne schwerfällig sind, so wie man ihnen Leichtheit zueignet. Eine schwerfällige Draperie ist eine solche, die für die Person, welche sie trägt, zu plump ist, sie einwickelt, statt sie zu bekleiden, die Formen verbirgt, sich nicht in Falten vertheilt, die zugleich groß und leicht sind, kurz, die mehr Paquete bildet, als schöne Reihen von Falten, wo man Ursache, Ursprung und Zweck fühlt. Ein Himmel ist schwerfällig, dem Tone nach, wenn er jener vagen Farbe ermangelt, welche die Leichtheit der Luft malt, und jener Klarheit, welche zeigt, daß die Luftdünste alle mit Licht getränkt sind, der Form nach, wenn er mit Wolken überladen ist, die keine Bewegung haben, die eher soliden Körpern gleichen, als Massen von Dünsten, die der Wind hin und her treiben kann.

Ein Baumschlag ist schwerfällig, wenn er nicht die Leichtheit der Blätter ankündigt, welche der kleinste Hauch bewegen kann. Eine Composition ist schwerfällig, wenn sie mit Gegenständen überladen ist, um welche man nicht herumgehen kann, um welche man die Luft nicht circuliren fühlt. Die Ausführung endlich ist schwerfällig, wenn der Pinsel gepeinigt ist, wenn man fühlt, der Maler hat mit plumper Hand gemalt, wenn die Tuschen der Nettheit ermangeln, wenn die Tinten statt verschmolzen, brouillirt sind. L.

Seestück.

Marine.

Dieß Wort braucht man vom Schauspiele des Meers, so wie Landschaft vom Schauspiele der ländlichen Natur. Der Anblick des Meeres, seiner Stillen, sanft Empörungen, der Stürme, der Gefahren, der Schiffbrüche, ist ein Gegenstand eines so mannigfaltigen und ausgebreiteten Studiums, um einen Artisten ganz zu beschäftigen. Man nennt Maler, die sich dieser Gattung widmen, peintres de marine. Italien und Holland haben in dieser Gattung trefliche Künstler hervorgebracht, Frankreich hat ihnen in unsern Tagen, den Vorrang streitig gemacht.

Seitenstück siehe Pendant.

Sfumato.

Sfumato.

Es besteht in einer äusserst weichen Manier zu malen, welche über die Begränzung des Contours und die Details der Formen einige Ungewißheit übrig läßt, wenn man das Werk in der Nähe betrachtet, welche aber keine Unbestimmtheit verursacht, wenn man sich in eine gewisse Entfernung stellt. Diese Manier ist angenehm und drückt die Natur sehr gut aus, welche uns in einer gewissen Entfernung die Gegenstände mit einiger

ger Unbestimmtheit darstellt, weil sie mehr oder weniger in Dunst gehüllt sind. Obwohl indessen Sfumato eigentlich so viel ist als enfumé, so darf man doch nicht glauben, man müsse, um das Sfumato in der Malerei zu erreichen, die Gegenstände vorstellen, als ob man sie durch einen Rauch sähe; dieß ist fehlerhafte Uebertreibung. Guerchin hat den richtigen Grad getroffen, Grimoux ist nicht selten in das Uebertriebene gefallen.]

Sgrafitto.

Peinture al sgrafitto.

Eine von Polydor erfundene und nach ihm aufgegebene Manier zu malen; die Procedur dabei war mehr Gravür als Malerei. S. d. Art. Gekratzt.

Simplicität siehe Einfalt.

Skizze.

Esquisse.

Dieses Wort, welches wir von dem Italiänischen Schizzo gebildet haben, hat bei uns eine bestimmtere Bedeutung bekommen als dieses italiänische. Schizzo ist, nach dem Diction. de la Crusca: Specie di disegno, senza ombra, e non terminato, eine Art schattenloser und unvollendeter Zeichnung, und nähert sich der Bedeutung unsers ebauche. Bei uns heißt: eine Skizze machen: den Gedanken des Sujets eines Gemäldes nach seinen Grundzügen hinwerfen, um zu urtheilen, ob er der Ausführung werth sei. Die Skizze hängt in keiner Rücksicht von den Mitteln ab, deren man sich bedient, um sie hervorzubringen. Der Künstler kann sich dazu des ersten besten Mittels bedienen, der Kohle, der Feder, des Pinsels, gleich viel. Giebt etwas dem einen vor dem andern einen Vorzug, so ist es die mehrere Leichtheit und Promtheit, bei welcher das Feuer des Künstlers am wenigsten verliert.

Man

Man kann eben so wenig Regeln geben für die Verfassung schöner Skizzen, als Regeln, um sich Genie zu erwerben. Allein Skizzen grosser Meister, besonders in der Komposition, sind vorzügliche Mittel den Künstler zu bilden, wenn er sie zweckmässig studirt. Besonders lehrreich ist es, die verschiedenen Skizzen zu vergleichen, welche sich Meister in Beziehung auf ein und dasselbe Werk entworfen haben, und diese Skizzen selbst zu betrachten in Beziehung auf das vollendete Werk. Hier kann man oft den ganzen Gang des Genies zur Vollkommenheit hin übersehen.

Sparen.

Menager.

Glückliche, schöne Wirkungen sparen oder aussparen heisst: sich Mittel und Gelegenheit vorbehalten, sie hervorzubringen. Seine Tinten sparen, heisst: sich hüten, sie zu brouilliren. Das Weiß, das Schwarz sparen, heißt: es nicht verschwenden; spart man das Weiß nicht, so fällt man in das Mehlichte, verschwendet man das Schwarz, so wird man hart. Das Schwarz muß um so mehr gespart werden, da die Farben ohnehin sich mit der Zeit hinneigen.

Ueberhaupt muß der Künstler in jeder Rücksicht sparen, d. h. mit vieler Mäßigung anbringen die grossen Bewegungen, heftigen Ausdrücke, die markirten Contraste von Stellungen und Gruppen, die schneidenden Massen von Schatten und Licht, die Anzahl der Personen, die Reichthümer des Luxus, die gesuchten Ornamente, die glänzenden Tinten. Nur so gelangt er zum Einfachen, welches immer das Schöne begleitet.

Staffelirt.

Peuplé.

Ich finde dieses Wort unter dem Verzeichnisse des verstorbenen Watelet zum Behuf seines zu liefernden Wörterbuchs. In der That kann es ein Kunstwort geworden seyn, seit man übereingekommen ist, ein Gemälde eher gut zu bevölkern, als in ihm nur so viel Figuren aufzustellen, als ihrer zum Ausdrucke des Sujets nöthig sind. Der weise Mengs hat mehr als einmal bittre Klage darüber geführt; daß die namhaftesten Maler Italiens, seit dem Zeitpunkte der gesunkenen Kunst sich es zum Problem gemacht haben, die größte mögliche Menge von Figuren in ihre Werke aufzunehmen. Es erfordert in der That mehr Genie, mit den Figuren zu ökonomisiren, und keine zuzulassen, welche nicht für die Wirkung des Ganzen nothwendig und wesentlich ist. Bloßes Metier ist es, handwerksmäßiger Kunstgriff, wenn man unnöthige Figuren einführt, um Löcher zu decken, Gruppen zu verbinden, Massen zu verbreiten. Der Fürst der Kunst, der göttliche Raphael wußte von diesen Behelfen nichts, und diese seine glückliche Unkunde ist der Grund, weshalb ihm so manche moderne Kritiker und Artisten nur eine erzwungene Huldigung leisten.

Statüe.

Statue.

Eine in Erz gegossene, oder in Marmor, Stein, Holz, gehauene Figur. Das Wort kommt vom lateinischen: stare, stehen, her. Eigentlich sollte man also nur gerade Figuren Statüen nennen, denen sitzenden oder liegenden aber den gewöhnlichen Namen der Figuren lassen. Allein der Sprachgebrauch ist hier nicht genau, wir rechnen den sterbenden Fechter unter die Statüen von Versailles. Der Sprachgebrauch hat indessen auch hier eine Bisarrerie. Man sollte jede stehende Figur der Bildnerkunst Statüe nennen. Allein um eine solche Figur so nennen zu dürfen, muß sie sich wenigstens der natürlichen Proportion nähern. Eine Bildnerfigur in halb natürlicher Proportion oder unter derselben wird keine Statüe genannt, sondern Figur. Ist sie von Bronze; so nennt man sie zuweilen blos eine Bronze, besonders wenn sie zur Antike gehört. So nennt man auch zuweilen eine Statüe von Marmor ein Marmor.

Eine Figur heißt nicht mehr Statüe, wenn sie unter der angegebnen Proportion ist, nichts desto weniger behält sie den Namen, wenn sie darüber hinausgeht. Der größte Coloß ist doch immer noch eine Statüe. L.

Stein.

Pierre.

Sebastian von Venedig, den man gemeiniglich Fra Sebastiano del Piombo nennt, hatte nicht eine Manier, welche leicht genug gewesen wäre, um in der Frescomalerei glücklich zu seyn, welche Gattung ein sehr föderndes Manöver erfordert. Er wollte diesen Mangel durch die Oelmalerei auf Stein ersetzen; aber er fand, daß die Malereien dieser Art, welche von den ersten Malern gemacht worden waren, die in Italien mit Oelfarben malten, anfänglich sehr gedunkelt hatten, und in kurzer Zeit ganz unkenntlich geworden waren. Um dieser Unannehmlichkeit zu begegnen, erfand er eine Composition von zusammengeschmolzenen und vermischtem Pech und Mastix, und ließ mit derselben und mit ungelöschtem Kalk die Mauern überwerfen, auf welche er malen wollte. Durch dieses Mittel blieben seine Gemälde der Feuchtigkeit weniger ausgesetzt, und behielten den ursprünglichen Glanz ihrer Farben. Er verfuhr auf diese Weise mit den härtesten Steinen.

Derselbe Künstler malte auch auf Steine von verschiedenen Farben, und die Farben dieser Steine selbst dienten seinen Malereien zum Grunde. Diese neue Manier erhielt viele Verfechter, und er erfand, um den Werken, die man in dieser Gattung von ihm verlangte, Dauerhaftigkeit zu geben und zu versichern, den Anwurf, von welchem wir eben gesprochen haben. (Artikel von Levesque.)

Edelsteine.

Pierres fines.

Sie gehören dann mit in das Gebiethe der Kunst, wenn sie vermöge des Fleißes der Gravörs über ihren eigenthümlichen

chen Werth noch einen neuen Werth erhalten haben. Man gravieret tief und erhaben (en creux et en relief) auf die meisten köstlichen Steine, selbst den Diamant nicht ausgenommen.

Geschnittene Steine.

Pierres gravées.

Man kann annehmen, daß die Aegyptier, welche mit so vieler Leichtigkeit in so harte Materien gravierten, als der Granit, der Basalt, und alle andere Marmor der Aegyptischen Steinbrüche sind, die Kunst, in Metalle, und vorzüglich im Kleinen in Edel- und andere köstliche Steine zu gravieren, nicht lange unbekannt blieb. Moses spricht, Exod. K. 25. V. 30. und K. 39. V. 6. 14. rühmlich von Beseleel, von dem Stamme Juda, welcher die Namen der zwölf Stämme in verschiedene köstliche Steine eingrub, mit welchen der Leibrock und das Brustschildlein des Hohenpriesters geschmückt war.

Man kann nicht in Zweifel ziehen, daß die Kunst der Gravur in Edelsteine, welche in dem Orient entsprang, daselbst nicht ohne Unterlaß betrieben worden sei, weniger um einem eiteln Luxus genug zu thun, als aus der Nothwendigkeit, in welcher sich die Völker jenes Landes befanden, die Nothwendigkeit, Petschafte zu haben. Denn es wurde keine Schrift, keine Acte für legitim und authentisch gehalten, wenn sie nicht mit dem Siegel derjenigen Person versehen war, welche sie ausgestellt hatte. Dieß wird in dem Buch Esther K. 3. V. 10. K. 8. V. 8. ausdrücklich gesagt, und die Schriftsteller haben den Siegelring des Gyges und den des Darius beschrieben. Plat. in polit. Man schlage endlich den Daniel auf, K. 6. V. 17. frage den Herodotus B. I. um Rath, und man wird daselbst finden, daß ein jeder Große zu Babylon sein besonderes Siegel hatte.

Die Aegyptier und die vorzüglichern Nationen von Asien behielten ihre Liebe für geschnittene Steine beständig. Man weiß, daß Mithridates eine besondere Sammlung von ihnen

gemacht

gemacht hatte, Plin. L. XXXVII. c. 17., man weiß, daß, als Lucullus, jener durch seine Pracht und Reichthümer so berühmte Römer, in Alexandrien landete, Ptolemäus, einzig und allein mit der Sorge sich ihm gefällig zu bezeigen beschäftiget, in seinem ganzen Reiche nichts Köstlicheres für denselben fand, als einen in Gold gefaßten Emaragd, auf welchen das Porträt dieses Aegyptischen Prinzen gravirt war. Auf dem Ringe der Kleopatra war der Kopf des Bacchus.

Als die Schifffahrt die Hetrurier mit den Aegyptiern, Phöniciern und einigen andern Völkern des Orients in Verbindung gebracht hatte, lernten sie eben die Künste und Wissenschaften, welche jene Völker trieben, und brachten sie nach Italien. Der Handel macht gewöhnlich aus verschiedenen Völkern gewissermaßen Eine Nation. Die Hetrurier fingen an, mit den Künsten, den glücklichen Früchten des Friedens und des Ueberflußes, bekannt zu werden; sie trieben die Bildnerei, die Malerei, die Baukunst, und zeigten für die Gravur in Edelsteine nicht weniger Talent.

In Griechenland war der Anfang der Künste von dem, den sie in Hetrurien gehabt hatten, nicht verschieden. Es waren auch die Aegyptier, welche den Griechen die Werkzeuge der Künste in die Hände gaben, welche dem Plato die Grundsätze der Weisheit mittheilten, die er bei ihnen zu schöpfen gekommen war, und welche den Griechischen Gesetzgebern erlaubten, ihre Gesetze abzuschreiben, um sie nachher in ihrem Lande zu geben.

So ingeniös auch diese Nation war, so blieb sie doch in Ansehung der Gravur bis auf den Dädalus in gänzlicher Unwissenheit, welcher die Sculptur dadurch zuerst zu beleben wußte, daß er seinen Figuren Bewegung gab. Er lebte vor der Zeit des Trojanischen Krieges, ohngefähr zwölfhundert und vierzig Jahr vor Christi Geburt. Die Fortschritte der Künste in Griechenland erschienen jedoch nicht eher in allem ihren Glanze, als in dem Jahrhundert Alexanders. Jetzt zeigten sich die Apelles, die Lysippe, die Praxiteles, welche die Gunstbezeugungen und Wohlthaten dieses berühmten Eroberers unter sich theilten, und mit einander wetteiferten, wer

ihn

ihn von ihnen mit der meisten Würde und Grazie darzustellen vermöchte. Der erste bediente sich dazu seines Pinsels, mit einem Erfolge, der niemanden unbekannt ist, und wie Lysippus erkohren war, die Büste dieses Fürsten in Bronze zu bilden, wurde Pyrgoteles allein für würdig gehalten, ihn zu gravieren.

Die Natur bringt nie so seltene Menschen hervor, ohne ihnen zugleich andere Männer von Genie zu Nacheiferern zu geben; es verbreitete sich daher über ganz Griechenland eine Menge vortrefflicher Künstler, und es gab, um mich bloß auf meinen Gegenstand einzuschränken, in allen Städten desselben Steinschneider von ausgezeichneten Verdiensten. Die Kunst der Gravur in Edelsteine hatte unter den Händen der Griechen allen den Erfolg, welchen ununterbrochene und vervielfältigte Arbeiten versprechen. Man durfte gute Gravörs nicht mehr im Auslande suchen, und sie, die Griechen, erhielten sich in dieser Superiorität. Kronius, Apollonides, Dioskorides, Solon, Hyllus und viele andere, deren Namen auf ihren Gravuren geheiliget sind, machten sich in dieser Kunst sehr berühmt. Mit einem Worte, man findet auf den schönen geschnittenen Steinen kaum andere als Griechische Namen.

Die Römer fanden an den schönen Künsten erst Geschmack, als sie bis Griechenland und Asien gedrungen, von der großen Achtung Zeuge gewesen waren, welche man großen Künstlern erzeigte, und als sie die Produkte derselben gesehen hatten. Nun suchten sie eifrig schöne Werke, und setzten ihrer Liebhaberei an geschnittenen Steinen keine Grenzen, beraubten nicht nur Griechenland derselben, sondern zogen auch die Dioskorides, die Solon, und andere eben so vortreffliche Künstler nach Rom, um deren neue zu schneiden. Man schmückte die Statüen der Götter mit Verzierungen der Art, man faßte dergleichen Pretiosen zu allem möglichen Gebrauch, und, wer könnte das glauben? — es gab Wollüstlinge, welche weichlich genug waren, um die Schwere jener Arten von Pretiosen während des Sommers nicht ertragen zu können.

Juvenal. Sat. I. v. 28. Man mußte deren für die verschiedenen Jahreszeiten leichtere und schwerere machen.

Hatten weniger reiche Personen nicht die Mittel, sich Edelsteine zu schaffen, so ließen sie Stücken von colorierten, gravierten, oder von einer schönen Gravur abgeformten Glase in ihre Ringe fassen; und man siehet in mehrern Cabinetten noch heut zu Tage solche antike Glasabgüsse, deren einige die Stelle verlohren gegangener, vortrefflicher antiker Gravuren vertreten.

Ihre Ringe, ihre Geschmeide, ihre geschnittenen Steine dienten zur Versiegelung alles dessen, was ihnen das Theuerste, das Liebste war, vorzüglich aber ihrer Briefe oder Schreibtafeln. Diese Gewohnheit ging von Jahrhundert zu Jahrhundert, und kam bis auf uns, ohne fast irgend eine Veränderung erlitten zu haben. Sie bestehet noch in ganz Europa und erstrecket sich bis zu den Morgenländern; und diese Gewohnheit ist es, welche die Völker jener Gegenden, die sich sonst so wenig um die Künste bekümmern, in die Nothwendigkeit setzte, die Kunst der Gravur in Edelsteine zu treiben, damit sie Petschafte zu ihrem Gebrauche haben.

Da alle Bürger, oder wenigstens die Häupter jeder Familie einen Siegelring eigenthümlich besitzen mußten, so war es einem Gravör nicht erlaubt, das nämliche Siegel zugleich für zwei verschiedene Personen zu machen. Die Geschichte hat uns die Sujets der meisten jener Siegel beschrieben. Julius Cäsar hatte auf das seinige das Bild der Venus mit einem Blitz bewaffnet schneiden lassen; eine Gravur, deren Copieen sich bis ins Unendliche vervielfältiget haben. Der berühmte Dioskorides hatte das des Augustus gegraben. Das Siegel des Pompejus stellte einen Löwen, der ein Schwert hielt, dar. Apollo und Marsias waren auf dem Siegel des Nero vorgestellt. Scipio Africanus ließ auf dem seinigen das Portrait des von ihm überwundenen Syphax darstellen.

Die ersten Christen, welche unter den Griechen und Römern lebten, hatten zum Zeichen des Dankes Siegel, auf welchen das Monogramm Jesu Christi, eine Taube, ein Fisch, ein

ein Anker, eine Leier, der Nachen des H. Petrus, und andere ähnliche Symbole graviert waren.

Der Luxus und die Asiatische Weichlichkeit, welche mit der Eroberung von Asien unter den Römern wuchsen, setzten der Menge und dem Gebrauche der geschnittenen Steine nun weiter keine Grenzen. Sie glaubten ihre Kleidungen damit bereichern, und dadurch die Kostbarkeit und Pracht derselben erhöhen zu müssen. Die Römischen Damen trugen sie in ihrem Kopfputz; die Armbänder, die Agraffen, die Gürtel, die Säume der Roben wurden oft verschwenderisch damit besäet. Der Kaiser Heliogabalus trieb es darin so weit, daß er auf seine Schuhe geschnittene Steine von unschätzbarem Werthe setzen ließ, und die, deren er sich Einmal bedienet hatte, nicht wieder anziehen wollte. Lamprid. in vita Eliogab. c. 23.

Es gab unter ihnen ohne Zweifel geschnittene Steine, welche blos zum Schmuck gemacht waren, für solche kann man jene Smaragden, Saphirs, Topasen, Amethysten, Granaten, und überhaupt alle andere farbige Edelsteine halten, auf deren Oberflächen sich Eingrabungen (gravures en creux) befanden, deren Oberfläche aber, anstatt flach zu seyn, convex war, und machte, daß man den Stein eine Troeckenkoppe (cabochon) nannte. Unter eben diese Klasse muß man alle diejenigen geschnittenen Steine rechnen, welche eine gewisse Größe überschreiten, und welche, da sie nie in Ringen getragen wurden, bloß zum Schmuck gearbeitet zu seyn scheinen, oder auch, um die Liebhaberei einiger Personen von Geschmack zu befriedigen.

Es ist keinem Zweifel unterworfen, daß die in Relief geschnittenen Steine, oder das, was wir Cameen nennen, nicht auch zu den Bekleidungen gebraucht worden seien, deren Reichthum und Glanz sie zu erhöhen geschickt waren.

Als sich das Christenthum auf den Ruinen des Heidenthumes gegründet hatte, änderte das Universum sein Ansehen, und stellte ein neues Schauspiel dar. Die alten Gewohnheiten wurden großen Theils aufgegeben, und man hörte folglich

auch

auch auf, sich der geschnittenen Steine zu dem und jenem Gebrauche zu bedienen, den man bis jetzt von ihnen gemacht hatte. Von nun an dienten sie zu weiter nichts, als zum Siegeln. Als aber die Barbarei ganz Europa überschwemmte, siegelte man nicht mehr mit geschnittenen Steinen; man dachte noch weniger daran, sie in Ringen zu tragen, und war nur allzuweit entfernt, den Werth derselben einzusehen. Sie wurden verstreut; mehrere gingen wieder in den Schooß der Erde, um in einem aufgeklärteren und sie zu besitzen würdigerem Jahrhundert aus ihr wieder hervorzugehen; andere wurden zur Verzierung von Kapseln und andern Gold- und Silberwerken zum Gebrauch der Kirchen verwendet; denn dieß war der herrschende Geschmack. Man verwandte die meisten Kosten an Reliquienkästchen, und bereicherte die Altäre mit einer noch größern Menge von geschnittenen Steinen.

Mehrere jener antiken unschätzbaren Gravuren, welche die Kaiser des Orients aus Rom mitgenommen hatten, blieben an dem Orte, wohin sie gebracht worden waren, und kamen nur darum wieder in den Occident, um daselbst ihren Platz in den Capellen zu nehmen, und den Reliquien gleichgeachtet zu werden. Die Venetianer füllten mit ihnen den berühmten Schatz der Kirche des heiligen Marcus, und die Franzosen brachten während der Kreuzzüge deren mehrere nach Frankreich. Seit sehr langer Zeit wurden der schöne Kopf der Julia, der Tochter des Titus, und mehrere Gravuren, welche profane Gegenstände darstellen, in dem Schatze der Abtei Saint-Denys, mit Reliquien verwechselt.

Man kann ohne Zweifel eine so große Ignoranz jener barbarischen Jahrhunderte nicht entschuldigen, und dennoch ist es nur jener gänzliche Mangel an Kenntnissen, dem wir die Erhaltung einer unendlichen Menge kostbarer Stücke von antiken Gravuren zu verdanken haben, die sonst der Gefahr unterworfen gewesen seyn würden, nicht bis auf uns zu kommen. Denn wenn die, welche in jenen barbarischen Jahrhunderten lebten, etwas mehr Kenntnisse besessen hätten, würde eben der Eifer für die Religion, welcher machte, daß sie allen Arten von geschnittenen Steinen nachsuchten, um die Altäre und Reliquien mit ihnen zu schmücken, auch gemacht haben, daß sie alle diejenigen, welche Bezug auf das Heidenthum hatten, weggeworfen, oder wohl gar vernichtet hätten.

Man fühlet, wie groß dieser Verlust gewesen seyn würde, wenn man über den Nutzen nachdenkt, den man aus geschnittenen Steinen ziehen kann. Ich rede nicht von den vorgeblichen geheimen Kräften, die man ihnen zuschrieb; es ist hier nicht der Ort, sich bei diesen albernen Ideen aufzuhalten; ich maße mir auch nicht an, hier den Werth und die Schönheit der Materie in helleres Licht zu setzen, sondern spreche bloß von dem Vergnügen, das die Darstellungen, welche die Kunst in sie zu legen wußte, dem Geiste gewährt.

Diese kostbaren Ueberbleibsel des Alterthums sind die Quelle einer unendlichen Menge von Kenntnissen; sie vervollkommnen den Geschmack, und versehen die Einbildungskraft mit den edelsten, schönsten und erhabensten Ideen. Hannibal Carraccio entlehnte von zwei antiken geschnittenen Steinen die Gedanken zweier seiner schönsten Gemälde im Cabinet des Pallastes Farnese zu Rom. Der Hercules, welcher den Himmel trägt, ist eine Nachahmung von einer antiken Gravur, welche der König besitzt.

Obgleich die geschnittenen Steine keine so erhabenen und bewunderungswürdigen Werke sind, als die Produkte der alten Bildner, so haben sie doch vor den Basreliefs und Statüen einige Vorzüge. Diese Vorzüge entspringen aus der Materie der geschnittenen Steine und aus der Natur der Arbeit selbst. Da die Materie sehr hart und die Arbeit tiefliegend ist, (wir sprechen hier nur von Gravuren en creux) so kann das Werk nicht bestoßen werden, so kann es keine Kreße bekommen, und ist zugleich vor einer unendlichen Menge anderer Zufälle sicher, welche die großen Stücke der Bildnerei in Marmor nur allzuoft erfahren haben.

Da nichts so angenehm ist, als treue Porträts berühmter Männer von Griechenland und Rom zu haben, so sind es auch die geschnittenen Steine, in welchen man sie findet,

findet, wo man sich mit der grössesten Gewißheit von der Wahrheit der Aehnlichkeit überzeugen kann. In ihnen wurde durch das Alterthum kein Zug verändert, durch Reiben nicht verwischt, wie in Medaillen und Marmorn. Auch ist es sehr tröstend, sich vorstellen zu können, daß sich jene Statüen und Gruppen, welche ehedem die Bewunderung von Athen und Rom waren, und jetzt Gegenstände unseres gerechten Bedauerns sind, auf den geschnittenen Steinen wieder finden. Dieß ist mit nichten eine leere Vermuthung; man hat auf unbezweifelt antiken geschnittenen Steinen die Darstellungen mehrerer schönen Griechischen Statüen, welche noch vorhanden sind. Ohne aus dem Cabinet des Königes von Frankreich zu gehen, kann man daselbst die Statüe des Farnesischen Herkules, eins von den Pferden des Monte-Cavallo und die Gruppe Laokoon auf Carniolen sehen.

Außer allen diesen Vorzügen, die wir so eben den geschnittenen Steinen zugesprochen haben, besitzen sie noch einen mit allen andern Denkmälern des Alterthums gemein, nämlich den, daß sie uns über mehrere wichtige Punkte der Mythologie, der Geschichte, und der alten Sitten und Gewohnheiten Aufklärung geben. Wenn es möglich wäre, alle geschnittenen Steine, welche hie und da zerstreuet sind, in Eine Sammlung zu bringen, so könnte man sich schmeicheln, in ihr eine ziemlich vollständige Suite von Porträts von grossen Männern und von Gottheiten des Heidenthums zu haben, welche fast alle durch besondere Attribute, die Bezug auf ihre Verehrung haben, charakterisieret sind. Wie viel verschiedene Opfergebräuche, wie viel verschiedene Feste, Spiele und Schauspiele würde man da sehen, welche deßwegen noch interessanter sind, weil uns die alten Schriftsteller in den Stand setzen, sie vermittelst der Schilderungen, welche sie uns davon hinterlassen haben, zu verstehen!

Jener schöne geschnittene Stein, im Cabinet der verewigten Madame von Frankreich, auf welchem Theseus dargestellet ist, wie er den Stein aufhebt, unter welchem die Beweise seiner Geburth verborgen lagen; jener andere, in dem

Kabinet des Königs, wo der gefangene Jugurtha von Sylla befreiet wird, werden sie nicht selbst dadurch zu schätzbaren Denkmälern, daß sie dem Zeugnisse des Plutarch eine neue Stärke geben, welcher diese Lebensumstände jener beiden grossen Feldherren erzählt. (Leben des Theseus und Marius.)

Man muß indeß bekennen, daß aus jenem Ueberfluß an Materie, eine unübersteigliche Hinderniß entstehen könnte, dem grössesten Theil der geschnittenen Steine zu erklären. Aber obgleich Erklärungen der Art nie zur Gewißheit werden können, ob wir gleich über Denkmäler der Art, welche wir besitzen, oft nichts als Muthmaßungen haben, so leiten doch selbst diese Muthmaßungen nicht selten zu gleich nützlichen und angenehmen Aufklärungen.

Der Fall des Römischen Reiches zog den Verfall der schönen Künste nach sich. Sie wurden sehr lange Zeit vernachläßiget, oder doch wenigstens von Menschen ausgeübt, welche nichts, als den bloßen Mechanismus ihrer Kunst kannten; und sie erhoben sich nicht eher wieder, als gegen die Mitte des funfzehnten Jahrhunderts. Jetzt erschienen die Malerei und Bildnerei in Italien wieder in ihrem ersten Glanze, und man fing daselbst wieder an, mit Geschmack sowohl en Creux als en Relief zu gravieren. Der berühmte Lorenzo von Medicis, der Prächtige und der Vater der Wissenschaften genannt, war der vorzüglichste und eifrigste Beförderer dieser Wiederauflebung der Gravur in Edelsteine. Da er eine vorzügliche Liebe für alles dasjenige hatte, was den Namen Antike führte, so hatte er außer den alten Handschriften, den Bronzen und Marmorn, auch eine kostbare Sammlung geschnittener Steine gemacht, die er entweder aus Griechenland und Asien gezogen, oder in seinem eigenen Lande gesammelt hatte. Die Betrachtung dieser schönen Sachen, welche er eben so sehr des Vergnügens wegen, sie andern mitzutheilen, als ihrer zu genießen besaß, belebte einige Künstler, welche sich der Gravur widmeten. Um ihren Eifer zu vermehren, vertheilte er selbst Werke unter sie. Man lieset auf mehrern Steinen, welche er graviren ließ oder besaß, den Namen dieses großen Beschützers der Künste.

Jetzt erschien zu Florenz Johann, dem man deßwegen den Beinamen delle Corniuolle gab, weil ihm die Gravure en Creux auf Carniole am besten glückte, und zu Milano sahe man den Domenico, de' Cama genannt, weil er sehr schöne Cameen machte. Diese geschickten Männer zogen Schüler, und hatten bald eine Menge Nachahmer. Vasari nennet mehrere derselben, unter welchen ich nur diejenigen anführen werde, welche sich die größeste Achtung erwarben: Johann Bernardi von Castel-Bolognese, Matteo del Nasaro; dieser letztere brachte einen großen Theil seines Lebens in Frankreich im Dienste Franz I. zu: Johann Jakob Caraglio von Verona, der in der Kupferstecherkunst nicht weniger glücklich war; Valerio Belli von Vicenza, bekannter unter dem Namen Valerio Vicentini; Ludewig Anichini und Alexander Cesari, mit dem Beinamen der Grieche. Die Kunstliebhaber bewahren in ihren Cabinetten Werke dieser neuern Steinschneider auf, und man bewundert nicht ohne Ursache die Schönheit ihrer Arbeit. Indeß muß man weder jene erste Feinheit des Gedankens, noch jene außerordentliche Bestimmtheit der Zeichnung, welche den Charakter der schönen Antike ausmachen, bei ihnen suchen; das Schönste, was sie lieferten, ist nichts, als sehr mittelmäßig, wenn man es mit den vortreflichen Produkten Griechenlands vergleicht.

Ueber die Materie, in welche man graviert.

Die alten Gravörs, welchen in diesem Stück alle neuern folgten, scheinen keinen einzigen von den edleren, ja sogar keinen von den köstlichen Steinen ausgenommen zu haben, um sich derselben zur Materie ihrer Arbeiten zu bedienen, im Falle nämlich, daß sich diese Steine durch sich selbst nicht so sehr empfahlen, daß man ihren Werth einigermaßen vermindert haben würde, wenn man sie mit einer fremden Arbeit überladen, und ihnen dadurch einen neuen Werth hätte geben wollen. Noch heut zu Tage hat man vor ähnlichen Steinen dieselbe Achtung. Uebrigens findet man täglich Gravuren auf Amethyste, Saphire, Topasen, Chrysolithe, gelbgrüne Smaragde, Hyacinthen und Granaten. Man findet ihrer auf Beryllen oder Aquamarinen, auf Smaragd- und Amethystmutter, auf Türkissen, Malachiten, Carniolen, Chalcedoniern und Agaten. Jaspisse, von rother, gelber, grüner und verschiedenen andern Farben, und vorzüglich die blutrothen Jaspisse, der olivenfarbige Edelstein (le jade, diaspro melochite), besondere kleine Steine, Stück n vom Lapislazzuli, Tafeln von Felscrystall, dienten auch zur Materie für die Gravur, und sogar dienten ziemlich schöne Smaragden und Rubinen zu diesem Behuf. Aber unter allen Edelsteinen sind die Agate und Carniole oder Sardoniche diejenigen, deren man sich am liebsten für die Gravur en Creux bediente, indeß man die verschiedenen Arten der Agat-Onyxe für die Reliefs aufgehoben zu haben scheint.

Der Mannigfaltigkeit der Farben, mit welchen die Natur die Agate schmückte, verdanken wir jene schönen Cameen, deren mannigfaltige Tinten das Werk des Pinsels zu seyn scheinen, und welche Cameen fast durchgängig Produkte unserer neuern Gravörs sind.

Wir dürfen hier jene besonderen Gravuren, welche mit in die Reihe geschnittener Steine gesetzt werden können, nicht mit Stillschweigen übergehen. Dieß sind Agate oder andere Edelsteine, auf welchen in Gold ciselierte Köpfe oder Figuren im Basrelief angebracht und incrustiert sind, so daß sie, die Verschiedenheit der Materie abgerechnet, beinahe dieselbe Wirkung thun, als wirkliche Cameen. Eine Camee der Art siehet man zu Florenz: sie gehörte der Churfürstin von Pfalz, Anna Maria Luise von Medicis. Diese schöne Gravür muß sich in dem Cabinet des Großherzogs finden; sie stellet vielleicht den Apoll, als Besieger des Drachen Python dar. Eine Abbildung davon findet man in dem Musaeum Florentinum, T. 1. tab. 66. n. 1. Im Jahr 1749 vertheilte ein

Italiä-

Italiäner mehrere auf eine ähnliche Weise incrustierten Steine zu Paris; und da er eine beträchtliche Anzahl derselben hatte, und sie allzugut erhalten waren, um nicht verdächtig zu seyn, überzeugten sich die Kenner, daß es moderne Stücke wären.

Der Diamant, der einzige kostbare Stein, auf den man noch nicht versucht hatte zu gravieren, blieb es auch in den letztverflossenen Jahrhunderten nicht mehr. Es ist zwar wahr, daß der Venetianer Andreas Cornaro im Jahre 1723 einen Kopf des Nero in einen Diamant gegraben, ankündigte, und um den Preis dieses geschnittenen Steines zu erhöhen, welchen er zwölftausend Zechinen schätzte, versicherte, er sei antik. Aber man kann an dem Gegentheil fast nicht zweifeln, und sein Diamant war vielleicht ein Werk des Constanzi, welcher lange Zeit zu Rom mit Auszeichnung arbeitete.

Als Clemens Birago von Milano, welchen Philipp II. nach Spanien zog, und welcher sich 1564 zu Madrid befand, einen Versuch machte, in Diamant zu gravieren, hatte noch niemand dieselbe Operation gewagt. Dieser berühmte Künstler grub daselbst für den unglücklichen Don Carlos das Portrait dieses jungen Prinzen, und auf sein Siegel, welches gleichfalls ein Diamant war, das Wappen der Spanischen Monarchie. Man zeigte zu Paris einen Diamant, auf welchen das Wappen von Frankreich graviert oder vielmehr gekratzet war. Man sagt, in dem Schatze der Königin von Ungarn zu Wien sei ein ähnlicher Stein vorhanden, und das Siegel Friedrich Wilhelms I. Königs von Preussen (gestorben 1740) sei gleichfalls in einen Diamant graviert.

Uebrigens können diese Gravuren weder sehr tief, noch sehr ausgeführt, noch endlich in vollkommene Diamante gravieret seyn. Setzen wir noch hinzu, daß man oft Gravuren zeigt, von welchen man sagt, sie seien in Diamanten geschnitten, und die es in der That nur in weisse Saphire sind.

Von dem Unterschiede zwischen antiken und modernen Steinen.

Da man viele Betrügereien und listige Kunstgriffe anwendet, in Ansehung der geschnittenen Steine zu täuschen, so fragt sich, ob es keine Mittel gebe, einen antiken Stein von einem modernen, die Originale von Copieen zu unterscheiden. Verschiedene Liebhaber haben sich hierüber Regeln gemacht, welche mitgetheilet zu werden verdienen, so unzuverlässig sie auch sind.

Sie fangen damit an, daß sie die Art des Steines untersuchen; wenn dieser Stein orientalisch, in Ansehung seiner Qualität vollkommen, wenn es irgend ein Edelstein ist, dessen Bruch verloren gegangen ist, wie z. B. die Carniole des alten Felsens; wenn die Politur desselben sehr schön, ganz gleich und sehr glänzend ist, so sind dieses nach ihrer Meinung Beweise von dem Alterthum einer Gravur. Es ist ausgemacht, daß die Untersuchung der Qualität und der schönen Politur eines geschnittenen Steines keine gleichgültigen Dinge sind; aber wir haben unsere Gravörs mehr als Einmal schlechte ältere Gravuren abschleifen, Antiken retuschieren, und der Politur eine große Gleichheit und Glätte geben gesehen, um dadurch die Kenner desto besser zu betrügen. Uebrdieß wär es vielleicht ein noch zuverlässigerer Beweis des Alterthumes eines geschnittenen Steines, wenn die Oberfläche desselben durch Krelle an der Politur verlohren hätte; denn die Alten gravierten für den Gebrauch, und jeder Stein, der gebrauchet worden ist, muß Spuren davon erhalten haben *).

Die Liebhaber oder Sammler glauben ferner auch ganz gewiß und untrüglich zu erkennen, ob die tiefeingegrabenen Inschriften an den Steinen ächt oder nachgemacht sind, und zwar

*) Dieses Mittel, das Alterthum eines Steines zu erkennen, kann nicht angenommen werden. Die Härte der Edelsteine sichert die Politur derselben gegen einen sehr langen Gebrauch. Dieß beweisen diejenigen, die ganz gewiß antik, wahrscheinlich gebrauchet worden, nachher unter der Erde verlohren gegangen sind, und selbst mehrere Zufälle erfahren haben.

zwar vermittelst der Regelmäßigkeit und Proportion der Buchstaben, und vermittelst der Feinheit ihrer Füße; aber Bemerkungen der Art haben wenig Gewißheit. Jeder Gravör, der sich die Mühe nehmen will und eine feste und geschickte Hand hat, wird es so weit bringen, Buchstaben zu zeichnen, welche so ganz denen der Alten ähnlich sind, selbst diejenigen nicht ausgenommen, welche durch lauter Punkte gebildet wurden, daß sie die feinsten Kenner mit denen der Alten verwechseln werden, und dieses Stratagem, auf welches man in Italien verfiel, um gewisser Kauflustiger zu spotten, die eine blinde Vorliebe gleichsam mit der Muttermilch eingesogen hatten, gelang nur allzu wohl. Sie haben selbst wirklich antike geschnittene Steine dadurch verdorben, daß sie ihnen falsche Inschriften gaben, und dieß führen sie mit desto größerer Sicherheit aus, je leichter es ihnen jetzt ist, dadurch zu betrügen. Wer könnte daher dafür stehen, daß nicht mehrere jener Namen von Künstlern, welche wir auf geschnittenen Steinen und selbst auf sehr schönen Gravuren lasen, in spätern Jahrhunderten darauf gesetzet worden sind, vorzüglich seitdem Gori bemerken gemacht hat, daß der Griechisch geschriebene Name Kleomenes, den man am Fußgestelle der Mediceischen Venus findet, eine falsche Inschrift ist?

Es ist auch nichts schwerer, diejenigen Cirkel und Einfassungen in Form einer Schnur noch auf die geschnittenen Steine zu setzen, welche nach Gori's Meinung die Hetrurischen Steine charakterisieren, und ein zuverläßiges Zeichen sind, woran man sie erkennt.

Andere Liebhaber geben vor, die Alten hätten auf keine andere Steine graviert, als auf runde oder ovale; und tragen kein Bedenken zu sagen, die Gravur sei modern, wenn man ihnen Steine von einer andern Form, als etwa viereckige oder überhaupt eckige zeigt, welches nicht immer wahr ist.

So groß auch die Nachläßigkeiten sind, welche sich die Künstler, was die Beiwerke betrift, mitten unter den größten Schönheiten zu Schulden kommen ließen, so dürfen sie uns doch nicht verleiten, zu urtheilen, daß die Gravur nicht antik sei *): man könnte vielleicht ganz das Gegentheil daraus schließen, daß nämlich die neuern Gravuren in allen Theilen gleich fleißig gearbeitet sind, indeß die alten sehr oft den Fehler haben, den wir so eben bemerkten. Man kann das Palladium, von Dioskorides graviert, als Beispiel anführen; Diomedes, welcher die Hauptfigur ausmacht, vereiniget alle Vollkommenheiten in sich, indeß alles Uebrige so wenig fleißig gearbeitet ist, daß es kaum mittelmäßige Arbeiter gut heißen würden. Hatte dieser geschickte Künstler die Absicht, die Vortreflichkeit seines Produktes durch diesen Contrast desto besser ins Licht zu stellen, oder fürchtete er, das Auge möchte sich zu sehr bei unwesentlichen, fremden Gegenständen aufhalten, und sich nicht genug mit der Hauptfigur beschäftigen?

Aber ein geschnittener Stein in seiner alten Einfassung, ein anderer, von dem man so genau wüßte, daß man nicht daran zweifeln könnte, er sei unweit der Oeffnung eines Grabes oder unter altem Schutt gefunden worden, welcher niemals aufgegraben worden ist, würde für eine Antike gehalten zu werden verdienen. Es scheinet auch, daß man einen geschnittenen Stein, welcher uns aus denjenigen Ländern gebracht würde, in welchen sich die Künste seit ihrem Falle nicht wieder erheben, nicht weniger schätzen müsse; geschnittene Steine z. B. welche aus den Morgenländern kommen, sind keiner Verderbung durch ungeschickte Arbeiter ausgesetzt, wie diejenigen, welche man in Europa entdeckt; endlich muß ein geschnittener Stein, außer der Gewißheit seines Alterthumes, wirklich schön seyn, um die Hochschätzung der Liebhaber zu verdienen. Wir machen also den Schluß, daß die Kenntniß der Zeichnung, verbunden mit der des Styles und der Arbeit, das einzige Mittel ist, seinen Geschmack zu bilden, und in den Künsten, besonders aber in der Kenntniß des Ver-

dien-

*) Dieses Urtheil sollte man selbst dann nicht fällen, wenn auch das ganze Werk schlecht wäre, denn es giebt sehr schlechte Antiken aller Art: aber man kennt sie auch an der Arbeit, an dem Styl, an dem Charakter der Schule.

dienstes geschnittener sowohl antiker als moderner Steine ein guter Richter zu werden.

Von berühmten Gravörs in Edelsteinen.

Der Geschichte der Künste scheinet etwas zu fehlen, wenn sie nicht von der der Künstler begleitet ist, welche sich in ihnen auszeichneten. Dieser Umstand veranlaßte den Vasari, Vettori und Mariette das Leben jener berühmten Künstler zu schreiben. Für uns wird es genug seyn, die Namen der vorzüglichsten unter denen anzuzeigen, welche seit der Wiedergeburt der Künste erschienen.

Die ganze Welt weiß, daß der Verfall des guten Geschmackes kurze Zeit auf den Verfall des Römischen Reiches folgte *); grobe und unwissende Arbeiter nahmen den Platz großer Meister ein, und schienen nur darauf hinzuarbeiten, den gänzlichen Ruin der Künste zu beschleunigen. Indeß machten sie sich selbst in denjenigen Zeiten, in welchen sie sich mit so großen Schritten von der Vollkommenheit entfernten, ohne daß man darauf Rücksicht nahm, der Nachkommenschaft nützlich und selbst nothwendig. Indem sie gut oder schlecht zu arbeiten fortfuhren, pflanzten sie die Handgriffe der Alten fort; Handgriffe, deren Verlust ohne das unvermeidlich war, und auf die man vielleicht nicht wieder kommen konnte. Es ist daher ein Glück, daß die Kunst der Gravur in Edelsteine keine Unterbrechung litt, und daß eine ununterbrochene Folge von Gravörs Statt fand, von denen einer den andern unterrichtete, und die sich auf diese Weise einander so zu sagen die Werkzeuge in die Hand gaben, ohne welches diese Kunst nicht fortgetrieben werden konnte.

Die-

*) Um sich hierüber bestimmter auszudrücken, hätte anstatt des Römischen Reiches der Römischen Republik gesagt werden müssen, ohnerachtet es zu den Zeiten der Kaiser noch geschickte Künstler gab. Man siehet sogar im Allgemeinen, daß die Künste in den letztern Jahrhunderten der Republik von dem alten Glanze verlohren hatten, der ihnen in den schönen Jahrhunderten Griechenlands eigen war.

Diejenigen von ihnen, welche im funfzehnten Jahrhunderte Griechenland verließen und in Italien eine Freistatt vor der Tyrannei der Türken, ihrer neuen Herren, suchten, machten daselbst zum erstenmal einige Werke erscheinen, welche etwas weniger unförmlich waren, als die Gravuren, die man daselbst täglich machte, und zum Vorspiel der sich vorbereitenden Erneuerung der Künste dienten. Die Pontificate Martins V. und Pauls II. waren die Zeugen jener ersten Versuche. Aber Lorenzo von Medicis, der erleuchteteste Beschützer, welchen die Künste fanden, war der Hauptbeweger der grossen Veränderung, welche die Gravur erfuhr. Seine Leidenschaft für geschnittene Steine und für Cameen machte, daß er, wie ich bereits angemerket habe, die besten Gravörs suchte; er versammelte sie um sich, und die Kunst der Gravur in Edelsteine erhielt ein neues Leben.

Johann delle Carniuole wurde als der Wiederhersteller der Gravur en Creux der Edelsteine, und Dominicus de' Camei als der Wiederhersteller der Gravur in Relief betrachtet. Peter Maria de Pescia und Michelino übertrafen bald jene beiden Künstler. Die Kunst der Gravur in Edelsteine verbreitete sich plötzlich über alle Theile von Italien. Indeß war es dem Johann Bernardi, zu Castel-Bolognese, einer Stadt in Romanien gebohren, aufbehalten, den neuern Gravörs zu lehren, wie sie sich zu würdigen Nachahmern der Gravörs des Alterthums machen könnten. Unter andern Werken dieses berühmten Künstlers rühmet man seinen Titius sehr, dem ein Geier das Herz zerreißt, nach einer Zeichnung von Michel Angelo graviert; er starb mit Ehr' und Gütern gesegnet im Jahr 1555. Um diese Zeit hatte Franz I. den berühmten Matthias del Nasaro nach Frankreich gezogen, welcher sich daselbst damit beschäftigte, Schüler zu bilden, welche fähig wären, die Kunst, die man durch ihn kennen gelernt hatte, in dem Königreiche fortzusetzen.

Zu derselben Zeit gravierten Ludewig Anichini, vorzüglich aber Alexander Cesari, mit dem Beinamen der

Grie-

Grieche, in Rom mit allgemeinem Beifall alle Arten von Gegenständen in Edelsteine. Das Meisterstück dieses leztern ist eine Camee, welche den Kopf des Atheniensers Phocion darstellt; damals verschönerte Jacob de Trezzo das Escurial mit seinen Werken dieser Art.

Als der Kaiser Rudolph II. den Thron bestieg, beschützte er die Künste, machte im siebzehnten Jahrhundert die der Gravur in Deutschland blühen, und stellte vorzüglich Caspar Leemann und Miseroni an; aber keiner von diesen Gravörs konnte eine Parallele mit Coldoré aushalten, welcher gegen das Ende des siebzehnten Jahrhunderts in Frankreich blühte, und bis unter der Regierung Ludewigs XIII. lebte. Indeß hat unter allen Französischen Gravörs keiner den glänzenden Ruhm verdient, dessen Flarius Sirlet bis an seinen Tod, der am 15. August 1737 erfolgte, zu Rom genoß. Es ist kein neuerer Gravör bekannt, der ihm in Ansehung der Feinheit der Tusche gleichkäme. Er gab uns die Darstellungen im Kleinen der schönsten antiken Statüen, welche sich zu Rom befinden; die Gruppe des Laokoon ist sein Meisterstück.

Am meisten zeichnete sich zulezt in eben dieser Stadt der Ritter Karl Constanzi aus; er gravierte für den König von Portugal eine Leda und einen Kopf des Antinous in Diamanten *).

Ich sprach von denjenigen Gravörs nicht, welche England hervorbrachte, weil sie meistentheils sehr tief unter dem Mittelmäßigen blieben; jedoch muß man davon Karl Christian Reisen ausnehmen, welcher unter den Gravörs en Creux auf Edelsteine einen der ersten Pläze verdiente, und den einen gewissen Klaus, der 1739 starb, hernach Smart und endlich Seaton zu Schülern hatte, welcher leztere in unsern Tagen der erste Gravör in London war.

Aber wir haben Ursache, einen unserer Französischen Gravörs zu bedauern, der 1746 starb, und der Nation Ehre mach-

*) Gegenwärtig genießt Herr Pikler in der Gravure der Cameen zu Rom eines grosen Ansehens.

machte; ich spreche von Franz Julien Barier, ordentlichem Gravör des Königs in Edelsteine, einem Manne von Geschmack und Fleiß welcher in der einen und andern Art der Gravur Werke lieferte, die sein Ansehen sichern. Es fehlte ihm nichts, als eine vollkommnere Kenntniß der Zeichnung.

Herr Jacob Güay, sein Nachfolger, darf einen ähnlichen Vorwurf nicht fürchten; er zeichnet und modellieret gut. Er durchreisete zu seiner Vervollkommnung ganz Italien, und zog grosen Nutzen von seinen Reisen. Er legte in einen Carniol vielen Geist, in welchem er den Triumph von Fontenoy, nach einer Zeichnung von Bouchardon, im Kleinen ausdrückte.

Ueber die Verfahrungsart der Gravur in Edelsteine.

Wenn man dasjenige mit Aufmerksamkeit untersucht, was Plinius von der Art und Weise in Edelsteine zu gravieren sagt, so wird man vollkommen überzeugt, daß die Alten keine andern Methoden kannten, als diejenigen, welche man noch heut zu Tage anwendet. Sie mußten sich, wie wir, eines Rades, und stählernes oder kupferner Werkzeuge bedienen, welche man scies und bouterolles nennt, und brauchten bei Gelegenheit gleichfalls die Spitze des Diamantes. Dieß bezeuget Plinius im 4. und 13. Kapitel des 37. Buchs förmlich. (In dem praktischen Wörterbuche der schönen Künste wird man die Manier in Edelsteine zu gravieren ausführlich aus einander gesetzet finden.)

Von nachgemachten geschnittenen Steinen.

Die ausserordentliche Seltenheit kostbarer Steine, und der rege Eifer, mit welchem man sie in dem Alterthum suchte, erlaubte es nur reichen Personen, deren zu besitzen, und machte, daß man auf Mittel dachte, auch dem Verlangen derjenigen Genüge zu leisten, die kein Vermögen, aber doch nicht weniger

niger Verlangen befaßten, sich zu zeigen. Man bediente sich hierzu des Glases, man bearbeitete, verband es mit mehreren Metallen, ließ es durch verschiedene Grade des Feuers gehen, und erlangte dadurch so viel, daß fast kein einziger kostbarer Stein vorhanden war, dessen Farbe und Form man dieser Glascomposition nicht hätte geben können. In dem fünfzehnten Jahrhundert erfand man dieses Geheimniß wieder, und setzte sich wieder in den Besitz der Kunst, jene Pasten oder nachgemachten Steine zu verfertigen, welche man Compositionen nennt. (Den nachgemachten Steinen der Alten, auf welchen in Edelsteine gravierte Sujets wiederhohlet waren, verdanket man die Erhaltung mehrerer derjenigen Sujets, deren geschnittene Edelsteine verlohren gegangen waren. Die nachgemachten Steine sind, den Werth der Materie ausgenommen, welche bei Liebhabern der alten Kunst wenig in Betrachtung gezogen wird, eben so kostbar, als die Edelsteine selbst, weil sie einen treuen Abdruck der Zusammensetzung gewähren, und folglich der besten Copie weit vorzuziehen sind.)

Von den Schriftstellern über die geschnittenen Steine.

Es ist hier nur unsere Absicht, die vorzüglichsten Schriftsteller aus der so großen Anzahl derjenigen zu nennen, welche seit dem Plinius bis auf unsere Zeiten von den geschnittenen Steinen gehandelt haben. Liebhaber können sich an den so interessanten Theil des Buches von Mariette halten, welcher sich mit der daktyliographischen Bibliothek beschäftiget: eine so trockene Materie erhielt unter seinen Händen Annehmlichkeiten und Schönheiten, welche man anderwärts nicht findet.

Die Werke des Kirchmann, Longus, Birchmann, Kornmann, Liceti über die Ringe der Alten sind bekannt genug; sie wurden 1672 zu Leyden sämmtlich wieder aufgelegt. Das Buch des Liceti, 1645 zu Udina in Quart gedruckt, ist in Wahrheit nichts, als eine elende Compilation,

und

und kann ohne Ekel nicht gelesen werden; hingegen wird man mit dem des Cazalius über die Ringe und den Gebrauch derselben sehr zufrieden seyn.

Anton le Pois lieferte, Paris 1579 in 4. eine Abhandlung über die antiken Münzen und Gravuren, mit Kupfern, ein sehr artiges, sehr schön gedrucktes Buch, von einem Schriftsteller, der in Ansehung dieser Materie zuerst die Bahn brach. Dieses geschätzte Buch ist nicht sehr gemein; aber man muß Acht geben, ob S. 126 eine Figur des Gottes der Gärten vorhanden ist, welche bei mehrern Exemplaren herausgerissen wurde.

Baudelot de Dorival gab ein Buch über die Nützlichkeit der Reisen, Paris 1686 2 Bände in 12, und Rouen 1727 mit Kupfern heraus, ein nützliches, interessantes und unentbehrliches Buch.

Ueber Beschreibungen von Sammlungen geschnittener Steine.

Wir gehen zu den schönsten Sammlungen und Cabinetten von geschnittenen Steinen über. Dieß sind die berühmtesten, die in Italien herausgekommen sind:

Agostino (*Leonardo*). Le gemme antiche figurate, colle annotazioni di Pietro Bellori, in Roma 1657 in 4. fig. zweiter Theil in Roma 1669 in 4. zweite Auflage, in Roma 1686, 2 vol. in 4. fig. Von Jacob Gronovius ins Lateinische übersetzt, Amsterdam 1685 2 Bände in 4. und zu Francker 1694 2 Bände in 4. mit Kupfern.

Dieser Leonard Agostini, zu Boccheggiano in dem Staat Siena gebohren, war ein Kenner von feinem Geschmack, und unter den Antiken grau geworden. Seine Sammlung ist vortreflich, wie seine historische Abhandlung, welche zur Einleitung dient; er weiß das Nützliche mit dem Angenehmen, Geschmack mit Gelehrsamkeit zu verbinden. Er hatte auch das Glück, einen geschickten Zeichner und Kupferstecher in der Person des Johann Baptista Gallestrazzi von Florenz zu finden. Die zweite Ausgabe, die in Ansehung der dabei beobachteten Ordnung und der Verbesserungen der Abhandlungen der ersten weit vorzuziehen ist, wird derselben in Rücksicht der Platten immer nachstehen. Es ist nicht unnütz, hierbei zu bemerken, daß die Exemplare bei dieser Ausgabe auf zweierlei Papier abgezogen worden sind; denn außer dem, daß die kleine sehr schlecht ist, ist auch der Abdruck der Platten dabei sehr nachläßig behandelt worden. Die Holländische Ausgabe hat sehr saubere, aber ohne Geschmack gestochene Platten.

De la Chausse, Romanum Musaeum etc. Romae 1690 in fol. Die zweite Ausgabe Romae 1707 in fol. Die dritte Ausgabe Romae 1746 in fol. Die Französische Uebersetzung, Amsterdam 1706 in fol. mit Kupfern.

Michel-Ange de la Chausse, von Paris, ein gelehrter Alterthumsforscher, war schon in seiner frühen Jugend nach Rom gegangen, und sein Charakter sowohl als sein Geschmack hatte ihn bestimmt, daselbst zu bleiben. Die Sammlung von Antiken, welcher er den Titel Musaeum Romanum gab, vereiniget die vorzüglichsten Alterthümer, welche sich zu der Zeit, als der Verfasser schrieb, in den Cabinetten von Rom befanden. Die Figuren werden von Erklärungen begleitet, welche eben so artig als belehrend sind. Nie wurde ein Werk besser aufgenommen, Grävius nahm es in seine große Sammlung von Römischen Alterthümern ganz auf. Es wurde ins Französische übersetzt, und 1706 zu Amsterdam gedruckt; aber der Originalausgabe folgte eine zweite, 1707 gleichfalls zu Rom, welche der ersten in jeder Rücksicht vorzuziehen, und von dem Verfasser selbst beträchtlich vermehret ist. Es erschien eine dritte Ausgabe, Rom 1746 in 2 Bänden in Folio, die weit schlechter als die zweite ist, und mit welcher der Buchhändler das Publikum nur in Irrthum zu leiten und das Vertrauen desselben zu mißbrauchen suchte.

Der erste Theil der Sammlung des de la Chausse enthält eine ziemlich zahlreiche Suite von antiken Gravuren, die fast alle ausgesuchte Stücke sind, wie sie das Publikum bis jetzt noch in keinem gedruckten Werke erhalten hatte,

De

De la Chausse gab auch 1700 zu Rom eine Sammlung von antiken geschnittenen Steinen in 4. mit seinen Anmerkungen heraus. Die Steine sind sehr gut gewählt; die Italiänisch geschriebenen Erklärungen sind scharfsinnig und voll von Gelehrsamkeit; die Platten, zweihundert an der Zahl, von Bartoli gestochen, stellen bloß die Umrisse dar.

Musaeum Florentinum, cum observ. *Ant. Fr. Gori*, Florentiae 1731, 1732, 2 vol. in fol. maj. fig.

Wer kennet nicht den Werth dieser seltenen und unermeßlichen Sammlung? die beiden ersten, den geschnittenen Steinen gewidmeten Bände machen das schönste Cabinet hinlänglich bewundern, welches es in dieser Art von Reichthum in der Welt giebt. Der erste Band enthält mehr als achthundert Steine, welche hundert große Platten einnehmen; und der zweite vierhundert und achtzehn, wie in dem ersten Bande auf hundert Platten eingetheilt. Die Herausgeber fürchteten weder in Ansehung der Breite des Randes, noch der Größe und Dicke der Lettern, noch auch endlich in Rücksicht der Anordnung der Ueberschriften zu weit gehen zu können: die Dicke des Papiers entspricht der Größe desselben. Keine von den Verzierungen, mit welchen man Bücher von Wichtigkeit zu verschönern gewohnt ist, wurde bei diesem gespart. Mit einem Worte, es ist ein prächtiges Werk, und es erfüllte vollkommen die Erwartungen, die man sich von ihm machte. Dieses Buch kostet sehr viel, und, zu großem Unglück, hat die große Ueberschwemmung des Arno, welche gegen das Ende des 1740sten Jahres einen Theil der Auflage, welche in dem Pallast Corsini niedergelegt worden war, gänzlich verdarb, nicht dazu beigetragen, den Preis desselben herabzusetzen.

(Wenn der Verfasser dieses Artikels später geschrieben hätte, so würde er ohne Zweifel auch die Sammlung von geschnittenen Steinen des Herzogs von Orleans angezeigt haben, welche von Augustin von S. Aubin gezeichnet und gestochen, und mit gelehrten Beschreibungen des Abbé le Blond, von der Academie der Inschriften und schönen Wissenschaften, und des Abbé de la Chau herausgegeben wur-

wurde *). Er würde nicht weniger der Sammlung von geschnittenen Steinen des Herzogs von Marlborough, gezeichnet von Cipriani, einem geschickten Künstler, der in diesen letztern Jahren zu London starb, und gestochen von Bartolozzi, seinen gerechten Beifall nicht versagt haben. Er hätte endlich seine Leser auf die Werke des gelehrten Winkelmann verwiesen.)

Von Sammlungen von geschnittenen Steinen.

Das Alterthum stellet uns nicht nur Beispiele von Leidenschaften für geschnittene Steine dar; sondern es stellet uns auch zugleich die größesten und ausgezeichnetsten Genies im Staate dar, welche Sammlungen von ihnen anlegten. Welche Männer waren Cäsar und Pompejus! Sie liebten beide die geschnittenen Steine leidenschaftlich, und um zu beweisen, welchen Werth sie darauf setzten, wollten sie, daß das Publikum der Verwahrer ihrer Cabinette sei. Pompejus legte die geschnittenen Steine und alle andere köstliche Juwelen, welche er dem Mithridates abgenommen hatte, auf dem Capitol nieder, und Cäsar widmete diejenigen, welche er selbst mit unendlichen Kosten gesammelt hatte, dem Tempel der Venus Genitrix; denn ihm kam niemand an Pracht gleich, wenn es auf seltene und kostbare Dinge ankam. Marcellus, der Octavia Sohn und des Augustus Neffe, legte seine Sammlung von geschnittenen Steinen in dem Heiligthum des Tempels des Apoll auf dem Palatinischen Berge nieder. Marcus Scaurus, der Schwiegersohn des Sylla, ein wirklich Prachtliebender Mann, hatte zuerst ein ähnliches Cabinet zu Rom gesammelt. Er mußte sehr mächtig seyn, um damals solche Sammlungen zu unternehmen; der Preis schöner Steine war so erstaunend hoch gestiegen, daß sich bloße Privatpersonen schwerlich schmeicheln konnten, dahin zu gelangen. Ein sehr

*) Der erste Band der Description des principales pierres gravées du cabinet de M. le duc d' Orleans, in fol. erschien 1780, und der zweite 1784.

sehr beträchtliches Einkommen reichte kaum zum Ankauf eines einzigen kostbaren Steines zu. Niemals werden es unsere Liebhaber, so leidenschaftlich sie auch sind, hierin so weit treiben, als es die Alten thaten. Ich glaube nicht, daß man heut zu Tage Menschen finde, welche, wie der Senator Nonius, das Exil und selbst die Proscription der Beraubung eines schönen Ringes vorzögen.

Es ist jedoch wahr, daß die geschnittenen Steine seit der Wiederauflebung der schönen Künste von allen cultivirten Nationen von Europa mit großem Eifer gesucht worden sind; und dieser Geschmack scheint sogar in unsern Tagen eine neue Stärke gewonnen zu haben. Es giebt fast keinen einzigen Fürsten, der es sich nicht zur Ehre rechne, eine Sammlung von geschnittenen Steinen zu besitzen. Die des Königes von Frankreich, und die des Römischen Kaisers sind beträchtlich. Die Sammlung des Herzogs von Orleans ist sehr schön *). Man rühmet in England die geschnittenen Steine, welche ehedem der Graf Arundel sammelte, und die gegenwärtig in den Händen der Mylady Germain sind; diejenigen, welche Mylord Pembrock gesammelt hatte, und die Sammlung, welche der Herzog von Devonshire machte, einer der berühmtesten Liebhaber dieses Jahrhunderts.

Nichts destoweniger ist Italien das Land, welches noch immer die meisten und prächtigsten Cabinette von geschnittenen Steinen hat. Dasjenige, welches von den Fürsten des Hauses Farnese zusammengebracht worden war, machte eine der vorzüglichsten Zierden des Cabinettes des Königes von Sicilien aus. Die Sammlung des Pallastes Barberini nimmt in dieser Art eine der ersten Stellen in Rom ein, welches, wie Florenz und Venedig, voll von Cabinetten von geschnittenen Steinen ist. Aber keine von allen diesen Sammlungen kommt derjenigen gleich, welche der Großherzog besaß, und welche die sonderbarste und vollständigste ist, die man bis jetzt sahe,

*) Gegenwärtig gehört diese schöne Sammlung der Kaiserin von Rußland, welche sie mit 450 tausend Livres bezahlte.

sahe, indem der Marquis Maffei versichert, daß sie gegen dreitausend geschnittene Steine umfasse. Man weiß, daß sich die merkwürdigsten derselben in dem Musaeum Florentinum befinden. Auch muß man bekennen, daß sich die Völker von Italien an der Quelle schöner Dinge befinden. Machet man die Entdeckung irgend eines seltenen Denkmals, selbst derjenigen einer Stadt, Herkulanum's z. B.; so sind sie die ersten, welche dieser Entdeckung geniessen. Sie können die Antike, die vor ihren Augen ist, beständig studieren; und da ihr Geschmack dadurch sicherer und feiner wird, als der unsrige, so haben sie auch im Allgemeinen für wahre Schönheiten der Werke der Kunst mehr Gefühl, als wir.

Von schönen geschnittenen Steinen.

Um in Ansehung der Arbeit ausgesuchte geschnittene Steine zu haben, muß man bis auf die Zeiten der Griechen zurückgehen. Sie sind es, welche in dieser Gattung in Ansehung der Zusammensetzung, der Richtigkeit der Zeichnung, des Ausdruckes, der Nachahmung, der Draperie, mit einem Worte in Ansehung aller Theile der Kunst sich vor allen andern auszeichneten. Ihre Geschicklichkeit in der Darstellung der Thiere ist noch größer, als die aller übrigen Nationen. Sie waren in ihren Modellen besser bedient, als wir, und machten durchaus nichts, ohne die Natur um Rath zu fragen. Was wir von ihren Werken in Ansehung der Gravur en Creux sagen, gilt eben so wohl von den geschnittenen Steinen in Relief, oder von den Cameen, diese beiden Arten der Gravur gingen bei den Griechen beständig gleichen Schritt. Die Hetrurier kamen ihnen nicht gleich, und die Römer, die keine Idee von der Schönheit hatten, standen ihnen in jeder Rücksicht nach. Ob sie gleich die geschnittenen Steine bis zur Ausschweifung liebten, und durch das Beispiel unter ihnen lebender Griechischen Gravörs unterstützet wurden, so hatten sie doch in dieser Art nur mittelmäßige Arbeiter von ihrer Nation, und die Natur war ihnen nicht günstig. In

Griechenland machten die Künste diejenigen berühmt, welche sie mit Erfolg trieben: die Römer hingegen brauchten zu ihren Gravuren nur Sclaven oder doch Menschen der niedrigsten Klasse *).

Von dem schönsten bekannten, geschnittenen Steine.

Der schönste geschnittene Stein, der aus den Händen der Griechen, und bis auf uns kam, ist wie mich dünkt der Carniol, der unter dem Namen des Siegelringes von Michel Angelo bekannt ist. Er ist das schönste Stück des Cabinettes des Königs von Frankreich, und vielleicht der ganzen Welt. Man sagt, nach dem Tode des Michel Angelo habe ihn ein Goldarbeiter von Bologna, Namens Augustin Tassi, besessen, und an die Frau eines Intendanten des Hauses Medicis verkauft. Bagarris, Aufseher über das Antiken-Cabinet Heinrichs III. kaufte ihn zu Anfange des letztern Jahrhunderts, von den Erben dieser Dame, welche von Nemours war, um achthundert Thaler. Lauthier, der Vater, besaß ihn nach dem Tode dieses Alterthumsforschers, und die Kinder dieses Lauthier verkauften ihn an Ludewig XIV.

(Der Carniol, den man das Siegel des Michel Angelo nennt, ist ohne Zweifel wegen seiner Arbeit von sehr großem Werth; die Größe der Zusammensetzung, welche er auf einem sehr kleinen Raum enthält, vermehrt noch das Auszeichnende desselben; aber es ist gewagt, wenn man behauptet, oder auch nur sagt, er sei der schönste unter allen antiken Steinen. Die Kleinheit der Gegenstände selbst, welche er enthält, scheinet diesem Urtheil zu widersprechen. So werden denn wahre Richter der Künste vielleicht denjenigen Steinen den Vor-

*) Hierbei muß bemerket werden, daß das schöne Zeitalter der Kunst in Griechenland schon vorüber war, als die Römer anfingen, sie auszuüben. Sie selbst cultivierten dieselbe auch wenig. Sie überließen sie freigelassenen Sclaven meistentheils Griechen von Geburt, die aber durch Sclaverei und Erniedrigung ausgeartet waren. Uebrigens ist es sehr wahrscheinlich, daß man mittelmäßige Werke der Griechen den Römern zuschreibt.

Vorzug gaben, welche eine kleinere Anzahl von Figuren, auch wohl gar nur eine einzige Figur oder einen Kopf enthalten, und ihnen besser entwickelte Schönheiten, dargestellte und nicht bloß angedeutete Schönheiten darbothen. Aber man muß an dem Siegelringe des Michel Angelo die Geschicklichkeit und die Geduld des Künstlers bewundern, und ist erstaunt zu sehen, daß man zu einer Zeit, in welcher man noch keine Augengläser kannte, an die Darstellung so kleiner Gegenstände denken konnte.

Von geschnittenen Steinen des alten Rom.

Aus dem, was wir eben bemerket haben, scheint zu erhellen, daß die Römer eine Art von Unfähigkeit zur Cultur der Künste hatten. Ich setze noch hinzu, daß sie nicht die einzige Nation, welche weder große Maler noch große Bildner liefern konnte, ob sie gleich die schönsten Kunstwerke besaß, und sie, dem Anscheine nach, mit Leidenschaft liebte.

Ich habe nun nur noch ein einziges Wort über gewisse Gravuren in Crystall zu sagen, welche die Neuern lieferten.

Ueber neuere Gravuren in Crystall.

Die neuern Graveurs gruben en creux in Tafeln von Crystall ziemlich große Anordnungen nach den Zeichnungen der Maler, und man faßte diese Gravuren nachher in Werke der Goldschmiederei, um daselbst die Stelle von Basreliefs zu vertreten.

Im Vasari kann man Beschreibungen einer großen Menge jener Gravuren lesen, welche die Kreuze und Leuchter schmückten, die für Capellen oder kleine Juwelenkästchen bestimmt waren. Valerio Vicentini hatte eine derselben ausgeführt, welche ganz von Crystall war, und Gegenstände aus der Leidensgeschichte Jesu darstellte. Clemens VII. machte Franz I. bei der Zusammenkunft, die er bei Gelegenheit der Vermählung der Catharina von Medicis, seiner Nichte, zu Marseille mit diesem Fürsten hatte, damit ein Geschenk; dieses Stück war, nach Vasari, einzig in seiner Art, und von unschätzbarem Werth. (Artikel vom Ritter von Jaucourt, in der alten Encyklopädie.)

Stellung.

Attitude *).

Stellung ist die Richtung der Glieder eines belebten Körpers. (position d'un corps animé.) Sie kann bleibend oder vorübergehend, absichtlich oder zufällig seyn.

Malerei und Skulptur fixiren die reißendesten Bewegungen, gleich der Meduse, welche durch ihren Blick diejenigen, auf die sie ihn warf, in ihren ungestümsten Bewegungen erstarren machte.

Die Malerei giebt also den unbeständigsten Wirkungen und Bewegungen, welche Leidenschaften auf belebte Körper hervorbringen können, Dauer und Unbeweglichkeit.

Das Genie des Artisten, seine Einbildungskraft, seine Beobachtungen, seine treue Erinnerung, seine durch Uebung und Fertigkeit gebildete Hand bewirken diesen Zauber. Aber die Vollkommenheit der Kunst fordert, daß eine wohl überdachte Wahl die **Stellungen** bestimme, welche der Maler in seinen Werken anbringt, und daß die Bewegung, welche er darstellt, vollkommen angemessen sei der Nüance von Leidenschaft oder Rührung, von welcher er die Figur beseelt annimmt.

Es ist nicht genug, daß Wuth aus den Augen Achilles funkle, da er bedrohet ist, seine Briseis zu verlieren; alle Züge müssen sie ausdrücken, die Bewegung der ganzen Figur, jedes Glied muß daran Theil nehmen. Indessen sieht man nicht selten Gemälde, wo nur einige Züge Wuth ankündigen, während übrigens das Blut sehr ruhig durch die Adern circulirt, und die Muskeln in einem ziemlich friedlichen Zustande sind.

Die

---

*) Das deutsche Wort Stellung scheint den Sinn des Franz. *Attitude* nicht zu erschöpfen; indessen ist es dasjenige, welches sich diesem am meisten nähert.

Die allgemeine Wirkung einer Leidenschaft auf alle Theile des Körpers, und die richtige Uebereinstimmung dieser Wirkung mit der Nüance von Leidenschaft, welche die darzustellende Figur haben soll, sind die großen Mittel, wodurch Pantomime und Malerei, zwei so sehr verwandte Künste, lebhafte und starke Rührungen hervorbringen können.

Wie erwünscht wären Beobachtungen in Beziehung auf diesen Gegenstand, verfaßt von einsichtsvollen Künstlern, und begleitet von Zeichnungen. Beschreibungen dieser Art, gebildet von Dichtern, sind nicht immer richtig, meistens beinahe unvollständig, so wie auch unsre Schauspieler uns keine gewissen, zuverläßigen Muster darbiethen.

Die meisten Schauspieler stellen uns die Leidenschaften ihrer Rollen dar, ohne sie selbst zu fühlen. Allein der Zuschauer eines Trauerspiels kann eben so wenig als der Betrachter eines historischen Gemäldes gerührt werden, wenn nicht die Aktörs in dem erstern, und die Figuren des zweiten von der Leidenschaft ganz durchdrungen scheinen, welche sie beseelen soll. Oft geben sich die Zuschauer nicht genugsame Rechenschaft von dem, was zur Vollkommenheit des Ausdrucks in jeder Bewegung und jeder Stellung noch mangelt; sie sind gleichsam durch Instinkt erkaltet, und der Instinkt hat in dieser Hinsicht eine schnelle Sagacität, welcher das Räsonnement nicht gleichkommen kann.

Die Einheit, oder die Vollendung der Handlung in jeder Stellung ist in den Werken der Malerei, wie auf dem Theater, äußerst selten. Der Grund davon liegt meistens in der Uebertreibung. Die Einbildungskraft ist geneigt dazu, und die Menge gründlicher Kenntnisse und Bemerkungen, welche man sich erwerben muß, ist für die Mahlerei so groß, daß es scheint, als ob sie sich unter einander selbst schadeten, wenigstens, wenn die Natur dem Künstler nicht ganz ausgezeichnete Anlagen gegeben hat.

Das Wort **Stellung** bedeutet auch in der Malerei diejenige Position, welche der Portraitmaler annimmt, um diejenigen darzustellen, die er malt, oder welche diese sich zu jenem Behufe selbst wählen. S. den Art. Portrait. Hier nur folgende Bemerkungen.

Zuweilen nimmt man das Wort Stellung im ironischen Sinne, weil die meisten Stellungen, welche besonders diejenigen wählen, die sich malen lassen, oder, welche zuweilen die Künstler selbst fordern, einen Zwang und eine Affektation verrathen, welche lächerlich oder abstoßend scheinen. (choquantes.)

Deßhalb unstreitig sagt man von einem Menschen, welcher in der Gesellschaft eine Stellung annimmt, welche Eitelkeit und Pretention voraussetzt: er befinde sich in Stellung, qu'il est en attitude.

Ein Mittel dieses Ridicul zu bestreiten ist eine gute Comödie: Hier giebt der Verfasser, indem er seine Personen die Sprache des Lächerlichen und der Thorheiten führen läßt, zugleich den Schauspielern, die sie vorstellen, Gelegenheit, die Bewegungen, Gesten und Attitüden nachzuahmen, welche damit verknüpft sind.

Ein Präservatif dagegen, welches in der Gewalt des Künstlers steht, wären witzige Suiten von Karricaturen, zum Gebrauch derjenigen, die ihr Portrait mit Anmaßung verfertigen lassen. Man würde darin Attitüden darstellen, welche nur ein wenig übertrieben werden dürfen, um auffallend lächerlich zu seyn.

Hier würde man den Wichtigen sehen, versunken in tiefe Meditation, gleichsam niedergedrückt von der Last der Gegenstände, mit denen er sich in seinem Portrait umgeben läßt; der Geniesüchtige würde erscheinen, in einer an Delirium gränzenden Erhitzung; der Empfindsame als ein weibischer Sybarit, der lustige Bruder als trunken, unbedeutende obrigkeitliche Personen in der Stellung der allerobersten, Accisbediente in der Stellung von Ministern u. s. w.

Stellung des Modells.

Pose.

Das Modell stellen, poser le modèle, heißt, es in die Handlung versetzen, deren Studium man beabsichtigt. Seit ein fehlerhafter Geschmack an die Stelle der weisen Praktik großer Meister getreten ist, konventionelle Prinzipien an die Stelle der wahren Nachahmung der Natur, ist auch die Kunst, das Modell zu stellen, das Entgegengesetzte von dem geworden, was sie seyn sollte. Anstatt, nach dem Beispiele der Aeltern, sich zu bestreben, eine Handlung durch die wenigst mögliche Bewegung auszudrücken, hat man große Bewegungen gesucht, um selbst solche Handlungen darzustellen, welche nur sanfte Bewegungen erfordern. Die große Regel, welche die Meister ihren Zöglingen vorgeschrieben haben, ist die gewesen, ihren Figuren viel Bewegung zu ertheilen; die Zöglinge, aufgewachsen zu Meistern, haben die Uebertreibung der Bewegung als den schönsten Ausdruck der belebten Natur betrachtet. Kein Wunder, daß man, anstatt dem Modell eine leichte Situation zu geben, sich genöthigt gefunden hat, es zu kneten, wie die Skulptoren die Erde kneten, daß man es gezwungen hat, sich auf eine schmerzhafte Weise in den peinlichsten Lagen zu halten. Nach Studien weniger Jahre kannten die Zöglinge sehr gut alle Positionen, in welche die Henker Malefikanten stellen können, während ihnen keine von jenen genugsam bekannt war, in welcher die sich selbst überlassene Natur gefällt. Folge davon war, daß sie in ihre Werke legten, was sie gelernt hatten, ohne ihnen das Gepräg des Naiven und Natürlichen ertheilen zu können.

Was ist der wahre Zweck der Kunst? Nachahmung der Natur in denjenigen Positionen, welche für sie die gewöhnlichsten sind, und in der Entwickelung ihrer Schönheit. Die Manier, die Kunst zu lehren, suchte sich also so viel als möglich von dem wahren Zwecke der Kunst zu entfernen.

Wenn der Künstler, während seines Lebens ein oder zwei Male die Gelegenheit findet, übertriebene Bewegungen darzustellen, Handlungen von ausserordentlicher Heftigkeit, gesuchte Qualen, so wird er im Fall der Veranlassung die Studien derselben gewiß machen können, wenn er nur mit jenen weit schwerern Studien vertraut ist, denen der Natur in ihrer Schönheit.

Diejenigen, welche die letztern Ausstellungen von Gemälden unsrer jetzigen Meister gesehen haben, müssen zugestehen, daß unsre Schule auf den Weg der Wahrheit zurückgekehrt ist, und alle Künstler, welche den meisten Beifall erhielten, haben ihn durch Treue gegen die Natur verdient. Vielleicht wird Frankreich noch die erste Schule für die Künste, wenn nicht politische Verhältnisse ihren Ruhm in seiner Wiege ersticken. L.

Strapazieren.

Strapasser.

Die französischen Künstler haben dieses Wort nach dem Italiänischen strapazzare gebildet, welches quälen bedeutet. Eine strapazierte Figur kann bis zur Lähmung gequält seyn; allein man nennt dennoch keinesweges eine Figur, gelähmt durch die Unwissenheit eines schlechten Künstlers eine strapazierte Figur. Strapazieren ist ein Fehler, in welchen aber ein mittelmäßiger Künstler nicht fallen kann, denn er setzt Leichtheit und Großheit voraus. Man verfällt in den Fehler der Strapaze, indem man die Größe des Charakters und die Bewegung übertreiben will, und sich pikirt, zu diesen Eigenschaften, welche, in ihren Schranken, an und für sich lobenswürdig sind, den Reiz der äußersten Leichtigkeit hinzuzufügen.

Von dem Worte *strapazer* hat man das Wort strapasson abgeleitet, um einen Künstler zu bezeichnen, welcher Figuren strapaziert. Alphons Düfresnoy gesteht in seinen sentimens sur les ouvrages des meilleurs peintres dem Tintoret das Verdienst zu, ein großer Zeichner und Praktiker (praticient) zu seyn, aber er spricht ihm Reinheit der Contours ab, ab, und sagt, er sei zuweilen grand strapasson. Dieß bestätigt, was ich gesagt habe, daß der Fehler des Strapazieren nur einem geschickten Zeichner zukommt, welcher seine Kunst missbraucht, und in das verfällt, was man pratique nennt, welcher die Natur verläßt, und außer ihr eine imposante Großheit sucht, die ihr fremd ist, eine Bewegung, die in Staunen versetzt, welche sie aber nicht hervorbringen kann.

So kann eine Composition selbst strapaziert seyn, wenn sie die Bewegungen übertreibt, welche die Natur in der angenommenen Handlung hat hervorbringen können. L.

Styl.
Style.

Die Vereinigung aller Parthieen, welche zur Entwerfung, Zusammensetzung und Ausführung eines Kunstwerks zusammenwirken, bildet das, was man den Styl desselben nennt, und man kann sagen, daß er die Art zu seyn, den Geist des Werkes ausmacht.

Es giebt eine unendliche Menge verschiedener Style; allein die vorzüglichsten, von denen alle übrige nur Nüancen sind, lassen sich auf eine bestimmte Anzahl zurückführen: den Erhabnen, den schönen, den ausdruckvollen, den natürlichen.

Der erhabne Styl.
Style sublime.

Der erhabne Styl ist diejenige Manier, welche allein für die Ausführung grosser Ideen und solcher paßt, welche Eigenschaften von Gegenständen sinnlich darstellen, welche über jene erhaben sind, die wir durch den Weg der Sinne kennen lernen. Dergleichen sind, nach unsrer Religion, Gott und die Engel, in der alten Mythologie, die verschiedenen Gottheiten und heroischen Personen, welche die Mitte zwischen der göttlichen und menschlichen Natur halten.

Der

Der Zauber dieses Styles besteht darin, daß man in einem und demselben Gegenstande das Mögliche und das Unmögliche zu vereinigen weiß. Um das Mögliche darzustellen, hat der Künstler blos bekannte Formen anzuwenden; um sich bis zum Unmöglichen zu erheben, muß er diesen Formen eine Vollkommenheit ertheilen, die sich nirgends findet, als in seiner Idee, für welche die Natur keine Muster darbiethet; er muß hier alle jene Spuren eines niederen Mechanism übergehen, welche zu der Handlung nicht schlechterdings nothwendig scheinen, von welcher man also annehmen kann, daß die göttlichen Personen ihrer entbehren können, und welche nur die Größe der Hauptformen durch subalterne Züge unterbrächen.

Der Apollo von Belvedere ist das größte Beispiel, welches wir von diesem Style besitzen.

Der schöne Styl.

Le beau style.

Der schöne Styl ist derjenige, welcher die Idee der Vollkommenheit in der menschlichen Natur sinnlich darstellt. Er muß rein, und von allen müßigen Theilen frei seyn; ohne sich jedoch bis zur erhabenen Vorstellung einer göttlichen Natur zu erheben. Er muß weniger stolz, weniger ernst, mehr individuell, und lieblicher seyn, als der erhabene Styl; indem er eine Vorstellung der möglichen Vollkommenheit giebt, steigt er nicht bis zu jener empor, die nur den Göttern gegeben ward.

Die noch jetzt übrigen Griechischen Statuen, sind im Allgemeinen mehr oder weniger in diesem Style, jenachdem es einer jeden von ihnen zukommt. Selbst wenn in einigen der energische Ausdruck der Leidenschaften stark angedeutet ist, wie im Laokoon, so zeigen sich dennoch immer die glücklichen Formen der Schönheit, unerachtet der Veränderung, die eine heftige Situation verursachen muß.

Die Schönheit verändert an ihnen den Charakter nach dem Gegenstande, an welchem sie sich findet. So z. B. nähert sie

sie sich beim Apollo dem Erhabenen, welches sie in dem Jupiter des Phidias erreicht; im Meleager ist sie menschlich, aber heroisch; Niobe zeigt uns die Schönheit in der Natur des Weibes, Apollino, Venus von Medicis biethen sie dar, so wie sie anmuthvollen Stoffen zukomme. Castor und Pollux von St. Ildephonse, der Borghesische Fechter, der Farnesische Herkules, alle besitzen einen besondern Charakter; allein in keinem dieser Werke haben die Künstler die Schönheit hintangesetzt.

Der anmuthige Styl.

Le style gracieux.

Der anmuthige Styl, oder der Styl der Grazie, besteht darin, daß man den Figuren leichte, gemäßigte, zarte, mehr bescheidene als stolze Bewegungen ertheilt. Die Ausführung muß leicht, lieblich, mannigfaltig seyn, ohne in das Manierirte zu verfallen.

Apelles hatte, nach dem Zeugnisse der Griechen diese Parthie auf einen hohen Grad gebracht. Aber wir müssen hier bemerken, daß die Alten von der Grazie eine ganz andre Idee besaßen, als wir jetzt. Die Grazie unsrer Künstler, verglichen mit der Grazie der alten scheint nur eine theatralische Affektation zu seyn, welche der wahren Schönheit nicht zukommt, und welche nur in gewissen Gesten, Bewegungen und Attitüden besteht, welche, weit entfernt natürlich zu seyn, vielmehr peinlich und sogar gezwungen sind, oder denen der Kinder gleichen, wie es der Fall in einigen Werken von Corregio selbst ist, noch mehr in einigen von Parmesano u. a. So drückten die Alten die Grazie nicht aus; bey ihnen war sie ein Charakter, welcher sich auf die Idee des Schönen bezog, sie bestand darin, daß man von der Schönheit vorzüglich dasjenige bemerken ließ, was besonders dazu beiträgt, sie lieblich zu machen.

Die vollkommensten Muster, welche uns die Griechen von diesem Style hinterlassen haben ist die Mediceische Venus, Apollino, der Hermaphrodit der Villa Borghese, das noch

Uebrige vom schönen Cupido derselben Villa und andre Statüen.

Der ausdruckvolle Styl.

Le style expressif.

Der ausdruckvolle Styl ist der Styl eines Künstlers, welcher den Ausdruck zum vorzüglichsten Zwecke seiner Arbeit machte. Man kann Raphael als ein vollkommnes Muster dieses Styles ansehn; niemand hat ihn von dieser Seite übertroffen. Die Griechen zogen die Schönheit dem Ausdrucke vor. Bei ihrem herrschenden Gefühle für Vollkommenheit fürchteten sie die Formen durch jene Entstellungen herabzuwürdigen, welche heftige Leidenschaften verursachen.

Der natürliche Styl.

Le style naturel.

Der natürliche Styl ist der Styl eines Künstlers, welcher sich nur bestrebt, die Natur selbst darzustellen, ohne sie zu verbessern, oder zu verschönern, der Styl jener Maler, welche, indem sie die Natur nachahmen, nicht vermögend sind, ihren Modellen etwas Idealisches mitzutheilen, oder eine Auswahl unter dem zu treffen, was die Natur schönstes darbiethet. Sie kopieren sie nur wie sie sich ihren Blicken darstellt, und so wie man sie jeden Augenblick sehen kann.

Einige Flandrische und Holländische Maler, als Rembrandt, Gerard Douw, Teniers u. a. haben diesen Styl zu einem hohen Grade der Vollkommenheit gebracht. Indessen findet man die besten Muster in den Werken des Diego Velasquez, und wenn Titian ihm im Colorit überlegen war, so übertraf ihn Velasquez im Helldunkel und der Luftperspektive, Parthieen, welche diesem Style am nothwendigsten sind, um die Wahrheit zu erreichen, da die natürlichen Gegenstände nicht erscheinen können, ohne daß sie Erhöhung haben, und ohne daß sich unter ihnen bestimmte Distanzen finden, anstatt daß die Schönheit der Lokalfarben willkührlich ist.

Noch kann man einen Styl den leichten nennen, welcher Annehmlichkeit besitzt, wenig Mühe, wenig Erforschung von Seiten deren voraussetzt, die ihn befolgen, welcher eben so wenig zu großen Fehlern verleitet, als ihn große Schönheiten begleiten könnten. In diesem Style hat sich Peter von Cortona und seine Schule, besonders Lukas Giordano ausgezeichnet. (Aus Mengs Werken.)

Herr Reynolds giebt der Geschichtmalerei drei Style: den großen Styl, den Styl der Pracht, und den zusammengesetzten Styl: le grand style, le style d'apparat, le style composé.

Den großen Styl läßt er darin bestehen, daß man sich erhebe über individuelle Formen, alle lokalen Besonderheiten, und kleinliche Details aller Art vermeide. Als Muster dieses Styles stellt er die Werke der Griechischen Bildner auf. Im großen Style, sucht man Schönheit, richtigen Ausdruck, und nicht Menge der Figuren; eine Farbe, fähig, die Aufmerksamkeit des Betrachters zu fesseln, den Eindruck zu erhöhen, welchen der Stoff auf seine Seele machen soll, keineswegs aber jenen Glanz, der nur die Augen blendet, und die Seele hindert, sich zum Genusse des Schauspiels zu sammeln, welches ihr dargebothen wird; die wahren Attitüden, welche die Natur hervorbringt, nicht jene affektirten, an die wir durch unsre Erziehung gewöhnt sind, und die wir eben durch sie verführt, für graziös halten; die Bewegungen, die der Mensch mit Leichtheit macht, und nicht jene, die ihn in einen gewaltsamen Zustand versetzen. Ueberhaupt begleiten Schönheit und Einfachheit diesen Styl.

Der Styl der Pracht ist derjenige, in welchem man durch getümmelvolle Compositionen zu gefallen sucht, in welchen man eine große Menge von Gegenständen aufführt, zu gefallen sucht durch große Bewegungen, seltsame Wirkungen des Helldunkels, lebhaften Glanz der Farben, überhaupt, durch alles was fähig ist, den Gesichtssinn angenehm zu rühren, ohne zu der Seele und dem Geiste zu sprechen. Man kann ihn den Ornamentalstyl nennen, weil er passend ist, um in ihm Zimmer und Gebäude zu verzieren, aber in Hinsicht der Unterweisung gleichgültig ist, und keine besondern Regeln erfordert. Man kann ihn auch den pittoresken Styl nennen, weil man in ihm alle Annehmlichkeiten sucht, welche die eigentliche Malerei gewähren kann, wenn man die dichterischen Schönheiten wegrechnet, deren sie fähig ist. Ich möchte sagen, man könne ihn auch den Sensualstyl nennen, weil er sich nur damit beschäftigt, einem unsrer Sinne zu schmeicheln.

Durch Vereinigung des großen Styls, welcher die niedern Schönheiten der Kunst vernachlässigt, und des Styls der Pracht, der eben diese zu seinem Hauptzwecke macht, entsteht ein dritter Styl. Weniger groß, als jener, welcher ausschließlich auf Schönheit hinarbeitet, aber doch nicht ohne Größe, sucht er sie mit allen Reizen zu schmücken, welche das Studium der eignen Farbe, die Magie des Helldunkel, und die Grazie gewähren können. Indem man diesen zusammengesetzten Styl erstrebt, kann man leicht in einen bastardmäßigen Styl fallen, kann die edle Symplicität großer Schulen durch zu üppige Reize entstellen, und den Glanz der Venetianischen Schule durch Beimischung dieser Simplicität erbleichen machen. Der große Styl muß in seiner ursprünglichen Reinheit erhalten werden; jede Mischung würdigt ihn herab.

(Aus Reynolds und Mengs Werken.)

Svelt.

Svelte.

Dieses Wort ist von dem Italiänischen svelto erborgt, welches dünne, fein bedeutet. Eine svelte Taille ist in der Sprache der Künstler, was man in der gemeinen Sprache eine schlanke Taille nennt.

Der Sinn des Wortes Svelt, nach dem ganzen Umfange, welchen ihm die Künstler geben, kann nur durch die Vereinigung mehrerer Ideen angewendet werden, welche die Wörter: elegant, delikat, leicht, ausdrücken.

Das

Das Svelte gränzt an das Elegante, mit dem Unterschiede daß man gemeiniglich in der Kunstsprache das Svelte mehr auf die Taille und das Ensemble, denn auf die kleinern Theile beziehet.

Man sagt nicht: svelte Armé, svelte Beine; allein man sagt: eine svelte Taille indem man von der einer Nymphe redet, oder vom Körper eines jungen Menschen. Man versteht dann darunter eine Proportion in allen Theilen des Ganzen, welche die Leichtigkeit, Fertigkeit, und zugleich die Annehmlichkeit desselben ankündigt. Es liegt sogar in dem Worte die Nebenidee einer gewissen Schmächtigkeit, Schwächlichkeit, welche der Entwickelung der Jugend eigen ist.

Die Kindheit ist nicht svelt, und darf es nicht seyn, sie ist ein zu unvollkommner Zustand. Die Ründe und Weichheit der Theile, die Frische, die Naivetät, die Anmuth, welche aus dem Akkord der Eindrücke und Bewegungen entspringt, sind hinlängliche Reize für sie. Die Gefühle, welche die Kindheit einflößt, gleichen dem Vergnügen, welches die Hoffnung gewährt.

Die Jugend in ihrem Aufblühen, das heißt, in ihrem Annähern zur Jünglingschaft, wird svelte. Sie ist es noch, hat wenigstens noch Eleganz in dem Alter, welches darauf folgt; aber die volle Mannheit verändert den Charakter; denn die Natur, welche in den vorigen Altern sich ausdehnte, um das Ziel des vollkommenen Wachsthums zu erreichen, stützt sich nun gleichsam auf sich selbst, wenn sie dieselbe erreicht hat. Sie bekommt eine gewisse Consistenz, der Körper wird muskulös. Er hat eine Fülle von Kraft, die das Svelte verschwinden macht.

Der ganzen Dimension einer Figur eine Kopflänge mehr geben, um sie svelt zu machen, ist ein Mittel, welches in der Kunst mehr geduldet, als authorisirt ist, weil die Natur es nicht kennt.

Man fordert von dem Künstler selbst mehr als von der Natur, nämlich: vollkommene Wahl. So muß auch das Svelte in Gemälden erscheinen, ohne die Correktion zu beleidigen,

digen, d. h. leicht, ohne fließend, elegant, ohne manierirt, zart, ohne mager zu seyn. W.

Symmetrie.

Symmétrie.

Die Griechen nannten Symmetrie, was wir Proportionen nennen.

Durch die Kenntnis dieser Parthie der Kunst erhoben sie sich so außerordentlich über die modernen Künstler, durch sie entsprangen jene Anmuth, Schönheit und Leben, welche ihre Werke auszeichnen.

Die Neuern verstehen unter Symmetrie die vollkommene Beziehung, welche unter entsprechenden Theilen Statt findet, wie es die Flügel eines Gebäudes sind u. dergl. Eine Symmetrie in diesem Sinne ist der Kunst zuwider, deren Zweck die größte Mannigfaltigkeit ist, wozu sie auch das Muster in der Natur findet.

Indessen erborgten bei dem Wiederaufleben der Künste die Maler von den Architekten den Geschmack an symmetrischen Compositionen. Dieser fehlerhafte Geschmack dauerte noch, als Michel Angelo sein jüngstes Gericht verfaßte. Die Composition dieses Gemäldes ahmt die Form eines Portals mit einem Frontispiz sehr gut nach. Man muß die kühnen Schönheiten des Werkes bewundern, und dem Künstler den letzten Tribut verzeihen, den er dem von seinen Vorgängern eingeführten Geschmacke zollte. L.

Sympathie.

Sympathie.

Sympathie ist in der Malerei, Freundschaft, Akkord der Farben unter einander. Es giebt Farben, welche sich zurückstoßen, andre, die sich einander anzunähern scheinen.

Gewisse

Gewisse Farben sind ihrem Stoffe nach antipathisch. Dieß sind z. B. zwei Farben, welche, an sich schön, und einer angenehmen Nachbarschaft fähig, durch ihre Mischung eine dritte unangenehme Farbe hervorbringen. L.

T.

Tag.

Iour.

Tag ist in der Sprache der Kunst das Synonymum von Licht, und wird mehr im Plural als im Singular gebraucht.

Man sagt: die Tage sind in diesem Gemälde mit Einsicht vertheilt. Wenn Harmonie entstehen soll, müssen nicht verschiedene Tage mit dem Hauptlichte in Streite stehen.

Man sieht aus diesen Beispielen, daß Tag und Licht in der Malerei synonym sind, und daß beide Ausdrücke sich vorzüglich auf das Helldunkel beziehen.

Man sagt auch in Beziehung auf die Kunst: einen günstigen Tag wählen, um zu malen, einen Tag, günstig für das Modell, nach welchem man malt, ein dem ausgestellten Gemälde günstiger Tag.

In Redensarten dieser Art versteht man darunter ein natürliches oder künstliches Licht, welches das Werk, welches man zeichnet, malt, oder ausstellt, zum Vortheile des Künstlers, oder des Betrachters erleuchtet.

Die Wahl der Tage oder Lichter ist von Wichtigkeit. Die Künstler wissen es nur zu gut, wie sehr ihre Arbeiten, und die Wirkung ihrer Werke durch ein günstiges Licht unterstützt werden kann.

Dasjenige Licht, welches man vom Mittage empfängt, hat Eigenthümlichkeiten, welche es von jenem Lichte gar sehr unter-

unterscheiden, welches von Mitternacht herrührt. Dieses besitzt mehr Gleichheit, und ist nicht jenen für die Arbeit des Künstlers oft so nachtheiligen Verschiedenheiten ausgesetzt, welche die Sonne bewirkt; aber es ist traurig, und ertheilt keinesweges den Farben der Körper und den Reflexen jene glänzenden und warmen Töne, welche den Reiz der Malerei so sehr erhöhen.

Was dasjenige Licht betrift, welches ausgestellten Werken günstig oder nicht günstig ist, so sind Lichter en face für den Betrachter beschwerlich, und den Oelgemälden nicht vortheilhaft. Es ist schwer einen Gesichtspunkt zu finden, welcher den Schimmer verschwinden mache, welcher von Farbe und Firnis herrührt. Ein einziges Licht, welches von der Seite erhellt, indem es auf die Gemälde gleitet, die man betrachtet, ist dasjenige, welches man vorziehen muß; baut man aber einen Ort, um in ihm Gemälde im günstigsten Lichte auszustellen, so erreicht man seinen Zweck ebenfalls so vollkommen als möglich, wenn man das Licht durch die Decke, oder die obern Theile fallen läßt.

Aus einer solchen Beleuchtung erwächst für Gemälde ein so großer Vortheil, daß er uns allgemein anerkannt seyn dürfte, um bei der Anordnung von Gallerieen und Cabinetten vorzüglich darauf zu sehen. Beleuchtung ist für ein aufgestelltes Gemälde ganz das, was die Deklamation für ein Gedicht, die Aufführung für ein Schauspiel ist.

Um auf den Künstler zurückzukommen, der sich mit seinen Arbeiten beschäftigt, so muß er die Wirkung studieren, welche ein niederes oder höheres, ausgebreiteteres oder eingeschränkteres Licht auf sein Modell hervorbringt. Alle diese Umstände biethen Verschiedenheiten in den Wirkungen dar, ja selbst gewissermaßen in dem Charakter und der Farbe der Gegenstände.

Ein enges, schmales (serré), aus der Höhe fallendes Licht, macht die Physiognomieen ernsthaft und traurig, die Schatten schneidend, und vermindert die Harmonie, welche die Reflexen hervorbringen; aber es verursacht pikante Wirkungen.

gen. Ich halte diese Illusion für gefährlich. Sie führt zu einer zu grossen Dunkelheit der Schatten, und verleitet, die Uebergänge der Lichter in die Schatten zu hart zu bilden.

Man muß in dieser Hinsicht bemerken, daß die Schatten gewöhnlich durch die Wirkung der Zeit schwarz werden. Kein Wunder, daß Gemälde, verfertigt nach erleuchteten Modellen, bei zunehmendem Alter immer mehr an Harmonie verlieren, und das Fehlerhafte der von dem Maler befolgten Methode verrathen.

Für die Geschichtsmaler besteht die größte Schwierigkeit darin, daß ein so großer Unterschied zwischen dem eingeschlossenen Lichte, womit sie gewöhnlich ihr Modell erleuchten, und dem Lichte Statt findet, welches sie in allen Sujets nachzuahmen haben, deren Handlung im Freien vorgeht, und zuweilen selbst vom Sonnenlichte beleuchtet seyn muß.

Erinnerung der Erscheinungen und Wirkungen, die man mit Aufmerksamkeit beobachtet hat, ist die Hülfsquelle des Künstlers; eine Hülfsquelle, die zwar oft unzureichend, aber doch die einzige ist, welche Maler haben können, weil man in unserm Klima nur selten im Freien malen kann, und es da noch schwerer ist, das Modell zu stellen.

Diese Bemerkung betrift, obwohl die Schriftsteller über die Malerei sie entweder ganz übergangen oder doch nur flüchtig berührt haben, einen sehr wichtigen Punkt. Denn die Verschiedenheit, welche sich in dieser Hinsicht, zwischen Nachahmung und Natur findet, ist eine von den physischen Ursachen, welche sich der von der Malerei zu erwartenden Täuschung entgegenstellen, ohne daß man sich darüber Rechenschaft giebt.

Es giebt vielleicht kein Gemäld über einen Stoff, dessen Handlung im Freien vorgeht, welches in der Werkstätte gemalt wäre, und jene allgemeine Wahrheit in Farbe und Wirkung hätte, welche im selbigen Falle die Natur darbiethen würde.

Wichtig wäre es in der That, für Wahrheit der Farbe und Harmonie, wenn man wenigstens zuweilen nach Modellen arbeitete, die im Freien vom allgemeinen Lichte, ja selbst von der Sonne beleuchtet würden, so wie einige Künstler die Landschaft, und gewisse leblose Gegenstände gemalt haben.

Durch Studien dieser Art würde sich der Maler bereichern, mit einer unendlichen Menge von Wirkungen, Tönen, Spielen und Sprüngen des Lichts und der Reflexen, welche das Innere einer Werkstatt gar nicht darbiethen kann, wohin das Licht nur durch eine Oefnung kommt, und die man selten auf Hülfe des bloßen immer unzuverläßigen Gedächtnißes wagt. Man behauptet, Rubens habe verschiedne Male solche Studien angestellt, und man kann wenigstens davon überzeugt seyn, daß er die Wirkungen eines freien, hellen Lichtes auf Körper beobachtet und wohl gefaßt hat.

Der allgemeine Ton unsrer Schule, welcher auf ein inneres Licht akkordirt ist, welches von einem oft dämmerigen und mit Dünsten bedeckten Himmel herrührt, verräth die Gewohnheit unsrer Künstler, immer in Werkstätten zu arbeiten, die nur von einem eingeschlossenen, und durch seinen Eingang beschränktem Lichte erleuchtet sind *).

Ich komme auf das, was man die Lichter, (les jours) eines Gemäldes nennt. Da aber das, was ich bereits in den Artikeln Licht und Akkord gesagt habe, ebenfalls hieher gehört, so theile ich hier nur noch einige Bemerkungen mit.

Der Künstler bedenke, daß die über eine Komposition zu vertheilenden Lichter schlechterdings bestimmt sind, sobald man den Heerd gewählt hat, und daß sie, nach diesem gegebenen Punkte einer ganz genauen und positiven Wissenschaft untergeordnet sind, er erinnre sich, daß die Gesetze dieser Wissenschaft, sie ist die Perspektive, Gesetze der Natur selbst sind; vor ihrem Tribunale wird er gerichtet, wenn er von ihnen abweichen zu dürfen glaubte.

Die Lichter eines Gemäldes sind nicht willkührlich. Sobald der Heerd fixirt ist, bestimmt das erste Licht alle übrigen.

Der

*) Der Artikel Licht hat sich unter den Papieren des Herrn Watelet nicht gefunden.

Der Künstler wiederhole es sich oft, wenn er seine Palette ergreift, daß sie keine Farbe enthält, die an sich licht sei.

Das Weis ist eben so wenig der Tag oder das Licht, als Schwarz die Nacht oder der Schatten ist.

Der Tag (jour) ist eine stetige Ausbreitung des Lichtes, der Schatten ist die partielle Beraubung desselben.

Mit Hülfe des Weis kann man jede Farbe modificiren; die Anwendung des Schwarz ist mannigfaltigen Gefahren ausgesetzt. Beide Farben können nur zu leicht die Schandflecke eines Gemäldes werden. Watelet.

Tageszeiten.

Parties du jour.

Der colorirende Maler sollte sich jederzeit die Tageszeit lebhaft vorstellen, in welcher die von ihm darzustellende Handlung geschieht.

Seine Studien und Bemerkungen müssen ihn haben beobachten lassen, welche Verschiedenheiten das Licht und die Farben in den verschiedenen Tages- und Jahreszeiten charakterisiren. Ohne diese so wesentliche Beobachtung wird er entweder unter den verschiedenen Zufällen keinen Unterschied machen, welchen das Licht in verschiednen Tageszeiten ausgesetzt ist, und wird die Wirkungen der Lichter und der Schatten nach einem oder zwei gegebenen Punkten ordnen, oder er wird sich an einer vagen Unterscheidung des Morgen- und Abendlichts begnügen. Im ersten Falle können die Wirkungen, welche er ausdrückt, sehr richtig seyn, allein, da die Farbe der Lichter und Schatten für ihn immer dieselbe ist, so wird man in seinen Gemälden immer dasselbe Gemäld zu sehen glauben. Im zweiten wird er zwei Manieren statt einer haben, und da ist die Einförmigkeit noch viel zu wenig in einer Kunst entfernt, welche so viel Mittel hat, um sie zu vermeiden.

Bei Gegenständen der Luft, und im freien Felde hat der Künstler für die Mannigfaltigkeit der Farbe noch eine große Hülfsquelle in der Beobachtung der Jahreszeiten. Jede derselben führt einen sehr ausgezeichneten Charakter der Farbe mit sich, nicht zu rechnen die Zufälle, welche sie in den leblosen Wesen verursachen, die verschiednen Beschäftigungen, welche sie für die lebenden Wesen nöthig machen, und den Wechsel der Kleidung, welcher durch sie Bedürfnis für den Menschen wird. W.

Talent.

Talent.

Talent erwirbt man nur durch Arbeit; allein man muß, um diese Arbeit fruchtbar zu machen, von glücklichen Anlagen unterstützt seyn.

Die Malerei hat so viel verschiedne Parthieen, deren jede zum Ruhme eines Künstlers hinreichen kann, daß sich wenige Menschen ohne Talent finden würden, wenn jeder sich der Parthie widmete, zu welcher er natürlichen Beruf hat, und wenn das Publikum gerecht wäre.

Diese Bemerkung ist dem Herrn Cochin nicht entgangen. „Sie müssen, sagt er in einem seiner Briefe an einen jungen Künstler: „in Rom auf einen Gedanken gerathen seyn, der „mich während meines dortigen Aufenthalts oft beschäftigt hat. „Die Malerei nämlich, aus welcher man in Paris ein so „schreckhaftes Phantom macht, in Hinsicht aller Anlagen, die „man dazu fordert, scheint in Italien weit weniger schwer zu „seyn, wenn man alle verschiedne Manieren großer Meister „und selbst die Fehler und Abwesenheiten von Schönheit beob„achtet, die man ihnen verzieh; es scheint, als ob jedermann „hätte können Einer von diesen Meistern werden, wenn er nur „seiner natürlichen Neigung gefolgt wäre. Kann ich kein „Guido seyn, würde man sagen, so kann ich doch wohl ein „Caravaggio werden, oder ein Valentin. Wenn man von „mir kein kostbareres Colorit forderte, als man oft bei den ge„achtetesten Meistern findet, so könnte ich mich ganz der Zeich„nung widmen. Allein, wenn ich ein Daniel von Volterra „bin, wird man sagen, ich verstehe nicht, was Malen heiße,

„ein

„ein Peter von Cortona, wird man sich über meine Licenzen „beschweren; ein Paul von Verona, wird man schreien, ich „verstände die Zeichnung nicht. Wir wollen also alles ler„nen, um sicherer von allem nur wenig zu wissen. Ich wie„derhole es; es hilft nichts sich gegen sein Jahrhundert auf„zulehnen; man muß sich unterwerfen, und so wenig Uebles, „als möglich, thun."

Allein man muß auch hinzusetzen, daß man, wenn man sich dem Geschmacke eines überspannten Jahrhunderts unterwirft, alle Parthieen nur in einem mittelmäßigen Grade vereinigt, daß aus diesen mittelmäßigen Parthieen nur mittelmäßige Werke entstehen, und für den Künstler eine mittelmäßige Ehre, die ihn nicht überlebt. Diejenigen Männer sind unsterblich, welche in einer Parthie excellirt haben. L.

Ein Maler von Talent.

Peintre à talent.

Einen Maler von Talent nennt man einen solchen, der in mehrern Gattungen mit einem gewissen Glück arbeitet, welches jedoch nicht hervorstechend und ausgezeichnet ist.

Tappen.

tater, tatonner.

Man bezeichnet durch dieses Wort das Verfahren eines Menschen, dem es an Kenntnis oder an Praktik mangelt, welcher ungewiß ist über das, was er auf die Leinwand tragen soll, und blindlings handelt, wie einer, der im Dunkeln tappt. Durch ein solches Verfahren können keine andre, als schwerfällige, fatigirte, und gequälte Werke entstehen, Werke, welche keine Spur jener Grazie zeigen, welche Vereinigung von Leichtigkeit und Wissenschaft voraussetzt. L.

Täuschung.
Illusion.

Durch den Begriff der Täuschung ist der Endzweck derjenigen Künste, die man Künste der Nachahmung nennt, bestimmt. Sie sollen die Wahrheit nachahmen, allein diese Nachahmungen sollen nicht für die Wahrheit selbst genommen werden. Glichen sie der Natur vollkommen, könnten sie mit ihr verwechselt werden, so würden sie kein Gefühl von Bewunderung oder Vergnügen erregen. Wenn eine Symphonie, welche ein Ungewitter malt, für dieses selbst gehalten würde, so würde sie kein Gefühl der Bewunderung für den Tonkünstler erregen, würde bei Personen, welche Gewitter fürchten, ein unangenehmes Gefühl von Furcht bewirken. Und, wenn der Zuschauer in einem Trauerspiele sich so in Täuschung setzte, daß er Zeuge einer wirklichen Handlung zu seyn glaubte, so würde er in den meisten Fällen Schrecken und Schauder empfinden, würde einen Schauplatz fliehen, welcher ihn nur wegen der unvollkommenen Täuschung fesselt, die er in ihm verursacht.

Wir wollen keinesweges von der Skulptur reden, zwar auch einer Kunst der Nachahmung, deren Werke aber niemand je für die wirklichen Gegenstände halten wird. Oder hat man je eine Statüe von Marmor oder von Erz für einen lebenden Menschen genommen?

Personen, welche mit der Kunst nicht hinlänglich vertraut sind, setzen die höchste Vollendung der Malerei in die Täuschung.

Dieser Irrthum ist nicht neu; wir haben Alle von den Trauben des Zeuxis, und dem Vorhange des Parrhasius gehört.

Gewiß ist es, daß der Künstler, wenn er seine Werke mit der nöthigen Vorsicht stellt, durch Gemälde von Früchten, Vorhängen, Basreliefs, Ornamente der Architektur, und andre ähnliche Gegenstände eine vollkommene Täuschung bewirken kann; aber nie wird er es dahin bringen, daß man ein Gemäld,

Gemäld, bei welchem verschiedene Plans und eine gewisse Vertiefung vorausgesetzt werden, mit der Wahrheit selbst verwechsele. Wäre Täuschung die erste Partie der Malerei, so würde der gröste Ruhm darin denjenigen Malern zukommen, welche die kleinsten Details der Natur behandeln, und die letzte von allen Gattungen wäre die der Geschichte, weil sie die Täuschung am allermeisten erschwert.

„Man kennt, sagt Felibien: gewisse Bemerkungen, die „Hannibal Carraccio über die Leben der Maler von Vasari „gemacht hat; und, wo die Rede von Jakob Bassano ist, sagt er: „Jakob Bassano war ein treflicher Maler, und „aller der Lobeserhebungen werth, welche Vasari ihm ertheilt, „denn außer jenen bekannten schönen Gemälden von ihm, hat „er auch einige wunderbare täuschende Stücke verfertigt. Stü„cke, welche nicht nur Thiere, sondern auch Menschen getäuscht „haben. Ich selbst kann es bezeugen, denn, als ich mich einst „in seiner Stube befand, wurd' ich selbst betrogen, indem ich „nach einem Buche grif, welches nur im Gemäld' da war."

Wenn auch Hannibal wirklich diese Bemerkung gemacht hat, so darf man sich doch nicht durch einige nicht gehörig überdachte Worte täuschen lassen, welche einem großen Künstler entfallen sind. Ueberrascht durch die Täuschung, welche ihm selbst wiederfahren, hat er zu viel Wichtigkeit auf diesen kleinen Zufall gelegt. Gewißlich aber würde er keines seiner historischen Stücke für das gemalte Buch des Bassano hingegeben haben.

Ich könnte mehreres über die Täuschung hinzufügen. Allein es wird schicklicher seyn, den Herrn Cochin sprechen zu lassen, einen Künstler, eben so berühmt durch die Sicherheit seiner Kritik und die Reinheit seines Geschmacks, als durch seine Talente. (Levesque.)

Täu-

Täuschung in der Malerei.
Illusion dans la peinture.

Wenn wir beobachten, bis zu welchem Grade die Täuschung in der Malerei steigen kann, so finden wir, daß die Augen durch ihre Werke so sehr getäuscht werden können, daß man genöthigt ist, zum Gefühl seine Zuflucht zu nehmen, um sich der Wahrheit zu versichern, wenn nämlich die Rede von Gegenständen ist, die wenig Hervorspringendes haben, wie Basreliefs und dergl., daß aber die Illusion abnimmt, wenn dieselben Gegenstände ein oder zwei Fuß Vorsprung haben. Ich gestehe sogar zu, daß sie auf den ersten Blick Statt finden kann bei Gemälden von Blumen, Früchten, und andern bewegungslosen Gegenständen, obwohl es gewöhnlich nur durch Hülfe eines gewissen absichtlich ausgesparten Lichtes geschieht, verbunden mit einem Beweggrund, welcher den Betrachter bestimmt, in einer gewissen Entfernung zu bleiben, wodurch die genaue Beurtheilung verhindert wird. Allein ohne Beispiel ist es, daß je ein Gemäld von mehrern Figuren, in volles Licht gestellt, die Betrachter verführt hätte, die Figuren für wirkliche Menschen zu halten.

Wir wollen nicht bei gewissen Thatsachen verweilen, die man für die Möglichkeit der Täuschung durch Darstellungen der menschlichen Figur anführen könnte, wie etwa das Brustbild eines Abts, von Karl Coppel gemalt, welches, da es in einer Gallerie hinter einen Tisch und zwar in einem schicklichen Lichte gestellt war, mehrere Personen so getäuscht hat, daß sie es grüßten; ein Irrthum, welcher von der wenigen Aufmerksamkeit der Betrachter, von der Entfernung des Stückes, und dem Lichte herrührte, welches die Täuschung begünstigte, und welcher auch durch die schlechtesten Werke verursacht werden kann.

Eine Illusion dieser Art, im Ernste genommen, würde von Seiten des Künstlers eine eben so eitle als absurde Anmaaßung seyn, besonders in Stoffen, welche aus verschiedenen

nen Gegenständen zusammengesetzt sind, zwischen welchen beträchtliche Distanzen angenommen werden.

Von allen Hindernissen, welche sich einer solchen Täuschung entgegenstellen, wollen wir nur einige beobachten, welche die natürliche Folge unsrer Art zu empfinden, und zu urtheilen sind. Unsre habituelle Fertigkeit im Urtheilen, und die tägliche Empfindung der Wirkung des Lichtes auf die Oberflächen, von welcher Farbe sie auch seien, reichen allein hin, um den Mangel an Realität zu entdecken.

Wenn es erlaubt ist, einige Ideen im Besondern über diesen Gegenstand zu äußern, sollte man nicht berechtigt seyn, zu denken, daß dieses Vermögen die Irrthümer der Sinnen zu berichtigen, welches man durch Erfahrung und beinahe ohne Reflexion erwirbt, vorzüglich die Wirkung der Sensation ist, welche die größere oder geringere Stärke des Lichtes auf die Augen hervorbringt? Wenn die Kinder so leicht durch die gröbsten Gegenstände der Täuschung betrogen werden, und dieß nicht mehr geschieht, sobald das Urtheilsvermögen in ihnen durch Erfahrung gebildet worden, ist es nicht wahrscheinlich, daß das Gefühl des Eindruckes des Lichtes ebenfalls der Perfektibilität, obwohl vielleicht im geringern Grade fähig ist, und daß wir endlich durch eine unmerkliche Stufenfolge, dahin gelangen, Unterschiede zwischen den verschiedenen Graden von Stärke zu empfinden, mit denen es auf unsre Augen wirkt, und durch dieses Gefühl mit hinlänglicher Gewißheit über Distanzen und Oberflächen zu urtheilen?

Es würde daraus folgen, daß, da die durch eine plane Oberfläche zurückgeworfenen Strahlen, von einer gleichen Distanz herkommen, und einen gleichen Grad von Stärke unter sich halten, man durch keinen Kunstgrif verhindern könne, daß diese Oberfläche nicht scheine, wie sie ist. Nach diesem Prinzip können wir den Grund einer allgemeinen Erfahrung aller Zeiten entwickeln, daß nämlich Täuschung, im strengen Sinne genommen, durch Malerei gar nicht möglich ist, wenn sie es unternimmt, Sujets darzustellen, welche in Hinsicht ungleicher Hervorsprünge und der zwischen den Gegenständen angenommenen Distanzen, etwas complicirt sind.

Zu Folge dieser Voraussetzung, welche sich als Wahrheit betrachten läßt, wird man bemerken, daß das größte Hinderniß der Täuschung in der Malerei, die unvermeidliche Unrichtigkeit der Schatten ist, welche die Vertiefungen ausdrücken. Der Maler kann die schattigen Vertiefungen nur durch dunkle Farben nachahmen, welche auf einer ebnen Oberfläche ausgebreitet sind, die, welche Farbe man auch darauf anbringe, immer fähig ist, das Licht mit einem Grade von Stärke zu reflektiren, welcher ihrer wirklichen Distanz angemessen ist. Aus der Kenntnis der wahren Ebne dieser Oberfläche, welche uns unsre Augen gewähren, entgegengesetzt der Vorstellung von Vertiefung, welche der Maler beabsichtigt hat, muß ein Widerspruch entspringen, welcher den Irrthum entdeckt.

Auch kann man bemerken, daß die Fehler, welche man bei den größten Meistern in Beziehung auf Wirkung antrift, immer beinahe ihre Manier zu schattiren betreffen, woraus erhellt, daß das nothwendige Unrichtige in der Malerei allezeit von den Schatten herrührt. Einigen wirft man vor, daß sie in rothbräunliche Töne fallen, andre, daß sie in bläuliche, violette, grünliche fallen.

Dieser Fehler scheint sogar unvermeidlich zu seyn, obwohl es vielleicht möglich ist, ihn weniger empfindbar zu machen. Eine Ursache davon, die man angeben kann, ist, daß, nicht gerechnet die Unmöglichkeit, das Hinderniß einer immer sichtbaren Oberfläche zu heben, es nicht scheint, daß Mittel möglich seien, den Schatten nachzuahmen.

Der Schatten in der Natur, ist kein Körper, sondern die Beraubung des Lichtes, welche die Farben mehr oder weniger aufhebt, in dem Maaße, wie sie mehr oder weniger vollständig ist. Er nimmt den Gegenständen keine Farbe, und wenn einer die ihnen eigne Farbe bricht, so ist es nur die, welche sie von benachbarten erleuchteten Gegenständen durch Reflex erborgen. Der Maler kann diese Beraubung und die wahre Dunkelheit nur durch materielle Farben nachahmen,

ahmen, welche in der That selbst ein Körper sind, welcher das Licht reflektirt. Sie sind mehr oder weniger glänzend; aber, wie sehr sie auch mit denenjenigen, die sie am meisten zerstöhren können, gemischt seien; so behalten sie doch immer etwas von ihrer besondern Natur, und bilden ein colorirtes Gemisch.

Sollte man der Nachahmung des Schattens die möglichste Wahrheit geben können, so müßte man eine Farbe finden, welche die übrigen mehr oder weniger verdunkeln könnte, je nachdem es nöthig, welche aber selbst keiner bestimmten Bezeichnung fähig wäre, und keinen kolorirten Strahl stärker reflektiren könnte, als den andern. Vielleicht könnte die Anwendung einer solchen negativen Farbe die Malerei zu einem höhern Grade von Wahrheit bringen. Indessen würde sie doch nicht ganz verhindern, die Oberfläche zu bemerken; denn dazu würde noch gehören, daß sie, wenn sie in ihrer ganzen Kraft angewendet würde, keinen Lichtstrahl reflektirte, was unmöglich ist, da jeder Körper nothwendig das Licht reflektirt, welches ihn trift.

Man wird sich von der unvermeidlichen Mangelhaftigkeit der Mittel, die Schatten nachzuahmen, noch mehr überzeugen, wenn man die geschätztesten Gemälde in Hinsicht auf Nachahmung des Wahren beobachtet. Man findet dann, daß jeder Theil, für sich genommen, die größte Wahrheit in den erleuchteten Stellen, und den Halbtinten besitzt; denn hierin nähert sich die Malerei der Wahrheit am meisten. Man findet sogar die verschiednen Grade des Lichtes auf den Gegenständen, in Proportion gegen ihre Abmessung, sehr gut gegeben. Wenn aber auch von diesen Seiten die höchste Wahrheit Statt findet, so wird dennoch keine so große Täuschung bewirkt, daß man nicht anerkennte, man habe ein Gemäld vor sich; wovon der Grund allein in der Mangelhaftigkeit der Schattirungen liegt.

Täuschung im strengsten Sinne also, wird durch die Malerei nicht bewirkt. Allein es giebt einen zweiten Grad uneigentlich sogenannter Täuschung, welcher einer der wesentlichsten Zwecke der Malerei ist, und auch jederzeit erreicht werden

den kann. Er besteht darin, daß das Gemälde durch die Richtigkeit seiner Formen, die Vereinigung seiner Farbentöne und Wirkungen, das Wahre so in das Gemüth rufen könne, daß das Bild alles Vergnügen verursache, welches man von einer Nachahmung der Wahrheit erwarten kann.

Dieß ist keine wahre Täuschung, denn sie wird auch durch die kleinsten Gemälde bewirkt, deren Proportion allen Betrug unmöglich macht; es ist nur jene Wahrheit der Nachahmung, deren die Malerei fähig ist, selbst in Gemälden, die eine Menge von Gegenständen, und die ausgebreitetesten Distanzen befassen.

Gegenwärtig fragt sich nur, ob diese Nachahmung der Wahrheit, allein und an sich, den höchsten Grad der Vollkommenheit in der Malerei ausmacht. Man gesteht allgemein zu, daß die größte Schönheit eines Gemäldes darin besteht, daß es nicht nur auf den ersten Blick gefalle, sondern auch noch bei der überdachtesten Prüfung wohlgefällig bleibe.

Allein, wenn Täuschung nach dem eben aufgestellten Begriffe das einzige Verdienst der Kunst wäre, so würde derjenige, der ihre Schönheiten am wenigsten kennt, ein gleiches Vergnügen mit dem empfinden, der sie am meisten studiert hat. Allein es ist gewiß, daß man um so fähiger ist, Vergnügen an der Betrachtung des wahren Schönen zu empfinden, je mehr man an Kunstkenntnis gewonnen hat. Man genießt dann freilich seltner Vergnügen, weil man keinen Geschmack mehr am Mittelmäßigen besitzt, woran die Nichtkenner sich begnügen; allein um so lebhafter fühlt man die ungemeinern Schönheiten großer Meister; nie hört man auf, sie zu bewundern, und sie erscheinen immer treflicher, je näher man sie kennen lernt.

Wenn wir die Werke großer Meister prüfen, so finden wir sehr leicht, daß nicht die Täuschung, welche sie verursachen, ihnen jenen Grad von Bewunderung erwirbt. Die Werke des göttlichen Raphael sind weit entfernt, sie zu erregen. Auf den ersten Blick täuscht keins derselben in dem Grade, wie es Gemälde der mittelmäßigsten Künstler thun, welche auf nichts denn auf Nachahmung des Wahren hinarbeiten. Viele Werke des großen Mannes misfallen sogar bei der ersten Betrachtung einem jeden, der nicht Kenner ist, ja ich darf sagen, der die Zeichnung nicht vollkommen versteht; Raphaels Schönheiten sind fähiger die Künstler in Erstaunen zu setzen, als die große Menge der Menschen zu reizen. Freilich ruft jeder Fremde, der sie in Rom sieht, aus: Wie schön ist das! Allein es geschieht bei den meisten aus Mangel an Aufrichtigkeit; sie schämen sich, zu gestehen, daß Werke, die durch den allgemeinen Beifall aller Nationen gleichsam geheiligt sind, ihnen kein Vergnügen verursachen.

Noch seltsamer ist es, wenn man Franzosen, Deutsche, Engelländer sieht, welche, ohne die Künste zu kennen, sich in Lobeserhebungen ergießen, wenn sie das jüngste Gericht von Michel Angelo Buonarotti sehn, gewiß das unangenehmste Gemäld, welches wir kennen. Diese Lobeserhebungen entspringen nicht aus der Täuschung, welche es hervorbringt, denn man kann behaupten, daß es gar keine hervorbringt, daß es gewissermaaßen in allen seinen Theilen imaginär *) ist.

Sie sind also nur die Wirkung einer konventionellen Decenz, welche diese Bewunderung hervorbringt.

Was kann wohl ein Mensch ohne Kenntnis der Zeichenkunst an jenem Werke entdecken? Colossen von einer ganz unbekannten Natur, eine Menge groser, und außerordentlich hervorstehender Muskeln, welche Menschen von außerordentlicher Kraft ankündigen, aber keinen Reiz verursachen, und mit der wahren Natur, die wir kennen, nicht übereinstimmen. Die traurige und gleiche Farbe, welche in diesem Stücke herrscht, kann gewiß einem Zuschauer nicht gefallen, der blos empfänglich ist für den Eindruck des Vergnügens, welches die Nachahmung des Wahren verursacht.

Indessen ist dieses Gemäld eines der berühmtesten; seine Vollkommenheit besteht in der Kraft einer großen, und kühnen Einbil-

---

*) nicht idealisch, denn das idealische befaßt die Idee des schönen; schön ist dieses Gemäld nicht; es ist groß; und seine Größe selbst ist imaginär.

Einbildungskraft, welche unsern Augen übermenschliche Gegenstände in der imposantesten Gestalt darstelle, in einem überladenen und übertrieben artikulirten (articulé avec excès) aber einsichtvollem grossen Charakter der Zeichnung darstellt, einem Charakter derselben, welcher die tiefste Kenntnis der Konstruktion und der äußern Formen des menschlichen Körpers verräth.

Sind dieß auch keine genauen Wahrheiten, so sind es doch Uebertreibungen eines großen Genies, und in soweit der höchsten Bewunderung würdig. Allein es sei mir erlaubt, zu sagen, daß sie nicht allgemein einleuchtend sind, und das aus dem Gemälde entspringende Misvergnügen nur in den Augen derer überwiegen, welche von der Schwierigkeit und Seltenheit der dazu erforderlichen Einsicht überzeugt sind, und wissen, welche Vorzüge jene Manier hat, obwohl sie vom Wahren abweicht.

Raphael ist rein im Charakter seiner Zeichnung und also von der Täuschung weniger entfernt. Allein die Größe seiner Ideen in Composition und Wahl der Formen, eine Folge eines erhabenen Gefühls für die Schönheiten der vollkommensten Natur, die Schönheit seiner Köpfe, wo man nicht blos die Nachahmung der anerkannten Wahrheit, sondern die Größe ihres Charakters, das Edle der Wahl, die Würde des Ausdrucks, die geistreiche und große Manier zu drapiren und das Nakte ohne Affektation anzukündigen, eine Manier, die uns keinen bekannten Zeug sehen läßt, selbst keine eigentliche Kleidung irgend einer Nation; alle diese Schönheiten, sage ich: sind über die bloße Nachahmung des Wahren erhaben. Allein eben deßwegen auch, weil sie über die gemeinen Begriffe hinausgehen, schaden sie dem augenblicklichen Gefühle von Vergnügen, welches man von der Täuschung erwartete.

Gehen wir zur Prüfung derjenigen über, welche sich vorzüglich durch ihr Colorit ausgezeichnet haben, so bemerken wir, daß sie mehr Täuschung bewirken, als jene, die in dieser Parthie nichts leisteten, und daß das Reizende ihrer Werke allgemeiner

meiner empfunden wird. Indessen ist dieß noch bei weitem nicht der Hauptgrund der Bewunderung, die sie verursachen.

Die schönen Halbtinten, und die Frischheit eines Correggio und Titian, welche über die gemeinen Schönheiten der Natur erhaben sind, und ihrer vollkommensten Farbengebung gleich kommen, dürfen nicht betrachtet werden, als nachtheilig in Hinsicht der Täuschung; allein um nichts weniger wahr ist es, daß eine schwächere und weniger kostbare Farbe sich derselben eben so sehr, ja vielleicht noch mehr nähern würde. Ueberdieß ist diese schöne Manier zu malen, diese volle und leichte Behandlung, diese Harmonie, wovon uns jene Coloristen die schönsten Beispiele gegeben haben, weit über jenen Naturanlagen, durch welche nichts weiter bewirkt wird, als der Schein des Wahren. Guido, Peter von Cortona und einige Andre besitzen die Erfordernisse der Täuschung in noch höherm Grade. Anerkannte Wahrheiten, Züge der Grazie, welche man oft in der Natur sieht, und diese mit Kunst aufzufassen wußten, machen sie in aller Augen liebenswürdiger; allein wie viel andre Schönheiten findet man nicht noch in ihren Werken, Schönheiten, bei denen sie höheren Einsichten folgten, als der bloßen Absicht, das Auge zu täuschen. Sie wollten nicht blos täuschen; nein, bezaubern, und es ist ihnen gelungen. Indessen beweißt das Beispiel dieser Meister zugleich, daß die geachtetesten Schönheiten in der Malerei nicht diejenigen sind, welche am gemeinsten und unmittelbarsten auf Täuschung hinwirken. Beide genannte berühmte Künstler haben doch den Grad von Bewunderung nicht erworben, welcher einem Raphael, einem Correglo, einem Titian zugestanden worden, unerachtet der erste in Farbe und Helldunkel nicht groß, der zweite inkorrekt, und der dritte in der Wahl seiner Stoffe nicht immer edel ist.

Den Beispielen so großer Männer zu Folge kann man, scheint mir schließen, daß die möglichste Annäherung der Nachahmung an die Wahrheit nicht der einzige Zweck der Malerei ist, daß sie vielmehr ihre Hoheit der Kunst verdankt, die sie über die Manier verbreitet, mit welcher sie zu dieser Annäherung

rung gelangt, und daß eben diese Kunst die außerordentlichen Menschen auszeichnet und charakterisirt.

Gehe man die grossen Parthieen der Malerei durch, man wird in ihnen viele wesentliche Schönheiten antreffen, welche ganz verschieden von jenen sind, durch welche sie sich dem Grade von Illusion möglichst annähert, dessen sie fähig ist.

In der Composition bewundern wir vorzüglich die Fülle von Genie, die Wahl von Attituden, welche den malerischesten, und anmuthigsten Anblick gewähren, die Anbringung von Contrasten ohne Affektation, die geistreiche Verkettung der Gruppen, sei es um die Lichter zu vereinigen, und große Parthieen von Schatten zu finden, wodurch die Wirkung von jenen gehoben werde, oder um ein in sich vollendetes Ganzes zu bilden, welchem ohne Nachtheil nichts entzogen werden kann; in der That eine Art von Poesie, durch welche das Genie sich zum Beherrscher der Natur aufwirft, und ihr alle die Schönheiten hervorzubringen befiehlt, deren die Kunst fähig ist. Alle diese Parthieen haben nur eine sehr entfernte Beziehung auf die eigentliche Illusion.

Um diesen Zweck zu erreichen, ist auch ein übrigens frostiges und unfruchtbares Genie hinlänglich, wenn es nur die Handlung richtig faßt, welche es seinen Figuren ertheilen muß, und sie mit Wahrscheinlichkeit darzustellen weiß. Die natürlichsten und einfachsten Attituden würden hinreichen, auch ohne malerisch und anmuthig zu seyn. Alle Arten von Ansichten wären gleich gut, da es nur darauf ankäme, sie mit Wahrheit darzustellen. Sinnreiche Contraste, und Verkettung von Gruppen und Massen würden dabei nicht eben verdienstlich seyn. Man kann immer wahr seyn, wie man auch seinen Stoff behandle, und wie unangenehm auch zerstreute Vertheilungen für das Auge des Kenners sind, so sind sie doch der Wahrheit so gut als jede andre fähig.

In Hinsicht der Zeichnung hat man, um Illusion zu bewirken, weder Wahl, noch Correktion nöthig, nur Auffassung dessen, was auch die ungeübtesten Augen in der Natur entdecken.

Das bewunderteste Colorit ist nicht immer auch das wahreste. Es ist freilich nicht wahrhaft schön, wenn es sich zu fühlbar von der Wahrheit entfernt; allein es gehören noch viele andre Eigenschaften dazu, wenn es auf den Beifall der Kenner Anspruch machen soll: Frischheit, Leichtheit, ein Durchscheinen in gewissen Tönen, welches selbst über die Natur hinausgeht. Die geachtetesten Coloristen haben die Schönheiten, die sie in der Natur sahen, ein wenig zu übertreiben gewüßt. Wenn einige Töne im Fleische sich dem Röthlichen, dem Bläulichen, dem silberartig Grauen nähern, so haben sie dieselben fühlbarer ausgedrückt, gleichsam um sie den Betrachtern anzukündigen, und ihnen die Einsicht zu zeigen, welche dazu gehört, um sie zu entdecken, und sie mit Kunst darzustellen. Dieß hieße den Zweck aller schönen Kunst überschreiten, wenn er blos in der Illusion bestände.

Dann wären auch Gegensätze der Farbe, des Lichtes, und der Schatten überflüßig, denn die Natur ist immer wahr, und bedarf aller jener Hülfsmittel nicht, um pikante Wirkungen hervorzubringen. Jene Unterdrückungen gewisser Lichter, die in der Wirklichkeit Statt finden, die aber die Kunst verlöscht, um die Harmonie oder die Wirkung zu vermehren, würden denn, wie angenehm sie auch wären, tadelnswürdige Fehler seyn.

Damit will man aber gar nicht jenen blos gemachten Farben das Wort reden, welche in der That nur der Roman der Malerei sind. Was sich ganz von der Wahrheit entfernt, ist jederzeit tadelnswerth. Allein jene Farben geben doch einen Beweiß ab, daß es in dieser Kunst Schönheiten giebt, welche von der genauen Nachahmung des Wahren ganz unabhängig sind. Und wenn zuweilen ganz unwahre, aber angenehme Romane dieser Art selbst dem Auge des Kenners gefallen, so muß man schließen, daß ein solcher sich durch die Vereinigung mehrerer von aller Illusion unabhängiger Schönheiten gestimmt fühlt, den gänzlichen Mangel aller Wahrscheinlichkeit zu verzeihen.

Eine der grösten Schönheiten der Kunst, welche noch weniger mit Illusion zusammenhängt, da sie blos aus dem Gefühle entspringt, welches den Künstler rührt, ist jene Kunst in der Arbeit, jene meisterhafte Sicherheit und Leichtigkeit, welche oft allein das wahrhaft Schöne von dem Mittelmäßigen, welches uns immer kalt läßt, unterscheidet, ich meine jene Behandlung, (faire) welche die beste Kopie von dem Original eines großen Meisters unterscheidet, und die wahren Talente des Künstlers so charakterisirt, daß oft ein kleiner, vielleicht der uninteressanteste Theil eines Gemäldes dem Kenner ankündigt, daß es von einem großen Meister herrührt.

Das wahre Schöne muß in der Skulptur sowohl als in der Malerei mit den verschiedenen Partieen der Kunst die Freiheit der Tusche und die Leichtheit der Behandlung verknüpfen; daraus entspringt, in der Malerei, die Reinheit der Töne, in der Skulptur, das Anmuthige der Arbeit, welches eigentlich das Werk vollendet.

Oft hat der gröste Meister weniger Korrektion und strenge Richtigkeit, als der mittelmäßige Mensch, aber seine Arbeit ertheilt, entweder, wegen ihrer Stärke und Wärme, oder wegen ihres Liebreizes, den Werken seines Pinsels oder seines Meisels, Geschmack und Seele.

Man behauptet nicht, daß die Behandlung (le faire) die einzige wesentliche Partie sei, aber gewiß krönt sie alle andre, und man kann annehmen, daß sie, in Hinsicht des Vergnügens, welches sie dem Kenner verursacht, durch nichts ersetzt werden kann. Ein mittelmäßiger Künstler kann die Komposition und die vorzüglichsten Wirkungen des Lichtes für ein Werk der Malerei von einem großen Meister übernehmen, eben so für ein Werk der Skulptur die allgemeinen Formen und die Hauptmassen; indessen wird es doch kein wahrhaft schönes Werk seyn, weil ihm jenes Gefühl und jene Einsicht fehlt, welche allein die schöne Behandlung hervorbringen.

Vielleicht wundert man sich, daß die Behandlung als eine so wesentliche Schönheit betrachtet wird. Es giebt nur zu viele, welche sie, aus Mangel gehöriger Einsicht, für blossen Mechanism halten. Dieß ist ein Irrthum; Künstler fühlen es vorzüglich, und gestehen zu, daß sich ein Meisterwerk, und ein mittelmäßiges oft durch die bloße Behandlung unterscheiden.

Man wird sein Erstaunen vermindern, wenn man bemerkt, daß es auch für die Dichtkunst eine Behandlung giebt, welche ein wesentliches Erforderniß ist, und die eigentliche Vollendung jedes Werkes ausmacht. Ist die Kunst, mit Leichtigkeit zu versificiren, oder doch schwer gemachten Versen den Schein der Leichtheit zu ertheilen, die Kunst, mit Richtigkeit, Stärke, oder Anmuth auszudrücken, ist die ganze Poesie des Styles etwas andres? Wie viele Erzähler können dieselben Ideen anwenden, welche Lafontäne vorträgt! Allein wird er sie nicht alle durch seine Behandlung, sein faire, übertreffen!

Man hat bei einer öffentlichen Ausstellung, zwei Basreliefs gesehen, das eine von Chardin, das andre von Oudry. Der letztere war ein sehr geschickter Mann, und malte mit Leichtigkeit. Das Täuschende beider Stücke war sich gleich, man mußte beide berühren, um sich zu überzeugen, daß es Gemälde seien. Indessen fanden Künstler, und Männer von Geschmack eine gänzliche Verschiedenheit zwischen beiden Stücken. Das Gemälde Chardins war eben so sehr über dem von Oudry, als dieser letztere selbst über dem Mittelmäßigen war. Und der ganze Unterschied bestand in jener geist- und feuervollen, ich möchte sagen, magischen Behandlung, in jener unnachahmlichen Kunst, welche die Werke von Chardin so sehr auszeichnet *).

*) Dieses Beispiel beweißt für die Gattung, von welcher die Rede ist, in welcher, wie wir gern zugestehen, die Behandlung entscheidet; allein wir zweifeln, daß es für die Gattung der Geschichte, diese hohe Poesie der Malerei, beweise, wo das Edle des Entwurfs, die Wahrheit des Ausdrucks und die Schönheit der Formen allen übrigen Partieen der Kunst vorgehen. — Vergleichen wir ein schönes Gemälde von Raphael, mit einem andern, besser gemalten, schöner behandelten (d'un plus beau faire) Stücke über denselben Stoff, welches aber in Hinsicht der Anlage, des Ausdrucks und der Zeichnung unter jenem ist, wird Raphael dadurch seine Superiorität verlieren? — Note des Redaktörs.

Eine von denjenigen Gattungen der Malerei, in denen die Wahrheit am meisten wesentlich ist, ist gewiß die, welche Herr Vernet mit so vielem Glanze ausübt. Man würde ihn indessen bei aller seiner Wahrheit nicht so sehr bewundern, wenn nicht seine Tusche so geistreich, seine Ausführung so leicht und beseelt wäre.

Wir stellen also das Resultat fest: daß die Kenner und das Publikum berechtigt sind, diejenige Wahrheit zu fordern, welche auf Täuschung hinzielt, daß jedes, wenn auch übrigens noch so schönes Werk, welches sich davon entfernt, sehr tadelnswerth ist, daß sie aber dessen ungeachtet, nicht die einzige Schönheit der Kunst ist, ja daß sie nicht einmal die ist, welche den vortreflichen Künstler von dem Mittelmäßigen unterscheidet und das Erhabene der Kunst ausmacht.

(Aus den vermischten Werken des Herrn Cochin.)

Terme.

Terme.

Man bezeichnet durch den Namen von Termen Statüen, deren unterer Theil sich in die Form eines umgekehrten Obelisken endigt, was man gaine nennt, weil der untere Theil der Figur darin verborgen, und wie in einer Scheide ist, daraus der obere Theil hervorzugehen scheint.

Diese Form ist entlehnt von den alten Hermen, und erinnert an die Kindheit der Kunst, an jene Zeit, wo man die Figur eines Menschen nur so darstellte, daß man einen Kopf, oder wohl gar nur einen runden Stein auf eine Säule stellte.

Eine gedoppelte Terme, terme double ist, aus deren Scheide zwei halbe Körper, oder zwei mit dem Rücken zusammenlaufende Bruststücke hervorgehen. Man findet sogar einige mit vier Köpfen.

Wenn eine Terme sich in einen Fischschwanz endigt; nennt man sie terme marin.

Terrain.

Terrain.

S. den Art. Landschaft.

Terrasse.

Terrasse.

S. den Art. Landschaft.

Theatralisch.

Theatral.

Wenn die Künste der Malerei und Skulptur bei einer Nation ausgeübt werden, welche einen lebhaften Geschmack für theatralische Vorstellungen hat, und das Vergnügen derselben täglich genießt; so kann es nicht fehlen, daß nicht diese Vorstellungen einen Einfluß auf die Künste bekommen, und die Künstler sich nicht auf die Nachahmung der Schauspieler einschränken sollten, anstatt die Natur nachzuahmen.

Geschieht dieses, so sind die Werke der Kunst nicht Nachahmungen von dem, was die Menschen in einer gewissen Handlung, einer gewissen Gemüthsbewegung thun, sondern von dem, was die Nachahmer dieser Handlungen und Gemüthsbewegungen thun.

Wenn diese Nachahmer, ich meine, die Schauspieler, anstatt der Natur zu folgen, sich nach falschen Conventionen richten, wenn sie an die Stelle der natürlichen Attituden, Bewegungen und Gesten eine studierte Ziererei setzen, so entfernen sich auch die Künstler von den Wahrheiten der Natur, und übernehmen die Fehler der Muster, welche sie gewählt haben.

Durch diese fehlerhafte Methode der Künstler hat die Kunst in Frankreich mehr gelitten, als in irgend einem andern Lande, weil es in der Hauptstadt dieses Reichs täglich Schauspiele giebt, und die Bewohner derselben vor allen andern gierig nach Schauspielen sind.

Theile.

Parties.

S. den Art. Partieen.

Theorie der schönen Kunst.

Die Theorie der schönen Kunst hat von jeher das Schicksal gehabt, der Verachtung oder doch wenigstens der Geringschätzung großer Genieen und geistreicher Liebhaber ausgesetzt zu seyn. Der Hauptgrund davon liegt unstreitig in ihr selbst. Leistete sie, was ihre Urheber oft in so hochtönenden Versprechungen ankündigen, böthe sie dem Genie und dem Geschmacke feste Prinzipien dar, wodurch im Gebiethe des Schönen eine Harmonie entstünde, wie wir sie in der Sphäre des Wahren und Guten beabsichtigen, entwickelte sie nur solche Regeln, welche das höchste Interesse des Künstlers begünstigen, seine Freiheit nicht einschränken, sondern nur die möglichst schöne Aeußerung derselben befördern und ihn dem Ideale von Vollendung näher führen, auf welches er durch seine ursprünglichen Anlagen selbst gerichtet ist; so würde sie selbst von denenjenigen verehrt werden, welchen die Natur die glücklichsten Anlagen verliehen hat, um selbst, Meisterwerke hervorzubringen.

Die allgemeine Theorie der schönen Kunst hat, wie ich bereits in der Einleitung des ersten Theiles gezeigt habe, ein gedoppeltes Geschäft; 1) zu zeigen was der Künstler leisten könne; 2) zu bestimmen, was er leisten solle; sie zerfällt also ihrem wesentlichen Inhalte nach, in zwei Haupttheile, deren ersten ich die Naturkunde des Genies für schöne Kunst, den zweiten die Teleologie des Genies für schöne Kunst nenne.

Die besondre (philosophische) Theorie der schönen bildenden Kunst kann und muß wie mir scheint, nach derselben Eintheilung behandelt werden.

Die Naturkunde des Genies für alle und demnach auch für bildende Kunst stützt sich: 1) auf Betrachtung und Zergliederung der Eigenschaften von vorhandenen klassischen Werken des Genies; 2) auf Psychologie, vorzüglich Theorie des Begehrungs- und Gefühlsvermögens, und Critik der ästhetischen Urtheilskraft. Derjenige also, welcher sie gründlich und zweckmäßig bearbeiten soll, muß zugleich eine ausgebreitete Bekanntschaft mit den Werken der Kunst selbst, besitzen, und in inniger Vertrautheit mit mehrern Theilen der Philosophie stehen. Nur weil beide Erforderniſſe so schwer zu vereinigen sind, bleiben gute Theoristen des Geschmacks auch in unsern lichtvollen Zeiten immer noch seltne Erscheinungen, und wir haben vielleicht mehr Hoffnung zehn Winkelmann wieder zu bekommen, ehe wieder ein Lessing hervortritt.

Die Naturkunde des Genies hat folgende Untersuchungen zu ihrem wesentlichen Gegenstande:

I. **Theorie der Schönheit im allgemeinen,** Wesen der schönen Kunst, oberster Grundsatz aller schönen Kunst;

II. **Theorie des Genies,** psychologische Entwickelung aller Kräfte, welche wesentlich dazu gehören;

III. **Natur der einzelnen schönen Künste im Besondern;** Modifikation des Begriffs der Schönheit in jeder, Eigenthümlichkeiten des Genies

IV. **Theorie der Originalität in der schönen Kunst** im Allgemeinen und Besondern. Schon in der Theorie des Genies muß gezeigt worden seyn, daß Originalität wesentlich zum Genie gehört; in diesem Abschnitte wird die Natur der Originalität für alle und jede Kunst, die Originalität, in Stoffen, Planen und Formen der Bezeichnung näher bestimmt, und die Kriterien angegeben, durch welche man jene Eigenthümlichkeiten anerkennt, welche den wahrhaft originellen Künstlergeist charakterisiren *).

V. Theo-

*) Dieses ist vielleicht der schwerste Theil der ganzen Theorie der Künste, ein Theil, den beinahe nur Künstler selbst gehörig bearbeiten können, welche die Gabe der Originalität in hohem Grade besitzen.

V. Theorie und Classifikation dererjenigen Stoffe, welche vorzüglich schöner Kunstdarstellung fähig sind. Theorie des Interessanten in Verknüpfung mit der Schönheit der Form. Hier wird die Natur des Erhabenen, Großen, Starken, Rührenden, Naiven, Komischen u. s. w. in Beziehung auf alle und jede einzelne Kunst untersucht.

VI. Theorie der nothwendigen Regelmäßigkeit in Werken schöner Kunst; zu ihr gehören die Grundsätze über Einheit, Harmonie, Stetigkeit, Verhältnismäßigkeit, Umfang u. s. w. ebenfalls nicht blos im Allgemeinen, sondern auch in Beziehung auf jede einzelne Kunst dargestellt.

Man kann sich selbst vorstellen wie in einer besondern philosophischen Theorie der bildenden Kunst alle diese Untersuchungen spezialisirt werden, zugleich aber auch wie innig jene besondre Theorie mit der allgemeinen Theorie alles Kunstschönen zusammenhängt. Die in jener Theorie enthaltene Naturkunde des Genies für schöne bildende Kunst ist nichts anders, als eine Erklärung der Eigenschaften der Produkte dieses Genies, aus denen diesem Geniee wesentlich eigenen körperlichen und geistigen Anlagen. Erkenntnisquellen dieser Naturkunde sind: Betrachtung der klassischen Werke der bildenden Kunst selbst *), von den Theilen der Philosophie vorzüglich Seelenlehre, und Kritik der ästhetischen Urtheilskraft. Der Plan für diese Naturkunde wäre, wie mir scheint folgendermaaßen passend angelegt:

I. Wesen aller schönen bildenden Kunst, Grundsatz, welcher alle charakteristische Züge davon in sich vereinigt. Unbedingte Nachahmung der schönen Natur kann nicht oberstes Prinzip für die bildende Kunst seyn. Da bei jedem ihrer Werke das Genie lediglich für den Geschmack schaft und bildet, so fordert auch dieser, daß in dem Werke

*) Diese Betrachtung erfordert eben so gewiß Kenntnis des Mechanischen einer jeden bildenden Kunst, als Dichter-Lektüre, Sprachkunde.

des Genies nichts erscheine, was ihm gleichgültig oder wohl gar widrig sei, fordert, daß das Werk alle die Eigenschaften besitze, welche sich vereinigen müssen, um dem menschlichen Geiste den höchsten, vollendetesten, reinsten Schönheitsgenuß zu gewähren, welcher durch Form und Gestalt, als freie Produkte menschlicher Erfindung und Einbildungskraft, für menschliche Geister bewirkt werden kann. Der Geschmack kann die Theile der wirklichen Natur nicht als zunächst für das durch ihn mögliche Vergnügen gebildet, betrachten; allein jedes Werk schöner bildender Kunst kann und muß er aus diesem Gesichtspunkte ansehen. Er fordert also von dem Genie mehr als von der Natur, und aus dieser gerechten Forderung des Geschmacks entspringt der oberste Grundsatz für alle schöne bildende Kunst, ein Grundsatz, welcher nichts anders ausdrücken kann, als: **Bildung von sichtbaren Formen für den höchsten, vollendetesten, und reinsten Schönheitsgenuß, dessen der Mensch bei der größten möglichen Vervollkommnung seiner zum Genuß des Schönen zusammenwirkenden Vermögen fähig ist; Bildung von sichtbaren Formen, wie sie die Natur selbst hätte bilden müssen, wenn Befriedigung des Geschmacks des Menschen durch ihre Gestalten ihr ausschließlicher Zweck gewesen wäre.**

II. **Zergliederung des Genies zu aller schönen bildenden Kunst**, Entwickelung derjenigen Kräfte, Mischungen und Verhältnisse von Kräften, welche zu Hervorbringung von Werken derselben zusammenwirken müssen. Der Geschmack ist selbst unter diesen Kräften begriffen, ich meine den Geschmack, als das ursprüngliche Vermögen über das Schöne zu urtheilen; ohne ihn kann Genie zur schönen bildenden Kunst gar nicht gedacht werden.

III. **Eintheilung der schönen bildenden Kunst** 1) **nach den Gegenständen, die sie ihrem Prinzip gemäß darstellen kann, Aufstellung der obersten Prinzipien für jede Art von Werken;** 2) **nach**

der

der verschiednen Art und Weise, wie die Formen dieser Gegenstände nachgeahmt werden können; Aufstellung der obersten Prinzipien für jede besondre Art bildender Kunst in dieser Hinsicht.

In der ersten Hinsicht theilt man die schöne bildende Kunst in: a) Darstellung von freien Schönheiten der Natur; als α) Nachbildung von Landschaften *); β) Nachbildung von Blumen **); b) Darstellung von schönen Formen, deren Beurtheilung und Wirkung auf das Gefühl durch Ideen bestimmt ist; α) Menschendarstellung in א) Portraits ב) ganzen Figuren; ג) Historischen Stücken; β) Darstellung intellektueller, moralischer, hyperphysischer Begriffe in schönen Formen; Allegorie.

In der zweiten Hinsicht ist die schöne bildende Kunst: a) plastische Kunst, Nachformung eines körperlichen Gegenstandes im Ganzen, nicht blos, wie er in bestimmter Ansicht dem Auge erscheint, sondern, wie er an sich sinnlich da ist: b) zeichnende Kunst, so nenne ich die Nachahmung der Erscheinung körperlicher Gegenstände für das Gesicht unter einem bestimmten Gesichtspunkte auf ebenen Flächen.

Die plastische Kunst theilt sich in mehrere Gattungen, jenachdem sie für ihre Nachformung besondere Stoffe wählt, und besondre Methoden einschlägt, sie zu behandeln: Bildhauerkunst, Stuckaturkunst, Bossirkunst, Schnitzkunst u. a.

Die zeichnende Kunst theilt sich in zwei Hauptgattungen: a) die Zeichenkunst in engerer Bedeutung, die sich nur willkührlich gewählter Farben zur Darstellung der Objekte bedient, nur Umriß und Figur des Ausgedehnten nach Licht und Schatten darstellt; b) die Malerkunst, welche die Gegenstände, mit den Farben, die sie in der Natur haben, darstellt.

---

*) Zu den Landschaften rechne ich auch die Seestücken (marines) (diejenigen ausgenommen, welche blos Werke mechanischer Kunst für die Schiffarth darstellen, und gar nicht zur schönen Kunst gehören.)

**) Hiezu kann man auch die Darstellung schöner Pflanzen, Bäume und Früchte rechnen.

stellt. Zur Zeichenkunst in engerer Bedeutung gehört dem innern Wesen ihrer Werke nach, auch die Gravur.

Das Summum ästhetisch vollkommener Darstellung für jede dieser Arten bildender Kunst läßt sich in einer präcisen Formel ausdrücken, welche in einer wissenschaftlichen Theorie der schönen bildenden Kunst an der Spitze der Untersuchung einer jeden stehen muß. Da ich hier nur die Skizze einer Theorie vorzeichne, so liegt es außer meinem Plane, alle diese Grundsätze zu entwickeln, und zu erweisen.

IV. **Entwickelung der wesentlichen Bestandtheile des Genies zu jeder Art schöner bildender Kunst; Genie des Landschafters, Blumenmalers, Portraitmalers, Historienmalers, Allegorieenmalers; Genie des Bildhauers, Zeichners, Gravörs, Malers.** — Hiermit wird eine Lücke der bisherigen Theorien ausgefüllt, in denen man nur von den allgemeinen Erfordernissen des Genies für alle schöne bildende Kunst handelt, aber entweder gar nicht oder zu flüchtig von denjenigen Anlagen redet, welche dem Genie zu besondern Arten derselben eigenthümlich sind *).

V. **Theorie der Originalität in Werken der schönen bildenden Kunst.** Auch für das Genie zu dieser ist **Originalität** eines der wesentlichsten Erfordernisse; sie findet Statt in jeder Klasse und Art von Werken **), findet Statt in jeder Parthie der bildenden Kunst von der Erfin-

*) Ich bin überzeugt, daß zu einem großen Kupferstecher keinesweges blos eine ursprüngliche Anlage zur mechanischen Fertigkeit, sondern auch eine gewisse eigene Vollkommenheit der Einbildungs- und Dichtungskraft gehört, welche sich durch kein Studium erlernen, durch keine Uebung gewinnen läßt.

**) Am meisten macht sich die Originalität geltend in den zeichnenden Künsten, weniger in den plastischen, unter jenen vorzüglich in der Malerei. — Unter den Arten der Werke ist am wenigsten der Originalität fähig das Blumenstück, in sehr hohen Grade aber die Landschaft; unter denen, welche menschliche Figur darstellen am wenigsten das Portrait, im höhern Grade das historische Werk, im höchsten das allegorische.

findung bis zur Colorirung und dem Helldunkel *). Sie ist dasjenige, was die Hand des Meisters von Genie charakterisirt, und diese jederzeit von der auch noch so glücklichen Hand eines talentvollen Kopisten unterscheidet. Sie kann durch Regeln nicht erworben werden, alle Philosophie und Kritik des Geschmacks kann blos die Kriterien ihres Daseyns, und ihre Wirkungen auf das Gefühl entwickeln.

Die Kenntnis der malerischen Schulen ist eine reichhaltige Quelle für die Theorie der Originalität, wiefern nämlich Meister derselben sich durch diese große Naturgabe ausgezeichnet haben.

VI. Das Genie in seiner Originalität beabsichtigt reine Schönheit, bleibende, sich erneuernde gleichsam immer wieder belebende Schönheit. Es ist also seinem eigenen Interesse angemessen, jenem Zwecke gemäß seine Stoffe zu fassen, seine Anordnungen, seine Ausdrücke zu bilden, seine Bezeichnung auszuführen. Weit entfernt, daß es dadurch seiner Originalität schaden sollte, macht es vielmehr dadurch dieselbe nur glänzender geltend. Die Naturkunde des Genies für bildende Kunst stellt also auf:

1) Grundsätze für die Wahl der Stoffe zur Vereinigung des Interessanten mit dem Schönen; **)

2) Grund-

---

*) Natürlich findet Originalität in einer Parthie um so mehr Statt, je mehr sie von der Freiheit der Einbildungskraft abhängt, je weniger sie durch unveränderliche Gesetze fixirt ist. In der Erfindung kann diesemnach die höchste Originalität liegen, nächst jener die meiste im Ausdruck; im geringern Grade schon ist ihrer fähig die Anordnung, im allergeringsten die Zeichnung. Eine vorzügliche Originalität kann zukommen der Farbe und dem Helldunkel; in Hinsicht welches letztern vorzüglich die freie Einbildungskraft, unbeschadet der Naturgesetze, magische Wirkungen hervorbringen kann.

**) Hieher gehört, Betrachtung des Erhabenen, Großen, Starken, Kraftvollen, Schrecklichen, Grausenerregenden, Feierlichen, Edlen, Sanften, Rührenden, Liebreizenden, Naiven, Komischen u. s. w. in besondrer Beziehung auf bildende Kunst, nach den verschiedenen Arten ihrer Werke, durchgeführt.

2) Grundsätze für die Anordnung *).

3) Grundsätze für den Ausdruck.

4) Grundsätze für Bezeichnung, und Ausführung **).

Diese Grundsätze entspringen aus der Natur und dem höchsten Interesse des Kunstgenies selbst, welches sie auch, wenn seiner Entwickelung keine zufälligen Hindernisse in den Weg gelegt werden, ohne Anleitung von selbst findet.

VII. Der Styl in Werken der bildenden Kunst beruht auf der Uebereinstimmung der Anordnung, des Ausdrucks, und der Bezeichnung mit dem Charakter des Stoffes. Die Naturkunde des Genies für bildende Kunst endigt, mit der **Theorie des Styls**, nach seinen verschiednen Arten.

Der menschliche Geist kann sich durch die bloße Naturkunde des Genies zur schönen Kunst nicht befriedigen. So wie er durch die ihm eingepflanzte Vernunft gezwungen ist, alle freie Wirkungen menschlicher Vermögen zu beziehen auf Würde und Endzweck der Menschheit, so kann er auch nicht umhin, die Thätigkeiten und Produkte des Genies für schöne Kunst aus diesem Gesichtspunkte zu fassen. Er fragt also, worin die höchste Bildung und Veredlung des Kunstgenies bestehe, wenn man seine Werke und den Einfluß derselben auf die Menschheit, in Hinsicht der Würde und des Endzwecks derselben betrachtet. Die Beantwortung dieser Frage liefert der zweite Theil der philosophischen Theorie der schönen Kunst; ich nenne ihn **Teleologie des Genies für schöne Kunst.**

Die Teleologie des Genies betrachtet den Menschen nicht blos mit entwickeltem Gefühle und Geschmack für das Schöne, sondern auch als ausgebildet von Seiten seiner übrigen höheren Vermögen. Einem Menschen, welcher auf dieser Stufe der Veredlung steht, genügt das bloße Schöne nicht,

*) Betrachtung der Einheit, Harmonie, Verkettung, Uebergänge, Natürlichkeit, Leichtigkeit, Mannigfaltigkeit, Kontrastirung, Kühnheit u. s. w. in der Stellung der Theile eines künstlerischen Ganzen.

**) Betrachtung der Wahrheit, Richtigkeit, Bestimmtheit, Reinheit, Leichtheit, Manier, Behandlung u. s. w.

nicht, er will in der Form desselben immer nur das Gute und das Wahre sehen.

Die Teleologie des Genies hat einen obersten Grundsatz, und mir scheint, es könne kein andrer seyn, als der: **Darstellung des Guten und Wahren in der Form der höchsten und reinsten Schönheit, welche Kunst nur irgend gewähren kann.**

Die philosophische Theorie der schönen bildenden Kunst hat, wie jede andre schöne Kunst, ihre eigenthümliche Teleologie, welche nach allgemeinen Grundsätzen bestimmt, **wie sich das wahre Genie für schöne bildende Kunst, vervollkommnen, wie es seine Anlagen anwenden und äußern solle, um ein höchstes Schönes hervorzubringen, welches zugleich alle ädlere Kräfte des Menschen interessire, und für die Menschheit nicht blos Mittel des Genusses, sondern auch der Cultur sei.**

Die Teleologie des Genies enthält die Grundsätze der wahren Geschmacksbildung. Nach Kant, welcher den Geschmack blos als Vermögen durch die bloße Form unmittelbar zu urtheilen annimmt, sind es Regeln der Vereinbarung des Geschmackes mit der Vernunft. Mir scheint, daß die Bildung des Geschmacks in gar nichts andern als dieser Vereinbarung bestehe.

Ich enthalte mich der weitern Entwickelung dieser Idee einer Teleologie für schöne bildende Kunst um so mehr, da sich Jeder nach dem ausführlichen Entwurfe der Naturkunde für schöne bildende Kunst den allgemeinen Plan davon selbst skizziren kann.

Daß eine philosophische Theorie der schönen Kunst von diesem Inhalte, und in dieser Form noch nicht versucht worden, habe ich nicht nöthig, am Schlusse dieses Aufsatzes noch zu erweisen.

Tinte.

Teinte.

Die Tinten sind Farben, welche in verschiedenen Proportionen zusammengemischt sind, jenachdem man die Nüancen braucht. Sie werden auf eine zwiefache Weise gebildet; man kann auf die Spitze des Pinsels Hauptfarben in der Proportion nehmen, die für die hervorzubringende Nüance passend ist; man kann auch auf der Palette die verschiedenen Nüancen abgesondert anordnen, welche dem zu malenden Gegenstande zukommen. Diese Farbenmischungen nennt man Tinten in dem Zeitpunkte, wo der Künstler sie bildet, und noch allgemeiner nennt man sie Töne, wenn sie angebracht sind; so macht der Maler violette Tinten zu einem Kopfe, an dem er arbeitet, und der Betrachter bewundert die Richtigkeit und Wahrheit der violetten Töne, welche man an diesem Kopfe angebracht findet. Der einsichtsvolle Verfasser des folgenden Artikels weicht von mir in Rücksicht der Anwendung von Tinte und Ton ab. L.

Tinte ist ein Ausdruck der Malerei, durch welchen man eine kleine Portion natürlicher Farben versteht, die zusammengemischt sind, um verschiedene Nüancen, welche die Natur darbiethet, nachzubilden. Die Tinten können sich auf der Palette des Malers befinden, oder auf dem Gemälde angeordnet seyn.

So sagt man: ehe man male, muß man seine Tinten bereiten; die Tinten müssen mit genugsamer Richtigkeit bestimmt seyn; mischet die Tinten unter einander ohne sie zu beschmutzen; jener Maler vermannigfaltigte seine Tinten unendlich, jener brachte sie auf eine äußerst einfache Weise an, die Tinten von Rubens sind lebhaft, die Tinten von Guido frisch.

In den Werkstätten bedient man sich oft des Wortes Tinte mit weniger Genauigkeit; man hört in selbigen z. B. „das ist eine zu helle Tinte“ wenn die Rede von einem

Tone eines Gemäldes ist. Obwohl die Tinte den Grad von Schatten oder von Licht enthält, der dem Werke nöthig ist; so darf doch das Wort Tinte nur vom Colorit gebraucht werden.

So würde man sehr richtig sagen; diese Tinte ist zu blau, zu grün; mit weniger Präcision sagt man: die Sündfluth von Poussin ist in einem grauen Tone gearbeitet, es sollte heissen: in einer allgemeinen grauen Tinte; im Gegentheile sollte man nicht sagen: die Gründe von Caravaggio haben eine schwarze Tinte, sie gehen so sehr hervor als die Figuren; es sollte heissen, haben einen zu schwarzen Ton. Denn Ton drückt allein den Grad von Schatten und Licht aus, dieß unterscheidet dieses Wort von Tinte, welches sich auf das Colorit beziehe.

Zieht man de Piles zu Rathe, welcher Richtigkeit der Prinzipien mit Reinheit der Sprache vereinigt, so findet man, daß er jenen Unterschied anerkennt; „die Mannigfaltigkeit der „Tinten, beinahe in einem und demselben Tone, auf einer „und derselben Figur, oft an einem und demselben Theile angebracht, trägt nicht wenig zur Harmonie bei.“ (Traité du colorit.)

Diejenige Verbindung, welche sich oft zwischen den Tinten und den Tönen eines Gemäldes findet, macht, daß oft die Bedeutungen beider Wörter beinahe zusammenfallen, weil die Lokalfarbe eines Gegenstandes, wie zum Beispiel die einer Castanie, denselben auf einem hellen Grunde, oder einem erleuchteten, hellen, farbigen Grunde in Braun losmacht; in diesem Falle sagt man gleich gut: diese Castanie macht sich vermöge ihrer Tinte oder vermöge des Tones, los.

Es giebt Gegenstände, welche, bei gleicher Farbe, verschiedene Tinten darbiethen.

Es ist eine Folge des Mangels guter Prinzipien, daß die Maler in Beziehung auf die Tinten zwei ausschließliche Manieren angenommen haben. Die einen vermannigfaltigen ihre Tinten bis in das Unendliche, Andre befolgen eine einfachere

und

und breitere Manier. Allein die Natur befiehlt uns, daß wir durchgängig, nach der Verschiedenheit der Umstände den Lichtern folgen sollen, welche die Gegenstände erleuchten.

Sind sie von einem lebhaften Lichte, wie dem der Sonne, getroffen, so sind sie davon sehr getränkt (empregnès); die Lokalfarben verschwinden zum Theil, die kleinen Formen selbst verlieren von ihren Vorsprüngen, und die Tinten haben wenig Mannigfaltigkeit, wenn sie dieselbe nicht durch die Verschiedenheit der Plane bekommen.

Ist im Gegentheile der Gegenstand nicht stark erleuchtet, so setzen die Lokalfarben ihr volles Spiel fort, und unter den Tinten herrscht die größte Mannigfaltigkeit.

Auch von der Natur der Gegenstände hängt die mehrere, oder wenigere Mannigfaltigkeit der Tinten ab. Auf polirten und glänzenden Körpern, die für die Reflexion aller sie umgebenden Gegenstände empfänglich sind, sieht man das Muster einer Unendlichkeit von Tinten. Auf gleiche Weise zeigen sehr poröse und das Licht einsaugende Tuche eine geringere Mannigfaltigkeit von Tinten, als Taffet, und überhaupt seidene Zeuge, welche bei ihrem härtern und dichteren Gewebe, eine große Menge Strahlen reflektiren, die sie umgeben.

Ein Mann von Grundsätzen befolgt nicht in allen seinen Arbeiten ein und dasselbe System über die Tinten, er weiß von mehreren in einem und demselben Werke Gebrauch zu machen. Ist die Scene zum Theil von der Sonne beleuchtet, so werden die Tinten von dieser Seite sehr lebhaft, aber breit und beinahe gleich seyn, während sie in denen des Lichtes beraubten Theilen gar sehr vermannigfaltigt seyn werden. (Artikel des Hrn. Robin.)

Tockiren.

Heurter.

Das Tockirte, betrachtet als eine an sich gleichgültige Eigenschaft, welche gut oder bös seyn kann, je nachdem sie gebraucht wird, ist das Entgegengesetzte des Verschmolzenen,

nen; als ein Fehler betrachtet, ist sie dem Geleckten entgegengesetzt.

In einem verschmolzenen Gemälde gehen die Farben durch unmerkliche Nüancen in einander über, baden sich gleichsam in einander, und können nur von einem sehr erfahrnen Auge unterschieden werden. In einem tockirten Gemälde sind die Tinten dick aufgetragen, mit roher Keckheit, die eine neben die andre gesetzt, ihre brüske Aufeinanderfolge ist nicht nur sehr merklich, sie ist sogar zurückstoßend, wenn man das Werk in der Nähe betrachtet; sieht man es von Weitem, so stellt sich die Luft zwischen das Gemäld und das Auge des Betrachters, verschmelzt die Tinten und verwandelt die grobe Skizze in eine vollendete Malerei. Man könnte von den Freskogemälden des Lanfrank sagen: daß sie der Luft ihre Vollendung verdanken.

Es ist demnach kein Fehler, die kolossalischen Figuren einer hohen Kuppel zu tockiren; im Gegentheil würde das Verschmolzene hier ganz zwecklos und verwerflich seyn. Selbst in einem Gemälde, welches nicht eben aus zu großer Ferne gesehen werden soll, müssen einige Theile tockirt seyn, um die Zartheit andrer desto geltender zu machen, welche eine kostbarere Vollendung erfordern. So muß der Baumschlag eines dickbelaubten Baumes, sein alter durch die Zeit abgezehrter Stamm, eine Terasse, Gesträuche tockirt werden, ihre Darstellung würde äußerst frostig seyn, wenn sie verschmolzen wären, wie das Fleisch einer jungen Nymphe, welche in der Landschaft umherwandelt.

Einige Maler, wie Tintoret, haben die Praktik angenommen, ihre Gemälde allgemein zu tockiren; der Betrachter muß sich in die gehörige Entfernung stellen, in der sie als vollendet erscheinen. Rembrandt hatte den fehlerhaften Eigensinn, in einem und demselben Gemälde gewisse Theile zu verschmelzen, und andre Theile derselben Art nur zu tockiren, einen Kopf zu endigen, und eine Hand nur zu skizziren. Unmöglich kann man zugleich einem Gemälde nahe stehn, um den Kopf, und fern, um die Hand zu betrachten.

Die

Die ersten Gedanken der Maler sind immer nur tockirte Skizzen; sie verfertigen sie nur für sich, in der Folge werden sie für die wahren Kenner oft sehr kostbar. Die Nichtkenner suchen sie auch, um Kenner zu scheinen, und ob sie gleich selbst nichts in ihnen sehen, so wollen sie doch Unwissenden, die sie bewundern sollen, tausend Dinge darinnen zeigen. (Levesque.)

Tödten.

Tuer.

Man sagt: ein Theil eines Gemäldes tödte einen andern, wenn er seine Wirkung zerstöhrt. Wenn ein Gemälde von einer kräftigen Farbe in der Nachbarschaft eines schwach kolorirten steht, so sagt man ebenfalls: jenes tödte dieses. (L.)

Ton.

Ton.

Dieses Wort hat in der Sprache der Kunst eine allgemeine und eine specielle Bedeutung.

Man sagt im Allgemeinen: dieser Kupferstich hat einen schönen Ton, einen kräftigen, lieblichen, warmen, Ton u. s. w. Man sagt: der Ton dieses Werkes muß gesteigert werden, und drückt dadurch aus die Nothwendigkeit die Farben mehr zu beleben, die Massen bestimmter und die Gegenstände hervorspringender zu bilden.

Im Besondern drückt man durch Ton die Grade des Hellen und Dunkeln aus.

Unter den Tinten eines Gegenstandes muß es Tinten von verschiedenen Tönen geben, für die verschiedenen Grade des Lichts und des Dunkel.

Die Töne eines Werkes beziehen sich auf die Kunst des Helldunkel, müssen also in allen Gattungen der bildenden Kunst mit gleicher Pünktlichkeit studiert werden. Nur dadurch, daß man es versteht, die Töne zu sparen, und mit Präcision anzubrinbringen, ist man im Stande, jeden Theil seines Werkes an seine gehörige Stelle zu setzen, den Gegenständen wahre Körperlichkeit zu ertheilen, sie hervorgehen, oder zurücktreten zu lassen, jenachdem sie näher oder ferner erscheinen sollen. Siehe den Art. Tinte. (Robin.)

Ton, dieses Wort stammt her vom Griechischen τειvω ich spanne. Der Ton ist die Spannung, die Intensität einer Farbe, oder einer Wirkung des Helldunkel. Nach einer Stelle des Plinius zu urtheilen, verstanden die Griechen durch Ton in der Malerei das, was wir die eigne Farbe des Gegenstandes nennen. Er sagt, der Ton sei etwas andres als der Glanz, und finde sich zwischen dem beleuchtetesten Theile, und dem Schatten. L. 35. c. 5. Es wäre bestimmter gesagt: zwischen dem lebhaftesten Lichte und der Halbtinte.

In Beziehung auf das Helldunkel drückt das Wort Ton die Intensität der Wirkung in der Natur oder einem Werke der Kunst aus. In Beziehung auf das Colorit drückt es die Intensität einer Farbe, oder die Intensität aller Farben im allgemeinen aus, welche in einem Werke gebraucht sind. Sagt man also von einem Kupferstiche oder einer Zeichnung, worin blos Schwarz und Weiß gebraucht sind, der Ton sei schwach oder kräftig; so versteht man dadurch, daß diese Mischung von Schwarz und Weiß darin einen starken oder schwachen Grad von Intensität hat. Da eine Farbe, oder eine Mischung mehrerer Farben, und was man eine Tinte nennt, mehr oder weniger Intensität haben kann, so empfängt diese Farbe, oder diese Mischung die Benennung Ton, wiefern man sie in Beziehung auf jene Intensität betrachtet. So werden die gemischten Farben, in Beziehung auf ihre Mischung betrachtet, Tinten genannt; in Beziehung auf ihre Intensität bekommen sie den Namen Ton.

Man darf sich diesemnach nicht wundern, daß es in vielen Fällen dem Sprachgebrauch nach gleichgültig ist, Tinte oder Ton zu sagen. Ein Gemälde hat eine graue Tinte, wiefern die Farbenmischung, woraus es besteht, eine allgemeine graue Tinte bildet; es hat einen grauen Ton, wiefern

die

die Intensität der allgemeinen Wirkungen nicht über Grau geht. Man sieht aus diesem Beispiele, daß die allgemeine Tinte eines Werkes ihren allgemeinen Ton bestimmt, also z. B. wenn die allgemeine Tinte gelblich ist, der Ton auch gelblich ist. (L.)

Torso.

Torso.

So nennen die Künstler verstümmelte Statüen, von denen nur noch der Rumpf übrig ist. Jeder, der mit den Künsten einigermaaßen vertraut ist, kennt den berühmten antiken Torso, den man für einen kostbaren Ueberrest der Figur eines Herkules hält.

Tusche, Tuschieren.

Touche, Toucher.

Man sagt eine kühne, feine, geistreiche, leichte Tusche; das Fleisch mit Gefühl tuschiren, Zeuge mit Wahrheit tuschiren, Landschaften mit Geist tuschiren u. s. w.

Beide Ausdrücke haben sehr verschiedene Bedeutungen, deren Entwickelung ich versuchen will.

Die Tusche ist eine Manier, in den zeichnenden Künsten gewisse Zufälle und Umstände der sichtbaren Erscheinungen der Körper anzudeuten; Zufälle und Umstände, veranlaßt durch ihre Natur, ihre Stellungen, ihre Bewegungen.

Wenn der Zeichner die Tusche setzt (place.) ausdrückt, (prononce) unterstützt, (appuye) so geschieht es, weil er dann ganz besonders und ausdrücklich von der Wirkung gerührt ist, welche einige jener Zufälle und Umstände hervorbringen, wovon ich geredet habe.

Wenn in einer Nachbildung der menschlichen Figur die Tusche, welche der Künstler anwendet, blos durch die Krümmungen des Contour bestimmt ist, welche verursachen, daß gewisse Stellen dieses Contours des Lichts beraubt sind, und

sich

sich im Schatten zeichnen, so ist nichts vorhanden, was auf die Eindrücke der Seele, und den Ausdruck der Leidenschaften Beziehung hätte, welche doch die geistreichsten und interessantesten Anwendungen der Tusche verursachen.

Wenn der Künstler die Tusche nach seinem Gefühle von der richtigen Bewegung der Figur, die er zeichnet oder malt, markirt; so kann sie geistreich, fein seyn; sie kann Anmuth oder Stärke nach Maasgabe des Eindruckes fühlen machen, welchen der Künstler davon hat.

Dieß ist noch nicht das, was man Tusche von Ausdruck nennt. Allein, wenn der Zeichner oder der Maler, begeistert durch seine Einbildungskraft, welche ihm die Zufälle kräftig darstellt, welche große Leidenschaften auf den Ansichten der Körper bewirken, die Tusche ausdrückt, und stützt, oder besser noch, wenn er diese Tusche nach der Natur selbst ausdrückt, dann ist seine Tusche die Tusche der großen Meister. Sie ist das unnachahmliche Gepräg, welches sie ihren Werken eindrücken, und welches ihre Originale immer von den bloßen Copieen auszeichnet.

Der Zug ist eine Linie, die man in ihrem ganzen Umfange als gleich annehmen kann, und mit deren Hülfe man die Figur der Körper verzeichnet, um durch Zeichnung oder Malerei eine Darstellung davon zu bilden.

Schränkt man sich darauf ein, diese Formen mit gleichem Zuge zu zeichnen, so ist dieß eine Manier, bei welcher gar keine Tusche Statt findet. Auf gleiche Weise, wenn man beim Malen, die Formen der Körper mit einer einförmigen Farbe bildet, so ist diese Malerei eine Art von Illuminatur, welche weder Charakter, noch Tusche darbiethet. Wenn aber der Künstler, indem er den Stift führt, aufmerksam ist auf die besondern Zufälle, welche das Helldunkel auf erleuchteten und erhabenen Gegenständen hervorbringt, wenn er zufolge dieser Beobachtung den Stift bei gewissen Stellen fester aufdrückt, und dadurch die Einförmigkeit des Zuges unterbricht, wenn sich denn nun dieser Zug markirter zeigt, wo der Zeichner die Wirkungen des Schattens hat ausdrücken wollen; denn

hat

hat er das angebracht, was man Tusche nennt, und was den Grund zu dem Charakter in seiner Zeichnung legt.

Wir wollen weiter gehen; wenn eine Figur, vollkommen ruhig und ohne markirte Bewegung in ihrer Stellung, dennoch Gelegenheit giebt, die Krümmungen der Contours und die habituellen Zufälle durch die Artikulationen, durch die Tusche auszudrücken, mit wie viel stärkern Grunde wird nicht der Maler aufgefordert seyn, diese Tusche empfindbarer zu markiren, wenn Bewegungen von mehrern Charakter die Zufälle der Contours noch empfindbarer machen.

Wenn dann seine gelehrige und fertige Hand mit Richtigkeit dem Eindrucke folgt, den er empfängt, und in sein Werk übertragen will, wenn er seine Hand andrückt, um die Spur des Stiftes bedeutender zu machen, wenn er seine beabsichtigte Wirkung ohne Magerheit und Trockenheit erreicht; dann macht er von der Tusche einen Gebrauch, welcher unter die wichtigsten gehört, und sich dem geistreichen Theile der Kunst nähert.

Man sieht aus diesen Details, daß die Tusche auf keine Weise willkührlich ist, daß sie nicht von dem abhängt, was man sehr uneigentlich den Geschmack nennt, wie sich junge Künstler nur zu oft einbilden, welche ohne Reflexion die Modelle nachahmen, die man ihnen giebt, oder auch Kenner von oberflächlichen Einsichten.

Nun noch einige Gedanken über das Maas, welches man beim Gebrauche der Tusche halten muß.

Hier muß man sich vorstellen, daß die Tusche, so wie wir sie erklärt haben, zugleich ein nachbildendes und aus der Natur genommenes Zeichen, zugleich aber auch ein Zeichen ist, welches die Art zu sehen und zu fühlen des Künstlers ankündigt.

Wie wenig auch die Tusche über das gehörige Maas hinausgeht, so ist sie doch mehr ein Zeichen, als eine präcise Nachahmung.

Erstlich ist die Tusche, als augenblickliche Wirkung der Rührung des Malers, oder Zeichners, der Vermannigfaltigung durch Einbildungskraft fähig.

Zwei-

Zweitens müßte man, um mit pünktlicher Genauigkeit die Grenzen aller Tusche zu verzeichnen, auf die bestimmte Distanz Rücksicht nehmen, in welcher sich der nachzuahmende Gegenstand befand.

Meistens ist, besonders in Zeichnungen, die Tusche übertrieben; entweder Folge des Gefühls, welches sie erzeugte, oder einer angenommenen Gewohnheit.

Uebrigens bringt dieser Fehler oft eine wohlgefällige Wirkung hervor, wenn man sich denen für gewisse Partieen der Kunst festgesetzten Conventionen überläßt. Denn die Tusche, als Zeichen des Ausdrucks rührt mehr und stärker, wenn sie mit Kunst übertrieben ist, als wenn sie schüchtern und schwach angedeutet ist.

In Nachbildungen durch Malerei, ist die Tusche mehr an ihre Gränzen gebunden, weil die Uebertreibung derselben der Wahrheit der Farbe und des Akkords zu merklich schaden würde; diese Uebertreibung ist nur im Kleinen zuläßig, oder in Gemälden, bei welchen eine kostbare Vollendung nicht angebracht wird.

Das Wort Tuschiren hat in der Malerei eine andre Bedeutung, als Tusche.

Wenn man sagt: dieser Maler tuschirt vollkommen gut die Fleische, die Zeuge, Landschaft, Bäume u. s. w. so bezieht man sich auf seine physische Manier die Farbe anzubringen, welche diese Gegenstände darstellen soll.

Das Tuschiren, als Manier die Farbe anzuwenden, wird dann ein Mittel, die Gegenstände zu zeichnen, verschieden von Zug und Farbe an sich.

Die Malerei ist keine vollkommene Nachahmung, sondern eine verstellte Nachahmung. Sie ahmt das Erhabene nicht nach, sondern verstellt sich nur, als ob sie es nachahmte, da hingegen die Skulptur die Formen der Gegenstände seiner Darstellung auch für das Gefühl nachahmt.

Die Maler beschäftigen sich also meistens mit der Kunst Darstellung der Gegenstände verstellterweise vorzugeben, durch alle Hülfsmittel artistischer Emsigkeit. Und indem sie diesen

libe-

liberalen, d. h. freien und geistreichen Weg verfolgen, gelangen sie eher zu dem großen Ziele der Kunst, als wenn sie sich an eine kleinliche Wahrheit halten, die ihren Wirkungskreis um so gewisser einschränkt, da es ganz unmöglich ist, hierin der Natur gleich zu kommen.

Betrachtet in der Nähe die Fleische, welche Rubens, Rembrandt und andre große Meister malten, betrachtet ihre Zeuge, ihre Bäume, ihre Terrains; ihr entdeckt nur magische Zeichen, die sie brauchten, d. h. die markirten Spuren der Führung ihres Pinsels, ihre geistreiche Tusche, ihre einsichtvollen Tinten, aufgetragen, ohne verschmolzen zu seyn, aber so, daß die Entfernung die Nüancen einigen und mischen muß.

(Watelet.)

U.

Uebereinkunft.
Convention.

S. den Art. Conventionen.

Uebereinstimmung der Theile.
Correspondance des parties.

Die Uebereinstimmung, der Akkord der verschiedenen Theile einer und derselben Figur verdient eine besondre Aufmerksamkeit.

Der Maler kann, zufolge dem Charakter, den er einer Figur geben will, eine lange, kurze, mittelmäßige, starke, svelte Proportion wählen. Sobald er aber gewählt hat, müssen alle Theile der Figur genau unter einander proportionirt seyn. Sind die Arme muskulös, so müssen es die Schenkel nicht weniger seyn; sind die Hände fleischigt, so müssen die

Füße

Füße nicht trocken seyn; wenn das gerundete Angesicht eine glänzende Gesundheit verräth, so muß der ganze Körper ein angemessenes Embonpoint haben. In der Natur biethet freilich das Modell nicht immer einen solchen Accord dar; dann ist es aber auch fehlerhaft, und die Kunst darf wenigstens seine Mängel nicht nachahmen.

Zuweilen wählen Künstler, welchen ein Modell in gewissen Theilen gefällt, für die übrigen ein andres, welches sie schöner besitzt, als jenes. Allein es ist nicht genug die absolute Schönheit zu erstreben, man muß auch auf die relative Schönheit hinarbeiten, muß fragen, ob beide Modelle beinahe von gleichem Alter, Statur und Embonpoint sind. Die schöne Hand eines Jünglings ist nicht schön für einen gereiften Mann, oder eine Frau. Hätten wir, wie die Griechen, immer Gelegenheit die nakte Natur zu sehen, so würden wir nicht so oft in Werken der Kunst Figuren finden, mit Armen eines Vierzigjährigen und Schenkeln eines Zwanzigers. (Levesque.)

Uebergänge.

Passages.

Uebergänge und Nüancen stehen in sehr nahen Verhältnissen. Allein die Nüancen sind die verschiedenen Grade der Intensität einer Farbe, und Uebergänge bezeichnen in der Malerei, den Gebrauch, welchen man von den Nüancen macht, um die Harmonie und Wahrheit der Natur zu erreichen.

Die Uebergänge sind also die abgestuften Nüancen, die gemischten, gebrochenen Töne, welche der allgemeinen Farbe und dem Helldunkel eine Harmonie und eine Wahrheit ertheilen, von der man gerührt ist.

Die Natur biethet dem Maler allenthalben unmerklich abgestufte Töne dar, und es verursacht dem angehenden Maler Schwierigkeit, die feinen Uebergänge des Helldunkel, welche den Gegenständen vollkommene Erhobenheit geben, und die

die feinen Uebergänge der Farbe auszuzeichnen und aufzufassen, welche das Reizende derselben ausmachen.

Man erlangt die Kenntnis dieser Erscheinungen durch Beobachtung und Studium der Werke der Meister, die am besten davon unterrichtet waren. Die glückliche Anwendung, welche der Künstler davon macht, hängt von seiner Fertigkeit ab, nach der Natur zu malen, verknüpft mit aufmerksamen Nachdenken über diesen Theil der Kunst. Diese Fertigkeit setzt ihn in den Stand, seinem Werke Vollendung, zuweilen zu viel Vollendung zu geben. Die Holländer und die Lombardische Schule biethen Künstler dar, welche den einsichtsvollesten Gebrauch von der Feinheit der Uebergänge gemacht haben. Rubens hat diese Kunst in einem hohen Grade gekannt, läßt es aber zu oft merken. Man kann sich dieses letztern Fehlers in einigen seiner Werke bedienen, um die Kunst der Uebergänge zu studieren, weil diese darin empfindbarer ausgezeichnet sind, als in den Gemälden der meisten andern Maler. Van Dyck verbirgt sie feiner; bei Gerard Dow bemerkt man sie kaum, und der vollkommenste Maler in diesem Stücke würde der seyn, in dessen Werken die Uebergänge und die Abstufungen so unmerklich wären, als in der Natur selbst.

Die Uebergänge (passages) sind also gewissermaaßen die Uebergänge (transitions) der Farbe, und man weiß, daß diese um so vollkommner sind, je weniger sie bemerkt werden. Meistens sind sie in den Werken des Geistes zu sichtbar, allein, wenn sie nur glücklich sind, so verzeiht man diesen Fehler; weil nämlich in denen Künsten, auf welche ich mich beziehe, die Einbildungskraft an der Kunst der Uebergänge Theil haben kann, anstatt daß für die Uebergänge der Töne und Farbe die Natur allein strenge Gesetzgeberin ist. Auch haben in Werken des Geistes die Uebergänge ausgezeichnetere Unterschiede, als die Uebergänge in der Malerei; denn es giebt wie man weiß, Uebergänge, welche von einem wohlüberdachten Plane herrühren, geistreiche Uebergänge, die von der Ordnung der Ideen abhängen, endlich Uebergänge, die in den Wendungen bestehen,

hen, ja selbst solche, welche man durch die verschiedenen Bedeutungen der Wörter festsetzt.

Man kann auch sagen, daß es Uebergänge giebt, die zur Composition und Anordnung der Gegenstände eines Gemäldes gehören; was man aber am gewöhnlichsten und allgemeinsten durch Uebergänge in der Malerei versteht, ist der Uebergang eines Tones in einen andern und der Lichter in die Schatten.

Zusatz zu dem Worte Uebergänge (passages) *).

Man bedient sich dieses Wortes in der Kunst, erstlich im Allgemeinen, um den Uebergang einer Wirkung in eine andre in verschiedenen Partieen der Kunst auszudrücken. So hat Rubens den Uebergang des Schmerzes in Vergnügen bewundernswürdig zu geben gewußt, in dem Ausdrucke seiner Marie von Medicis in dem Augenblicke nach der Geburt ihres Sohnes. So sagt man: der Uebergang des Schattens in Licht muß besonders in runden Gegenständen, unmerklich seyn.

Zweitens bedient man sich des Wortes: Uebergang in einer abstrakten Bedeutung, in Beziehung auf das Colorit. Die Bewunderung der Künstler für feine leichte Uebergänge, von welcher Herr Watelet im vorstehenden Artikel sprach, bezieht sich blos auf die Uebergänge einer Tinte in eine andre in demselben Gegenstande.

Es giebt noch einen Umstand, wo Uebergang in der Malerei ein eigentlicher Ausdruck ist, nämlich bei Halbtinten in dem Tone, welcher zwischen Licht und Schatten Statt findet. Haben diese Tinten durch die Behandlung des Pinsels keine Entstellung erlitten, haben sie die für die Wirkung nöthige Verschmelzung, haben sie alle ihre Frischheit erhalten, so sind dieß schöne Uebergänge. (Robin.)

Ueber-

*) Wir bemerken hier, daß man, nach den Umständen, dieses Wort in allen seinen Bedeutungen im Singular und Plural gebraucht.

Ueberladen.

chargé.

Schon im Artikel Carricatur ist das Nöthige von der Ueberladung (charge) gesagt worden. Indessen wird das Adjektiv Ueberladen meistens in einer Bedeutung genommen, welche sich mehr auf das Didaktische der Kunst bezieht, als jene der Worte Carricatur und Ueberladung.

Wenn man sich des Wortes Carricatur bedient, so knüpft man an den Begriff einer gewissen willkührlichen Unkorrektheit die Vorstellung eines burlesken, komischen, oder satyrischen Bewegungsgrundes an; und wenn man sagt, ein Zug, ein Contour sei überladen, eine Figur, ein Ausdruck sei überladen, so will man damit nur eine Unkorrektheit des Künstlers tadeln, die von seiner Nachläßigkeit, oder einer falschen Idee herrührt, die ihn irre geführt hat. So sagt der Lehrer sehr ernsthaft zu seinem Zöglinge, der nach dem Modell zeichnet: Seien sie korrekter, genauer! Sehen sie nicht, daß der Contour ihrer Figur, daß der Zug dieses oder jenes Theiles überladen ist? Will der Zögling in seinen Figuren eine Handlung, eine Gesinnung vorzüglich fühlbar andeuten, so sagt der Meister: Es kommt nicht darauf an, die physische oder moralische Rührung übertrieben darzustellen, sondern sie mit genauer Bestimmtheit zu fassen, denn indem Sie überladen, hindern Sie selbst die Wirkung, die Sie beabsichtigen, und Ihre Ueberladung, weit entfernt zu rühren, wird vielmehr lächerlich.

Zuweilen überladet der Künstler aus Anmaßung, in dem anatomischen Theile der Kunst sehr gelehrt zu scheinen, übertreibt die Muskeln und ihre Anschwellungen, die Artikulationen, und die Wirkungen ihrer Bewegungen, drückt die innern Theile zu stark aus, welche die Haut bedeckt, die die sichtbare Erscheinung derselben mildert. Er scheint zu fürchten, man zweifle an seiner Wissenschaft, wenn er nicht alle Theile und Ansichten verzeichnet, von denen er Kenntnis hat.

Es ist der sprechende eitle Mensch und der mit Anmaßsung schreibende Schriftsteller, der eine in seinem Gespräch, der andre in seinem Werke beflissen, alles herbeizuführen, was er weiß, auf Gefahr, daß man das Ueberflüßige seiner ausgekramten Weisheit und seiner Details bemerke.

Die Einfachheit und die Eleganz, schließen, da sie sich auf eine genaue und vollkommene Correktion gründen, alles aus, was überladen ist, alles Ueberspannte, Uebertriebene, Zuviele, alles was mehr von den Anmaaßungen des Verfassers herrührt, als daß es zur Vollkommenheit der Kunst beitragen sollte.

Indessen dürfte es mehrere Umstände geben, unter denen Ueberladung nicht nur erlaubt, sondern sogar nothwendig ist. Dieser Fall tritt ein, wenn die gemalten Gegenstände aus einer beträchtlichen Entfernung gesehen werden sollen, wenn der Gesichtspunkt, aus welchem sie betrachtet werden sollen, erfordert, daß man beim Zeichnen oder Malen die Grenzen überschreite, welche die pünktliche Genauigkeit der Formen, der Ausdrücke, ja selbst des Colorits in der Regel bestimmt. Dann ist das Werk keinesweges überladen, weil es aus dem Gesichtspunkte, für welchen es gemacht, nicht so erscheinen kann. In jenen großen Werken der Malerei, von welchen ich rede, wie z. B. Kuppeln, findet man, wenn man den Gesichtspunkt überschreitet, woraus sie betrachtet werden sollen, die meisten Contours, Züge, Ausdrücke, Töne und Tinten übertrieben, überspannt, überladen. Allein wenn sie in den Augen derer, die sie zu nahe betrachten, nicht so erschienen, so würden sie aus ihrem wahren Gesichtspunkte zu weich, zu unbestimmt, zu schwach erscheinen.

Hier ist es also ein wahres Verdienst des Malers, zu überladen, aber in Beziehung auf die Linearperspektive, welche ihre Wahrheiten durch positive Regeln erweisen kann, oder der Luftperspektive, welche, wenigstens intellektuell, der Erweislichkeit fähig ist.

Wenn man das Wort Ueberladen, nur als ein Zeichen eines Fehlers betrachtet, muß man bemerken, daß das Prin-

zip.

zip oder die Quelle dieser Unvollkommenheit meistens in der Natur des Künstlers selbst liegt.

Nichts ist gemeiner, als Menschen, welche einen habituellen Hang zur Uebertreibung haben. Dieser Hang ist entweder im Geiste, oder in den Organen gegründet, entspringt entweder aus einer besondern Reizbarkeit der Seele für lebhaftere Rührungen, oder einer solchen Organisation einiger Sinne, durch welche sie zu starke Eindrücke erhalten.

Auch giebt es aus entgegengesetzten Ursachen einige Menschen, bei denen die Gegenstände, die übernommenen oder natürlichen Ideen, indem sie durch die Sinnenorgane gehen, oder in ihrem Geiste entspringen, einen Theil ihrer Kraft verlieren. Die erstern überladen zu sehr, die letztern zu wenig. Beide Extreme beweisen denen, die sie beobachten, wie selten unter den Menschen in jeder Rücksicht Genauigkeit, Correktion und Gemessenheit sind.

Welche Menge überladener Ausdrücke giebt es nicht? Wie viel Ideen nicht, die das Maas überschreiten, welches die Vernunft bestimmt. Natürliche Unvollkommenheit, die oft noch unvollkommnere Erziehung, Unwissenheit und Anmaaßungen bringen die Ungenauigkeit hervor, reizen und gewöhnen, zu überladen den Zug des Zeichners, das Betragen, die Gespräche, die Biegungen, Accente, Dienstleistungen und Versprechen des Menschen.

Dieser Fehler, der an so viele andre grenzt, wird für den Künstler, wie für den moralischen Menschen beinahe unverbesserlich. Er macht dann Anspruch auf eine Nachsicht, welche man in der Gesellschaft bis auf einen gewissen Grad zugestehen muß. Allein in der Kunst ist Nachsicht weit weniger autorisirt, und vernünftiger Weise auch weniger im Gebrauche. Ein Künstler, bei dem jener Fehler entweder aus seinem Geiste oder aus seinen Organen entspringt, oder welcher sich ihn auf eine tadelnswerthe Weise angewöhnt hat, muß eine Kunst nicht ausüben, welche alle Inkorrektion verdammt.

Uebrigens genießen einige Kunstwerke einer gleichsam conventionellen Nachsicht in Beziehung auf die Bedeutung des

Wor-

Wortes: Ueberladen. Dieß sind die Skizzen und Gedanken, welche der komponirende Künstler, nach der ersten Begeisterung seiner Seele, mit dem Stifte zeichnet, und in denen der Künstler oft, um sich seiner Ideen und Absichten zu erinnern, die malerischen Zeichen überladet, durch welche er die Formen oder die Rührungen ausdrückt, welche er anbringen will, in der Absicht um sie in der Folge zu corrigiren, und beim Executiren seinem Werke gemessene Präcision zu ertheilen.

Uebertreibung.

Exageration.

Uebertreibung ist überall fehlerhaft, in den Formen, im Ausdrucke, in den Wirkungen, in den Bewegungen.

Ich will damit sagen, daß ein Gemälde, oder eine Statüe nichts Uebertriebenes darbiethen müsse, aus dem Gesichtspunkt, aus welchem sie gesehen werden soll.

Denn das ist eine einsichtvolle, nothwendige Uebertreibung, welche der geschickte Künstler in sein Werk legt, damit es, betrachtet aus dem Standpunkte des Ansehenden, der Natur gleiche. Wären die Figuren einer Kuppel eines hohen Tempels nicht viel größer, als die natürlichen Figuren, so würden sie klein scheinen, wären die Details derselben behandelt, wie in einem Staffeleigemälde, so würde das Werk trocken, und karg erscheinen, wäre die Wirkung nicht übertrieben, frostig. (L.)

Die Franzosen unterscheiden vom exageré das outré, ausschweifende, zurückstoßende Uebertreibung, vielleicht könnte man es im Deutschen durch Ueberspannt geben. Watelet sagt darüber in einem besondern Artikel ungefähr folgendes:

Man bedient sich in der Malerei des Wortes: Ueberspannt, in Beziehung auf die Form der Gegenstände, ihre Dimensionen, die Handlung der Figuren, den Ausdruck. Man braucht ihn auch in Rücksicht der Farbe, und so wie man Handlung, Proportionen einer Figur überspannt nennt, so auch ihr Colorit.

Die Figuren eines Gemäldes haben grosse Aehnlichkeit mit Schauspielern. Man wendet auch dieselben Ausdrücke in Beziehung auf den Schauspieler und Maler an, wenn sie in ihren Nachahmungen die Grenzen der Wahrheit überschreiten. Allein der Schauspieler ist wenigstens durch seine Organisation in der Ueberspannung der Bewegungen zurückgehalten; sein Körperbau widersetzt sich jenen Verrenkungen der Glieder, zu denen ihn Anmaaßung von Ausdruck und falsche Ideen von Kunst verführen würden, wenn sie der Natur nicht entgegen wären. Der Maler kann, wenn er nur will, die Artikulationen seiner Figuren seinen überspannten Ideen anpassen.

Die Anatomie sollte indessen so gewiß für den Maler ein Zaum seyn, als der Gliederbau der Natur selbst es für den Schauspieler ist. Allein nur zu oft verursacht Mangel an Kenntnissen, oder der regellose Schwung der Einbildungskraft, daß der Künstler seine Figuren lähmt, und durch den Einfluß des Lächerlichen und Unwahrscheinlichen den Ausdruck schwächt, welcher, anstatt stark und energisch zu seyn, nur übertrieben und überspannt ist.

Nach den Wahrheiten der Anatomie und Ponderation kann man sich überzeugen, daß die Arme, die Schenkel, der Körper nur gewisse Spannungen ertragen kann; allein wenig Betrachter sowohl als Künstler können die wahren Grenzen der Bewegungen des menschlichen Körpers zeigen; überdieß nehmen Leimwand, Papier und Presse Alles auf, woher es denn kommt, daß das Ueberspannte sich öfterer in der Malerei, als auf dem Theater findet; allein die Schauspieler, welche in diesen Fehler fallen, entschädigen sich für die Unmöglichkeit, die Bewegungen bis auf den Grad zu überspannen, welchen sie wünschen, durch so übertriebene Accente und Schreye, daß sie durch diese Vereinigung einer gedoppelten Ueberspannung die der Maler übertreffen, welche doch wenigstens nur das Auge beleidigen kann.

Man dürfte berechtigt seyn, anzunehmen, daß meistens die Schwäche sie zur Ueberspannung bestimmt. Maler, ohne kräftige Einbildungskraft, glauben durch Ueberspannung Energie zu zeigen, so wie schwache Schauspieler die Armseligkeit ihres Talents durch Geschrei zu ersetzen glauben.

Entspringt alle Ueberspannung des Malers und Schauspielers aus Mangel an Kenntnissen, so müssen sie zu Studium und Uebung ihre Zuflucht nehmen, um sie zu erwerben.

Uebrigens ist hierbei eine feine Nüance zu beobachten. Die Ausbrüche wahrer Leidenschaften durchbrechen zuweilen die Grenzen der Natur. Es giebt Umstände, wo die Bewegung der Seele der körperlichen und geistigen Kraft etwas, ich möchte sagen, Uebernatürliches mittheilt. Eben so kann der große Künstler bei großen Bewegungen, verursacht durch große Leidenschaften, sich eine gewisse Ueberspannung erlauben; allein nur Größe des Genies kann ihn dazu berechtigen und ihm einen glücklichen Erfolg verbürgen.

Umriß.

S. Contour.

Unbestimmt.

Vague.

Unbestimmt, (vag) sagt man in der Malerei von der Farbe, und vorzüglich von der des Himmels.

Man sagt: die Farbe dieses Gemäldes ist unbestimmt, dieser Himmel hat einen unbestimmten Ton, eine unbestimmte Tinte, unbestimmte Farben.

Die Harmonie des Colorits erfordert eine Mischung von Nüancen, Tönen, Tinten, Lichtern, Reflexen und Schatten, welche nie vollkommner ist, als wenn man ihre Verbindungen nicht unterscheiden kann.

Man sagt im Französischen zuweilen vaguesse, nach dem Italiänischen vaghezza, um jenen Luftton, jene Leichtheit oder Feinheit der Tinten zu bezeichnen, welche aus glücklichen Brechungen oder Mischungen der Töne resultirt, über welche nur Beobachtung der Natur und Studium der grossen Meister in dieser Parthie, den Artisten aufklären können.

Universalität.

Universalité.

Universalität ist eine für den Geschichtmaler schlechterdings nothwendige Eigenschaft. Er muss, in Gemäsheit des Sujets, welches e. behandelt, Landschaft oder Architektur darstellen können. Er kann in dem Falle seyn, Pferde, Hunde, Tyger, Löwen, Schlangen abzubilden. Oft gehören zu seinem Gegenstande kriegerische Waffen, Gefäße für religiöse Ceremonieen. Ueberhaupt giebt es wenig Gegenstände der todten oder lebenden Natur, welche er nicht genöthigt seyn könnte nachzubilden.

Die Künstler des Alterthums beiferten sich nicht um eine solche Universalität. Oft war die menschliche Figur der einzige Gegenstand ihrer Studien. Man verzieh ihnen die Vernachläßigung der Beiwerke; eine Nachsicht, deren sich die Neuern nicht zu erfreuen haben. (L.)

Unkorrektheit.

Incorrection.

Unkorrektheit eignet man blos den Formen zu, und bezieht sich also auf die Zeichnung. Man sagt von keinem Maler, daß er unkorrekt sei in der Wirkung, der Farbe, dem Helldunkel, der Komposition; aber man kann ihn beschuldigen, daß er in den Contours unkorrekt sei. Die Unkorrektheit zerstöhrt nicht immer die Anmuth. Correggio hat es bewiesen. Gewöhnlich begleitet sie die große Schönheit des Colorits, weil der Maler fürchtete das Colorit zu fatiguiren, wenn er sich auf die Hebung der Unkorrektheiten einließe, die ihm entschlüpft sind, weil er mehr Sorgfalt auf die Schönheit der Töne verwendete, als auf die der Formen, zuweilen selbst deßwegen, weil er durch einen Fehler der Zeichnung

nung eine Schönheit der Wirkung gewinnt. Er ist bereit eine schöne Masse auszubreiten, die er einzuschränken verbunden wäre, wenn er pünktlicher zeichnete.

Ein ausgezeichnetes Talent in einigen Hauptpartieen fordert Verzeihung für Unkorrektheit. Kein Meister ist unkorrekter, als Rembrandt, und seine Unkorrektheit hat wohl kaum seinem Ruhme geschadet. Da die französische Schule sich keinesweges durch Zauber der Farbengebung auszeichnet, so kann sie keinen Anspruch auf Nachsicht gegen Unkorrektheit machen. (L.)

Unterricht.

Instruction.

Die Bestimmung dieses Artikels ist: die beste Methode große Künstler zu bilden zu zeigen, 1) indem wir diejenigen prüfen, die in allen existirenden Schulen angenommen sind, 2) indem wir einige eigene Meinungen aufzustellen versuchen, wobei wir uns durchaus auf das Beispiel derjenigen berühmten Männer stützen, denen man noch nicht hat gleichkommen können.

Der gemeine Gebrauch der vorhandenen Schulen der Malerei ist, den jungen Mann, der einige Fertigkeit in der Führung des Stiftes erworben hat, das Modell studieren zu lassen. Mehrere Jahre gehen in den Akademieen, oder den Werkstätten der Meister über diesem Geschäfte hin. Was gewinnen die jungen Leute durch ihre Ausdauer bei demselben? Die Kunst, eine Menschenfigur in einer oft frostigen, beinahe immer aber gezwungenen Attitude zu zeichnen. Bis zu welchem Grade bringen sie es in dieser Kunst? dahin, daß sie durch die beinahe immer übertriebene Entgegensetzung des Schwarzen und Weißen einen pikanten Effekt hervorzubringen verstehen, daß sie fähig werden, einen sichern, netten und leichten Zug zu machen, einen immer fließenden und anmuthigen Contour zu bilden, oder endlich die Formen weit übertrieben, oder wohl gar widersinnig auszudrücken (ressentir); und dieß

alles

alles ganz den Vorurtheilen gemäß, von denen sie durch das Beispiel ihrer Meister oder Mitschüler eingenommen sind. Haben sie sich bis zu diesem Grade von Vollkommenheit erhoben, so erhalten sie Belohnungen, das Ziel ihres ganzen Ehrgeizes; gesetzt auch, ihr Talent wäre nicht auf dieses Verdienst beschränkt, so bleiben sie dennoch bei dem Punkte stehen, welchen sie erreichen müssen, um den Preis, den einzigen Gegenstand aller ihrer Wünsche, zu gewinnen.

Indessen beschäftigt man sie mit der Kopierung einiger Gemälde, oder selbst dem Malen nach der Natur, man lehrt sie, den Pinsel mit Anmuth, Leichtigkeit und Nettheit führen. Daraus macht man ein Hauptverdienst, hält es für den sichersten Beweiß großer Talente.

Erwirbt sich derjenige, der es bis zu dem erforderten Grade besitzt, zugleich auch das Gefühl fester, und in Licht oder Dunkel schneidender Massen, weiß er in seinem Colorit die Lebhaftigkeit der Farben seiner Palette zu erhalten, haben seine Fleische eine Mannigfaltigkeit von Tinten, wohl gar einen blendenden Glanz; dann ist sein Triumph entschieden, und viele Betrachter seiner Werke sind so sehr überzeugt, als er, daß er nichts weiter zu erwerben hat.

Nun geht er nach Italien, nur zu reif um wesentlichen Nutzen von den Mustern zu ziehen, die er da sieht. Sie erhitzen seine Einbildungskraft, und er kommt gleichsam erleuchtet durch einen Funken vom Heerde der Künste in sein Vaterland zurück.

Aber nur selten ist der wahre Geist der Kunst über ihn gekommen; die einmal angenommene Praktik hat es verhindert; nach Verlauf einiger Jahre erscheinen seine Werke, gleichförmig unter einander, ohne Interesse; der große Mann verschwindet, und man sieht nur einen sehr gemeinen Künstler.

So geschieht es denn, daß man unter der unzähligen Menge von Zöglingen, welche alle Akademieen Europens während funfzig Jahren bilden, kaum zwei findet, deren Namen mit Ruhm in das folgende Jahrhundert übergehen. Und man kann nicht umhin zu bemerken, daß diese wenigen Auserwählten sich unsterblich gemacht haben, weil sie sich durch ihren Styl vor den übrigen Gliedern ihrer Schule ausgezeichnet haben, weil sie, nicht sklavisch an die Heerstraße, und konventionelle Regeln gebunden, der Eingebung ihres eignen Genies gefolgt sind, oder weil sie die Kunst vollkommen gründlich studiert haben.

Aber kommen wir zurück auf die seit mehr als einem Jahrhunderte eingeführte Methode, und sagen gerade heraus, daß sie große Unbequemlichkeiten hat, einmal, weil man eine und dieselbe Bildungsart auf alle Gattungen, und alle Geister anwendet, dann, weil sie sich von jener Präcision und Genauigkeit der Nachahmung entfernt, welche der einzige Weg ist, durch welchen man zu jener Treflichkeit der Zeichnung gelangt, nach welchen der Maler sowohl, als der Bildner streben.

Man läßt junge Zöglinge ein Modell kopieren, welches zwei Stunden lang, in einer oft peinlichen Lage steht. Was erfolgt? Entweder der Zögling kopiert mit der größten möglichen Treue, was er sieht, und gewöhnt sich an eine Menge von Unkorrektheiten, welche die menschliche Natur zeigt, und die auch bei der sorgfältigsten Wahl nicht wegfallen, gewöhnt sich an unsichre Ensembles, wie gering auch die Wankung des Modells sei, oder der Zögling macht die Attitude, die er doch nur ungefähr darstellt, (dont il ne rend que l'à peu près) und Formen, die er nach den Systemen kopiert, zu seiner ausschließlichen Parthie. Für den letztern ist die Laufbahn kürzer, und seine Produkte können bald verdienstlich scheinen. Auf jeden Fall machen die Einen wie die Andern, das, was man eine Akademie nennt, zu ihrem ausschließlichen Zwecke.

Indessen darf doch wohl der Geschichtmaler oder der Bildner nicht studieren, wie der Maler, welcher sich der häuslichen Gattung widmet, oder der, welcher die menschliche Figur nur als Beiwerk für seine Seestücke oder Landschaften braucht.

Man sollte auch bei der Bestimmung des Unterrichts, den man jungen Leuten ertheilt, auf ihre besondern Neigungen sehen. Kündigt ein Zögling eine besondre Anlage für das Colorit

lorit an, so liefe man Gefahr, diese glückliche Anlage zu zerstöhren, wenn man ihm die Studien entzöge, welche sie begünstigen, um ihn an die Arbeiten zu fesseln, durch welche man strenge Richtigkeit der Formen erwirbt. Ein andrer, dessen Einbildungskraft schwärmerisch ist, und der dasjenige Talent verspricht, welches die Italiäner fantasia nennen, würde diejenige Gattung aus den Augen verlieren, in welcher allein er glücklich seyn könnte, wenn man ihn immer an die strengen und kalkulirten Gesetze binden wollte, welche uns le Sueur, Poussin und andre große Männer in ihren Werken aufstellen.

So würde es nie einen Albano, nie einen Sacchi gegeben haben, wenn sie bestimmt worden wären, den Styl eines Ribera oder Michel Angelo anzunehmen, nie einen Georgione oder Bassano, wenn man von ihnen die Feinheit, Präcision und Leichtheit des Guido gefordert hätte, endlich nie einen Benedetto Castiglione, Paul Veronese, Männer von so origineller Erfindung, wenn man ihre Kompositionen hätte dem durchdachten Gange derer von Dominiko und Raphael unterwerfen wollen.

Sage man nicht, daß die gewaltige Kraft der natürlichen Anlage allen Widerstand zu überwinden wisse, den man ihr entgegensetzt; es giebt wenig Beispiele von Zöglingen, welche die Schranken durchbrechen konnten, die man ihrem eigenthümlichen Geschmacke setzte. Die Früchte hängen, in der Kunst, wie in der Natur, von den Saaten ab, und nur dann kann man eine gesegnete Erndte erwarten, wenn jeder Boden seine passende Pflegung bekommt.

Wir wollen wieder auf die Arbeit nach dem lebenden Modell zurückkommen, wozu man alle junge Maler und Bildner beim Antritt ihrer Laufbahn nöthigt. Ich halte sie für ganz zuwider jener Correktion, zu der man sie hinführen will. Denn was ist wohl das einzige Mittel sie zu erwerben? Ist es nicht Gewöhnung zur Richtigkeit des Blicks, um die Gegenstände mit Genauigkeit darzustellen? Allein wie kann man gut sehen, wie treu kopiren, wenn das Modell beweglich ist, wenn nach einem kurzen Zeitraume das Modell blos durch die Bewegung der Respiration wesentliche Veränderungen erleidet? Wie wird der Zögling die Richtigkeit eines Ensemble's verificiren können, welches er mit unausdrückbarer Lebhaftigkeit angelegt hat?

Allein, nehmen wir an, daß die Anlage dem ersten Zeitpunkte der Stellung ganz conform sei, wie wird er den Zug mit Richtigkeit kopiren, da er sich bei der Beweglichkeit des Gegenstandes jeden Augenblick verändert? Er wird also seine Zeichnung aus dem Gedächtnisse vollenden müssen und nach den Beispielen, die ihm seine Meister, oder ältern Mitschüler geben. Indessen läßt sich dieses praktische Verdienst erwerben, man würzt es sogar mit einer gewissen Festigkeit der Exekution. Allein gelangt man denn durch Uebung in willkührlicher Zeichnung dahin, rein und genau zu seyn? Nein; man entfernt sich vielmehr für immer vom Wege der Wahrheit, und kann bei einem so grundfalschen Gange nur durch eine gewaltsame Rückkehr wieder dahin kommen.

Ich führe als Beweiß meiner Behauptungen an, daß man Zöglinge findet, die in der Zeichnung nach dem Modell ganz vorzüglich stark sind, und dennoch, ich will nicht sagen, keine Hand oder keinen Kopf, nein, auch nicht den einfachsten Gegenstand mit der Genauigkeit und Präcision geben können, worin die eigentliche Kunst der richtigen Zeichnung besteht.

Der Portraitmaler Latour, ein in seinem Ensembles sehr präciser Künstler, rieth den Anfängern, Wasserkrüge, Leuchter u. dergl. eher zu zeichnen, als beseelte Wesen. Wir wollen die Zöglinge nicht zu den Wirthschaftsgeräthen zurückführen; allein wir wollen ihnen anrathen, zum Gegenstande für ihre Arbeiten Gipse, nach der Antike, oder andern schönen Skulpturen geformt zu wählen, was man in der Sprache der Werkstätte elliptisch Bosses nennt. (sculpture de ronde bosse.) Wie nützlich wird es für sie seyn, solche anhaltend zu kopiren? Erstlich gewährt ihnen die Unbeweglichkeit derselben die Leichtigkeit die gemachte Copie durch mehrere Umarbeitungen zu verificiren, wodurch sie das Talent einer richtigen Behandlung bekommen. Dann werden sie von jenen Mustern die vollkommensten Proportionen des menschlichen Körpers übernehmen.

End-

Endlich werden sie auch die jungen Zöglinge an Nettigkeit und Einfachheit der Formen gewöhnen, da sie bei den elenden Details einer unvollkommnen, und gequälten Natur sich nur von der schönen Wahl entfernen, indem diese Details jene soliden Formen, jene bestimmten Züge ihnen verbergen, auf welchen allein die Organen der Bewegung beruhen. Die Kenntnis von diesen ist für den großen Styl schlechterdings nothwendig.

Man wird mir den Einwurf machen, daß ein Zögling, lange Zeit gewöhnt unbewegliche Gegenstände zu kopiren, nie die Natur in Bewegung werde zu behandeln wissen. Allerdings muß hier der Unterricht eines denkenden Meisters zu Hülfe kommen. Dieser muß seinen Schüler gewöhnen, das Ensemble des Gegenstandes seiner Nachahmung mit der größten Schnelligkeit zu fassen, ohne jedoch dem besondern Charakter seines Geistes einigen Zwang anzuthun. Denn, je mehr Neigung er für den Zauberreiz der Präcision haben wird, um so weniger wird er sie anfangs mit Fertigkeit fassen, nur nach langen und strengen Prüfungen, nach beständigem Zurückkehren zu seiner Arbeit wird er zugleich fertig und genau werden.

Ich kann dieses Räsonnement, welches bei den Routinisten freilich Widerspruch finden wird, durch Zeugnisse bekräftigen, vor welchen jeder Mann von Geschmack Ehrfurcht haben wird. Leonhard da Vinci, Perugin, Michel Angelo, Raphael, Andre Mantegna, Johann Belin, Jean Cousin und überhaupt alle Meister der Schulen, denen man in Hinsicht der Wahrheit, den ersten Rang gar nicht absprechen kann. haben in Zeiten gelebt, wo unbeseelte Wesen die ersten Gegenstände ihrer Studien waren.

Haben sie das lebende Modell kopirt, so ist es nur geschehen, weil sie wollten und konnten; ein öffentlicher Ort war für diese Arbeit nicht bestimmt. Indessen sind sie ohne dieses für die Fortschritte eines Künstlers so wichtige Hülfsmittel, die einen ganz genaue, die andern erhabene Zeichner geworden. Wir ziehen hieraus die Folgerung, daß man ohne gründlichen Unterricht, und ohne hinlängliche Fertigkeit im Zeichnen sich nicht an das Kopieren des lebendigen Modells machen müsse.

Findet der Meister einen geistreichen, feurigen Zögling, der nur jener Geduld nicht fähig ist, welche zum Studium der Correktheit gehört, so muß er deßhalb noch nicht an ihm verzweifeln, eben so wenig ihn zu dem Studium zwingen, gegen welches wir so eben gesprochen haben.

De Piles sagt: der Geist des Malers ist von Natur ausschweifend, das heißt: er liebt die Freiheit. In der That lernt man ihn oft weit besser kennen, entdeckt seine Anlagen weit sichrer, wenn man ihn ohne Andeutung eines Planes, frei wirken läßt. Verräth er Gefühl für das Colorit, so theile man ihm die Prinzipien mit, oder besser, man lasse sie ihn in der Natur selbst auffinden, lehre ihn die Klippen vermeiden, zu denen die Systeme führen, sich erheben über die Conventionen der Mode, und vorzüglich die Manier einer ausschließlichen Methode. Wer kann wohl den Umfang der Tinten begrenzen, die in verschiednen Gemälden Statt finden müssen? Zeigt die Natur nicht eine unendliche Verschiedenheit in den mannigfaltigen Arten der Beleuchtung, in den Wirkungen des Clima, der Lagen, der Jahres- und Tageszeiten?

Mit dem Studium dieses Reichthums von Mannigfaltigkeit verbindet ein guter Unterricht das der Mittel, welche die Kunst mit mehrerer Sicherheit und Erfolg anwenden kann, zu denen vorzüglich die Wahl und Aufstellung musterhafter Beispiele gehört.

Zeigt einer in seinen Compositionen neue Ideen, und Leichtigkeit der Erfindung, so stelle man ihm die unveränderlichen Prinzipien dar, nach denen die Natur jene ihrer Erscheinungen bildet, welche das allgemeine Interesse erregen. Man fürchte nicht, daß seine Entwürfe dadurch einförmig werden, sie werden Mannigfaltigkeit haben, und uns noch dazu Züge jener jungfräulichen Einfalt darbiethen, welche nur aus einem Geiste hervorgehen kann, welcher glücklich genug ist, um die Conventionen nicht zu kennen, oder doch wenigstens ihre Gefahren zu wissen.

Dieß

Dieß sind also die Mittel des Unterrichts, die uns für die Bildung des Malers nach seinen mannigfaltigen Talenten die angemessensten scheinen. Langsamer ist unstreitig dieser Gang, als jener, wo man einem geschickten Zöglinge ohne Unterlaß eine festgesetzte Praktik in Beziehung auf die mechanischen Theile der Kunst einschärft, die er denn in wenig Jahren sich eigen macht, und die seinen natürlichen Anlagen unausbleiblich Grenzen setzt. Man bildet unstreitig durch diese Methode viele Künstler, durch die, welche wir andeuten, werden die Zöglinge entweder ausgezeichnete Männer, oder nichts. Und wozu bedarf der Staat, können wir mit Necker fragen, einer großen Menge mittelmäßiger Maler, Skulptoren und Gravörs!

Vielleicht findet man es nicht zulänglich, daß wir von der Bildung des Kunstgenies so im Allgemeinen gehandelt, und nur auf die großen Theile der Kunst in Beziehung auf Zeichnung, Colorit und Composition Rücksicht genommen haben. Wir glauben indessen das Nöthige gesagt zu haben, ohne daß es noch Bedürfnis wäre, alle die Wissenschaften herzuzählen, in denen ein ausgezeichneter Künstler unterrichtet seyn muß. Davon ist schon in diesem Wörterbuche in mehrern Artikeln gehandelt, und wir bemerken nur, daß man von allen denen wissenschaftlichen Kenntnissen, welche de Piles und andre Schriftsteller angeben, dem Künstler nur diejenigen mitzutheilen hat, die er aus Neigung und Lieblingsgeschmack annimmt, und die seiner Gattung und seinem Geiste angemessen sind.

Wir könnten uns hier auch noch auf die Beantwortung der Frage einlassen: ob Männer von ausgezeichneten Talenten ihre Kenntnis der Malerei und Skulptur um Geld mittheilen sollen, oder nicht vielmehr auf eine Weise, die so edel ist, wie die Kunst selbst. Allein nicht zu gedenken, daß dieß eine etwas lange Ausführung erfordern würde, so ist darüber sehr umständlich in den Werken des Herren Falkonet gehandelt, I. Th. S. 299. Ausg. von 1786. (Robin.)

Ursprung

Ursprung der Malerei.

Origine naturelle de la peinture.

Wenn man den natürlichen Ursprung der Malerei in den unveränderlichen Anlagen der Menschheit sucht, und die allgemeine und ebenfalls unveränderliche Bestimmung dieser Kunst festsetzen will, so muß man untersuchen, welches die allgemeinen Bedürfnisse und Neigungen des Menschen sind, möge er nun in kleinen oder großen Gesellschaften leben.

Das Historische der Malerei besteht in einigen Bruchstücken, welche fleißige Männer aus den Schriften der Alten gesammelt haben, indem sie zugleich die Kenntnisse, die sie hier schöpften, auf Denkmäler des Alterthums anwandten. Es ergiebt sich aus ihnen unbezweifelt, daß die Malerei, so wie alle mit ihr in Beziehung stehende Künste, ihren Ursprung von dem tiefsten Alterthume herleitet.

Von den ältesten Malereien sind nur Fragmente übrig; auch der gröstere Theil der in den Ruinen von Herkulanum aufgefundenen ist entstellt. Das Historische der Malerei also, und die Denkmäler dieser Kunst, die wir besitzen, sind für die Fortschritte der Neuern, und den Unterricht der Künstler sehr unnütz. Auch haben diejenigen, welche die Geschichte der alten Kunst am ausführlichsten behandelt haben, hat vorzüglich Plinius, wahrscheinlich aus Mangel an Materialien, wenig Befriedigendes darüber gesagt.

Die Zeichenkunst ist die Basis der Skulptur, der Malerei, ja selbst der Architektur. Allein ich muß mich blos auf Malerei und Skulptur einschränken, wiefern sie auf der Zeichenkunst beruhen.

Welches sind die Elemente der Zeichenkunst. Der Leser wird mir mit der Antwort entgegenkommen: Dieß seien gerade und krumme Linien von aller Art und allen möglichen Biegungen, durch deren geschickte Verbindung man in den Stand gesetzt wird, die Formen der natürlichen und sichtbaren Gegenstände nachzuahmen. — Ich frage weiter: Woher im Menschen die Fähigkeit für die Künste, und das Bedürfnis der

Künste entstehe? Wovon in jedem Individuum die entscheidende Neigung abhänge, solche Linien und nachahmende Züge zu bilden, als worin die Zeichnung besteht? — Beobachtung und Nachdenken haben mich dahin geleitet, den Grund davon in der Pantomime zu suchen. Pantomime ist, wie ich bereits mehreremale erinnert, die erste Sprache und die erste Kunst; sie reizt uns unablässig jenen Linien und Zügen eine sichtbare und dauernde Apparenz zu geben, die sie mit den Händen, den Armen, den Körperbewegungen, bei den geringsten Andeutungen hervorbringt, die sie mittheilen will.

Stelle man sich einen Wilden vor, welcher die Sprache eines Menschen nicht kennt, der an seinem Ufer anlandet, und der durch Zeichen die Begriffe erhalten will, deren er bedarf. Er beobachtet mit gespannter Aufmerksamkeit, und, wenn er verstanden zu haben glaubt, oder eine Distanz, oder einen Gegenstand bezeichnen will, so bildet er mit seinen Händen und Armen Linien aller Art in dem Luftraume, theilt dadurch dem Fremden eine Idee der Formen, der Distanzen, oder der charakteristischen Dimensionen der Gegenstände, ja selbst die Krümmungen eines Weges mit, den er ihm etwa zeigen will. Will er das Meer ausdrücken, so bilden seine ausgebreiteten Arme successive Krümmen, welche die Ondulationen der Wogen bezeichnen. Zu welchem Zustande der bürgerlichen Verfeinerung wir auch gelangen, so behalten wir immer die Spuren dieser Entstehung der Zeichenkunst bei.

Dieser Bemerkung zufolge kann man sich die dringende Neigung des Menschen erklären, dem Vorübergehenden Dauer zu geben.

Die Produkte dreier von den sechs freien Künsten sind vorübergehend und lassen keine sichtbare oder fühlbare Spur ihres Daseyns hinter sich zurück. Diese Künste sind, Pantomime, die Kunst der artikulirten und modulirten Töne. Die Produkte der drei übrigen sind mehr oder weniger dauernd, und gehören für den Sinn des Gesichts und des Gefühls; sie sind Skulptur, Malerei und Architektur. Der Mensch ist durch seine Natur mächtig gedrungen, den Künsten der einen von diesen Klassen den auszeichnenden Charakter der andern mitzutheilen, den vorübergehenden Produkten eine Art dauernden Daseyns, und den dauernden Produkten jenen Geist, welchen die entgegengesetzten durch die Schnelligkeit bekommen, mit welchen die meisten davon beinahe zugleich entworfen und hervorgebracht werden.

Man verzeiht es mir hoffentlich, wenn ich, um einiges Licht über die Wunder des menschlichen Geistes zu verbreiten, die die Folge dieses Hanges sind, einige Muthmaßungen aus einem Werke einschalte, welchem ich mich aus Schwäche der Gesundheit noch nicht ganz widmen können.

Der Mensch hat den natürlichen Trieb seines Gleichen seine innern Empfindungen auszudrücken und mitzutheilen, um in tausend Umständen nöthige Hülfe von ihnen zu bekommen, und mit Vergnügen überläßt er sich dem noch süßern Hange, auch ohne absolute Nothwendigkeit, die ihm gefallenden und ihn interessirenden Gegenstände nachzuahmen.

Aus diesen Gründen entspringt ein unruhiges neugieriges Verlangen zu wissen, ein Verlangen, welches in dem Einen sichtbarer und thätiger ist, als im andern, aber doch allgemein und wesentlich zu unsrer physischen und intellektuellen Natur gehört. Hier ist die Quelle der meisten Operationen menschlicher Einsicht und Industrie.

Beobachtet ihr den Menschen, wenn er nicht etwa durch tiefe Unwissenheit verwildert ist, oder niedergedrückt von Arbeiten, und Bedürfnissen, zerrissen von Schmerzen, oder außer sich gesetzt durch Leidenschaft, so findet ihr, daß er bei jeder Gelegenheit die Natur fragt, und sich mit der Nachahmung derselben beschäftigt. Wenn er sie fragt, dann ist er auf dem Wege aller Wissenschaft. Wenn er bestrebt ist, sie nachzuahmen, dann ist er auf dem Wege der Kunst.

Woher entspringt aber hinwiederum die innere Ursache dieses Triebes, alles zu wissen und nachzuahmen? — Sie liegt ohne Zweifel in dem allgemeinen Instinkte des Menschen, die Widersprüche zu heben, die mit seiner Natur verknüpft sind. Gepeinigt durch die Unverhältnismäßigkeit seiner Sinne ne unter einander, durch die Unvollkommenheiten seiner Organe und die Grenzen seiner Vermögen, ist der Mensch immer gedrungen, sie gleicher, zusammenstimmender und vollkommner zu machen. Eingeschränkt durch die Empfindlichkeit seines Gefühls, in Ansehung des Gesichts ausgesetzt den mannigfaltigen Abwechselungen des Lichts, ganz leidend in Rücksicht seines Geruchs, vergebens bestrebt die flüchtigen Töne festzuhalten, die ein Wehen erregt, und weit von ihm fortreißt, ungewiß über die Eindrücke, und die Natur der Gegenstände seines Geschmacks, durchaus beunruhigt bei diesen Vergleichungen, durch widersprechende Verhältnisse, versucht er einen Accord, eine Gleichheit unter sie zu bringen, die ihm der Grenzpunkt ihrer Perfektibilität scheint. Allein Einsicht und Fertigkeit biethen ihm niemals hinlängliche Mittel dar, um seinem Verlangen volle Genüge zu leisten. Seinen durchdachtesten Entwürfen setzen sich Hindernisse entgegen, die sich mit jedem Versuche, den er macht, vervielfältigen. Dieß spornt seine Kräfte um so mehr an, und macht seine Thätigkeit im Gebiethe der Wissenschaften und Künste grenzenlos.

Glaubt man, diese Details des natürlichen Ganges des menschlichen Geistes haben mich zu weit abgeführt, so erinnere man sich, daß der historische Ursprung der Malerei mir keine Spur zeigte, ihre ersten Schritte zu entdecken. Vielleicht, daß wir uns ihnen nähern, wenn wir uns nach dem Grunde der Verschiedenheit zwischen dem Gange der Malerei, und dem der Skulptur umsehen. Es muß einen solchen Grund geben; denn da diese Künste Töchter einer und derselben Mutter sind, der Zeichnung; so konnte man einen gleichen Gang erwarten. Vielleicht findet sich, daß die Malerei ihrer Natur nach mit gewissen Hindernissen zu kämpfen hat, die die Langsamkeit ihrer ersten Schritte bewirken.

Die Skulptur ist die Kunst, Formen sichtbarer und fühlbarer Gegenstände durch die Formen irgend einer ebenfalls sichtbaren und fühlbaren Materie nachzuahmen.

Die Malerei ist die Kunst sichtbare Gegenstände mit Hülfe einer, oder mehrerer Farben nachzuahmen.

Die

Die Skulptur ist eine einfache Nachahmungsart, wobei man Nachahmung und Modell vergleichen, durch Hülfe des Gefühls, ihre mehrere oder wenigere Conformität schätzen kann, wobei man endlich Maaße brauchen kann, um die Conformität der Dimensionen zu verificiren.

Die Malerei ist offenbar eine weniger einfache Nachahmung als die Skulptur, da sie gar nicht für das Gefühl arbeitet, sondern blos durch Ausbreitung von Farben auf Flächen nachahmt. Die Skulptur ahmt Formen durch Formen, Erhobenheit durch Erhobenheit nach, die Malerei ahmt die Formen nur durch Apparenzen von Formen, die Erhobenheit nur durch Illusionen, und sinnreiche Kunstgriffe nach, welche keine Realität haben. Ueberdieß liegt eine unerschöpfliche Quelle von Schwierigkeiten für die Malerei in den unendlich vielen Abwechselungen und Variationen des Lichts und Schattens auf allen sichtbaren Gegenständen.

Es ist wahr, der Maler findet die natürlichen Gegenstände kolorirt, er erwirbt sich die Geschicklichkeit, durch künstliche Farben die Kolorirung derselben nachzubilden, allein immer bleibt ein großer Unterschied zwischen der Erscheinung der Natur und einer solchen Nachbildung, welcher vorzüglich von der Verschiedenheit der Beleuchtung der Gegenstände der Natur, und der auf der Ebne des Malers herrührt. Stellen wir uns nur die Reflexion der Gegenstände in einem klaren Wasser vor; unstreitig das passendeste Muster der Vollkommenheit eines Gemäldes. Und wie weit bleibt immer alle Malerei hinter diesem Muster zurück!

Betrachten wir nun die Anreizungen, welche die Natur dem Menschen darbiethet, welcher in der Kunst, Formen durch Formen nachzuahmen, Fortschritte machen will.

Unter welchem Himmelsstriche, an welchem Orte findet er nicht, eine gewisse Erde, durch die er seine Neigung befriedigen kann. Vom Regen erweicht, oder auch nur vom Thaue benetzt, fügt sich die Erde nach dem Eindrucke seiner Finger, und nimmt die Formen an, die er ihr geben will.

Indem sie die Spur seiner Fußtapfen aufbewahrt, beut-tet sie ihm ihre Gelehrigkeit an; die leichtesten Mittel biethen sich ihm an Oertern dar, die er für seine Ruhe wählt.

Verweilt er am Ufer von Bächen, oder von Quellen, so biethen ihm diese beschatteten frischen Oerter gewöhnlich einen teigartigen Ton dar; sanft und biegsam, wie er ist, giebt er dem Eindrucke seiner Hand geschmeidig nach, nimmt ihre feinsten Lineamente auf, erweckt in ihm das Verlangen, nachzuahmen, und selbst, wenn die Kunst zu modelliren den höchsten Grad ihrer Vollkommenheit erreicht hat, bleibt er immer noch der Nachbildung der Formen gewidmet. Eben so natürlich biethet sich das Wachs der Nachahmungsbegier des Menschen dar.

Will der Mensch den Contour eines Gegenstandes, welchen der Schatten seinen Augen darstellt, auf einer Oberfläche leichter, oder tiefer zeichnen, dann biethen sich ihm kleine spitzige Zweige, schneidende Steine, Vogelfedern und andre Dinge dar, deren er sich bedienen kann. Alles, was ihn umringt, begünstigt seinen Hang, und seine Fähigkeit nachzubilden.

Es erhellet aber aus dem bisherigen, daß die ersten Versuche der Malerei minder leicht seyn müssen, als die der Skulptur, und daß also beide obwohl verschwisterte Künste unmöglich gleichen Schritt halten können.

Die Zeichenkunst zeichnete anfangs blos die ersten Züge der Figuren durch einfache und größtentheils gerade Linien. Ihre ersten Versuche konnten nicht kompliciter seyn. Bedenke man nur, wie die Züge beschaffen sind, welche die Pantomime in ihrer größten Einfachheit, derjenigen Hand darbiethet, welche es unternimmt, z. B. einen Menschen zu zeichnen, immer ist es nur eine gerade perpendikuläre Linie, über ihr ein Rund, welches den Kopf anzeigt, zwei Linien für die Arme, zwei andre für die Füße. Diese pantomimischen Züge nachzuahmen, ist der erste Beginn der aufkeimenden Zeichenkunst. Bald entdeckt man, daß diese Formen in der Natur kolorirt sind, und wünscht die Farben derselben nachzuahmen. Die erste Nachahmung davon war mehr eine Färbung, als eine eigentlich so zu nennende Malerei. Auf diese Weise sind die Bandeletten der Mumien illuminirt. Und dieselbe Illuminatur findet sich auch auf den Hetruskischen und Campanischen Vasen.

Allein ich setze voraus, daß die ersten Künstler anfiengen, die geriebenen Farben in Leimwasser anzuwenden, ich nenne solche, nasse Farben. Vielleicht nimmt man damit schon zu große Fortschritte an, und ich dürfte beinahe glauben, daß ihre ersten Versuche in der Malerei darin bestanden, kolorirte Substanzen, wie sie sie fanden, anzuwenden. Ich nenne dieß trockne Farben.

Die Natur both ihnen überall Muster für diese Malerei dar, und diese Muster wurden Materialien für sie. Sie fanden sie an den Blumen, die sie nach ihrem Belieben einander nähern und verbinden konnten, fanden sie an den farbigen Federn der Vögel. So bildeten die Mexikaner ihre Gemälde durch zerschnittene und zusammengeleimte Federn. Sie fanden sie auf der Haut der Schlangen, dem Haare mehrerer vierfüßigen Thiere, in den Steinen, Marmorn u. s. w. Solche Materialien machten die Palette der ersten Maler aus, und ihre ersten Gemälde waren Arten von Broderieen, Marquetterieen, und Mosaiken.

Allein, welche Ursache bestimmte sie? Die Liebe der Mannigfaltigkeit, welche dem Menschen natürlich ist, die Eitelkeit, die ihm auch natürlich ist. Die kleinste Gesellschaft hatte ihre Anführer, sie wollten sich durch auffallende Zeichen auszeichnen, und erborgten sie von den ersten Versuchen der Malerei. — — —

(Der französische Herausgeber erinnert hier, daß Watelet diesen Artikel unvollendet gelassen. Ich setze noch hinzu, daß er wahrscheinlich ein ganz unausgebildetes Concept ist. Nur, weil im ganzen Werke zuweilen Bezug darauf genommen wird, habe ich ihn der Vollständigkeit halber eingeschaltet.)

Urtheil.

Urtheil.

Urtheilskraft.

Iugement.

Man nennt ein Urtheil die Entscheidung des Verstandes über einen Gegenstand. So sagt man: das allgemeine Urtheil aller Künstler und Kenner, die die Transfiguration von Raphael gesehen haben, muß jeden, der es auch nicht gesehn hat, überzeugen, daß es sein Meisterstück ist.

Man versteht auch unter Urtheilskraft (jugement) das Vermögen über die Verhältnisse eines Gegenstandes vor seinem Daseyn zu urtheilen, eine für die Künstler und die, welche sich ihrer bedienen, sehr nothwendige Eigenschaft.

Der Künstler hat den Gegenstand gefunden, den er behandeln will. Seine Urtheilskraft muß ihm sagen, welche Figuren er anbringen, welche er verwerfen muß, in welche Stellung er sie setzen muß, um die höchste Wirkung hervorzubringen. Hier bestimmt also die Urtheilskraft den Gegenstand vor seinem Daseyn. Urtheilskraft entscheidet auf dieselbe Weise über Lage, Beiwerke, Wahl des Lichtes, allgemeine Farbe.

Es hat große Künstler gegeben, die keine ganz gesunde Urtheilskraft in diesem Sinne hatten; man macht diesen Vorwurf dem Michel Angelo. Seine Wildheit (was die Italiäner furie nennen) widersetzte sich jenen Eigenschaften, welche Ruhe der Seele erfordern.

Indessen dürfen diejenigen, welche einen Künstler dieser Art brauchen, ihm nicht die Entscheidungen ihrer eignen Urtheilskraft aufdringen. Dann würde er nicht mehr er selbst seyn, sondern unter sich herabsinken. (L.)

Urtheilskraft.

Ich habe in dem Zusatze zu dem Art. Schönheit das Urtheil über das Schöne nach seinen wesentlichen Mementen analysirt. Man nennt die Urtheilskraft, als Vermögen der

Beurtheilung des Schönen, **Geschmack**. Ich würde mich in eine nach der Bestimmung dieses Werkes zwecklose Untersuchung einlassen müssen, wenn ich mich über die ganze Theorie der Urtheilskraft verbreiten wollte. Ich schränke mich darauf ein, den Begrif des Geschmacks für bildende Kunst bestimmter zu fassen, als es gewöhnlich geschieht, und verfolge hierbei dieselben Ideen, welche ich in der Einleitung, dem Art. **Critik des Geschmacks, Genie, Schönheit, Theorie der schönen Kunst**, aufgestellt habe.

So gewiß es ist, daß unsre Urtheilskraft, wenn sie über freie Formen der Natur urtheilt, ihrer Beurtheilung keine Begriffe zum Grunde legt, so gewiß ist es unstreitig, daß eben dieselbe, wenn der Gegenstand ein Werk der Kunst ist, sich nothwendig auf Begriffe stützen muß. Jede Kunst hat ein Höchstes der durch sie möglichen Schönheit, dieß drückt in der Theorie der Grundsatz derselben aus. Das Höchste der schönen bildenden Kunst ist: **Bildung von sichtbaren Formen für den höchsten, vollendetesten und reinsten Schönheitsgenuß, dessen der Mensch bei der größten möglichen Vervollkommnung seiner zum Genuß des Schönen zusammenwirkenden Vermögen fähig ist.** Ich nenne das Vermögen dieses Ideal zu fassen, und nach demselben die Grade der Vollkommenheit eines Werkes der schönen bildenden Kunst zu beurtheilen, den **Geschmack für Werke der schönen bildenden Kunst.** Des Kunstgeschmacks in diesem Sinne bedarf der Künstler eben so sehr, wenn er erfindet und darstellt, als der Freund der Kunst, wenn er urtheilt. Nach diesem Begriffe giebt es kein wahres Genie für schöne bildende Kunst, ohne Geschmack, und keinen wahren Geschmack für schöne bildende Kunst ohne Genie dazu.

Nicht alle Genieen für schöne bildende Kunst entwickeln die mit ihrem Genie verknüpfte Anlage des Geschmacks gehörig, viele kultiviren sie gar nicht. Nichtsdestoweniger besitzen sie dieselbe Alle.

Der Geschmack ist nicht immer mit dem höchsten Grade des Genies verknüpft, aber allezeit mit einem sehr hohen.

Wenn ich dieß behaupte, so muß ich zugleich auch anerkennen, daß der wahre Geschmack eine sehr seltene Gabe unter den Menschen ist. Wenige besitzen ihn; denn, was wir bei einer grossen Menge von Menschen Geschmack nennen, verdient eigentlich diesen Namen gar nicht. Gemeiniglich eignet man einem Menschen schon dann Geschmack zu, wenn er ein richtiges Gefühl für Zeichnung, Gefühl für Zweckmässigkeit, Verhältnisse und Harmonie der Formen besitzt. Wenigstens würde ich dieß nur niedern Geschmack, jenes oben bestimmte Talent höhern Geschmack nennen.

Geschmack für schöne bildende Kunst setzt voraus ein großes Talent der Dichtung und Erfindung. Wenn der Künstler entwirft, und seine Entwürfe vor der Ausführung prüft, so schwebt ihm ein Ideal der vollkommensten Darstellung vor, welchem er sich durch seine Wahl zu nähern bestrebt ist, und welches ihm immer gegenwärtig bleibt, während er mit der Ausführung beschäftigt ist. Wenn der geschmackvolle Freund der Kunst vor einem Werke steht, und über den Werth desselben entscheidet, so biethet ihm sein Dichtungsvermögen ein Musterbild der vollkommensten Behandlung des Sujets dar, nach diesem beurtheilt er den Werth des Gegenstandes seiner Betrachtung.

Es liegt schon wesentlich in diesem Talente des Geschmacks, daß der Mensch von Geschmack für die bildende Kunst die Prinzipien aller Wahrheit und Richtigkeit sichtbarer Formen besitze, und in jedem Falle unabsichtlich und ohne einer Anstrengung zu bedürfen, anwenden könne. Sein idealisches Erfindungsvermögen würde ohne dieses Talent fruchtlos seyn.

Ein allgemeiner Geschmack für schöne bildende Kunst würde demjenigen zukommen, welcher ein gleiches idealisches Vermögen für alle Gattungen der Werke schöner bildender Kunst, alle Arten der Nachbildung, und alle Partheien derselben besäße, demjenigen also, dessen Erfindungskraft mit gleicher Leichtigkeit, und gleichem Zauber das höchste Schöne für Allegorie, Geschichte, Landschaft u. s. w. das höchste Schöne der Bildnerei, Malerei, Kupferstecherkunst u. s. w. die größte Vollendung der Dichtung, Komposition, Zeichnung, Farbengebung, in Beziehung auf jeden Stoff faßte. Gewiß kann es einen solchen allgemeinen Geschmack in gewissen Menschen geben, aber die Erscheinung wird äußerst selten seyn. Der Kunstgeschmack der Meisten ist immer einseitig. Diese Einseitigkeit ist in Beziehung auf die Gattungen der Werke, und die Arten der Nachbildung nicht fehlerhaft, aber es allerdings in Hinsicht der Parthieen. Man kann nicht sagen, daß derjenige ein Mann von Geschmack sei, der blos Sinn für die Erfindung besitzt, ohne Gefühl für Zeichnung und Farbengebung. Der Geschmackvolle muß gleiches Talent für alle Theile der Kunst besitzen.

Ich habe hier nicht nöthig, die Erfordernisse für die Bildung des Geschmacks in Werken der schönen bildenden Kunst anzugeben. Sie sind in allen Theilen dieses Wörterbuchs entwickelt, und ich selbst habe in dem Artikel Theorie der schönen Kunst, den Gang zu verzeichnen gesucht, welchen eine nach Grundsätzen zu bewirkende Bildung des Geschmackes des Künstlers und des Liebhabers nehmen muß.

V.

Verjüngen.

Reduire.

Verjüngen heißt eine Zeichnung im Kopieren verkleinern, jedoch mit Beibehaltung der relativischen Verhältnisse einer jeden Parthie der Sache.

Verjüngung.

Reduction.

Verjüngung wird in der Zeichnung gesagt, wenn eine Zeichnung in den Verhältnissen kleiner copiert wird.

Verkürzt.

Raccourci.

Das **Verkürzte** entsteht durch einen Gegenstand, welcher sich dem Auge en Face und der Länge nach darstellt; so daß er ein kürzeres Bild darin zeichnet, als es der Fall seyn würde, wenn er der Breite nach erschiene. Die meisten Personen, welche keine Kenner der Malerei sind, glauben, die Verkürzungen seien falsche Conventionen unter den Malern, und behaupten, daß sich solche in der Natur nicht finden. Man kann sie von ihrem Irrthume leicht überführen, und ihnen zeigen, daß sie sich selbst nur nicht Rechenschaft über die Art gegeben haben, wie sie die Gegenstände sehen; daß der Maler nicht aus Uebereinkunft, sondern um mit Wahrheit darzustellen, die Gegenstände verkürzt erscheinen läßt.

Es ist ihm sogar unmöglich die Verkürzungen ganz zu vermeiden. Sehe ich einen Kopf en Face, so erscheint die Breite der Ohren verkürzt. Bei einer stehenden Figur, wird der Fuß, der dem Betrachter die Spitze zukehrt, verkürzt gesehen. Die Perspektive setzt den Künstler in den Stand, in dieser Parthie, als welche ganz auf ihr ruht, vollkommen zu seyn.

Unstreitig sind die Figuren schöner in ihrer Entwickelung, als in ihren Verkürzungen. Der Maler darf sich also bei den Hauptfiguren, die er in voller Schönheit zeigen will, nur gemäßigte, und die unvermeidlichsten Verkürzungen erlauben. Sie können schicklicher bei untergeordneten Figuren angebracht werden. Die ernste Gattung läßt die Verkürzungen mehr zu, als die angenehme. Allein in keiner Gattung muß man die Künstler nachahmen, welche, um ihre Kenntnis zu zeigen, die

Ver-

Verkürzungen verschwenden. Solche Kunststücke der Wissenschaft werden nur von dem gelehrten Kenner geschätzt, die Werke der Kunst müssen allgemein gefallen.

Man bemerkt, daß gemeiniglich die Malereien der Plafonds Personen, die keine tiefen Kenntnisse haben, wenig Vergnügen verursachen, weil diese Gattung viele gelehrte Verkürzungen fordert. Diejenigen Figuren, welche bei Werken dieser Art am meisten gefallen, sind diejenigen, welche einen transversalen Flug nehmen, und ihre Formen am vollkommensten entwickeln. Es ist nicht unter der Würde des Künstlers, die Gefühle von Personen zu Rathe zu ziehen, die nur natürlichen Geschmack haben; sie bilden die große Menge ihrer Betrachter. (L.)

Verlieren, sich

Fuir.

Sich verlieren, zurückweichen, wird in der Malerei von Gegenständen gesagt, welche die sich verlierenden Farben und eine wohlbeobachtete Perspektive mehr oder weniger entfernt zeigen. Starke Schatten im Vordergrunde thun es, die Blicke auch.

Sich verlierend.

Fuyant.

Man sagt substantivisch: das sich Verlierende eines Körpers, die sich verlierenden Theile eines Gemäldes. (les fuyans.) Dieser Kunstausdruck bezieht sich in der Malerei auf das Helldunkel. Personen, die nicht Kenntnis genug besitzen, bedienen sich desselben oft, um Formen, Degradationen von Tönen, von Tinten, u. s. w. auszudrücken.

Der sich verlierende Theil eines Körpers, ist derjenige, welcher sich dem Auge entzieht, welcher nur verkürzt gesehen wird, nach welchem die Sehstrahlen einen sehr scharfen Winkel bilden.

Um

Um die Wirkung des sich Verlierenden in der Malerei hervorzubringen, muß man nie die stärksten Lichter und Schatten in den Tönen anbringen, welche das sich Verlierende eines Körpers hervorbringen sollen. Allein ein wenig geübtes Auge und ein Geist, unkundig der Prinzipien für die Wirkungen des Lichtes, wird leicht betrogen durch den Ton des Grundes, auf welchem der Gegenstand losgeht. Eine bessere Methode ist die folgende: Macht eine Rolle von sehr weißem Papier, haltet sie perpendikulär, und so, daß sie das Licht von der Seite, gegen den Betrachter hin bekommen, setzt diesem Cylinder einen dunkeln Grund entgegen. In dieser Stellung wird ein wenig geübtes Auge das starke Licht am Rande der Rolle von der Tagseite her bemerken; eine Täuschung, welche vom Dunkel des Grundes herrührt. Vertauscht ihr den dunkeln Grund gegen einen lichten, welcher dem vollen Tage ausgesetzt ist, dann wird jedermann sehen, daß der sich verlierende Theil der Rolle, so licht er auch schien, nur eine Halbtinte ist, die auf sehr erleuchtetem weißen Grunde in Braun losgeht, und das größte Licht wird sich auf dem nächsten Theile für das Auge zeigen. Durch diese Bemerkung wird man dem sich verlierenden Theile den wahren Ton geben.

Ganz anders bei einem dunkeln Körper. Gebt ihm zum Grunde einen Gegenstand, der heller, lichter ist, als er, die sich verlierenden Theile selbst von der Seite des Lichtes werden sehr dunkel erscheinen; setzt diesem dunkeln Körper einen Grund entgegen, der dunkler ist, als er; ihr werdet sehen, daß die sich verlierenden Theile nicht die dunkelsten sind, daß aber die Schwärzen sich an dem Theile des Schattens befinden, der den Lichtstralen am meisten entgegengesetzt ist.

Dieses Prinzip ist anwendbar auf alle Verlierungen bei runden Körpern, mögen sie nun aus mehrern kleinen Theilen bestehn, wie eine Weintraube, die Laubmassen eines Baumes, oder ungetheilt seyn, wie z. B. eine Säule. (Robin.)

Man sagt auch: sich verlierende Schönheiten, d. h. solche, die wir in der Natur nur kurze Zeit bemerken, und die nicht fortdauernd bei einer Sache bleiben; von dieser Art

sind

sind gewisse Schönheiten, welche durch Leidenschaft entstehen; oder andre, welche die Natur in Bewegung hervorbringt, z. B. schönes Gewölk nach einem Regen oder Gewitter.

Sich verlieren lassen.

Perdre

wird in der Sprache der Kupferstecher von einem Schnitte gesagt, welchen man so genau mit einem andern durch das Fortfahren verbindet, daß man nicht wahrnimmt, daß zween in einem vereinigt sind. Wenn der Schnitt, welchen man macht, glücklicher Weise einen zweiten hervorbringen kann, kann man ihn über den andern mit einer feinern Spitze ziehen; allein, ist er nur zu einem dritten geschickt, so überläßt man es dem Grabstichel, durch Verlängerung derselben, die eine in die andre verlaufend zu machen.

Verlohren.

Perdu.

Verlohren sagt man in der Malerei von den Umrissen einer Figur, die sich mit dem Grunde vermischen, von welchen sie abstehen sollten. Eine verlohrne Schraffirung, ein verlohrner Schnitt, d. i. ein zu schwacher und unmerklicher Schnitt u. s. w. Der Theil der Schraffirung und des Schnitts, der sich dem Tage am meisten nähert, sei flüchtig und verlohren, und werde ganz unmerklich. Es ist schwer, dieß im Radiren zu bewerkstelligen; die Schraffirungen schnappen darin zu kurz ab, man muß sie mit dem Grabstichel endigen. (Pernetti.)

Verlöschen.

Exterminer.

Verlöschen sagen die Kupferstecher, wenn die Wirkung eines Blicks, oder einer Halbtinte durch übel angebrachte

Schat-

Schatten verhindert wird. Die Lichter müssen breit und hoch gehalten und die Halbtinten sehr helle seyn; denn wenn sie dunkel wären, würden sie die Wirkung vertilgen, weil man in dem Schatten kaum solche dunkle Farben anbringen würde, die Stärke und Rundung geben und erhalten könnten. Man muß sich auch sehr wohl in Acht nehmen, die Hauptlichter nicht zu verlöschen, indem man sich allzusehr angelegen seyn läßt, die Wahrheit der Farben beizubehalten, zumal in Figuren auf dem Vorgrunde. Denn das würde sie verhindern vorzurücken, und die ganze Absicht des Malers vereiteln. (Pernetti.)

Verrenkung.

Contorsion.

Verrenkung, Verzerrung nennt man in der Malerei übertriebene, obwohl mögliche Attitüden, sei es des Körpers oder der Gesichtsbildung. Oft wollen Maler ihren Figuren Ausdruck geben, und lassen sie nur in Contorsionen erscheinen. (a. d. alten Encyklop.)

Verschiedenheit.

Diversité.

Verschiedenheit, ist jene gleichsam ökonomische Parthie der Malerei, welche unsern Geist fesselt, und unsre Aufmerksamkeit durch die Kunst fixirt, mit welcher der Maler Anstand, Stellung und Leidenschaften in den Personen seiner Gemälde vermannigfaltigt. So giebt es eine unendliche Mannigfaltigkeit von Nüancen der Freude und des Schmerzes, welche die Kunst in Gemäßheit der Alter, Geschlechter, Temperamente, Charaktere der Nationen, Eigenschaften der Personen u. s. w. ausdrücken kann.

Allein diese Mannigfaltigkeit muß wahr, natürlich, wohl angebracht und unter sich verbunden seyn, alle Figuren müssen ihrem Charakter gemäß, ohne Mühe und Affektation angeordnet und gestellt seyn. Wir besitzen Muster dieser Art, unter denen keins bewundernswürdiger ist, als die Messe des Pabst Julius, Attila, und die Schule von Athen, drei Meisterstücke von Raphael, drei ihm ganz eigne erhabne Compositionen.

So wie die Verschiedenheit in der Natur unermeßlich ist, so kann es auch die der Kunst seyn. Indessen ist es nicht möglich, Regeln für die Mannigfaltigkeit in den Personen eines Gemäldes, ihren Stellungen und Leidenschaften zu geben; es ist ganz Sache des Genies. (Chev. Jeaucourt in der a. Encykl.)

Verschießung.
Degradation.

Die Verschießung der Farben und der Lichter ist das große Mittel, welches die Malerei anwendet, wenn sie sichtbare Gegenstände nachahmt, um die Erhobenheit auszudrücken, welche diese Gegenstände in der Natur haben, um die Distanzen zu bezeichnen, welche sie trennen, um die Ebnen anzugeben, auf denen sie sich befinden, endlich um selbst die Luft gewissermaaßen anzudeuten, welche sie umgiebt, und, obwohl unsichtbar, dennoch ihre Ansichten modificirt.

Alles, was sich unserm Blicke darstellt, führt zahllose Combinationen nüancirter Farben mit sich d. h. unendliche Gradationen und Degradationen der Tinten, der Farben, der Nüancen, der Lichter, und der Schatten. Die Gesetze des Lichtes erfordern, daß auf einem erleuchteten Gegenstande nur ein Punkt sei, welchen das Licht in vorzüglicher Geradheit trifft (plus directement); von diesem Punkte aus, läuft sich das Licht und die Farbe, die von jenem ihre Modifikationen erhält, im Verhältnisse der Ebenen ab, aber durch vielfältige und für unsern Gesichtssinn so wenig zu berechnende Degradationen, daß die aufmerksamsten, und durchdringendesten Blicke unfähig sind, die Grenzen einer jeden zu fixiren.

Die Maler gelangen durch anhaltende Beobachtung unvermerkt dahin, sie zu unterscheiden, nicht mit geometrischer

Präci-

Präcision, was unmöglich ist, aber genau genug, um sie nachzuahmen, wie die Kunst es fordert und zuläßt.

Diejenigen aber, welche sich nicht so üben, wie sie, haben nur eine unbestimmte Idee davon, und unterscheiden in der That nur die gröbsten Verschiedenheiten dieser Progressionen. Man kann bei dieser Gelegenheit bemerken, daß der Gebrauch, den wir gemeiniglich von unsern Organen und unsern Sinnen machen, größtentheils das Werk des Instinkts ist, und daß Gewohnheit, durch Beobachtung und besonders durch räsonnirte Vergleichung vervollkommt, es erfordert, daß wir durch irgend ein Geschäft aufmerksam gemacht worden seien, welches eine solche Beobachtung nothwendig macht, und eine Fertigkeit derselben bewirkt. Denenjenigen, welche über den Gegenstand nicht nachgedacht haben, wird es parador scheinen, wenn ich behaupte, daß die meisten Menschen weder sehen noch hören, noch viel weniger fühlen, schmecken und riechen können.

Sie werden sich aber über diese Wahrheit mit mir einverstehen, wenn sie einen Maler mit Urtheilskraft arbeiten sehen, oder die Feinheit bemerken, mit der ein geschickter Musiker ein Comma auszeichnet, d. h. eine beinahe nicht zu berechnende Nüance eines Schalles. Sie werden vollends davon überzeugt werden, wenn sie den Gebrauch beobachten, den ein Blinder von seinem Gefühle, ein Lecker von seinem Gaumen und der wollüstige Asiat von seinem Geruchssinne macht. Betrachtet man die Verstandeskräfte, so findet man, wie weit entfernt gemeine Menschen von derjenigen Vollkommenheit sind, deren ihr Verstand empfänglich ist; der größere Theil der Gesellschaft aber, besteht aus solchen gemeinen Menschen.

Es hat also, um wieder auf meinen Gegenstand zurückzukommen, jeder unsrer Sinne seine instinktartige Handlungsweise, und seine Handlungsweise durch Vervollkommnung.

Der Colorist übt und vervollkommnet den Sinn seines Gesichts, er beobachtet, er vergleicht, und nun öfnen sich nach und nach gleichsam seine Augen; er unterscheidet endlich genug, um Eintheilungen der Nüancen in den Progressionen der

Lichter

Lichter und der Farben festzusetzen. Damit ist er aber noch immer vom Geheimnisse der Natur weit entfernt; denn, wenn er sich nun convexer Gläser bedient, so entdeckt er noch einmal so viel Eintheilungen, die er noch zu machen hat, und geräth auf den Gedanken, daß der Mensch der Natur meistens einen Gang unterlegt, den sie nicht nimmt, und daß die Eintheilungen Hülfsmittel sind, welche uns unsre Schwäche darbiethet, wenn wir jene Natur verfolgen wollen, die alles einigt, alles trennt, die keine Nomenklatur, keine ausgezeichnete Gradation, keine empfindbaren Trennungen hat. Wir gleichen in diesen Hinsichten dem Geometer, der den Cirkel als eine Figur annimmt, zusammengesetzt aus unendlich vielen Seiten, um Approximationen der Maaße zu gewinnen, die er wünscht, da er zu einer präcisen Größenschätzung nicht gelangt.

Die Verschießungen des Lichtes, des Schattens und der Farben gehen also ins Unendliche fort, ohne Eintheilung. Setzt der Maler Eintheilungen fest, so geschieht es, weil es Bedürfnis für ihn ist. Je mehr er sie, nach dem Heerde des Lichtes und der Ebenen methodisch vervielfältigt, um so mehr nähert er sich der Wahrheit in der Nachahmung der Erhobenheit der Körper. (Watelet.)

Verschmolzen.

Fondre.

Die Farben verschmelzen, heißt, sie so die einen mit den andern einigen, daß ihre Verbindung gleichsam unmerklich vollendet werde. Dieß geschieht, indem man den Pinsel auf eine sanfte Weise von der einen zur andern überführt, bis sie an den Enden, wo sie zusammengränzen, nichts Hartes mehr darbiethen, nichts, was das Gesicht beleidigen könnte, indem es die Harmonie stöhrt. In der kolorirten Natur bewirken, die Verschießung des Lichtes, die Dazwischenkunft der Luft, und besonders die Reflexen diese Verschmelzung vor unsern Augen. Jeder Gegenstand hat nur einen einzigen Punkt, welcher geradezu vom Lichte getroffen ist, und seine Farbe gewisserwissermaaßen rein und in ihrem vollen Glanze darbiethet. Je mehr die übrigen Punkte sich von diesem entfernen, um so mehr verlieren sie in unmerklichen Graden von jener Reinheit und jenem Glanze der Lokalfarbe; allein die Theile dieses kolorirten Gegenstandes erleiden, wenn sie sich einem andern von verschiedener Farbe nähern, eine Mischung, welche die wechselseitigen Abprallungen kolorirter Stralen verursachen, welche durch die Wirkung des schnellen, und kontinuirlichen Einfalls des Lichtes entstehen.

Diese Vereinigung der Farben in der Natur entsteht durch so unmerkliche und sanfte Abstufung und Mischung, daß es scheint, als seien alle Tinten, alle Uebergänge verschmolzen und gleichsam amalgamirt, die sich durch die Wirkung des Gusses durchdringen.

Dieß ist die allgemeine Art und Weise, wie die Natur wirkt. Die Entwickelungen, die Uebergänge der Substanzen in einander, das Wachsen, und Abnehmen, die meisten Bewegungen und Revolutionen, welche nicht zu sehr vom Zufalle abhängig, zu sehr konvulsivisch sind, sind so verschmolzen, daß die Zeitpunkte und Distanzen, welche sie trennen, unsre Beobachtung gleichsam hintergehen, und die Nüancen dieser Progressionen der Wißbegier und dem Scharfsinne des Menschen entschlüpfen.

Allein diese Bemerkungen sind für junge Künstler weniger wichtig, als einige Regeln, die man ihnen über die Verschmelzung der Farben geben kann.

Beobachtet und bewundert, so wird der Meister seinen Zöglingen zurufen, die vollendete Verschmelzung, welche der colorirten Natur ihren ganzen Reiz ertheilt. Nur ununterbrochene Beobachtungen werden euch die verschiedenen Tinten unterscheiden lehren, deren jede Farbe empfänglich ist. Ihr werdet finden, daß der Gesichtssinn, auf welchem euer ganzes Talent ruht, einer Vervollkommnung fähig ist, wovon ihr keine Idee hattet, und an welche Menschen von dem vollkommensten Organe nicht denken, wenn sie es nicht zu jenen Beobachtungen angewendet haben.

Nichts ist bei Menschen, wie die, von welchen ich rede, gemeiner, als sich vorzustellen, ein weisses Gefäß, eine schöne Leinwand, ein Blatt Papier seien von einem beinahe ganz gleichem Weis. Sie mögen euch fragen, und ihr werdet, Pinsel und Farben in der Hand, ihnen zeigen, daß ihr um diese Gegenstände genau nachzuahmen, hundert verschiedene Nüancen bilden müsset, und daß das reine Weis eurer Palette nur in einigen Tuschen Platz finden kann, wo es den größten Glanz bezeichnet, welchen das Licht über eine weiße Oberfläche verbreiten kann.

Ihr ziehet aus Bemerkungen dieser Art die Folgerung, daß eure sinnlichen und intellektuellen Kräfte einer Vervollkommnung fähig sind, die man nur durch Fleiß und anhaltende Uebung erwirbt.

Liebt ihr die Musik, so müßt ihr bemerkt haben, wie sehr das Gehör an Richtigkeit, Reizbarkeit und Feinheit gewinnt, wenn man sich übt, modulirte Töne aufmerksam zu hören, um ihre Intervallen, ihre Nüancen und Degradationen gehörig zu schätzen.

Unter dem Bogen des Tartini und seiner Schüler, verschmolzen die Töne in einander, so wie die Farben der Natur durch die Wirkung des Helldunkels verschmelzen.

Indessen ist diese unmerkliche Verschießung in der Musik weniger gewöhnlich, als in der Malerei, auch ist sie in jener minder absolut, weil man in der Tonkunst durch Intervallen fortschreitet, welche empfindbar getrennt sind, und rein bleiben müssen, weitentfernt, daß sie an einander wirklich Theil nehmen könnten. Dennoch müssen diese Töne meistens durch eine zarte Verschmelzung verknüpft seyn, welche zu den Vollkommenheiten der Ausführung gehört.

Ueberdem muß man noch bemerken, daß der Gesichtssinn anhaltender für die Wirkung der Verschießungen gewöhnt wird, die sich ihm unablässig darbiethen, als das Gehör, welches ohne Unterlaß unzusammenhängende und unharmonische Schalle und Geräusche empfängt. Es giebt vielleicht in den Biegungen der Sprache eine feinere Verschießung, als in der

Musik,

Musik, weil man öfterer spricht, als man singt. Redner, Schauspieler, Schriftsteller, welche im Vorlesen ihrer Werke geübt sind, setzen die Nüancen jener Verschießung aus einander, so wie die Maler durch die Verschmelzung der Farben die Harmonie ihrer Werke begründen.

Ich füge nur noch eine Bemerkung hinzu: Wenn ihr zu sehr verschmelzt, um der Natur näher zu kommen, so lauft ihr Gefahr, in eine Weichheit zu verfallen, die in ihr nicht Statt findet; wenn ihr nicht genug verschmelzt, so könnt ihr eurem Colorit dem Scheine nach eine gewisse Kraft geben, aber es wird jener sanften und nothwendigen Harmonie ermangeln, die das Gemäld der Natur darbiethet. (Watelet.)

Vertheilen.

Distribuer.

Vertheilen heißt die Gegenstände, und die Wirkungen des Lichtes in einem Gemälde zur Hervorbringung einer grossen Wirkung anordnen. Man sagt: dieser Maler weiß seine Gruppen, seine Lichter gut anzuordnen.

Vertheilung.

Distribution.

Vertheilung sagt man von den Gegenständen und Lichtern, die in einem Gemälde vertheilt sind. Wenn man von einer schönen Vertheilung überhaupt (belle disposition) redet; so bezieht sich dieß auf die Vertheilung der Gegenstände und der Lichter, redet man von einer bestimmten Vertheilung, so muß man sie spezifisch angeben.

Vertiefung.

Enfoncement.

Da ein Gemäld keineswegs eine ebne Oberfläche darstellen soll, so muß es Vertiefung haben und bis zu dieser Vertiefung, welche das Gesicht begränzt, muß der Betrachter glauben können, daß er um die dargestellten Gegenstände herumgehe. Uebrigens kann man im Allgemeinen über die Vertiefung eines Gemäldes nichts festsetzen. Zuweilen hat diese Vertiefung keine andern Grenzen, als die des Horizonts, zuweilen ist sie durch die Mauer eines nicht eben tiefen Zimmers begrenzt.

Es giebt sogar Gemälde, welche Basreliefs vorstellen, und man wird nicht sagen, daß sie Vertiefung haben; allein sie müssen einen augenscheinlichen Vorsprung haben, gleich dem, den ein Bildner Werken dieser Art geben würde.

Verworren.

Confus.

Die Gegenstände eines Gemäldes sind verworren, wenn sie auf eine ungeschickte Weise vervielfältigt sind, wenn der Betrachter sich über den Plan, welchen sie einnehmen, nicht Rechenschaft ablegen kann, wenn die falsch gefaßten, falsch vertheilten, oder falsch verschossenen Lichter den Blick auf alle verschiedene Theile des Gemäldes verstreuen, ohne ihm die Richtung auf das Hauptobjekt zu geben; wenn endlich der Ton dessen, was hervortreten soll, vom Grunde nicht losgeht. Es kann die Verworrenheit bald ein Fehler der Composition, bald ein Fehler des Helldunkel und der Farbe seyn.

Man kann im Allgemeinen als Prinzip annehmen, daß Vielfältigkeit der Figuren nicht sowohl Reichthum in ein Gemäld bringt, als vielmehr die Komposition stöhrt, und den Betrachter zerstreut. Unsre Aufmerksamkeit hat Grenzen; sie kann sich auf eine Figur, eine Gruppe fixiren; sie erschlaft, wenn man sie auf ein ganzes Volk ausbreiten will. Die Kunst hat Mittel, durch Aufführung einer geringen Anzahl von Figuren den Betrachter eine große Menge vermuthen zu lassen.

Wenn man indessen auch eine große Menge von Figuren aufstellt, so muß doch wenigstens eine einzige Gruppe herrschen, eine einzige den Betrachter anziehen, fesseln, und zurückrufen, wenn er zu den untergeordneten Gegenständen übergehen will.

Es giebt Stoffe, die sich nach diesem Prinzip nicht bequemen, die eine große Anzahl von Figuren erfordern, ohne die Gruppirung derselben zuzulassen; solche Stoffe müssen nie für ein Kunstwerk gewählt werden.

Nur große Coloristen dürfen die Gegenstände ihrer Compositionen vervielfältigen; sie haben immer Hülfsmittel, um Verworrenheit zu verhindern. Rubens hat Beweise davon gegeben; allein Künstler, welche sich mehr der Schönheit und dem Ausdrucke, als dem Zauber der Farbe und einem wilden Feuer der Composition widmen, müssen sich begnügen, durch eine geringe Anzahl von Figuren auf unsre Bewunderung zu wirken. (L.)

Vignette.

Vignette.

Vignetten nennt man kleine Kupferstiche zur Verzierung der Bücher. Der Etymologie nach sollte es blos Gravuren bezeichnen, welche die Höhe der Seiten verzieren, weil sie an die Stelle jener Zierrathen getreten sind, welche die Miniaturmaler sonst auf die Höhe der Seiten der Manuskripte malten, und die man Vignetten nannte, weil sie oft Blätter des Weinstocks vorstellten. Nach Erfindung der Buchdruckerei ersetzte man diese Miniaturen durch Holzschnitte, in der Folge wählte man Kupferstiche. Die Kupferstecher, welche sich damit beschäftigten, behielten den Namen Vignetten bei, und benannten dann durch ihn auch jene Kupferstiche, welche den Büchern zum Frontispiz dienen, oder im Werke selbst verstreut sind.

Vollenden.

Terminer.

Vollenden heißt ein Werk zu dem Grade von Vollkommenheit bringen, den der Künstler ihm zu geben fähig ist.

Vollenden heißt gewissermaaßen etwas anders als Endigen. (finir) Vollendet drückt mühsame Ausarbeitung aus, aber Geendigt (fini) eine so mühsame Ausarbeitung, daß sie sich bis auf das Kleinste erstreckt. Kein Werk der Kunst kann zu sehr vollendet, aber allerdings zu sehr geendigt seyn.

Vordergrund eines Gemäldes.

Devant de tableau.

Vordergrund des Gemäldes, ist der vordere Theil desselben, derjenige, den es dem Betrachter zuerst darbiethet, um ihn zu fixiren, und zu fesseln. Die Bäume, zum Beispiel, welche immer den schwersten Theil der Landschaft ausmachen, so wie sie auch der schönste Schmuck derselben sind, müssen im Vordergrunde des Gemäldes ausgezeichneter gegeben werden, verworrener in dem Maaße, als man sie in der Entfernung darstellt. Vielleicht, daß die Landschaften eines der größten Meister der französischen Schule des berühmten le Brun, ihre volle Wirkung nicht erreichen, weil er die Schatten im Vordergrunde solcher Gemälde, die Lichter im Hintergrunde angebracht hat. Die gute Anordnung erfordert, daß man in den Theilen eines Gemäldes die Gesetze des Helldunkel und der Luftperspektive befolge. Ueberhaupt kann der Maler diejenigen Gegenstände nicht genug studieren, welche die ersten Linien seines Gemäldes einnehmen, weil sie die Augen des Betrachters an sich ziehen, den ersten Eindruck durch Wahrheit hervorbringen, für das Stück einnehmen, und die Wirkung alles Uebrigen dadurch geltend machen, und erhöhen. (Der Ritter von Jaucourt in der alten Encyklop.)

Es ist kein Fehler in einer Landschaft, die Schatten im Vordergrunde anzubringen, wie der Ritter behauptet. Man kennt schöne untergehende Sonnen von Claude Lorrain, und andern Landschaftmalern, wo diese Vertheilung dem Gemälde nicht schadet. Wenn man aber das Licht auf den Gründen der Landschaft anbringt, dann würde es fehlerhaft seyn, die

Schat-

Schatten in den Vordergründen zu sehr zu verstärken, sie nicht zu reflektiren, und auf denen vom Lichte nicht getroffenen Gegenständen, die Wirkung nicht zu beobachten, welche die Lichttheilchen hervorbringen, wovon die ganze Luftmasse geschwängert ist. (L.)

W.

Wahr.

Vrai.

Nichts ist schön, als das Wahre, das Wahre allein ist liebenswürdig. Das Wahre gehört wesentlich zu den schönen Künsten, die ohne dasselbe ihren Zweck ganz verfehlen.

Man schreibt einem Künstler gewiß die möglichste Annäherung zur Vollkommenheit zu, wenn man seine Stärke in dem Verdienste der Wahrheit lobt; ohne diese ermangelt er auch des schönen Ganzen, der Mannigfaltigkeit, Einfachheit, Großheit und der Handlung in seinen Werken. Ein schwacher Künstler ist derjenige, welcher symmetrische Theile erscheinen läßt, wo Contraste seyn sollen, welcher vom Systemgeist verführt, oder aus einer gewissen Manier in alle seine Figuren heftige Bewegung legt, oder sie das nicht ausdrücken läßt, was sie empfinden müssen. Ohne Wahrheit können vielleicht Schönheiten der Ausführung den Kenner interessiren; allein die Wirkung wird immer sehr vorübergehend seyn. Nur augenblicklich war der Erfolg Vouets, wenn er durch die Leichtheit seiner Compositionen, die Kühnheit seines Pinsels, und die Keckheit seiner Tinten, unterstützt von seinen exaltirten Anhängern unsern Poussin in Schatten stellte. Jetzt kennen nur noch einige Sammler jenen Vouet, während der Name Poussin immer noch alles Große und Weise in einem Werke der Malerei ankündigt.

Der erste Gedanke eines Gemäldes oder einer Statüe muß Wahrheit zur Basis haben. Fehlt diese, so können die kostbarsten Details die Bewunderung nicht fesseln. Um einer Composition den Charakter des Wahren zu geben, ist es nicht hinreichend ein gedankenloser Copist zu seyn; man muß durch einen gewissen dichterischen Geist, den Ideen zu entsprechen suchen, welche die Betrachter von den Stoffen und Personen haben müssen, die man darstellen will. Nicht sowohl für die Befriedigung derjenigen Menschen, die unsre Modells kennen, für die künftigen Jahrhunderte muß der Maler arbeiten, muß die Tugenden und Charaktere seiner Helden der Nachwelt überliefern.

Allein diesen edlen Zweck erreicht der Künstler keineswegs durch individuelle, ohne Wärme und Wahl dargestellte Wahrheiten. Weder Düpré, der Bildner, noch Rubens der Maler Mariens von Medicis haben uns Heinrich den Großen mit einer kleinen dürftigen Statur, wie sie die Natur diesem Helden gegeben, dargestellt. In der Statüe desselben in der Mitte dieser Stadt, und in der Suite bezaubernder Gemälde, welche das Publikum noch vor kurzen in der Gallerie Luxenburg bewundern konnte, ist die Figur Heinrichs edel, kühn, und macht ein schönes Gantzes.

Mit Recht tadelt man Pigale, daß er die grobe stämmige Corpulenz des Marschalls von Sachsen sklavisch nachgeahmt hat. Eine wohl gemessene Proportion, kühne, kräftige Formen hätten der Nachwelt zugleich den Geist dieses Kriegers und seine körperliche Gewandheit und Stärke gemalt.

Wenn je der Wunsch jenes Bürgers realisirt werden sollte, welcher vorschlug die Statüe Voltairs auf dem Place Dauphine aufzurichten; so möchte ich nicht, daß der Künstler uns ihn, als einen ausgetrockneten Greiß, und mit so niedrig-gemeiner Natur darstellte, wie Pigal seinen Helden. Ich wünschte selbst nicht, daß er, gekrümmt unter der Last der Jahre sitzend, und wie ein alter Philosoph drapirt erschiene, wie ihn Herr Houdon mit so vieler Feinheit und Reinheit dargestellt hat. Nein, sehen möcht ich ihn, einfach bekleidet mit der Tu-

nika

Alter der alten Dichter, gegriffen in jenem glücklichen Lebensalter, wo er unser Theater mit Merope, Alzire und Mahomet bereicherte, stehend mit dem Anstande der Begeisterung, ganz beschäftigt mit der Vollkommenheit seiner Henriade, die glühenden Augen geheftet auf die Statüe seines Helden. Die Streckung seines Körpers müßte mit seiner svelten Taille zusammenwirken, um jene köstliche Handlung und Leichtigkeit auszudrücken, womit er alle seine Geisteswerke beseelte. Unsre Enkel und wir selbst müßten in der Statüe des unsterblichen Mannes, jene Fülle und Feinheit des Geistes, jenes unnachahmliche Salz wiederfinden, welches er über seine Werke verbreitet hat.

Es ist also nicht genug, daß man die Natur sklavisch nachahme. Man muß die Auswahl mit Gefühl treffen, und dem Genie allein kommt es zu, uns **Wahrheit** zu geben.

Indessen glaube man nicht, daß man, um wahr zu seyn, durchaus elegant und gesucht seyn müsse. Der wahre Künstler, d. h. derjenige, welcher sich nicht auf das Mechanische seiner Kunst einschränkt, muß sich in alle Scenen zu versetzen wissen, die er darstellen will; er ist einfach und arm in der Hütte Philemons und Baucis, wollüstig in dem Wäldchen, wo er uns die Gruppe von Rinaldo und Armide zeigt, er verbreitet Anmuth zu Paphos, hohe, ehrfurchtheischende Schönheit in der Grotte, wo Diane mit ihren Nymphen, ermattet von der Jagd ausruhen. Mit einem Worte: durch Vergessung seiner selbst, und Annahme des eigenthümlichen Charakters seiner Stoffe wird er fähig, uns Wahrheit darzubieten.

Ist es einmal Bedürfnis für ihn geworden, für den Geist zu malen, so werden die Wahrheiten des Details sich von selbst finden. Er wird uns das Schicksal von Marseille nicht unter einem heitern, glänzenden Himmel zeigen, die Luft, der Baumschlag, die Wohnungen selbst, kurz, alles in seinem Gemälde wird das Gepräg jener verpesteten Dünste tragen, welche Schmerz, Schauder und Tod über alle Figuren verbreiten.

Aber

Aber auf welchem Wege gelangt man denn dahin, seiner Kunst auf diese Weise zu gebiethen? Systeme der Schulen, die Manier sklavisch nachzuahmen, entfernen uns von den ächten Mitteln der Wahrheit.

Diese Mittel kommen, wie ich im Artikel: Unterricht gezeigt habe, darauf zurück, daß man sich mit seinem eignen Geiste und seinen eignen Augen Wissenschaft erwerbe, die Antike, die Organe und Ursachen der animalischen Bewegungen, und überhaupt die Natur unter allen Umständen studiere.

Wenn man von der Wahrheit und den Mitteln für dieselbe richtige Ideen hat, so fühlt man das Nichtssagende der Frage: ob man, um in der Kunst Fortschritte zu machen, die Natur, wie sie erscheint, nachahmen, oder ihre Unvollkommenheiten, während man sie studiert, verbessern solle? Ich erwiedre mit einem Worte, daß man sie mit allen ihren Eigenthümlichkeiten nachahmen lernen müsse, um sie mit Wahl und Mannigfaltigkeit in seinen Werken darstellen zu können.

Die einzige ächte Manier für die Augen wahr zu seyn, besteht darin, daß man für den Geist wahr ist, und dahin gelangt man nur dadurch, daß man seine Wissenschaft durchaus unter dem Gepräge der Urtheilskraft, des Geschmacks und des Genies zeigt. (Robin.)

S. auch die Art. Conventionen, Täuschung.

Wassermalerei.

Gouache, Gouazze.

Diejenige Art von Malerei, welche man mit diesem Namen bezeichnet, ist eine der ältesten unter denen, die wir kennen, wenn sie nicht vielleicht jeder andern vorhergegangen ist. Das Wasser ist unstreitig das leichteste und natürlichste Mittel, um zerstäubten Farbenmassen die nöthige Flüßigkeit zu geben, vermittelst welcher man sie auf Oberflächen auftragen könne. Die ersten Farben waren aller Wahrscheinlichkeit nach zerriebene Erden und Steine, welche man vermittelst des Wassers flüßig gemacht hatte. Allein so bald man sahe, daß diese Farben, wenn

wenn sie getrocknet waren, nicht auf den Körpern hafteten, so suchte man ihnen durch Beimischung harziger Stoffe Bestand und Haltung zu geben, und sehr natürlich bothen sich für dieses Bedürfnis die Gummen dar, welche gewisse Bäume geben, welche sich leicht im Wasser auflösen, und wegen ihrer Transparenz die Farben nicht ändern. Die Wassermalerei ist nichts anders, als diese einfache Zubereitung geriebener und in Wasser zerlassener Farben, mehr oder weniger vermischt mit einer Auflösung von Gummi.

Man bringt die so zubereiteten Farben, auf Körpern aller Art an, vorzüglich auf Leinwand, Velin, Papier, Elfenbein; gewöhnlich bedient man sich des arabischen Gummi, welches man in Wasser zergehen läßt, wie es auch bei der Miniatur geschieht. Hat man die Proportionen der Farben und des Gummi richtig bestimmt, so legt man die Farben an, und impastirt sie, d. h. man breitet sie mit einer gewissen Fettigkeit aus, die ihnen Körper giebt, was bei dem Gewaschenen und der Miniatur nicht Statt findet.

Die Wassermalerei ist sehr passend, für die Landschaft nach der Natur, für Skizzen zu großen Compositionen, für Theaterdekorationen, und Perspektiven. Sie ist zugleich leicht und födernd und hat Glanz. Man muß sich dabei vor einer gewissen Trockenheit in Acht nehmen, welche daher rührt, daß die so schnell trocknenden Farben nicht zulassen, daß man male, wie es zu wünschen wäre.

Der Künstler, welcher die nöthige Zeit nicht hat, um die Tinten zu verschießen, die Nüancen zu verschmelzen, und dem ganzen Werke einen feinen Accord zu geben, läßt sich harte Tuschen, gerissene Uebergänge und rohe Töne entschlüpfen, welche seltener eintreten, wenn man in Oel malt, welches nicht so schnell trocknet. (Watelet.)

S. auch den Art. Malerei.

Weich, Weichheit.

Mol, Mollesse.

Ein weiches Gemåld, eine weiche Zeichnung, eine weiche Tusche, sind Ausdrücke durch welche man Misbilligung anzeigt. — Weichheit der Fleische, Weichheit im Pinsel, in den Contours, sind Ausdrücke, womit man lobt.

Ein weiches Gemåld ist ein solches, dessen Ausführung weich ist, d. h. ein schwankendes Genie und ein kraftloses Talent ankündigt; in derselben Bedeutung nennt man eine Zeichnung, eine Tusche weich.

Die Weichheit der Fleische drückt jene zarte Geschmeidigkeit aus, welche das Fleisch der Kinder und Frauen charakterisirt.

Eine gewisse Weichheit im Pinsel ist ungefähr das molle atque facetum, welches Horaz als eine Vollkommenheit betrachtet.

Die Weichheit der Contours bezieht sich auf jenes Wallende, welches man im Zuge der Figuren von Jünglingen und Mädchen wünscht. Eine gewisse Geschmeidigkeit des Stiftes, der Hand, des Pinsels bringt jene angenehmen Krümmen hervor, welche der Sanftheit der Wogen eines ruhigen Meeres gleichen.

Künstler, wenn ihr Kinder, junge Frauen, Liebesgötter, Genieen und Nymphen malt, beobachtet jene Weichheit, durch welche der Zug des Pinsels das zarte Gewebe ihrer Haut, die Geschmeidigkeit ihrer Bewegungen, die Biegsamkeit der Muskeln und Artikulationen ausdrücken kann. Allein wenn ihr mit einer Art von Entzückung eurem Pinsel und eurer Tusche freies Spiel laßt, um jene Charaktere desto besser auszudrücken, so hütet euch nur, daß dieses Verfahren nicht in eine Angewohnheit ausarte, von der ihr euch auch dann vielleicht nicht losreißen könnt, wenn ihr einen Herkules oder einen Mars malen sollt.

So wenig als Härte und Trockenheit in der Malerei Kraft sind, so wenig ist Unbestimmtheit und Trägheit Weichheit. Trockenheit und Härte lassen sich indessen abgewöhnen, allein wenn Weichheit in Charakterlosigkeit ausartet, ist keine Rettung mehr. (Watelet.)

Weintraube.

Grappe de raisin.

Man sagt, der berühmte Titian sei Urheber jener geheimen Prinzipien, welche man den Künstlern nach dem Beispiele einer Weintraube giebt. Dieser große Colorist hatte, unstreitig beim Nachdenken über den Akkord der Farbe und des Helldunkels, bemerkt, daß die Verschießung der Nüancen, und der Wirkungen des Lichtes und des Schattens, in einem kleinen Raume an den Beeren einer Weintraube dieselbe Wirkung hervorbringt, welche sie mit geringerer Evidenz und Bemerkbarkeit an den mannigfaltigen Körpern erscheinen läßt, die sich unserm Blicke in einem größern Raume darbiethen.

Titian bediente sich also dieser Vergleichung, um seine Ideen zu entwickeln, und um den Unterricht, welchen er seinen Schülern gab, anziehender zu machen. Er ließ sie hierbei bemerken, daß an jeder Beere eine beinahe unmerkliche Verschießung außerordentlich feiner Nüancen Statt finde, wegen der regelmäßig runden Form einer jeden, daß aber zugleich alle diese partiellen Verschießungen selbst, einer ausgebreitetern Verschießung untergeordnet sind, welche auf der ganzen Traube, sie als ein einzelner Körper betrachtet, Statt findet, und welche den Prinzipien und Folgen nach der Verschießung auf den einzelnen Beeren gleich ist.

Ohne Zweifel gieng er von diesen Beobachtungen zu allen Details über, welche den Accord der Gruppen und die Harmonie des Colorits und Helldunkels betreffen.

Wir finden die Anwendung dieser Gesetze in seinen Werken, allein man muß schon durch Räsonnement und Beobachtung beträchtliche Fortschritte in der Kunst gemacht haben, um

im

im Stande zu seyn, jene praktischen Lehren zu verstehen, in den Werken jener grossen Meister gleichsam zu lesen, und daraus Nutzen zu ziehen. (Watelet.)

Wirkung.

Effet.

Wirkung ist der unmittelbare Einfluss eines Kunstwerkes auf Gefühl und Geschmack des Betrachtenden. Jeder Theil desselben bringt eine gewisse Wirkung hervor; die **Hauptwirkung** ist das Resultat der vereinigten Wirkungen der einzelnen Theile. Die bestimmtesten Prinzipien über die Wirkung findet man in Dandre Bardon Versuch über die Malerei.

Wurf der Draperieen.

Iet des draperies.

Der Wurf der Draperieen hat die grösste Vollendung, wenn die Zeuche so angeordnet sind, dass sie von der Natur selbst geworfen scheinen. Dieses Verdienst setzt Einbildungskraft, Geschmack und richtiges Gefühl voraus.

Das Natürliche in dem Wurfe der Draperieen ruht auf dem einfachen Prinzip, dass ein Zeuch so geworfen seyn muss, dass man seinen Lauf über den Körper, den er bekleidet, ohne Mühe übersehe, und es scheine, als könne man ihn von der Figur abnehmen, wenn man ihn an einem gewissen Punkte anfasst. Diess findet nur bei den antiken Kleidungen Statt.

Die Bewegung der Figur bestimmt die Natur der Falten; ist sie ruhig, so muss der Zeuch ganz einfach gelegt seyn. ist sie in Handlung, so muss der Wurf daran Theil nehmen, und den Grad der Bewegung ankündigen. Der Wurf wird auch durch die Natur der Kleidungen bestimmt, welche nach dem Vaterlande, Range, Alter, und Geschlechte der Figur verschieden sind.

Man muss bei dem Wurfe eine Ordnung beobachten, angemessen den Theilen des Körpers, welche die Draperie bedeckt.

Bald

bald muß sie den Hauptformen der Glieder schlechthin folgen, bald dazu dienen, sie mit den übrigen Theilen des Körpers zu gruppiren. Durch die Ordnung der Falten vergrößert, oder verringert man die Massen der Schatten und Lichter, zeigt die Artikulationen an, und vermehrt durch Liebkosung die Handlung der verschiedenen Theile des Körpers.

Man hat bei dem Wurf der Falten eine Gradation zu beobachten, welche sich ganz auf den allgemeinen Gang der Composition und die Attitude einer jeden Figur im Besondern bezieht. Man breitet die Kleidungen aus, oder engt sie zusammen an den Schauspielern einer malerischen Scene, nach dem Grade des Interesse, des Lichtes und Schattens, welchen sie bewirken sollen. Ueber die Gradation im Faltenwurfe siehe den Art. Falten.

Die Kunst zu drapieren hat eine so ganz eigenthümliche Grazie, welche aber in manierirten Styl übergeht, sobald man sie absichtlich sucht.

Es giebt keine vollkommneren Muster für den Faltenwurf, als die Werke Raphaels. Wahr, einfach, groß, anmuthvoll, mannigfaltig nach dem Charakter und Ausdrucke jeder Figur, kann er allein, hinlänglichen Stoff zu einer vollständigen Theorie dieses Gegenstandes liefern. S. den Art. Drapieren. (Robin.)

Z.

Zärtlich.
Tendre.

Man sagt: zärtliche Farben, so wie: harte Farben, indem man jene diesen entgegensetzt. Der Ausdruck ist vom Gefühle auf das Gesicht übergetragen. Sanfte und süße

Farben machen auf die Augen denselben Eindruck ungefähr, wie ihn zarte Gegenstände für das Gefühl bewirken. (L.)

Zärtlich.

Tendrement.

Zärtlich malen heißt in einer lieblichen und weichen Manier malen. Nur auf sanfte Wirkungen kann dieser Ausdruck angewendet werden, und von einem Gemälde, welches weich gemalt ist, aber eine starke Wirkung hervorbringt, kann man nicht sagen, daß es zärtlich gemalt ist. (L.)

Zärtlichkeit.

Tendresse.

So wie man sagt: zärtlich malen; sagt man auch: mit Zärtlichkeit malen. Auch in der Skulptur und Gravur kann man mit Zärtlichkeit operiren. Die Andromeda von Püget ist mit Zärtlichkeit gearbeitet, dahingegen die florentinischen Bildner der Härte zu beschuldigen sind. (L.)

Zeichnen.

Dessiner.

Wir nehmen das Wort: Zeichnen hier in dem Sinne, wo es heißt: die Natur, oder Nachahmungen der Natur durch Zeichnung studieren.

Gerard Lairesse und Raphael Mengs forderten, daß die Meister anfangs ihre Zöglinge geometrische Figuren zeichnen ließen, ohne Hülfe des Lineals und des Zirkels. Sie glaubten, daß diese Methode mehr als jede andre fähig sei, ihnen jene Richtigkeit des Coup-d-oeil zu geben, welche zur Korrektheit im Zeichnen hinführt. Sie hatten bemerkt, daß in der Natur kein Gegenstand ist, dessen Contours und Formen nicht aus einfachen oder gemischten geometrischen Figuren bestehen; daraus schlossen sie, daß ein Zögling, welcher diese aus freier Hand

Hand zeichnen könnte, auch alle Formen der Natur mit Richtigkeit nachbilden würde. Mit dieser Methode wäre natürlich auch der Vortheil verknüpft, daß die Schüler zugleich auch die Grundsätze der Geometrie, die ihnen so nothwendig sind, lernten.

Kaum kann man versichern, daß die Meister Raphaels seine Bildung mit dieser Methode angefangen haben; aber das ist gewiß, daß man ihm eine pünktlich, ich möchte sagen, sklavisch korrekte Zeichnung gelehrt hat. Anfangs hatte sie Trockenheit zur Folge, aber, da er einmal ein richtiges Coup-d'-oeil und Fertigkeit in strenger Nachahmung besaß, ward es ihm auch um so leichter, eine schöne Manier zu zeichnen anzunehmen, da er die Werke des Michel Angelo und die Meisterstücke des Alterthums gesehen hatte.

Fürchte man nicht, sagt Mengs: daß die geometrische Methode der Eleganz schade. Diese besteht in der grossen Mannigfaltigkeit der krummen Linien, und der Winkel, und nur die Geometrie kann uns die Leichtigkeit ertheilen, sie zu exekutiren.

Hat der Schüler sich lange Zeit mit der Zeichnung geometrischer Figuren beschäftigt, so kopiere er dann gute Zeichnungen. Man lehre ihm die Proportionen des menschlichen Körpers kennen, lehre sie ihm an den Mustern der besten Antiken. Ist er nun fähig, die Contours mit Freiheit zu zeichnen, so erhebe er dann seine Zeichnungen durch das Helldunkel, begleite sie mit Schatten und Lichtern. Er unterrichte sich in der Anatomie und Perspektive, um sich zur Zeichnung nach der Natur vorzubereiten; beide Wissenschaften sind für die Kopirung des lebenden Modells und der Antike nothwendig. (L.)

Zeichnung.

Dessin.

Zeichnung bedeutet entweder das Werk, welches ein Künstler mit einem Stifte oder einer Feder hervorbringt; oder im allgemeinen die Kunst, durch Züge die Formen und Contours nachzubilden, welche die Gegenstände unsern Blicken darbiethen. Im letztern Sinne nimmt man das Wort, wenn man fragt, ob Zeichnung eine von den Hauptpartbieen der Malerei sei, oder vielmehr, ob nicht Malerei ohne Zeichnung Statt finden könne.

Oefterer hat man sich schon gestritten, ob Zeichnung oder Colorit der wesentlichere Theil der Malerei sei. Und es ist natürlich, daß hierbei immer Jeder nach seiner Lieblingsneigung entschied. Eben so ungefähr fragt man, ob Seele oder Körper für das Daseyn des Menschen wesentlicher sei.

Um ein guter Zeichner zu werden, muß man diejenigen Organe richtig und gesund besitzen, die dazu unentbehrlich sind, muß sie durch Uebung d. h. durch öfteres fleißiges Zeichnen bilden.

Durch das Zeichnen bekommt man die erste Einweihung in die Geheimnisse der Malerei, und diejenigen, welche sich dieser Kunst widmen, müssen von ihrer ersten Jugend an zeichnen, weil in diesem Alter die Hand am geschmeidigsten für alle die Bewegungen ist, welche Arbeiten dieser Art fordern.

Die ersten Zeichnungen welche man den jungen Schüler kopiren läßt, sind gewöhnlich oder sollen wenigstens solche seyn, die ein geschickter Meister nach der Natur selbst gemacht hat.

Man muß den jungen Zeichner jeden Theil des Körpers lange Zeit zeichnen lassen, ehe man ihm erlaube eine ganze Figur zu zeichnen. Man kann ihn gewöhnen, diese Theile in großen Dimensionen zu zeichnen, wenigstens in natürlicher Größe, erstlich, damit er die Formen und Details davon desto besser kennen lerne, dann um ihn fertig zu machen, die Natur, so wie er sie sieht, nachzubilden.

Hat er die verschiednen Theile, als Nase, Augen, Ohren, Mund, unter allen Ansichten gezeichnet, deren sie fähig sind; so läßt man ihn einen ganzen Kopf zeichnen, und in dieser Uebung muß er täglich ununterbrochen fortfahren, bis er endlich alle Zeichnungen leicht und richtig kopiren lernt, die man ihm zu Mustern vorlegt. Während dieser Zeit wünschte ich, daß man ihm einen kurzen, deutlichen Catechism lesen ließe,

der

der ihm einfache und wahre Ideen über das, was er unternimmt, mittheilte; ich meine von dem, was Erhobenheit ist, von der Nothwendigkeit der Schatten, wenn das Erhobene beleuchtet ist, von dem Verhältnisse der Schraffirungen zu den Schatten, der Züge zu der Form oder Figur der Gegenstände, endlich von der Beziehung der Tusche auf die Zufälle des Zuges, welcher nach seinen Krümmen oder Richtungen, bald erleuchtet, bald beschattet ist, und zwar mehr oder weniger, nach seiner Beziehung auf das Licht.

Zugleich lasse man ihn die anatomische Zeichnung des Kopfes in derselben Proportion kopiren, in welcher er den Kopf nimmt, damit er sich gleichsam maschinenmäßig gewöhne, das Aeußere nie zu zeichnen, ohne sich zugleich die Idee dessen zu vergegenwärtigen, was sich unter der Oberfläche befindet.

Ueberhaupt ist das Studium der Knochen- und Muskellehre von ungemeinem Einflusse auf Sicherheit und Correktheit der Zeichnung.

Da zwischen der sklavischen Nachahmung einer Zeichnung und der Nachahmung eines wirklichen besonders eines belebten Gegenstandes ein großer Unterschied ist, so hat man eine vermittelnde Methode eingeführt, um von dem leichten zum schweren fortzugehen. Sie besteht darin, daß man den Schüler nach Nachahmungen in Relief Theile und ganze Figuren zeichnen läßt. Man nennt dieses Studium, nach der Bosse zeichnen. Die Bosse ist gewöhnlich eine in Erde modelirte, oder in Gyps geformte Nachahmung. Die Bossen der letztern Art sind die gewöhnlichsten.

Diese Gegenstände haben dieselbe Erhobenheit, als die Natur und sind ohne Bewegung, zeigen sich also dem Schüler immer aus jedem Gesichtspunkte, in einer gleichen Ansicht. Er zeichnet sie ohne Unruhe, und nimmt sich die gehörige Zeit dazu. Um ihm das Verfahren zu erleichtern, muß die Bosse eine angemessene Stellung und Erleuchtung haben. Ist sie ein Kopf von natürlicher Größe, so wird sie am besten so gestellt, daß die Augen desselben in gleicher Linie mit denen des Zeichners sind, während er sie fixirt, um sie zu zeichnen. Dann muß sie auch so gestellt seyn, daß der Zeichner, welcher sich ihr gegenüberstellt, auf dem Papiere das Licht von der Linken zur Rechten bekomme. Außerdem würde die Hand des Zeichners Schatten auf die zu bildenden Züge werfen. Endlich ist es sehr nützlich, wenn das Modell, oder die Bosse angemessen erleuchtet ist, erstlich von einem einzigen Lichte, dann, von einem Lichte, welches nicht zu sehr ausgebreitet ist, damit die Strahlen, weniger vag und mehr zusammengedrängt, die Lichter und die Schatten entscheidend darstellen. Endlich ist es besser, wenn das Licht von oben, als wenn es von unten komme. Man verschließe daher die Oefnung oder den Theil des Fensters durch welchen das Licht kommt, bis über das Modell, oder wenn man sich des Lampenlichtes bedient, so setze man dieses Licht der Bosse linker Hand, in einer gewissen Erhöhung, diese muß indessen nicht zu groß seyn, weil außerdem die Schatten sich zu sehr von der Höhe herab verlängern würden, und leichtlich durch außerordentliche Projektionen den Zeichner in Verwirrung setzen könnten.

Das Studium der Bosse braucht nicht so lange zu dauern, als das erste Studium, von welchem ich geredet, weil jenes nur den Uebergang zum Studium der Natur macht.

Das zu lang und ausschließend fortgesetzte Studium der Bosse kann den Zeichner leicht zur Steifheit und Trockenheit gewöhnen. Deßhalb muß man den Schüler sobald als möglich zur Natur selbst führen.

Hier wird er jeden Theil nach der Natur selbst zeichnen; wird ihn vergleichen mit den Zeichnungen seiner Muster, und denen, welche er kopirt hat, mit den anatomischen Zeichnungen, durch welche er die ersten Ideen von den Knochen erhielt, endlich auch mit der Bosse, um den Vorzug der Natur vor derselben desto mehr zu empfinden. Dann wird er einen ganzen Kopf zusammensetzen, wird ihn unter allen Ansichten betrachten, von allen Seiten nachahmen, und wenn er denn so fortschreitet, und alle die Vorstellungen, die er bekommen hat, mit Ordnung an einander reiht, so wird er fähig werden, eine ganze Figur zu zeichnen, und ihr den Charakter zu geben, den eine beseelte Figur haben muß. Und hier wird sich der grosse Nutzen anatomischer Kenntnis zeigen.

Versteht er es eine nackende Figur zu zeichnen, so wird er nun die Draperie studiren, und sich hierbei immer die Natur der Theile vorstellen, welche durch dieselbe bedeckt sind. Bald wird er dann mehrere Gegenstände zusammenfügen, und gruppiren, wird sehen, was für eine unermeßliche Laufbahn er vor sich hat, ich meine die Gesetze des Helldunkel, die Harmonie des Colorits, die Einheit der Composition und des Interesse, endlich den Ausdruck, der auf einem fortdauernden Studium der geistigen Natur gegründet ist, und die Beihülfe des Genies verlangt.

Eine weitere Ausführung dieses Unterrichts würde zu ausgebreitet werden, und mich zu Gegenständen zurückführen, welche schon nach der alphabetischen Ordnung in diesem Werke behandelt worden. (W.)

Zug.

Trait.

Der Zug ist die Linie, welche eine Figur begrenzt. Einen Zug machen, heißt, die Linien ziehen, welche eine Figur, auf dem, was ihr zum Grunde dient, beschreibt.

Nicht durch Züge, sondern durch die Farben machen sich die Gegenstände in der Natur von einander los. Der Maler also, welcher die Natur nachahmt, macht keinen Zug, welchen die Formen nicht fordern; allein er läßt die Züge nicht subsistiren, sondern macht ebenfalls, indem er malt, die Gegenstände, welche er nachahmt, durch die Farbe los. In Zeichnungen, welche nicht außerordentlich geendigt sind, und in denen die Wirkung mehr angedeutet als ausgedrückt ist, läßt man den Zug besonders in denen Theilen stehen, welche man nicht auf einem dunkeln Grunde losmacht. Sind die Zeichnungen bis auf den Grad geendigt, daß sie keine Züge mehr bedürfen, so sind es nicht sowohl Zeichnungen als Monochromen, Camayeu's.

Unter-

Unerachtet es in der Natur keine Züge giebt, so liegt doch oft in der Kunst viel Empfindung und Geschmack darin, daß man den Zug eines Theiles stark ausdrückt, einige Theile der Contours zieht, andre fahren läßt; allein diese Züge müssen als Tuschen angesehen werden, und das Prinzip steht nichts desto weniger fest, daß die Grenzen der Gegenstände in der Malerei nicht dürfen durch Züge angezeigt werden.

Zweideutigkeit.

Equivoque.

Es giebt in der Malerei mehr als eine Art von Zweideutigkeiten. Zweideutigkeit in Ansehung der Handlung der Figur. Gehet sie oder ist sie in Ruhe? Ist sie eine Figur, welche etwas an sich zieht, oder von sich stößt, etwas hinsetzt, oder aufhebt?

Zweideutigkeit in Ansehung des Tones einer Farbe, wenn der Ton des Grundes, oder irgend eines andern Gegenstandes durch den Ton des Gegenstandes hindurchdringt.

Zweideutigkeit in Ansehung der Formen, wenn bei Gelegenheit eines Gliedes, welches zum Theil bedeckt ist, der sichtbare Theil einem andern Gliede ähnlich ist, oder wenn ein Theil der Draperie irgend einem andern Dinge gleicht.

Zweideutigkeit in Ansehung des Ausdrucks, wenn die Züge oder die Handlung einer Figur einer andern Leidenschaft zukommen kann, als die ist, welche diese Figur empfinden soll.

Zweideutigkeit in Ansehung der Fläche, wenn der Betrachter über den Platz, welchen ein Gegenstand einnimmt, nicht bestimmt urtheilen kann.

Es ist hier nicht sowohl unser Zweck, eine vollständige Aufzählung aller Arten von Zweideutigkeiten zu geben, als vielmehr zu erinnern, daß man eine jede von ihnen sorgfältig vermeiden müsse. (Art. von Levesque.)

Ende des vierten und letzten Theils.

www.ingramcontent.com/pod-product-compliance
Lightning Source LLC
Chambersburg PA
CBHW021116270326
41929CB00009B/909
* 9 7 8 3 7 4 3 6 3 9 9 6 6 *